东北地区发展的重大问题研究

金凤君 主编
陈明星 王姣娥 副主编

商务印书馆
2012年·北京

图书在版编目(CIP)数据

东北地区发展的重大问题研究/金凤君主编.—北京:商务印书馆,2012

ISBN 978-7-100-09366-8

Ⅰ.①东… Ⅱ.①金… Ⅲ.①区域经济发展-研究-东北地区②社会发展-研究-东北地区 Ⅳ.①F127.3

中国版本图书馆CIP数据核字(2012)第196343号

所有权利保留。
未经许可,不得以任何方式使用。

东北地区发展的重大问题研究

金凤君 主编

陈明星 王姣娥 副主编

商 务 印 书 馆 出 版
(北京王府井大街36号 邮政编码100710)
商 务 印 书 馆 发 行
北京市松源印刷有限公司印刷
ISBN 978-7-100-09366-8

2012年9月第1版	开本787×1092 1/16
2012年9月北京第1次印刷	印张 20 1/4

定价:65.00元

目 录

序 ·· i
前言 ··· iii
关于推动东北地区又好又稳发展的若干建议 ·· v

第一章 东北地区发展的环境与态势 ·· 1
  第一节 国际环境 ··· 1
  第二节 国内环境 ··· 5
  第三节 东北地区在全国地位的演变 ··· 11
  第四节 区域发展态势及面临的挑战 ··· 14

第二章 提升发展能力的战略与方向 ·· 21
  第一节 重大关系认识与战略取向 ·· 21
  第二节 现代产业体系建设战略 ·· 26
  第三节 新型城市化发展战略 ··· 34
  第四节 区域创新能力建设 ·· 41
  第五节 区域协调发展战略 ·· 46
  第六节 公共服务均等化战略 ··· 52

第三章 东北三省发展指标的趋势模拟与预测 ··· 56
  第一节 人口领域 ··· 56
  第二节 经济领域 ··· 62
  第三节 农业发展领域 ·· 69
  第四节 资源环境领域 ·· 71

第四章 东北地区优势产业发展 ·· 74
  第一节 东北地区工业结构效益与竞争力 ·· 74
  第二节 东北地区工业竞争力的提升对策 ·· 80
  第三节 装备制造业发展现状与面临的挑战 ··· 83
  第四节 农产品加工业发展现状与面临的挑战 ·· 96

第五章　东北地区新兴产业发展 ··· 106
第二节　东北地区文化创意产业发展 ··· 106
第二节　东北地区文化创意产业发展战略与举措 ····························· 114
第三节　东北地区高新技术产业发展 ··· 119
第四节　东北地区高新技术产业发展战略与对策 ····························· 126

第六章　东北地区交通能源建设研究 ·· 133
第一节　交通基础设施建设的成就与问题 ······································ 133
第二节　交通建设的发展方向与战略重点 ······································ 139
第三节　能源建设的成就与问题 ··· 141
第四节　能源建设的重点任务 ·· 148

第七章　东北三省资源环境承载力及发展效率评价 ······························ 152
第一节　区域资源环境承载力的评价方法 ······································ 152
第二节　资源环境承载力分析 ·· 154
第三节　区域发展效率评价 ··· 162
第四节　区域发展转型的策略途径 ·· 170

第八章　辽宁沿海经济带发展战略研究 ··· 174
第一节　沿海经济带开发的国内外历史经验 ··································· 174
第二节　经济带建设背景与发展现状分析 ······································ 180
第三节　未来产业体系构建及发展方向 ··· 191
第四节　经济带发展的对策建议 ··· 196

第九章　打造东北北部沿边经济带的战略构想 ···································· 199
第一节　建设东北北部沿边经济带的迫切性与必要性 ······················ 199
第二节　建设东北北部沿边经济带的合理性与可能性 ······················ 203
第三节　东北北部沿边经济带的规划与政策构想 ····························· 209

第十章　建设哈尔滨"中俄友好示范性城市"的设想 ··························· 221
第一节　中俄需要在边境地区策划"示范性城市" ··························· 221
第二节　哈尔滨具有成为"示范性城市"的比较优势 ······················ 223
第三节　哈尔滨建设"示范性城市"的基本思路 ····························· 230

第十一章 区域政策及效果评价 ································ 241
第一节 国家实施的区域政策 ································ 241
第二节 政策实施的效果评价 ································ 251
第三节 未来区域政策的重点方向与建议 ······················ 260

参考文献 ·· 266

附件 关于东北地区发展的几个关键问题的认识 ···················· 271
附件一 国家粮食安全与东北地区的长期任务 ····················· 272
附件二 东北地区工业竞争力变化及发展对策 ····················· 276
附件三 东北地区老工业城市改造的方向与重点 ··················· 281
附件四 我国对外开放的深化与东北亚合作战略高地建设的长期任务 ··· 286
附件五 促进东北地区文化创意产业发展的建议 ··················· 290
附件六 东北地区区域政策的重点方向 ·························· 294

序

东北地区是我国一个相对完整的经济区域。就其丰富的矿产资源、森林资源、水土资源和社会经济发展的结合关系而言,东北地区是我国各大经济区域中条件最好的。在改革开放以前的半个世纪里,东北地区的资源开发和以重化工业发展为特色的产业基地建设在全国具有突出的重要地位。特别是20世纪50～70年代里东北地区以大量的重型机械设备、能源、化工等产品以及大量的工业技术人才支援了全国的工业化发展。但从20世纪80年代初开始,东北地区的结构性问题持续加重,结构性危机出现,严重影响了区域经济社会的可持续发展。终于在新世纪开始的2003年,中央政府开始实施东北老工业基地振兴战略及一系列政策和措施。近十年来,在经济结构调整、国有大中型企业转改、资源型城市发展转型、基础设施和社会保障体系建设、地域空间开发以及对外合作开放等领域投入了大量资金,采取了诸多有效措施,20世纪80～90年代在全国处于某种"边缘化"态势的东北经济,今天已经是面貌一新,经济、社会进入了良性发展的轨道,经济实力和社会发展水平以及区域创新水平都有了明显的提升。但是,东北振兴在目前和今后较长时期内还面临着诸多的问题和挑战。

站在新的历史起点上,在制定东北地区发展战略及考虑未来中长期发展方向时,需要认真总结过去国家实施东北地区振兴战略以来所取得的成就,科学评估持续发展所面临的国内外的新背景和新形势。我们认为,东北地区发展的资源供应、产业结构升级及更大程度上的国际化、中心城市和重点产业带的地域空间开发、现代农业的发展以及水土资源合理利用、环境保护等等重大问题是我们需要长期进行跟踪研究和回答的。

东北地区振兴是我国区域协调发展战略的重要组成部分,也是我们研究国土开发和区域发展的地理学者长期坚持研究的重点区域。从2003年开始,金凤君研究员及其领导的团队就开展了东北地区振兴和可持续发展问题的应用基础性研究,诸多研究成果有力地支撑了东北地区振兴措施的制定和实施,出版了若干专著。2009年受国家发展与改革委员会的委托,开始启动东北地区"十二五"规划的前期研究,本书就是上述一系列课题研究成果的集成和提升。从东北地区发展所面临的环境和态势入手,力图深刻认识和解决计划经济遗留的一些深层次问题,包括东北地区未来提升发展能力的重大战略和方向、优势产业发展与新兴产业培育、交通能源资源的支撑和保障、经济一体化合作的重点区域以及区域政策的回顾与总结等。从理论和实际上深刻阐述了这些问题的背景和解决的途径。本书以重大问题展开,体例新颖。

最后，我也欣喜地看到在本书的作者中，既有东北问题研究的"老"专家，他们对东北问题的把握有着长期的积累和深刻的理解；也有不少年青人的面孔，凭着认真的态度和扎实的钻劲，他们在课题研究和实际调研中得到了很好的锻炼和培养，也让我有所期待。

陆 大 道

2012 年 8 月 17 日

前　言

老工业基地调整改造是世界性难题,也是一项复杂而艰巨的长期任务。要破解上述难题,系统的综合研究是基础,而持续的系统跟踪研究更是至关重要。正是基于这一认识,自国家提出振兴东北战略以来,我们的科研团队始终坚持东北地区的研究,探索东北振兴与发展的科学路径,所形成的研究成果为东北地区振兴政策的制定提供了有力支撑。

在2003年实施振兴东北战略之初,我们就从多学科交叉视角组织中国科学院资源环境领域的学者对东北问题进行了研究,形成了"关于东北振兴与可持续发展的若干建议"、"关于东北振兴与可持续发展的若干建议(摘要)"两份综合性咨询报告、21份专题研究简报和50万字的研究报告,于2006年出版了《东北地区振兴与可持续发展战略研究》专著,对东北地区的可持续发展战略进行了系统阐释。2006年与2007年,为配合东北地区振兴规划的编制,在当时"东北振兴办"的领导下,我作为技术协调负责人,组织了中国科学院、教育部、中国社会科学院、国家发展与改革委员会等部门所属的科研院所,展开了更为系统的规划研究工作,形成了近300万字的规划研究报告,于2008年出版了《东北地区振兴规划研究——综合规划研究卷》、《东北地区振兴规划研究——专项规划研究卷》和《东北地区振兴规划研究——重大问题研究卷》三本专著,全面系统论证了东北地区振兴的路径、目标和实施政策,有力地支撑了《东北地区振兴规划》的编制。这一规划于2007年8月经国务院批复颁布,是新时期国家正式批复的第一个区域发展规划。

2009年,有关部门开始布局一系列研究课题,为"十二五"规划做准备。东北地区作为我国区域总体发展战略中"四大板块"之一,是重点关注区域,如何进一步促进东北地区的快速振兴,需要有针对性的研究做支撑。因此,受国家发展和改革委员会的委托,以中国科学院地理科学与资源研究所、中国科学院东北地理与农业生态研究所科研人员为主的团队承担了"东北地区振兴'十二五'规划思路研究"课题。经过近两年的研究,形成了近50万字的研究报告和九份专题建议,支撑了《东北地区"十二五"振兴规划》的编制。这一规划于2012年3月经国务院批复,颁布实施。

本专著是在上述研究报告基础上凝练而成的,针对性地论证了未来东北地区面临的发展环境、提升发展能力的战略与方向、产业发展与体系建设的路径、区域开发的重点、开放与合作的战略高地建设、政策深化等系列重点问题,是上述四部专著的补充和深化。

本专著的大纲由金凤君、陈明星和王姣娥设计,最终大纲的审定和内容的定稿由金凤君完成,前期课题研究报告的形成过程中王姣娥博士做了大量细致的工作。全书共十一章,具体分工如下:第一章,金凤君、陈明星、刘洋、何丹;第二章,金凤君、王姣娥、陈明星、莫辉辉;第三章,唐志鹏、马丽;第四章,张平宇、程叶青、金凤君;第五章,赵继敏、王姣娥、何丹、金凤君、张平宇;第六章,王姣娥、马丽、莫辉辉;第七章,王成金、杨威;第八章,张宁、金凤君;第九章,张玉斌、张秀巍、李华;第十章,张玉斌、张秀巍、李华;第十一章,陈明星、金凤君。"若干建议"部分由金凤君、王姣娥、莫辉辉根据课题研究成果提炼形成。文字的排版和插图由王志辉完成。

本研究成果在形成过程中,得到了国家发改委东北振兴司、东北各地有关部门的大力支持,特表感谢。

金凤君

2012年6月

关于推动东北地区又好又稳发展的若干建议

2003年国家出台了《中共中央国务院关于实施东北地区等老工业基地振兴战略的若干意见》(11号文),即东北振兴战略。该战略实施近十年来,促进了东北地区经济社会的快速发展,振兴取得了巨大成就。一是社会面貌和环境得到了巨大改善,扭转了有着巨大失落感的社会氛围;二是在推进改革和对外开放方面取得了显著成效;三是民生问题的解决与实施力度走在了全国前列;四是产业结构和产品结构得到了明显调整,提升了传统产业发展活力;五是基础设施得到了极大的改善;六是城市面貌发生了巨大变化;七是现代农业实现了稳步的发展。总而言之,东北地区经济实力有了显著的提升。

但是,东北的可持续发展仍面临比较严峻的形势,突出表现在:建立现代产业体系和提升竞争力的任务仍然非常艰巨,且面临着新的严峻挑战;改变投资拉动经济增长方式的难度非常大,粗放的发展模式仍占据主导地位;东北在区域合作方面任重道远,不仅仅是三省一区合作的机制和路径没有建立,即使城市间有机的分工合作也需要重构或优化;城市综合改造,包括资源型城市、老工业基地城市发展能力的培育、发展活力提升的任务非常繁重;区域创新能力有待进一步提升,目前东北的创新能力并非处于全国前列,竞争优势缺乏;东北粮食是全国粮食安全稳定的基石,但是稳定的基石必须有前提,那就是得有投入、技术、基础设施、科技的投入等,现代化农业建设是一项长期的任务;东北沿海地区大规模的开发导致海洋生态环境面临着非常大的风险,资源环境问题越来越突出。

随着我国经济社会的发展和国内外发展环境的变化,东北地区的发展已经站在新的起点上,既拥有良好的发展机遇,也面临巨大的挑战,未来还需要花大力气,寻找新的发展模式,推动东北地区进一步又好又稳发展。本书重点从中长期角度,以社会、经济可持续发展为主线,就新型工业化、新型城市化、区域创新能力、现代农业发展、社会民生建设等方面提出了分析和建议。

一、巩固发展现代农业,保障国家粮食安全

东北地区具有发展农业和畜牧业的优势,是我国重要的粮食基地和农牧产业深加工基地。从分品种的全国比较来看,东北地区具有优势的农产品主要有稻谷、玉米、大豆、畜禽产品、奶类和水产品等,并已初步形成了粮食、经济作物、果蔬、饮料等加工产业集群,成为农业和农村经济新的增长点。依托东北地区的农业资源优势,已经出现了一批以农产品加工为主的大型企业。如依托大米加工的北大荒米业集团、绿都集团、金秋企业集团、裕丰米业等国家级大型龙头企业,依托大豆加工的哈高科、大自然油脂等生产企业和企业集团,以及依托玉米加工的

长春大成、黄龙等企业,这些企业技术先进,并具有规模化、集约化的经营优势。

"十二五"及中远期,东北地区应继续充分发挥得天独厚的农业优势,加大资金技术和人才投入力度,推动农业产业化和规模化经营,确保粮食生产在全国的地位,保障国家粮食安全。研究制定加快东北地区现代农业发展的政策措施,以提高土地产出率、资源利用率和劳动生产率。加强东北地区农业对外合作,支持有条件的企业到国外从事农业合作开发。东北地区农业建设的重点任务是:

(1) 加强国家商品粮战略基地建设。以辽河平原、松嫩平原和三江平原为主体,采取以地级市为基本建设单元的布局模式,选择生产能力大、生产潜力大和社会经济基础好的地市作为商品粮基地建设布局的重点地区,加大农业基础设施投资力度,向专业化、区域化、规模化方向发展,建成现代化的国家级商品粮基地,确保这些大型商品粮基地稳定的粮食生产能力和商品粮供给能力。重点建设松嫩、松辽平原专用玉米生产优势区、高产高油高蛋白大豆优势区和三江平原水稻优势区。加强东部和南部山区水果及林特产品、大中城市郊区蔬菜生产基地的建设,形成特色农产品产业带。统筹规划,合理布局,分步实施,加强中低产田的改造,提高其产生能力。

(2) 推进精品畜牧业发展及基地建设。依托各地的农业资源优势,建设以中部平原为重点的肉蛋奶生产与加工精品畜牧带,以西部农牧交错带为依托的牛羊育肥基地,以蒙东草甸草原、优质人工草地和优质饲料基地为依托的大型现代化奶牛饲养和牛羊繁育区。形成以辽东半岛近海水域为主的海产品生产和加工带。

(3) 建设绿色农产品生产基地。依托地区特色资源,以国际食品安全要求为标准,加大绿色食品产业的发展力度,建立一批高标准的国家和省级绿色农业基地与农产品出口基地,创东北绿色农产品品牌,把东北地区塑造成我国及国际有影响的绿色生态产业基地。

二、加快发展高技术产业,着力培育新兴产业

改革开放 30 年来,我国高技术产业快速发展,实现了从小到大的历史性飞跃。目前,我国已成为世界高技术产业大国,以及全球高技术产品的重要生产基地。东北地区经过近十几年的发展,具有地方优势的高新技术产业体系已初步构建并初具规模。在具有相对优势的领域已经形成高新技术产业的主导产业群,如光电子产业、软件产业、新型电子元器件、智能化仪器仪表、航空产业、卫星应用产业、生物医药等,空间布局上已形成沈阳、长春、哈尔滨和大连等高新技术产业园区,在企业创新、新兴产业培育和重点产业发展上取得了较大的成绩。未来,各具特色的高新技术产业将成为东北地区区域经济发展的拉动力量。

"十二五"期间,并瞄准"十三五"时期,东北地区必须抓住机遇,依托产业、人才、地缘等优势和良好的自然资源条件,大力推进高新技术产业基地建设,带动传统产业的技术进步和结构优化升级。重点发展作为高新技术产业基础的信息产业,以生物技术应用为主的生物医药产业,以飞机制造为核心的航空航天产业,以超导、纳米、分子技术为主的新材料产业,以化学能、太阳能为主的新能源产业以及海洋新兴产业。加大对这些领域自主创新成果产业化的支持力

度,发挥高新技术产业开发区的辐射和带动作用,建立一批特色产业基地和优势高技术产业集群,形成若干高技术产业增长点。重点包括:

(1) 电子信息产业。重点发展以光电子、新型显示、软件、车船电子、新型元器件、数字化医疗影像设备、数控系统、视听和计算机及外部设备等电子信息产业。依托长春在光电子信息产业等领域的优势,加强蓝光 LED 技术的开发与产业化,完善平板液晶显示技术、光纤通信和光子连接技术,发展光电子集成电路和高性能半导体激光器、新型光电系统集成技术的研发和产业化,建设光子信息产业基地;发挥大连、沈阳和哈尔滨在软件、数控系统、计算机及外部设备等领域的优势,发展数控系统、应用软件、智能机器人、计算机辅助集成(CAX/PDM)、网络制造(NM)、柔性制造技术和自动物料储运系统,建设软件和计算机相关产品生产和出口基地。

(2) 生物产业。利用长春生物医药的基础,围绕农业生物工程、生物工程创新药物、新兴轻化工及食品生物工程产业,重点建设长春国家生物产业基地。积极推广生物工程育种、农业工厂化栽培与养殖、农作物的病虫害防治、可持续农业及农副产品深加工、新型高效生物饲养料等产业;发展生物工程制药、中药、化学药和生物农业技术,开发药物筛选生物芯片、基因工程胰岛素、人生长素、葡激酶、碱性成纤维细胞生长因子和干扰素、白细胞介素系列生物药、生物制剂,促进化学制药和生物制药逐步从仿制转向创新,发展特色医药产业;利用现代科技,开发农作物作为生物质能源技术、化工原料资源应用技术,玉米、大豆等主要农作物转基因技术,猪、牛、羊胚胎移植等技术及产业化。

(3) 航空航天产业。充分发挥东北地区已形成的研究开发、设计制造、飞行试验等较为完备的航空产业体系,重点发展支线飞机及直升机;积极参与大型飞机的研发制造;推进通用飞机、无人机的产业化;重点研制大涵道比发动机、直升机传动系统及大型运输机配套辅助动力装置等;在国际合作中积极争取更多的飞机和发动机零备件制造、修理、试验、装配、试车等份额,把东北地区建设成为全国重要的民用航空产业基地。

(4) 新材料产业。重点发展新型精细化工材料、粉末金属材料、稀土发光材料、纳米级金属材料、有机电致发光材料、特种功能材料和复合材料等技术及产品,建立各具特色的新材料产业基地。依托沈阳、大连、长春和哈尔滨等特大城市,发展新型合成材料、新型工程塑料、单晶硅和化合物半导体材料、发光材料、高温超导材料、燃料电池等为主的新材料产业。依托大庆、吉林、抚顺、本溪、辽阳等城市,发展新型合成材料、耐高温合金材料、新型涂料、精细化工、高强度合金材料及新型复合材料、新型工程塑料及精细化工、芳烃及合成纤维材料延伸加工和深加工材料等。

(5) 新兴海洋产业。发挥东北得天独厚的海洋资源、科技和产业优势,加快发展高技术海洋新兴产业。运用现代生物技术,培育名贵品种,发展海水养殖污染物的降解和生物修复技术,实现健康养殖;以海洋生物活性物质提取为突破口,开发系列新型海洋药物和保健型、功能型海洋食品、海洋卫生材料、海洋药用添加剂、海洋药物、海洋生态化妆品等及海洋环保监测仪器及系统等。

（6）新能源和可再生能源产业。扶持新能源和可再生能源产业发展，重点发展先进电池、大型风力发电技术、新型电站辅机、现代配电技术、高效可靠烟气余热回收和发电技术、工业炉窑洁净煤燃烧技术、空调蓄冷技术、生物质能的高品位转化技术等。推广清洁能源和可再生能源技术与应用，以蒙东、黑龙江和吉林西部、辽宁沿海为重点，积极发展风力发电，建设东北地区风电基地；支持生物质能开发利用，推动城市垃圾焚烧发电和农村废弃物发电；发挥东北黄金玉米带的优势，利用玉米、薯类、作物秸秆等淀粉质生物发展生物能源，生产乙醇（燃料酒精）、生物柴油、生物氢等，建设全国最大的生物质能源基地。

同时，通过构建面向自主创新的产学研合作模式、高新技术产业集聚区以及真正建立以企业为主体的产学研合作的创新模式，提升既有产业的竞争力和发展潜力。大力发展东北地区高新技术产业，关键在于激活丰富的科技创新资源，形成现实生产力。转换政府职能，推进国有大中型企业的产权制度改革，开放大学、科研院所以及发展民营科技企业等，是激活这些创新要素的必要措施。

三、鼓励发展文化创意产业，壮大东北特色文化产业

文化创意产业是指"源自个人的创造力、技巧和天分，通过知识产权的开发和应用，可以创造财富和就业潜力的行业"，包括广告、会展、文化旅游、设计、电影、互动休闲软件、音乐、表演艺术、出版、电视和广播等行业或部门。创意产业与其他产业的结合，可以提高产品的附加价值，提升产品利润，从而有利于产业结构调整和升级，培育新的增长点，提升区域创新能力。东北地区具有发展文化创意产业的基础和优势条件，"十二五"时期，应将文化创意产业作为扶持和培育的重点，推动其快速发展。

目前，东北已经形成了以影视娱乐、软件、动画、会展为主的比较有特色的创意文化产业体系，以及以沈阳、大连、长春和哈尔滨为中心的文化创意产业发展基地。但相较于京津冀、珠三角、长三角，以及近年来崛起的湖南等地，东北地区的文化创意产业在全国则处于中下游水平，总体上竞争力不强，并总体滞后于其经济发展水平和城市化水平在全国的地位。

"十二五"期间，东北地区应发挥文化资源、人才和产业基础优势，将文化产业创意发展成为现代服务的主导产业之一。深化文化体制改革，鼓励非公有资本进一步进入文化创意产业。发挥政府的主导作用，建立多元化、社会化和市场化的长效文化创意产业投融资体系。加大对从事原创业务企业的扶持力度。贯彻落实文化产业调整振兴规划，依托沈阳、大连、长春和哈尔滨等中心城市，支持文化创意、出版发行、影视制作、演艺娱乐、文化会展和动漫等文化产业加快发展，打造具有东北地方特色的文化品牌。发挥市场对文化资源配置的基础性作用，发展艺术设计等市场和文化仲裁、文化经纪、文化代理等文化中介组织。加强公共文化基础设施和文化惠民工程建设，完善公共文化服务体系。加大文化遗产保护力度，扩大对外文化交流，举办国际性文化、影视、出版、会展等大型活动，推进文化产品出口。建设以长春为核心的国家数字电影制作和国产动漫产品生产基地；形成以沈阳、大连、长春、哈尔滨为中心的文化体制改革和文化创意产业集群发展的示范基地，促进东北地区成为我国文化创意产业的人才培育中心、

产业化中心和消费中心。重点包括：设计服务业，新闻出版业，动漫游戏业，表演艺术，电影电视业、会展、文化旅游业。在空间布局上，扶持培育大连作为东北创意产业中心，打造沈阳、长春、哈尔滨文化创意产业基地。

四、积极发展旅游业，培育东北旅游产业增长能力

旅游资源是东北地区具有突出优势的资源，并在全国占据重要地位。东北地区是我国冰雪旅游资源最丰富的地区，是我国边境口岸旅游的重要区域，是我国森林、湿地生态旅游资源的重要分布区，并拥有我国最典型的草原旅游区，是我国北方地区滨海旅游带的重要组成部分。加快发展旅游业，是推动东北地区产业结构调整和优化、解决资源枯竭型城市发展出路、改善区域人居生活水平的重要途径。

未来，东北地区应依托丰富的旅游资源，大力发展旅游业。整合开发区域及相邻区域旅游资源，扩大开放，着力培育优势旅游产品，打造特色旅游品牌，推进重点城市、轴线和基地建设，优化区域旅游空间结构，加强旅游基础设施建设，提高公共服务水平，创新区域合作机制，便利人员往来，促进东北地区旅游业的持续快速健康发展，使旅游业在促进我国东北地区经济社会发展、满足国内外游客的旅游需求、加强与周边地区跨境旅游合作及发展中发挥突出作用。

加强旅游基础设施建设，优化和整合旅游资源，强化区域旅游协作，提高管理服务水平。通过旅游精品线路、旅游中心城市、旅游交通网络建设，发展一批特色鲜明、吸引力强的旅游目的地，促进东北地区旅游产业发展由规模扩张向质量提升转化，成为经济发展的新增长点。加大对有影响力的旅游公司的扶持力度，加快开发一批世界级、国家级水平的旅游精品，建设一批在国内外具有影响力和竞争力的名牌旅游产品。以生态旅游、红色旅游、文化旅游、工业旅游、会议、度假等为主体，开辟滨海旅游线、边境旅游线、草原旅游线、冰雪旅游线和各种景观组合的精品旅游线路；发展以沈阳为中心的辽中都市旅游圈，以大连为中心的滨海旅游带，以长春、吉林为中心的中部旅游圈，以哈尔滨为中心的北部旅游圈，以海拉尔为中心的草原、边境旅游区，以锡林郭勒、赤峰、锦州为主的环京津旅游区。规划建设东北地区国家级旅游线路及区域精品线路，建立大东北无障碍旅游区。

五、打造以哈尔滨为中心的东北亚合作战略高地

随着经济和贸易全球化与区域化趋势的加强，超地区发展和跨国界合作的意义变得越来越重要。东北亚地区地域广阔、人口众多、资源丰富，虽然开发较晚，但却是当代最有发展前途的地区之一。近年来东北亚地区区域间经济合作日益加深，已经逐渐形成了几个次区域合作区，分别是环黄渤海经济区、图们江经济区、环日本海经济区和中、蒙、俄沿边经济合作带等。其中环黄渤海经济区和图们江经济区在以上几个次区域中地位显著。目前，东北亚地区经济合作存在经济差异、制度缺乏以及安全问题等。同时，也缺乏区域合作的中心。

从长远看，应充分发挥东北地区与俄罗斯、日本、韩国、朝鲜等毗邻区位优势，加强同周边国家的合作，全面提升东北地区对外开放的层次和水平。哈尔滨地处东北亚地理中心位置，也

是中国东北老工业基地的重要城市之一。未来应利用其地缘优势和区域组织优势,打造成为东北亚合作战略高地。重点包括:

(1)建立面向东北亚的产业集聚和出口加工基地。充分发挥黑龙江省土地富足、资源丰富和工业基础雄厚等比较优势,以东北亚等国家的市场需求为导向,以哈大齐工业走廊、东部煤电化基地等经济板块为依托,大力发展外向型优势主导产业,包括能源、装备制造、石油化工、食品加工等;强化哈大齐工业走廊重点园区的产业集聚功能,积极发展飞地工业模式,构建外向型产业园区体系,把哈尔滨建设成为我国面向东北亚的重要产业集聚区和出口加工基地之一。

(2)着力建设哈尔滨东北亚经贸合作陆路门户城市。充分发挥哈尔滨在东北亚区域合作中的比较优势,强化产业集群效应,改善提高城市服务功能。重点建设哈尔滨大都市圈,打造区域性物流中心城市,并建设面向东北亚区域的多功能服务中心。

(3)打造国际性区域交通枢纽。以哈尔滨为中心,全力打造集航空、铁路、公路、水运为一体的国际功能明确的区域性交通枢纽,进一步提升哈尔滨作为桥头堡连接欧亚大陆桥的交通枢纽和物流中心的作用。

(4)打造国际经贸大通道。依托第一条欧亚大陆桥(境内绥满铁路,境外俄罗斯西伯利亚大铁路),打通关键节点,提升通过能力,发展陆海联运和江海联运,构筑以哈尔滨市为中心,内联东北乃至沿海省份,东接东北亚和环太平洋地区,西连俄罗斯腹地及独联体国家,铁路、公路、航运、航空、管道等运输方式有效衔接、相互补充的国际经贸大通道。大力拓宽对外通道的同时,完善口岸与内地通道。

(5)把哈尔滨打造成全国最大的对俄科技合作基地。大力加强企业之间的交流,在充分论证的基础上考虑设立对俄科技合作风险基金。

六、继续推进资源型城市转型,加强可持续发展

改革开放以来,随着开放性资源经济体系的逐步形成,资源型城市历史积累的所有制结构、产品结构、技术结构等固有矛盾不断显现,同时受资源产业与资源型城市发展规律的影响,导致许多资源型城市纷纷陷入发展困境,经济与社会可持续发展面临严峻挑战。由于东北地区矿产资源开采时间长,部分资源型城市探明可采资源已经出现衰减,个别城市濒临枯竭。最近几年,在振兴东北老工业基地相关政策的支持下,经济转型工作都取得了初步成效,在新增项目的投资拉动下经济增长速度显著提高,扭转了经济衰退和低速增长的状况。然而,目前取得的成绩还只是局部和初步的,大部分资源型城市还没有培育出可支撑地方经济发展的接续产业,资源开采和加工业仍然占据地方经济的主导地位。另一方面,从城市功能看,东北资源型城市的综合功能还不完善,生产功能突出,而生活功能、社会文化功能还不强。从横向比较来看,大部分资源型城市与非资源型城市间的经济总量差距还在扩大。因此,"十二五"期间,资源型城市实现结构转型仍是重点,并应着重在以下几个方面实现突破:

(1)健全可持续发展长效机制。进一步健全资源开发补偿机制,引导和规范各类市场主

体合理开发资源,承担资源补偿、生态环境保护与修复等方面的责任和义务;进一步健全衰退产业援助机制,积极转移资源出现衰减城市的剩余生产能力,保障资源枯竭企业平稳退出和社会安定。

(2) 培育壮大接续替代产业。以市场为导向,以企业为主体,因地制宜地培育和发展可持续替代产业,积极发展循环经济,探索切合实际、各具特色的发展模式。完善以资源型城市接续替代产业专项为重点的产业发展支持体系。推动资源型城市接续替代产业园区建设,积极承接产业转移。

(3) 着力解决就业等社会问题。以增加就业为目标,鼓励资源型城市利用本地资源优势大力发展劳动密集型产业,国家和各级政府应集中投放优惠政策,形成对国内外社会资本的吸引,促进产业结构优化。国家应鼓励并支持有条件的资源型城市通过一段时间的努力,率先实现经济转型。同时,实施积极的就业政策,妥善解决下岗矿工、林业职工、失地农民的就业和再就业问题。着力消除贫困代际传递现象,完善社会保障体系。继续实施棚户区改造和采煤沉陷区治理,改善居住条件。

(4) 加强资源勘查和矿业权管理,强化生态环境建设。加大资源勘查支持力度,扩大危机矿山接替资源找矿专项资金规模,切块安排资源枯竭城市找矿。加强矿业权管理,支持资源枯竭城市资源型企业开发利用区外、境外资源。开展对露天采矿区、采空地面塌陷区、深部采空区、特大型矿坑的地质、地下水等潜在危害的综合研究,并开发相应的治理技术。对油田开发导致的草原退化、湿地萎缩和土地盐碱化进行治理;在煤炭城市实施矿山地质灾害治理、土地复垦和土地开发整理工程;在大、小兴安岭和长白山地区建设一批针对湿地、珍贵树种母树林、珍稀动物等的自然保护区,实施生态移民、森林生态的修复与恢复的重点项目。

(5) 加强资源型城市环境整治和基础设施建设。全面推进"资源开发补偿机制",落实资源型企业建立补偿金制度,完善其内容和加强可操作性。加强环境治理恢复,制定深部采空区、特大型矿坑治理办法,抓紧组织治理重大地质灾害隐患,积极引导社会力量参与矿山环境治理。加强对矿山资源开发规划和建设项目的环境影响评价工作。根据主体功能区的定位要求,对地处偏僻、资源枯竭、不宜居住的矿区和林区实施整体搬迁。加大资源型城市基础设施建设投资力度,增强和完善城市功能,创造宜居环境。

(6) 完善社会保障体系,克服城市贫困。落实下岗职工的再就业优惠政策。在试点城市通过完善政府体制改革,支持政府职能部门建立"收支两条线"制度,保证职能部门履行职责,扶助下岗职工实现再就业。通过国家财政资金的注入,支持试点城市的城市商业银行(信用社或合作社),建立健全"小额贷款"的政府援助体系,在试点城市探讨建立再就业人员就业培训期间(发放)生活补助基金的机制;加大对资源型城市普通义务制教育和职业教育的支持,减轻或免除困难家庭子女的教育负担,改善学校条件,有效遏止贫困的代际传递。完善矿山塌陷区的搬迁和安置政策,适当解决农户问题和完成小区复垦;加大对棚户区的改造力度,在新的安置小区建设过程中注意与再就业工程结合;选择部分资源枯竭型城镇作为试点,促进劳务输出或实施部分居民的异地安置。

七、加强生态建设和环境保护,建设国家重要生态屏障区

坚持保护优先、自然恢复为主、综合治理、集约利用的原则,加强森林、草原、湿地和江河流域等重点生态区的保护和治理,强化资源节约和节能减排,积极应对气候变化,建设国家重要生态屏障区。在继续实施天保工程的基础上,采取全面恢复、注重持续、重点先行、能力保障的生态保护与建设举措,提升区域生态质量。继续完善天然林保护等生态保护与建设配套政策,巩固退耕还林成果,加强育林和管护。调减东北地区国有重点林区木材采伐量,大力发展和抚育森林资源,加强自然保护区建设和湿地保护与恢复。重点包括:

(1) 高度重视大小兴安岭的生态屏障作用,全面推进集体林权制度改革。充分发挥林区自然资源丰富、生态环境优良、劳动力资源低廉的优势,坚持走特色产业化道路,通过发展新兴产业、延长产业链、提高产品加工度等途径,大力调整产业结构,加快转变发展方式,推动林区经济由以木材生产为主的单一产业结构向多元化的产业体系转变。通过林权制度的改革,把营林护林作为林业发展的首要任务,全面深入、持久地开展森林抚育,吸纳尽可能多的林业职工转行就业,实现砍林人向育林人的职业转变。在保证生态需要的同时,加快建设原料林基地、加工用材林培育基地,提高造林营林的即期经济效益。

(2) 划分生态功能区,扎实推进重点区域生态建设。切实加强天然草场恢复和保护、黑土区水土流失综合防治等生态工程建设。加大石油开采造成的水位沉降和土地盐碱化、沙化、退化治理力度,加强湿地保护与恢复,做好土地开发整理复垦规划,扭转生态环境恶化势头。

(3) 加强节能减排和环境污染治理。以流域管理为核心,保护水资源和水环境,加大力度推进松花江和辽河等重点流域的水污染防治,支持松花江流域开展主要污染物排放量有偿取得和排污权交易试点。严格监控和防治工业污染,推进电厂脱硫工程。加大城市垃圾和污水处理设施建设力度,推广垃圾分类回收、清洁焚烧,逐步提高城镇污水、垃圾处理以及排污收费标准。实施农村小康环保行动计划,统筹解决农业面源污染。加强海洋环境的保护与治理,落实《渤海环境保护总体规划》,逐渐改善渤海的海洋环境,恢复海洋生态功能。

八、加快企业技术进步,提高自主创新能力

企业技术改造是老工业基地调整改造的重要内容,也是振兴工作取得成效的一条重要经验。继续加大对企业技术改造的支持力度,从现有相关投资专项中分离设立东北地区等老工业基地调整改造专项,以及利用新增中央预算内投资,支持东北地区等老工业基地企业技术改造和技术进步,近期应筛选一批项目予以重点支持。建议中央国有资本经营预算资金用于东北老工业基地中央企业的比例适当增加。尽快完成装备制造产业投资基金设立工作,重点支持东北地区装备制造企业技术改造和兼并重组。

(1) 大力推进自主创新。把自主创新作为科学技术发展的战略基点和调整产业结构、转变增长方式的中心环节,加强原始创新、集成创新和引进消化吸收再创新,建设创新型东北。集中优势力量,发挥东北地区科技力量雄厚的优势,按照建设新型产业基地的战略要求,围绕

重点产业和能源、资源、环境、农业、信息等关键技术和重大高技术进行科技攻关,努力掌握核心技术和关键技术,实现核心技术集成创新与跨越。适应东北振兴战略的需要,启动一批重大科技专项,形成一批具有国际竞争力的产业和拥有自主知识产权的产品。做好引进技术的消化吸收工作,实施重大产业技术开发专项,依托重大工程项目,加强重大技术的创新和重大技术装备研制,加快重大装备国产化步伐,为东北振兴和全国小康社会建设提供重大装备和技术支撑。

(2) 加强自主创新能力建设。以科学发展观为指导,以科教兴国战略为依据,加强东北地区各类科技资源的合理配置和共享,建设科技支撑体系,全面提升东北地区科技自主创新能力。按照国家中长期科学和技术发展规划,坚持自主创新、重点跨越、支撑发展、引领未来的方针,加快建设东北创新体系,不断增强企业创新能力,加强科技与经济、教育的紧密结合,全面提高东北地区科技整体实力和产业技术水平。依托国家级院所,支持建设国家重大科技基础设施,整合区域内研究实验体系,建设几个国内一流、世界水平的科研机构和研究型大学,构筑高水平科学研究和人才培养基地。加强建设一批国家重点实验室,构建东北地区科技基础条件平台,促进科技资源共享。加快建设和完善一批产业技术研究与开发试验设施,在装备制造业、原材料工业、能源工业、医药、现代农业等领域,建设一批技术创新基地,提高产业技术创新能力。

(3) 强化企业技术创新主体地位。加快建立以企业为主体、市场为导向、产学研相结合的技术创新体系,形成自主创新的基本体制架构。鼓励大中型企业建立技术研发中心,鼓励高等院校、科研院所与企业进行多种形式的结合,有重点地在装备制造、石化、生物工程、制药及新材料领域建立一批高水平的研发中心、工程技术中心和中试基地,为解决产业共性关键技术及促进技术成果向生产力的转化提供支撑。发展技术咨询、技术转让等技术创新中介服务,形成社会化服务体系。实行支持自主创新的财税、金融和政府采购政策,引导企业增加研发投入。发挥各类企业特别是中小企业的创新活力,鼓励技术革新和发明创造。到2015年,东北地区全社会研究开发(R&D)投入占生产总值的比重将达到2%以上,省级以上重点实验室、工程中心各达到150家以上,企业技术(研发)中心达到280家以上,累计开发新产品5万项以上。加强科技基础设施建设,建设科技成果转化中心、科技创业服务中心和科技创新公共平台。加快发展多层次的科技成果交易市场,建立开放的交易网络,明确市场交易规则,形成健全规范的技术市场体系。

(4) 建立提高自主创新能力的推进机制。整合科技资源,合理配置基础研究、前沿技术研究和社会公益性研究力量,推动高校和科研院所面向经济建设主战场,加强产学研相结合,加快推进科研成果向现实生产力转化,促进科研人员的合理流动与合作,构建科技资源共享机制。支持和鼓励企业采取适合自身特点的分配制度,实行技术、知识、管理等生产要素参与分配。支持和鼓励科研人员以技术入股、知识与管理能力折股等方式获得股权、期权。健全科技成果转让和产业化发展的综合政策体系,从税收优惠、政府采购及保护知识产权等方面,营造推动企业自主创新的政策法规环境。建立支持自主创新的科技投入体制,加大财政投入力度,鼓励和引导民间资本投向科技创新。发展多种形式的风险投资机构,形成较为完善的科技风险投资机制。发展科技开发公司和中介机构,建立和完善技术创新社会服务体系。采取有力措施,鼓励原创性发明和有产业化前景的科技创新。大力推进高新技术研究成果的转化,凡应用技术的研究成果,都要以自主知识产权的形成或产业化程度为价值判断标准;凡是职务发明和政府支持的应用技术研究项目,都要在成果转化的过程中明确科研人员的正当权益。完善知识产权制度,加强知识产权保护,发明专利申请数量和授权数量年均增长10%以上。

九、建设绥芬河—满洲里东北北部沿边经济带

东北北部经济带涵盖黑龙江和内蒙古两省五市,是原有哈大齐工业走廊的延伸,包括绥芬河、哈尔滨、大庆、齐齐哈尔和满洲里。2008年经济带内土地面积达到15.77万平方公里,人口规模达到2 146.4万,经济总量6 355.7亿元,足以支撑起国家重要经济地理轴线和主体功能区的职能,上升为国家战略。构建新经济带之后,根据区域贸易自由化理论和点轴理论的推演,区域内资本、劳动力等生产要素将加速集聚,产业布局也将打破地域界线,形成合理分工,现有内向型发展模式的哈大齐工业走廊将与经济带内五城市形成互补,通过运输通道和产业延伸,哈牡绥东对俄贸易加工区也将处于经济带内腹地,得到有力的产业和服务支撑;满洲里和牡丹江两大对俄门户通道的作用将更加凸显。

"十二五"期间,东北北部沿边经济带建设的主要任务包括:在哈尔滨建设国家级中俄人才交流、合作及培训中心,对俄贸易标准制定中心,信息中心,贸易争端解决处理机构,以服务经济带内各城市需求;探索在哈尔滨发展对俄金融结算业务;在哈尔滨成立地区性期货交易市场;探索中俄局部地区试行人民币、卢布自由兑换;试点运行俄方来哈人员"落地签证"制度;组建经济带内区域中心海关等。

十、调整并重构沿海地区的开发模式,促进其健康开发

2007年国务院批准发布的《东北地区振兴规划》,将辽宁沿海地区作为带动东北地区振兴的重点开发区域,2009年国务院讨论并原则通过《辽宁沿海经济带发展规划》,将辽宁沿海经济带开发建设正式纳入国家战略。战略定位是:立足辽宁,依托东北,服务全国,面向东北亚,发展成为特色突出、竞争力强、国内一流的临港产业集聚带;建设成为改革创新的先行区、对外开放的先导区、投资兴业的首选区、和谐宜居的新城区,形成沿海与腹地互为支撑、协调发展的新格局。

经过近年来的开发建设,辽宁沿海地区形成了快速开发的态势,但存在的突出问题是:一是开发方式粗放。经济利益至上的主导思想非常突出,忽视了区域环境,不堪重负的渤海海洋环境承受巨大的压力,面临严峻的生态环境恶化的风险。二是产业选择不合理。投资拉动、重化产业增长拉动的基本特征明显;沿海六市明确提出要重点发展石化工业,没有发挥带动地区产业结构调整的功能。三是产业布局分散、积聚度不高。沿海经济带实际操作的各类开发区42个,布局分散,整体效益不高;各类开发区在招商引资过程中,忽略园区定位,专业化分工和

协作程度低。四是资源环境问题突出,增长方式和质量没有发生明显的变化。重化工产业低水平的扩张,加剧了产业发展与地区生态环境间的矛盾。目前发展的主导产业门类,将对土地、水资源、能源、矿产资源、海洋环境、陆域生态产生巨大压力。

为了实现辽宁沿海经济带发展目标,建设成东北亚经济区的关键经济带,应调整目前的开发模式,以资源环境及其承载力为基础,构建分工合理、分布科学的产业体系,逐步实现沿海经济带的飞跃发展,带动整个东北地区的振兴。

（1）构建新型的产业体系。应本着降低能耗、降低污染的原则,高起点规划,引进高端产业;另一方面应体现其特色,发展临港经济。重点打造先进装备制造业、高新技术产业、轻纺工业、现代服务业以及与之配套的生产性服务业等产业。

（2）打破行政界线,建立区域统筹协调机制,统筹区域产业发展。构建规模等级分布合理、分工明确、错位竞争的区域产业分工体系。大连作为沿海经济带的龙头城市,产业基础、基础设施条件都是最优的,应充分利用自身在产业基础、基础设施方面的优势,大力发展技术水平要求高的高新技术、现代服务业、先进装备制造业等产业,带动整个沿海经济带的产业结构升级。丹东重点发展汽车零部件、大中型客车、专用车生产基地。营口要构筑重型装备和专用设备、交通运输设备及部件等产业集群。锦州、盘锦、葫芦岛要进一步壮大汽车零部件、化工机械、石油开采专用设备制造等优势产业。

（3）因势利导,引导重点园区的建设。丹东产业园区、长兴岛临港工业区、花园口工业区、锦州西海工业区四个园区都远离城市主城区,很难利用主城区成熟的基础设施资源。在产业发展过程中不仅仅要考虑到重点产业发展,更要根据园区城市化进程来掌握产业发展节奏。营口沿海产业基地、葫芦岛北港工业区两个园区比邻或位于城区内,可以充分利用成熟的城市基础设施资源,但是产业发展与园区建设要考虑到对原有城市功能的提升与补充,注意与老城区发展的融合。盘锦船舶工业园区规模较小,宜打造特色工业园区,园区发展定位也是以中小型船舶的建造为主,但要注意与大连等其他港口的差别化定位,提高自身的自主创新能力。

（4）保障沿海经济带的可持续发展。资源短缺、环境恶化是沿海经济带社会经济发展面临的突出问题,尤其是低水平、"三高"产业为主体的产业扩张将制约经济带的腾飞。因此,沿海经济带开发建设必须从多方面入手,既要保证社会经济的快速发展,又要保证生态环境的良性循环。首先,要淘汰落后产能,支持企业并购重组,实现规模化经营;其次,优化产业结构,合理布局,逐渐引导区域产业结构向低碳方向转型;再次,大力推进循环经济,转变增长模式;第四,推进环境准入政策、建设区域环评体系、提高行业准入门槛。

（5）培育新的增长极。利用我国综合配套改革试验区的政策,以及建立"新区"的政策供给倾向,选择有条件的区域,积极推进区域新型增长极的建设。综合各种条件,以及区域文化和经济发展环境,应系统研究依托营口建立"辽滨新区"的途径与实施方案,与营口、盘锦共同形成东北区域发展的"第五级",与大连、沈阳、长春、哈尔滨一起,带动东北地区的快速发展。

十一、深化政策扶持机制,实现东北地区全面振兴

自2003年国家正式启动东北振兴战略以来,国家、省域以及地市各级政府都制定了一系列政策措施推进东北振兴。但这些政策在时间上分布差异较大,呈波动式变化。以2007年为界点,前期主要强调"输血"功能,针对亟待解决的问题,给予直接的帮扶和补助政策。后期侧重内容已经从"直接输血"功能向"提升造血"功能转变。政策自身也处于关键性的转型时期。且政策在空间层面上,有两个特点。一是东北地区区域政策主要是全区域政策为主,专门区域政策为辅;二是区域政策空间性随着时间发生着变化,由侧重全区域通用政策向强调子区域专门政策转变。但仍未在空间层面上形成分重点的发展战略和空间政策体系。目前,已有的部分政策已经失效或失去优势,也有一些政策力度不够或难以落实。

目前,东北振兴战略已经由"单项突破"的前期阶段进入"纵深推进、全面振兴"的战略新阶段,新阶段的重点任务是引导东北地区自我发展能力快速提高、经济社会全面发展、城乡统筹发展。政策的重点方向是:

(1) 产业结构优化升级与国企改革。从产业结构优化升级来看,一是建设集成化、智能化的装备制造业基地;二是积极引导培育高新技术产业和新兴医药产业;三是建立现代农业产业化体系,建设强大的绿色农产品生产及加工业基地;四是积极培育生态经济产业,实现资源性城市转型和新经济增长点培育。从国有企业改制和重组看,一方面加快推进国有企业的改制和重组,妥善解决好下岗分流职工的社会保障和就业安置;另一方面,积极鼓励私营经济发展,增强经济发展的活力和竞争力。建立一套鼓励自主创业的金融和财税优惠政策,简化创业程序,对自主创业的税收采用优惠减免政策。

(2) 省际区域增长极与产业空间布局。"点—轴系统"是关于区域的最佳结构与最佳发展的理论模式概括。从东北地区来看,仅有专项政策是不够的,需要国家和区域层面高度重视社会经济发展的空间布局研究,构建跨省的、省内的不同空间尺度的发展节点和发展轴线的引导、形成和发挥效益,对这类地区给予特定的政策,鼓励适当的率先发展。

(3) 社会和谐发展与基础设施建设。东北地区改革与发展始终要以社会和谐发展为出发点和落脚点,同时继续加强基础设施建设。

(4) 改革开放与区域合作机制建设。一方面,建立与国际接轨的对外经贸体制和运行机制,在更大的范围、更宽的领域和更高的层次扩大对外开放;另一方面,也要大力推进对内开放。采取多种方式,吸引域外企业、各类生产要素进入东北地区的市场,积极吸引域外资金参与投资建设。

具体政策建议包括:第一,加大财政支持力度。完善中央财政转移支付制度,加大对粮食主产区、国有林区和资源型城市经济转型的支持力度,重点解决社会保障和历史遗留问题。进一步加大财政贴息力度,适当扩大财政贴息的范围,有选择地延长项目贷款贴息期限。对振兴东北老工业基地国债资金项目和高新技术产业发展专项资金项目,根据产业类型和企业技改性质,可适当延长贴息年限,切实增强企业竞争力和创新能力。加大社会保障政策的支持力

度,进一步增加国家财政补助,切实解决城市人口生活水平、保障水平过低和已保人数占保障对象比重过低的问题。第二,完善税收支持政策。进一步完善分税制,调整中央与地方的企业所得税分享办法,率先在东北地区实行中央和地方企业所得税均按同一标准确定分享比例。实行再投资抵免政策,对投资东北的内外资企业用作再投资的资本和利润免征所得税。取消企业所得税计税工资税前扣除标准的规定,支持东北老工业基地企业将个人收入与业绩挂钩。对光电子、计算机软件等高新技术领域的科技转化成果免征企业所得税,鼓励高新技术加快产业化进程。第三,完善金融支持政策。加大政策性金融的支持力度,采取综合授信等多种办法,支持东北地区基础设施、基础产业和支柱产业发展,促进资源型城市加快经济转型。大力培育和发展东北区域资本市场,鼓励企业上市发行股票融资,积极为企业搭建境内外上市推介平台,分层次建立上市后备企业库。发挥国有商业银行融资主渠道作用,鼓励各国有银行加强对东北的战略性支持,扩大东北分支机构的授权授信权限,增加对东北地区的信贷投放,提高银行对非公经济的贷款比例。完善担保和再担保制度,支持建立中小企业信用担保的再担保机构,以有效分担担保机构的风险,提升担保机构的信用,着重解决中小企业融资难问题。第四,着力强化资源环境保护。具体包括:建立和完善资源开发补偿机制;资源型城市的建设与转型,建立衰退产业援助机制;塌陷区治理与可持续发展政策;实行土地和矿产资源适度优惠政策。第五,引进和培育人才,提高人口素质。具体包括:建立合理有序人口迁移政策;开展职业技能培训,完善再就业培训;增加基础教育投入,将人口压力转化为人力资源优势;要制定和落实吸引、稳定和利用好人才的政策措施。

第一章　东北地区发展的环境与态势

展望东北地区发展的国际环境,既有积极因素,也存在着不确定性。新兴经济体崛起、国际分工转型与产业转移的深化、国际区域合作关系的强化等有利国际条件,为东北地区未来发展提供了难得机遇。但是全球经济复苏还不牢固,经济全球化也存在波折,贸易保护主义抬头,全球产业处在转型调整之中,资源价格压力骤增。从国内环境看,我国经济总量保持着快速扩张的良好态势,区域分工进一步强化,空间集聚格局逐渐形成,新一轮热点发展区域出现,区域合作得到提升。但是区域经济、社会发展和城乡三大差距仍然存在,资源和环境约束不断加深。因此,要科学谋划,把握好发展机遇,积极应对可能存在的挑战。

自20世纪80年代东北地区就显现出经济衰退迹象,到90年代产生"东北现象",出现了普遍的工业增长停滞和衰退。2003年,国家提出"振兴东北地区等老工业基地"战略,为东北地区发展提供了难得的机遇。振兴战略的提出与实施使得东北区域发展速度位于全国前列,基本扭转了长期以来地区经济总量在全国位次落后的局面,区域发展进入了全面复兴的新阶段。但在经济发展、社会事业、体制机制改革等领域还需要进一步深化。

第一节　国 际 环 境

一、国际经济格局的积极因素

1. 新兴经济体的崛起

近年来,中国及其他新兴市场经济国家经济保持较强的增长势头,成为全球经济增长的新引擎。发展中国家经济增长加速引起了普遍关注,世界新兴经济力量的崛起开始显现出一定的整体性。目前,凭借着地域辽阔、人口众多、资源丰富、市场潜力巨大以及日益开放和市场化的经济体制,新兴市场受到国际资本更多的青睐,开始分享国际分工和全球产业结构调整的更大利益,从而不断提升自身的国际影响力,进而将把国际经济体系的变革和转型带入加速期,发达国家在世界经济和国际经济秩序中独领风骚的局面将有所松动,世界经济多极化的发展趋势逐步增强。

金融危机的出现进一步强化了国际经济秩序变革趋势。受金融危机冲击,发达国家的影响力受到削弱,国际经济格局的力量对比已发生微妙变化。在未来的全球治理结构中,发展中国家的力量和声音日益凸显,新兴经济大国将获得更多参与国际事务的机会。在国际经济格局中,中国经济地位的提高有利于改善国际经济秩序及其制衡机制,中国将在一定程度上逐步实现由国际规则的应对者到参与者、再到设计者的角色转变,通过在更高层次上、更广泛地参与国际经济分工,充分发挥发展中大国的作用,从而为我国经济发展提供更有利的外部保障。

2. 国际分工转型与产业转移机遇

随着全球化进程的不断深入,以及贸易、投资自由化趋势的增强,国际生产组织方式也随之发生深刻变革,以商品贸易和比较优势为基础的传统国际分工格局迅速向产业间分工、产业内产品分工和要素分工并存的新型国际分工模式演进,形成动态、多层次、网络化的国际分工体系。在这种新型体系下,国际分工的边界将由不同产业转向同一产业或产品价值链不同增值环节,国际分工的核心由产品转变为要素。

国际分工转型使世界范围内产业融合趋势增强,国际产业资本和技术流动性也相应大大提高,发达国家与发展中国家产业结构之间的互动性逐步加强,世界各国产业结构的关联度和开放效应大大提高,逐步形成世界产业结构的大系统。在这一背景下,我国可以通过引进高端产业与技术提升产业结构和要素禀赋结构,通过承接服务外包和各种类型的国际产业转移,适时把产业发展的重点转向高端制造业及新兴服务业领域,实现战略产业的超前发展。可见,国际分工转型与产业转移的当前趋势,为我国产业结构升级提供了全新的路径,有利于我国快速提高产业发展的整体水平和国际竞争力,从而提升在国际分工的地位。

尽管国际金融危机的阴云尚未散尽,但随着主要发达国家经济发展在调整中的逐步恢复,世界范围内产业转移的规模和方向都将保持既有水平。随着后金融危机国际经济秩序的深化调整,我国国际地位的提升是可以预期的,将在承接国际产业转移中处于有利地位。

3. 国际区域合作关系的强化

在全球化背景下,区域一体化也在加速发展,全球化与区域一体化形成既相互促进、又相互制约的发展格局。随着各类区域合作组织的建立和双边自由贸易协定(FAT)的推进,区域一体化将向更高层次、在更广的范围发展,成为各国参与国际合作的重要平台。特别是在新地区主义力量逐渐高涨的背景下,加强国际区域合作愈来愈成为谋求稳定发展空间的有效手段。

作为亚太地区的政治与经济大国,在经济全球化和一体化迅速发展的趋势下,我国已初步形成"依托周边、拓展亚洲、兼顾全球"的参与国际区域经济合作的总体布局,并与局部地区形成了双边自由贸易框架。目前,我国参与的具有实质内容的国际区域经济合作有六个,包括亚太经合组织、澜沧江湄公河地区次区域经济合作、图们江次区域经济合作、上海合作组织、中国—东盟自由贸易区、曼谷协定。同时,我国积极参与各类具有论坛性质的国际区域经济合作组织,包括亚欧会议、中非合作论坛、东亚—拉美合作论坛、博鳌亚洲论坛、中国与加勒比经贸合作论坛,等等。与其他地区进行的双边 FTA 谈判也取得了积极成果:当前与智利的双边 FTA 已经生效;与澳大利亚、新西兰已启动了双边自由贸易协定的谈判;与南非关税同盟也开始了跨区域 FTA 谈判。

总体上看,我国与其他国家和区域的国际经济合作已全方位展开。随着国际区域经济合作层次的不断提升,我国参与国际经济大循环的外部环境将更加宽松,有利于提高其在国际分工格局中的影响力和控制力。

二、国际经济格局的不确定因素

1. 全球经济复苏的复杂性

国际金融危机的影响短期内难以消除。受金融危机影响,发达国家生产、生活方式面临深化调整的形势。发达国家去杠杆化、储蓄上升、消费萎缩和进口减少将成为中长期趋势。根据有关资料分析,美国的实际消费增长在金融危机后有所下降,从而导致整个发达国家需求萎缩。即使欧美市场消费需求在未来有所恢复,也难以达到原来的规模和水平。随着欧美国家结构调整的不断深化,其贸易结构也将发生重大变化,支撑世界经济增长的传统因素的作用亦将进一步弱化。

世界经济复苏需要更长时间。最新数据显示,2009年世界主要经济体经济形势的恶化程度超出各界的普遍预期。根据野村证券金融经济研究所的研究结果,伴有地产泡沫和金融危机的经济衰退,需要三年时间才能完善恢复;国际货币基金组织对过去30年内发生的100多次金融危机进行分析的结果显示,因金融危机导致的经济衰退,其持续时间将比通常经济衰退长二至四倍。因此,在金融危机之后,全球经济复苏会是缓慢的,呈现L型或U型曲线。

世界经济将进入低速增长时代。金融危机导致主要发达国家泡沫破灭、财富减少,造成全球"第二次世界大战以来最严重的衰退"。发达国家消费与储蓄达到新的平衡需要长期的调整过程,而且危机可能引发的生活模式的调整与转变将使发达国家消费需求很难回复到危机前的规模与水平。因此,世界经济发展几乎不太可能恢复到危机前曾经出现过的水平,将进入低速增长时代。

国际金融市场存在再度动荡的现实威胁。后金融危机时期国际金融市场面临深度调整,国际金融市场动荡的风险在加大,主要体现在两个方面。其一,美元汇率的无序波动风险。在通缩压力的背景下,美国为转嫁损失采用了最为宽松的财政货币政策,从而导致美元大幅贬值。如果美国当前的货币政策不能在恰当的时机退出,其未来的通胀风险就会加大,将使国际金融市场处于一个极端动荡状态。其二,希腊主权债务危机可能引起的"多米诺骨牌"效应。希腊主权债务危机已不单单是一国或是几个欧洲高负债国家的问题,在更广泛的国际金融市场以及全球经济层面,希腊危机的溢出效应日渐显现。从实体经济方面来说,欧洲债务危机可能拖累全球经济复苏进程,特别是那些以欧洲为主要出口市场的国家,进而延缓政策退出的步伐。更糟糕的是,现在问题不仅出现在希腊,葡萄牙、意大利、英国等欧洲国家也面临陷入同样危机的状态,这意味着一旦风险兑现,带来的冲击可能更广、更深。

2. 经济全球化进程的曲折性

随着全球化进程的不断深化,国际经济交流中的利益关系日益复杂化,并由此出现愈演愈烈的贸易保护主义倾向。当前,在投资自由化、农产品贸易、服务贸易等谈判议题中,新贸易保护主义被披上了"公平贸易"等形形色色的伪装。一是越来越多的成员尤其是发展中成员大量采用反倾销、反补贴等传统贸易保护手段;二是知识产权保护、劳工标准、环境标准也出现被滥用的趋势。这种趋势必将进一步加剧世界范围内的贸易摩擦,增加我国产品出口的难度和成本。

后危机时期,发达国家为缓解国内巨大的就业压力,贸易保护主义将进一步加剧,我国以传统方式继续分享经济全球化红利的时代已经成为历史。由于新贸易保护主义日渐盛行,导致世界各国运用多边贸易体制运行机制的障碍、成本增加,对经济全球进程造成的冲击在所难免,经济全球化将进入影响因素日趋复杂化的曲折发展阶段。

3. 全球性结构调整的压力与挑战

发展低碳经济正在成为各国在后危机时代推进经济复苏和应对气候变化的基本共识,低碳经济将成为世界性结构调整的基本趋势。美国计划在十年内投入1 500亿美元发展新能源,创造500万个就业岗位;日本提出"绿色经济和社会变革"方案,推进低碳社会建设;欧盟提出能源气候一揽子计划,并在2013年前出资1 050亿欧元支持发展绿色经济。

以低碳经济为导向的世界性结构调整,对我国发展方式转型造成巨大压力。2007年我国二氧化碳排放量增长了8%,占全世界二氧化碳排放量增量的2/3,排放总量居全球第二。由于当前巨大的碳排放,我国在应对气候变化上承受着巨大压力,发展方式调整已势在必行。

我国当前产业结构、核心产业的技术层次、低碳经济技术储备与发达国家均存在明显差距,向低碳经济转型不仅要面对发达国家占据明显优势的巨大竞争压力,而且要面对打破"两高一资"模式"路径依赖"的空前挑战。

4. 资源产品价格上涨的成本压力

国际市场上石油、铁矿石、有色金属等大宗商品的价格持续上涨,我国经济发展正面临着前所未有的成本压力。从世界范围来看,当前导致资源类产品价格上扬的各类因素短期内难以得到平抑,将继续影响全球初级产品的价格走向,能源和初级产品市场的供求关系仍将趋紧。在需求保持刚性的条件下,日益脆弱的供给体系将使国际市场价格持续走高,地区安全、自然灾害等因素将进一步抬高全球资源产品的供给成本,使未来资源产品的供给弹性缩小。尽管国际市场能源和初级产品价格的波动具有一定的周期性特征,而且也不排除重大技术突破对资源性产品产生的替代效应以及资源利用效率的显著提高。但总体来看,资源性产品不可再生的特点决定了其稀缺性将长期存在,未来资源性产品的价格将呈螺旋式上升的趋势,并将在高位持续频繁波动。

资源类产品价格的大幅攀升不仅将部分抵消我国经济快速增长的当期成果,加剧我国宏观调控和社会保障的难度,而且将给我国的长远发展埋下隐患。在我国当前及今后一段时期,加速工业化和城市化是大势所趋,对能源、原材料及其他资源产品的需求亦将进一步膨胀,而资源产品价格的上涨无疑会对我国未来发展构成难以承受的成本约束。另外,高价位、频繁波动的能源和初级产品价格也将进一步加剧相关领域的国际竞争,发达国家及新兴经济国家均对占有、分享世界资源提出了更高的要求。如果需求矛盾、竞争关系进一步激化,不直接危及我国的能源保障和产业安全。

第二节　国内环境

一、积极因素

1. 持续扩张的经济总量

"十一五"期间。受国际金融危机的冲击,经济增长明显放缓,但仍显著高于发达国家和其他新兴经济体,居于世界前列。"十二五"时期我国GDP年均增长率达8%左右,保持较高增长态势。根据世界银行的数据,我国2008年人均GDP达到3 315美元,已接近低、中等收入国家的上限,正在向高、中等收入国家迈进。

总体上看,经过改革开放近30年的发展,我国经济总量迅速膨胀,目前已为世界第二大经济体,取得的成就令世界瞩目,为下一步向质量型发展模式转换积累了相对充分的资源。综合各方面的因素,未来十年,我国的经济总量将比目前翻一番以上。

2. 日趋明显的空间集聚格局

改革开放以来,随着市场导向原则的逐步确立,我国经济总量开始向初始条件优越的特定区域集中,而城市群日益成为承载经济集聚的主要载体。在20世纪90年代初期,长三角、珠三角、京津冀、辽中南、成渝、山东半岛、武汉、中原、海峡西岸、关中十大城市群占全国GDP总量已达到44.6%,而其国土面积仅占全国国土面积的11.5%。可见,在20世纪90年代初期,十大城市群的经济集聚效应已初步显现。

20世纪90年代初期以后,经济总量向城市群集聚的趋势得到进一步加强。到90年代中期,十大城市群占全国GDP总量的比重达到51.8%,比1990年上升7.2个百分点,平均每年以1.44个百分点加速集聚。到2007年,十大城市群占全国GDP比重达到62.74%,比1990年上升18个百分点。由此不难看出,进入20世纪90年代中期以来,我国经济总量向主要城市群集聚的趋势相当明显。

3. 潜力初显的新兴增长区域

随着"十二五"和十七大区域发展战略的逐步落实,若干新的重点战略地区发展速度明显加快,新一轮热点发展区域已现端倪。其中,环渤海地区、成渝经济区、海峡西岸经济区、北部湾经济区、黄河中上游能源化工区的集聚势头尤其引人注目。

五大区域的发展既有力地促进沿海两角(长三角、珠三角)、两湾(渤海湾、北部湾)、两岸

(海峡两岸)发展新格局的形成,又能进一步深化内陆与沿海的区域合作,还将有效推动与东北亚、东南亚乃至泛太平洋国家和地区的全方位国际合作。从发展潜力和能力上看,五大区域未来将与长三角、珠三角等区域一起,共同决定着我国区域经济的长期发展格局和态势。

4. 不断强化的区域分工

通过实施西部大开发、振兴东北等老工业基地、中部崛起、鼓励东部率先发展等一系列重大区域协调发展战略举措,各地产业结构进一步调整,优势特色产业体系逐步建立,区际分工有所深化,初步形成了各具特色的区域优势产业。

东部沿海地区以装备制造业为代表的高端产业发展迅猛,相对于中西部地区具有突出的比较优势。随着产业结构的深化调整,东部沿海地区以纺织业为代表的劳动密集型产业已开始向中西部地区转移,局部地区冶金工业也开始向资源环境条件更为适宜的地区转移。

中部地区装备制造业的总体规模优势远逊于东南沿海地区,但冶金、化学、原料、建材等原材料工业的整体规模优势要比东南沿海地区突出。近几年原材料工业向中部地区集中的势头尤其明显,仅河南、山西两省的原铝生产规模就占全国产量近1/3。

能源、有色冶金工业等对资源依赖程度较强的产业向中西部地区集聚的势头明显。西部地区能源优势突出,有色冶金、黑色冶金、化学原料等原材料部门也表现出明显的比较优势。近几年能源工业向西部地区集聚的势头非常明显,西南地区的水电资源开发、西北地区的油气资源开发、陕蒙地区煤炭资源开发都形成了相当规模,对国家经济支撑的突出作用越来越重要。

5. 方兴未艾的区域合作

随着整体经济发展的持续活跃,我国区域合作的步伐也不断加快,区域合作在国民经济发展中的地位日益提高,已成为促进区域协调发展中极其重要和活跃的力量。随着改革开放的步步深入,东西合作正逐渐由政府主导向市场运作转变,由单向的对口支援向双向互动转变。东西合作领域在不断拓展,合作内容和形式也不断深化,促进了西部经济社会环境的全面可持续协调发展,更使西部整体上都充满了前所未有的发展活力;合作主体也有了新的突破,民营企业渐渐成为跨区域合作的生力军,对西部国有企业的经营机制、管理机制和分配制度改革以及所有制结构调整,都产生了重要促进作用。在东西合作逐渐深入的形势下,东部11个省市及西部12个省市区经济发展速度,都超过了自己的历史最好水平,并且实现了连年持续增长。自从改革开放以来,虽然从横向比较来看,西部地区与东部地区甚至全国平均水平都还有很大差距,但从纵向历史对比可以发现,西部的经济确实正一步步迈上更高的台阶。另外,东西合作的稳步深入,进一步密切了东西部的经济联系,有力促进了东西部经济市场化程度的提高。同时,通过"优势互补",提升和优化了双方各自的产业结构。东部地区的产业结构已经逐步升级,初步建立了以第三产业为主的高层次产业结构体系,而西部的产业结构也由当初的第一产业比重过高的农业经济,逐渐向以第二产业为主的工业经济过渡,局部地区已显示出向更高级的产业结构层次转变的趋势。

二、制约因素

经过改革开放近30年的发展,我国当前在总量扩张、区域结构调整等方面取得了前所未有的成就,这将为新时期的区域协作发展提供坚实的支撑。然而,我国未来发展的国内制约因素也是相当突出的。这些制约因素具体表现为"三个差距、两个约束"。从某种意义上讲,我国未来区域协调发展目标的实现程度,将在很大程度上取决于"三个差距、两个约束"改进与缓解程度。

1. 三个差距

(1) 区域经济发展差距。改革开放以来,东南沿海地区率先发展使我国经济总量迅速扩张,造就了世界经济发展史上的奇迹。但是,在经济总量快速扩张、综合国力大幅提升的同时,我国东部地区与中西部地区间的发展差距也呈现出持续加大的演变趋势。从1978年到2008年,东部地区与西部地区人均绝对GDP差距扩大了30倍,东部地区与中部地区人均GDP绝对差距扩大了33倍。进入21世纪,我国区域发展差距出现了进一步扩大的趋势,而这种趋势恰恰是在国家先后出台一系列旨在缩小地区发展差距的区域政策的背景下形成的。由此不难看出缓解我国区域经济发展差距的艰巨性和复杂性。

区域经济发展差距持续扩大的趋势,为我国区域可持续发展埋下了诸多隐患,不利于经济与社会实现健康、平稳发展。区域经济差距如果长期得不到有效缓解,不仅会制约经济总量扩张,而且更会阻碍我国结构升级进程。同时,也会妨碍区域社会发展差距、城乡差距等其他矛盾的缓解。因此,区域发展差距是我国全面小康社会中后期实现区域协调发展目标将要面对的最为突出的矛盾,更是区域协调发展的难点所在。

(2) 区域社会发展差距。根据相关研究结果,我国社会发展水平的区域差距或不公平性十分明显,广大中西部地区的社会发展水平长期以来没有得到实质性改进。从1978年至2008年,我国东部地区社会发展综合能力指数一直处于3以上的水平,中部地区处于0.9左右的相对低位,西部地区则始终处于0.5左右的绝对低位。可见,我国地区之间社会发展的绝对差距是相当明显的。

区域协调发展以经济增长与社会进步之间的良性互动为基本前提,是经济增长与社会进步"双轮"驱动的结果。因此,我国当前存在的区域社会发展差距,也是全面建设小康社会中后期,需要给予着重关注的主要矛盾之一。

(3) 城乡差距。城市和乡村作为两个相互依存的空间系统,它们以各自的功能共同推动着社会的进步和繁荣。城市与乡村的和谐共荣,是区域协调发展的重要内容之一。然而,从新中国成立以来我国城乡关系的历史轨迹看,城市一直处于城乡关系的支配地位;在利益分配方面,农村和农业始终处于弱势地位。这种倾向的城乡关系,在城乡居民收入对比上表现得最为明显、直接。

1978年我国城镇居民人均可支配收入和农民人均纯收入分别为288元和135元,城镇居民收入比农村居民收入多一倍略强;到2010年,我国城镇居民人均可支配收入达到19 109元,而农民人均可支配收入5 919元,城镇居民收入比农村居民收入多三倍强。可见,改革开放以来,由于城市比农村发展优势更加明显,进一步加剧了城乡差距。

从实际情况看,当前的城乡差距已成为制约中国现代化进程的结构性矛盾,是全面建设小康社会中后期区域协调发展的难点之一。鉴于城乡之间难以分割的内在关系,如果农村发展长期受到压抑,区域协调发展就无从谈起。因此,在全面建设小康社会中后期,需要对城乡差距的持续扩大给予充分关注。

2. 两个约束

(1) 资源约束。基础战略性资源的供给压力加大。随着我国经济总量的急剧扩张及二次重型化的兴起,我国对主要矿产资源的需求量也快速攀升。受国内资源供给能力的限制,利用境外资源已成为我国调剂国内余缺的重要手段。一些重要的战略性矿产资源的获取,已对国外市场形成了较高的依赖,并以石油、铁矿石需求对国外市场的高依赖度最具典型(图1—1,图1—2)。

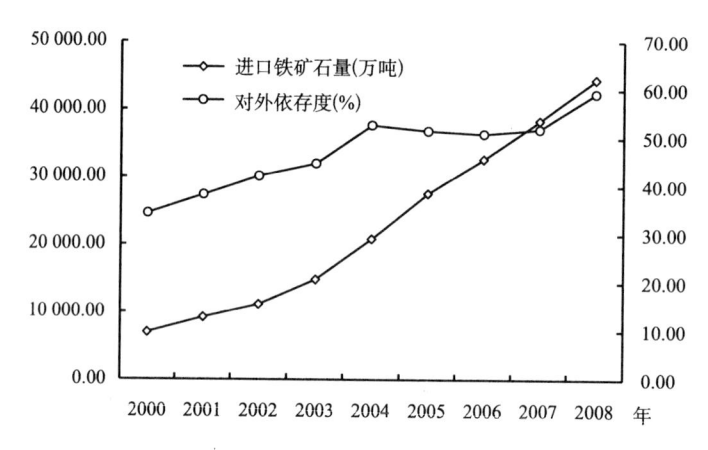

图1—1 中国铁矿石进口规模与对外依存度变化
资料来源:《中国钢铁工业年鉴2009》。

预计未来20年,我国经济发展仍将以大量消耗自然资源的物质生产为主。在人口总量增加、人均GDP增加、生活水平继续提高的情况下,我国的资源消耗总量不可避免地会较大幅度地增加。基于资源供给压力的现实状况和未来资源类产品的需求趋势,国家应对资源依赖型产业的发展规模和空间进行合理引导,通过总量约束和空间布局战略调整,改变我国经济发展对资源类产品形成刚性需求的趋势。

土地日益成为各地区发展的刚性制约因素。一方面是高速工业化和城市化对优质土地的不断占用,造成与粮食安全之间的巨大矛盾;另一方面,"三废"和过度使用农药及化肥,持续损害着土地质量,加重了土地短缺问题。

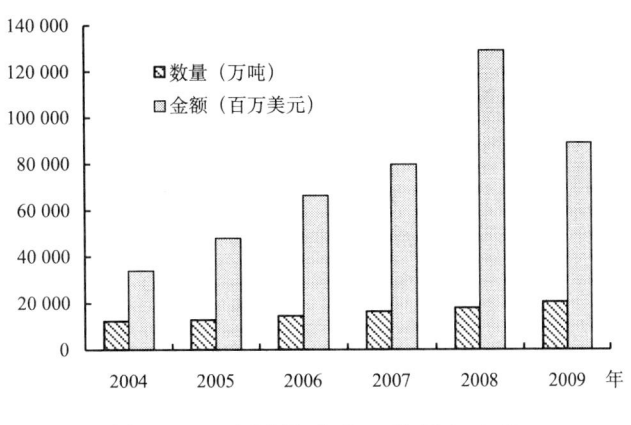

图 1—2 中国原油进口数量与金额

(2) 环境约束。数量型扩张是我国改革开放以来所采用的主导发展模式,这一模式的支撑产业以"两资一高"、"两高一资"为主体,其代价是生态环境的严重破坏。当前,在东南沿海地区,这种发展模式的生态环境后果已展露无遗,并成为约束未来发展的主要"瓶颈"。

"十一五"以来,为了尽快扭转、缓解当前发展模式对生态环境的巨大压力,国家出台了以"节能减排"为主要内容的调控政策和措施,并在国民经济和社会发展"十二五"规划中,将主要污染物排放量削减 10% 作为必须完成的约束性指标,把环境保护提升到事关国家长远发展和人民切身利益的战略位置。但是,国家当前的干预手段与措施并未达到预期目标,主要的环境污染指标不降反升,环境约束呈现出进一步加大的趋势。

根据国家环保部的有关资料,我国当前主要污染物排放远远超过环境承载能力。其中,COD 排放总量达 1 400～1 500 万吨,接近排放最大允许量的两倍;大气中二氧化硫排放总量为 1 900～2 000 万吨,远远超出大气达标的 1 200 万吨。污染物的高强度排放导致了严重的生态环境问题。我国目前七大水系 197 条河流、408 个断面中,Ⅳ、Ⅴ类水体占 28%,劣Ⅴ类占 26%;全国 38% 的城市大气处于中度或重度污染;酸雨影响面积占国土面积的 1/3,发生较重酸雨城市的比例有所增加。从这些数据可以看出,我国当前环境污染正在向程度加深、范围扩大的趋势演变,对经济发展的制约效应已十分突出。

三、"十二五"宏观调控形势展望

综合考虑国内外背景因素,"十二五"时期我国经济社会发展将进入全面调整期。这个时期,发展模式转型的压力、经济结构调整的难度都将是空前的,延续过去 30 年增长态势的难度明显增加。在这种背景下,国家在"十二五"时期将对宏观经济调控思路做出重大调整,以适应国际环境的深刻变化及国内发展模式转型的内在需求。

1. 推动增长模式的战略性转型

出口、投资是支撑我国前30年我国经济快速发展的主要动力。在后金融危机时期,随着发达国家经济治理模式全面调整,将导致国际经济格局发生深刻变化,我国高度依赖国外需求的发展模式将面临严峻挑战。同时,我国持续多年投资拉动导致基础性产业产能严重过剩,呈现出"低水平重复建设"和"高水平重复建设"并存的不良格局,继续依靠高投资拉动经济增长的潜力已十分有限。在"十二五"时期,出口拉动、投资拉动的增长模式已很难维持,迫切要求我国将增长方式转到"内需为主"的发展轨道。因此,推进增长方式的战略性转型将是"十二五"时期宏观经济调控的主线,预计国家将出台一系列政策,引导我国经济增长逐步向"内需为主"转变。作为全球经济的深化调整,日本战后就经历过由出口导向、进口替代、到内需为主的战略转型。

2. 推动经济结构战略性调整

我国将在"十二五"期间继续坚持"保增长、扩内需、调结构"方针,对政策周期较长的"调结构"将给予突出体现。这既是为了保证当前应对危机的宏调举措延续过渡,也是立足长远,通过调整结构淘汰落后产能,使我国能够在未来新一轮国际经济分工中占据先机。在"十二五"时期,为促进经济结构实现战略性调整,国家一方面将出台支持新兴战略性产业发展的具体政策措施,以推进经济结构向高端化转型,抢占世界高新技术产业制高点;另一方面将进一步加大对当前传统产业的技术升级、重组与淘汰力度。

3. 推进民生状况的全面改进

与经济持续快速发展相比,我国过去30年社会发展相对滞后,与民生相关的社会事业领域没有得到根本改善。这种现象在欠发达地区尤为突出。在发达地区,由于财富分配的"两极分化",部分居民的生存状态堪忧。为维持社会稳定,国家将对基本公共服务均等化给予着重关注,一些与居民生活质量密切相关的民生事项将成为国家投入重点领域。在"十二五"时期,预计国家将出台完善保障民生方面的政策措施,花更大力气改善教育、医疗、就业等民生工程,从机制上保障人民能更多地分享到改革发展的成果。

4. 推进各项改革的战略性突破

"十二五"时期,推进增长模式的战略性转型和经济结构的战略调整任务艰巨,迫切要求对传统体制进行彻底改革,以消除束缚增长模式转型和经济结构调整的各种障碍。根据国家近期出台的相关政策,预计"十二五"时期国家将在以下三个领域加大改革力度。一是深化收入分配制度改革。调整国民收入分配结构将是改革的重点,目标是促进国民收入分配向普通劳动倾斜、向落后地区倾斜、向农村倾斜。二是加快垄断行业改革。预计国家将进一步放宽民间资本进入石油、铁路、电力、金融等重要领域的准入限制,以切实拓宽民间资本的投资渠道。三是推进财税体制改革。改革的重点是进一步顺中央与地方的关系,下放财力和责任,完善财力与事权相匹配的体制。

第三节 东北地区在全国地位的演变

东北地区是自然地理单元完整、自然资源丰富、开发历史近似、经济联系密切、经济实力雄厚的大经济区域,在全国经济发展中占有重要地位。但由于体制和机制等方面的原因,自 20 世纪 80 年代东北地区就显现出经济衰退迹象,到 90 年代产生"东北现象",出现了普遍的工业增长停滞和衰退。2003 年,国家提出振兴东北地区等老工业基地战略,为东北地区发展提供了难得的机遇。振兴战略的提出与实施使得东北地区发展速度位于全国前列,基本扭转了长期以来地区经济总量在全国位次下降的局面,区域发展进入了全面复兴的新阶段。

一、经济总量与投资

1. 东北经济加快发展,经济总量不断增加,在全国经济地位下降的趋势得以扭转

2003 年振兴战略实施以来,东北三省增长速度加快,经济总量在 2004~2010 年保持了 12%~14%的速度;分别高出全国各年度增长率 2~4 个百分点。东北在全国经济总量中的地位自 1980 年代以后不断下降,从 1990 年占全国 12%,到 2003 年下降至 9.1%。在国家"振兴东北"的有力措施贯彻以后,终于扭转了地位下滑局面。2006~2010 年东北占全国经济总量的比重保持在 8.5%~8.6%(表 1—1)。

表 1—1 各地区生产总值占全国的比重   单位:%

年份	1980	1990	2000	2001	2002	2003	2004	2005	2006	2007	2008	2009	2010
东部地区	43.6	45.7	52.5	52.8	53.4	54.1	55.4	55.5	55.7	55.3	54.3	53.8	53.1
中部地区	22.3	21.9	20.4	20.2	19.7	19.4	18.8	18.8	18.7	18.9	19.3	19.3	19.7
西部地区	20.4	20.4	17.1	17.1	17.2	16.9	17.1	17	17.1	17.3	17.8	18.3	18.6
东北地区	13.7	12.0	10.0	10.0	9.49	9.14	8.68	8.62	8.50	8.42	8.52	8.51	8.58

资料来源:相关年份的《中国统计年鉴》。

2. 固定资产投资增长较快,东北占全国比重不断上升

2003 年,东北三省固定资产投资增速低于全国平均水平 5.4 个百分点。东北振兴战略提出和实施的七年间(2004~2010 年),三省固定资产投资快速增长。年度增长率在 35%~40%的有三年,年度增长率在 29%~34%的也有三年。各年度投资增长率都高于全国平均速度,其中有五年比全国高出 9~16 个百分点(表 1—2)。

表1—2 东北三省全社会固定资产投资增长及其在全国所占比例的变化　　　　　　　单位:%

指标	区域	2003年	2004年	2005年	2006年	2007年	2008年	2009年	2010年
全社会固定资产投资(亿元)	东北	3 826	4 959	6 904	9 383.6	14 302.6	19 283.3	23 733	30 726
年均增长率	全国	27.7	26.6	26.0	23.9	24.8	25.5	30.0	23.8
	东北	22.3	29.6	37.8	39.8	34.0	35.0	23.1	29.5
所占比重	东北	7.6	7.9	8.8	9.8	10.4	11.2	10.8	11.3
	全国	100	100	100	100	100	100	100	100

资料来源:相关年份的东北三省和《中国统计年鉴》。

二、财政与城镇居民收入

1. 东北地方财政收入稳定增加,占全国比重相对平稳

振兴战略实施以来,东北三省地方财政收入稳定增加,2004～2010年七年有五年增长率超过20%,仅有两年增长率为15%。2010年东北三省地方财政收入达到3 362.8亿元。是2004年的3.41倍。

东北三省地方财政收入占全国的比重相对稳定,2004～2005年在8%以上,2007年和2008年比重略有下降,2008年以后又回升至8.2%以上(表1—3)。

表1—3 东北三省地方财政收入增长及其在全国所占比例的变化　　　　　　　　　单位:%

指标	区域	2003年	2004年	2005年	2006年	2007年	2008年	2009年	2010年
地方财政收入(亿元)	东北	850.2	985.3	1 200.7	1 449	1 842.7	2 357.3	2 720	3 362.8
年均增长率	全国	15.7	18.7	27.3	23.0	28.8	21.5	13.8	24.6
	东北	11.4	15.9	21.8	20.7	27.1	27.8	15.4	23.6
所占比重	东北	8.63	8.43	8.07	7.92	7.82	8.23	8.34	8.28
	全国	100	100	100	100	100	100	100	100

资料来源:相关年份的东北三省和《中国统计年鉴》。

2. 城镇居民收入稳定提高,与全国水平差距却不断拉大

辽宁、吉林和黑龙江三省城镇居民家庭人均可支配收入,2004年分别为8 008元、7 841元和7 471元,同比分别增长7.6%、11.9%和11.9%,辽宁增速与全国基本持平,吉林、黑龙江均高于全国4.2个百分点;2005年为9 108元、8 691元和8 273元,同比增长12.8%、10.8%和10.7%,增速高于全国3.2个、1.2个和1.1个百分点;2006年为10 370元、9 775元和

9 182 元,同比增长 12.6%、12.5% 和 11.0%,增速高于全国 2.2 个、2.1 个和 0.6 个百分点。2007 年为 12 300 元、11 286 元、10 245 元,同比增长 18.6%、16.7%、11.6%;2008 年为 14 393 元、12 829 元、11 581 元,同比增长 12.1%、13.7 %、13%,分别高于全国 3.7 个、5.3 个和 4.6 个百分点。东北三省城镇居民家庭人均可支配收入增速均高于全国当年,但绝对值仍低于全国水平,且差距有所扩大(表 1—4)。

表 1—4　东北三省城镇居民人均收入与全国的比较　　　　　　　　　　　单位:元

	2004 年	2005 年	2006 年	2007 年	2008 年	2009 年	2010 年
全国	9 421.6	10 493	11 759.5	13 785.8	15 780.76	17 175	19 109
东北	7 773.3	8 690.7	9 775.7	11 277.0	12 934.3	14 324	15 941
差额	1 648.3	1 802.3	1 983.8	2 508.8	2 846.46	2 851	3 168

三、外资外贸

1. 东北利用外资有所增长,占全国比重呈波动特点

2004 年,东北三省实际利用外商直接投资比上年降低 3.09%,低于全国增速 20.44 个百分点。2005 年,按商务部调整后口径计算,三省实际利用外商直接投资比上年增长 16.94%,高出全国增速 5.29 个百分点(全国实际利用外商直接投资同比增长 11.65%)。2006 年,三省实际利用外商直接投资比上年增长 22.79%,高出全国增速 5.95 个百分点(全国实际利用外商直接投资同比增长 16.64%)。2010 年三省实际利用外商直接投资比上年增长 12.1%。2005 年、2006 年和 2010 年东北三省外商投资增长率超过全国速度。

东北三省实际利用外资占全国的比重有所下降,由 2003 年的 8.94% 降至 2010 年的 7%,降低了近 1.94 个百分点(表 1—5)。

表 1—5　东北三省实际利用外商直接投资增长及其在全国所占比例的变化　　单位:%

指标	区域	2003 年	2004 年	2005 年	2006 年	2007 年	2008 年	2009 年	2010 年
年均增长率	全国	13.8	17.35	11.65	16.64	23.49	10.21	7.57	8.23
	东北	8.83	−3.09	16.94	22.79	11.22	2.52	6.76	12.1
所占比重	东北	8.94	7.38	7.73	8.14	7.33	6.82	6.76	7.00
	全国	100	100	100	100	100	100	100	100

资料来源:相关年份的东北三省和《中国统计年鉴》。

2. 对外贸易较快增长,但占全国比重略有下降

2004～2008 年,东北三省实现进出口贸易总额分别为 480.2 亿、571.1 亿、691.6 亿、871

亿和1 086.9亿美元,同比增长26.2%、18.9%、21.3%、25.9%和25%。其中,出口额为243.2亿、319.8亿、397.5亿、515亿和633.9亿美元,同比增长23.8%、31.5%、24.3%、29.4%和23.6%;进口额为237.1亿、251.4亿、294.1亿、356亿和453亿美元,同比增长29.2%、6.1%、17.0%、21.1%和27.2%。东北三省进出口总额占全国的比重由2003年的5.39%降至2008年的4.25%(表1—6)。2010年,东北地区进出口总额达到1 230.7亿美元,出口额为638.6亿美元,进口额为592.2亿美元。

表1—6 东北三省实际进出口贸易总额增长及其在全国所占比例的变化　　　单位:%

指标	区域	2003年	2004年	2005年	2006年	2007年	2008年	2009年	2010年
进出口总额年均增长率	东北	27.5	26.2	18.9	21.3	25.9	25	−16.5	35.4
出口额年均增长率	东北	21.8	23.8	31.5	24.3	29.4	23.6	−26.7	37.0
进口额年均增长率	东北	34.3	29.2	6.1	17.0	21.1	27.2	−2.1	33.4
所占比重	东北	5.39	4.16	4.02	3.93	4.01	4.25	4.12	4.14
	全国	100	100	100	100	100	100	100	100

资料来源:相关年份的东北三省和《中国统计年鉴》。

第四节　区域发展态势及面临的挑战

一、区域经济发展

1. 区域经济发展速度明显加快,但差距仍较为突出

1996~2001年,东北三省GDP平均增长速度都在10%以下,而2003年以来,GDP平均增长速度都在10%以上,并呈现逐年加快趋势。但东北三省GDP总量占全国GDP总量的比重升幅很小,与发达地区如广东省相比,其总量和比重都显得偏低。2003年、2004年、2005年、2006年、2007年和2008年,东北三省的GDP只分别相当于广东省当年GDP总量的80.3%、77.1%、76.6%、75.2%、74.9%和78.9%。

改革开放之初的十多年,东北地区在全国还保持重要的经济地位,GDP占全国的比重在10%~15%。但从20世纪90年代中期以后GDP比重开始持续下降。尽管近年来东北三省经济增长明显提速,但这期间全国其他地区尤其是沿海地区省份也保持经济高速增长,再加上长期积累形成的经济总量偏小的因素,即使经济增长速度较快,经济总量差距仍在加大。区域经济增长质量还不够理想,其优势产业在国内外市场竞争力还不够强。这导致东北地区的振兴与发展面临实实在在的竞争压力。

2. 工业升级改造效果显著,但经济效益偏低,产业结构偏重状况仍未改变

东北老工业基地振兴战略实施几年来,原有优势工业的升级改造取得了显著成效。尤其在重大技术装备制造业方面取得了突破性进展,在高档数控机床和基础制造装备、核电技术设备、特高压数变电设备制造等方面实现了技术升级,汽车、铁路客车、轮船、钢铁和化工原材料方面进行了一系列技术创新。东北老工业基地正在为建设现代化装备制造业和原材料工业基地而努力。

但是也应该看到,长期以来东北三省重化工业比重较大,效益较低,经济发展活力不足。2008年三省规模以上工业中,石油加工、炼焦及核燃料加工业资产总计1 722.46亿元;2008年三省规模以上工业实现利润总额为−415.48亿元。三省高耗能、低附加值的企业较多,工业整体效益受影响的制约因素多。

从产业项目安排上看,振兴政策实施以来的项目布局仍然集中在石化、钢铁和装备等优势工业部门,东北老工业基地原来的重型工业结构不仅没有发生变化,相反还得到了加强,这将增大三次产业结构刚性,使产业结构的调整更为困难。2003年东北三省第一、二、三产业增加值占GDP的比重分别为12.4%、50.7%和36.9%,2008年为11.7%、53.0%和35.3%,三次产业结构基本没有变化。2008年东北三省第三产业增加值占GDP的比重低于全国4.8个百分点,相反第二产业增加值占GDP的比重却高出全国4.4个百分点。

此外,东北地区新兴产业没有形成明显的竞争优势,多数产业不具备产业核心技术和领先技术,自主创新能力不强,传统优势产业的持续扩张面临着投资和市场风险等问题。

3. 人口与经济要素向沿海和哈大沿线的集聚加快,区域经济发展差距扩大

近年来,随着东北老工业基地经济社会快速发展,东北地区与环渤海地区的经济合作日趋紧密,尤其受到经济全球化因素的影响,人口和经济要素呈现出向沿海地区和中部城市群集聚的态势。振兴东北老工业基地各方面政策实施以来,超过一半以上的投资和项目集中在辽宁省,比如第一、二批国债项目总投资1 089亿元,辽宁省占60.94%(表1—7);依托区位优势,辽南沿海成为吸引国际和国内投资新的热点地区,而且伴随大型企业的跨区域联合重组,东北内陆地区的一些企业和人员搬迁到沿海地区;"辽中城市群"、"吉中城市群"和"哈大齐工业走廊"快速发展建设,使东北哈大沿线地区的经济核心地位进一步加强,与周边地区经济发展差距拉大。东北三省间的振兴发展步伐也不一致。辽宁省在工业技术改造、体制改革创新、棚户区改造和社保制度试点等方面领先于吉林和黑龙江两省,而且在广大干部群众的观念更新方面,辽宁省表现得更加主动和积极。当前的人口和经济要素向优势区位地区集聚,是东北老工业基地改造过程中的要素重组过程;体现了市场经济条件下资源配置的特征与规律,有利于形成区域经济增长极,带动东北老工业基地快速复兴并参与国际经济竞争,发挥东北整体区域经济功能。同时,人口和经济主要集中在中部平原和南部沿海地区,有利于保护东部、西部和北部地区的生态环境,保障东北地区长远的可持续发展。然而,部分地区的超前发展拉大了地区间发展差距。总体上看,各个省份占东北三省GDP总值的比重变化不大,辽宁省GDP比重一直占全区的50%,但各个省份的经济发展速度变化较为明显。自2003年振兴政策实施以来,辽宁、吉林两省经济增长速度持续高于黑龙江省(图1—3)。

表1—7 东北老工业基地振兴国债项目投资情况

	国债项目第一批			国债项目第二批		
	项目数(个)	投资额(亿元)	比例(%)	项目数(个)	投资额(亿元)	比例(%)
辽 宁	52	442.0	72.46	91	221.68	46.28
吉 林	11	54.4	8.92	60	151.74	31.68
黑龙江	37	113.6	18.62	46	105.58	22.04
三省合计	100	610.0	100.00	197	479.00	100.00

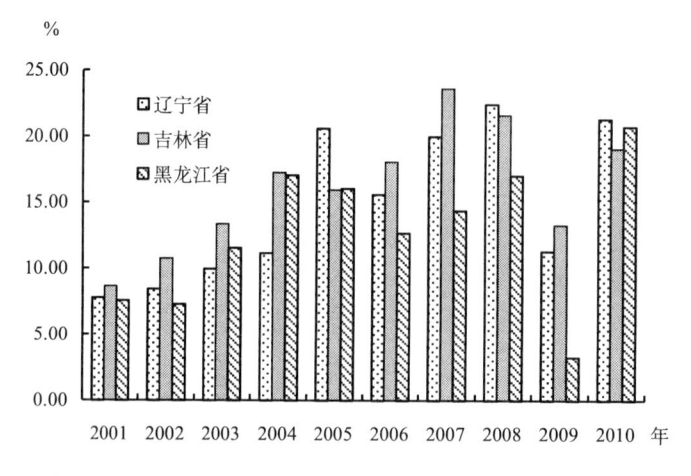

图1—3 2001~2008年东北三省GDP增长速度变化

区域经济发展差距主要体现在中部城市群地市和东西部地市间的发展差距,固定资产投资和GDP指标及占全区比重都发生了明显变化。辽宁和吉林各地市固定资产投资和GDP增长较快,占东北三省比重也相应提高,黑龙江省增长相对较慢,比重下降(表1—8)。

表1—8 2001年和2008年东北三省各地市固定资产投资、地区生产总值及其比重

城市	固定资产投资(亿元)		占全区比重(%)		地区生产总值(亿元)		占全区比重(%)	
	2001年	2008年	2001年	2008年	2001年	2008年	2001年	2008年
沈阳	283.56	3 008.65	11.48	23.55	1 236.50	3 860.47	10.98	12.45
大连	253.06	2 513.38	10.25	19.67	1 235.60	3 858.25	10.98	12.44
鞍山	89.16	700.31	3.61	5.48	641.50	1 607.86	5.70	5.18
抚顺	53.41	380.74	2.16	2.98	257.90	662.44	2.29	2.14
本溪	57.14	224.07	2.31	1.75	177.30	610.86	1.58	1.97
丹东	49.97	352.01	2.02	2.76	186.60	563.86	1.66	1.82
锦州	41.06	251.39	1.66	1.97	216.50	690.44	1.92	2.23

续表

城市	固定资产投资（亿元）		占全区比重（%）		地区生产总值（亿元）		占全区比重（%）	
	2001年	2008年	2001年	2008年	2001年	2008年	2001年	2008年
营口	42.64	543.07	1.73	4.25	192.30	703.57	1.71	2.27
阜新	26.70	140.66	1.08	1.10	70.30	233.91	0.62	0.75
辽阳	32.67	234.82	1.32	1.84	180.60	566.61	1.60	1.83
盘锦	93.46	367.02	3.78	2.87	300.90	675.00	2.67	2.18
铁岭	33.08	506.63	1.34	3.97	137.90	536.33	1.23	1.73
朝阳	33.73	353.00	1.37	2.76	92.80	446.61	0.82	1.44
葫芦岛	45.98	218.83	1.86	1.71	184.10	457.82	1.64	1.48
长春	199.26	1 667.38	8.07	13.05	1 003.01	2 561.89	8.91	8.26
吉林	124.80	933.53	5.05	7.31	446.44	13 00.09	3.97	4.19
四平	26.89	247.40	1.09	1.94	179.43	596.55	1.59	1.92
辽源	15.57	240.17	0.63	1.88	63.70	271.19	0.57	0.87
通化	29.21	377.81	1.18	2.96	158.05	447.33	1.40	1.44
白山	25.33	203.97	1.03	1.60	93.61	300.35	0.83	0.97
松原	56.66	395.10	2.29	3.09	178.01	806.72	1.58	2.60
白城	24.93	175.01	1.01	1.37	83.29	290.72	0.74	0.94
延边朝鲜族自治州	49.70	352.14	2.01	2.76	142.51	379.78	1.27	1.22
哈尔滨	311.78	1 199.35	12.63	9.39	1120.10	2 868.00	9.95	9.25
齐齐哈尔	52.20	209.03	2.11	1.64	301.10	666.00	2.67	2.15
鸡西	23.06	75.54	0.93	0.59	136.30	316.00	1.21	1.02
鹤岗	18.60	72.29	0.75	0.57	69.70	185.00	0.62	0.60
双鸭山	24.09	120.35	0.98	0.94	92.30	260.00	0.82	0.84
大庆	200.08	601.94	8.10	4.71	1 077.90	2 220.00	9.58	7.16
伊春	12.75	69.27	0.52	0.54	78.60	179.00	0.70	0.58
佳木斯	37.38	113.10	1.51	0.89	164.20	399.00	1.46	1.29
七台河	16.70	90.01	0.68	0.70	61.40	187.00	0.55	0.60
牡丹江	32.06	213.85	1.30	1.67	228.60	501.00	2.03	1.62
黑河	23.36	55.92	0.95	0.44	82.50	206.00	0.73	0.66
绥化	29.28	138.74	1.19	1.09	339.60	534.00	3.02	1.72
大兴安岭	—	22.61	—	0.18	45.40	70.00	0.40	0.23
合计	2 469.29	12 776.58	100.00	100.00	11 256.56	31 019.65	100.00	100.00

资料来源：《辽宁统计年鉴》、《吉林统计年鉴》、《黑龙江统计年鉴》，2002年、2009年。

2001～2008年，大连、沈阳、长春、哈尔滨四个中心城市人口占东北三省比重由27.53％上升到28.13％。东北老工业基地振兴中出现的区域经济发展不平衡，除了有历史原因外，新形势下区位因素对地区经济增长的影响开始增大，各个省份对振兴政策的响应和落实程度也有着重要影响。对于影响因素的新变化，应该给予充分重视，尤其是那些处在偏远地区的资源型城市，要避免被"边缘化"的危险。

二、社会发展与环境

1. 劳动就业矛盾得到初步缓解，长期就业形势依然严峻

东北老工业基地振兴政策实施几年来，东北老工业基地就业形势发生了明显的改观，社会发展趋于和谐稳定。就业形势好转主要有三个方面原因。一是经济振兴吸纳了大量劳动力就业；二是再就业的培训和安置机制逐步完善，发挥了越来越大的作用；三是覆盖全社会的社会保障机制初步建立，对缓解就业矛盾及其引发的问题起到了重要作用。但是，从长期来看，东北地区就业形势依然严峻。目前东北三省森工、军工、煤炭行业等困难群体有近500万人（振兴东北办，2007）。东北三省农村剩余劳动力达2700多万人，就业的压力比较大。

尽管近年来东北三省固定资产投入和经济增长速度都呈现异乎寻常的高速增长，但是并没有带来人们所期望的就业形势的显著改观。其中有两个主要原因：一是大量新增投资和项目仍然集中在传统优势领域，均属于资本密型和技术密集型，对增加就业的贡献不大；二是整个东北地区企业重组和产业转型所排斥出来的劳动力远大于新增项目的就业吸纳能力，以至于整个地区失业率仍居高不下。这表明，如果不调整前几年只注重重化工业发展的思路，那么再多的投资对于改善地区就业状况的作用也显得有限，增加就业需要大力发展劳动密集型产业。

2. 资源型城市棚户区改造成绩显著，经济转型仍任重道远

东北地区资源型城市数量大，资源枯竭型城市的经济和社会发展是振兴东北老工业基地的焦点问题，资源型城市经济仍然是振兴东北老工业基地最难解决的问题之一。从2001年阜新市被列为国家资源型城市经济转型试点以来，目前本区共有六个国家试点城市，包括阜新、大庆、伊春、辽源、白山和盘锦。几年来，全区包括试点城市在内的34个资源型城市，在振兴东北老工业基地相关政策的支持下，经济转型工作都取得了初步成效，在新增项目的投资拉动下经济增长速度显著提高，扭转了经济衰退和低速增长的状况。比如，国家支持阜新市的23个重点项目累计完成投资45亿元，以农产品加工业作为接续产业的态势已基本形成；辽源市初步确立了三大支柱产业；2006年，辽源和白山市实现工业增加值分别增长37.9％和26.5％。经济形势好转的同时，社会发展变化显著。就业形势明显改观，大量下岗失业人员实现了就业。尤其是采煤塌陷区治理和棚户区改造成效显著，产生了广泛的社会影响。国家累计投资65亿元用于东北三省15个采煤沉陷区项目的治理改造，新建住宅面积907万平方米，安置居

民15.24万户。至2006年年底,辽宁省完成5万平方米以上连片棚户区改造面积1 212万平方米,吉林省棚户区改造项目已开工面积1 300万平方米,黑龙江省棚户区改造正在大规模推进。近两年这一工作的推进力度不断加大,成效比较显著。

然而,目前取得的成绩还只是局部和初步的,大部分资源型城市还没有培育出可支撑地方经济发展的接续产业,资源开采和加工业仍占据地方经济的主导地位。近年来取得的经济高速增长主要来自对原有产业的改造投资和新增项目的拉动,以及国内外能源和资源需求增大、价格上涨等因素的影响,非资源依赖型产业发展严重不足。从横向比较来看,大部分资源型城市与非资源型城市间的经济总量差距还在扩大,比如阜新市GDP仍处在辽宁省末位。这表明,从长远来看,要真正实现资源型城市经济转型,必须大力发展新兴产业,改变过度依赖当地矿产资源的经济发展策略,实现产业结构的多元化和高级化。而对于处在偏远地区的资源型城市,由于缺乏发展新兴替代产业的产业基础、资金、技术和人才,新型产业结构的形成无疑是个艰难而缓慢的过程。此外,长期积累下的大量社会问题不可能期望短期内彻底解决,必然要干扰经济转型工作。因此,资源型城市经济转型必须要有更宽广的视野、更开放的发展思路,采取更加综合的政策措施。

3. 区域生态环境状况总体有所好转,局部环境风险加大

东北老工业基地振兴战略,促进了吉林和黑龙江两省的生态省建设以及辽宁省循环经济试点工作的实施。制定并实施了《松花江流域水污染防治规划》,松辽流域水环境治理列为重点;东北三省都签订了"十一五"二氧化硫和水污染物总量削减目标责任书,节能减排成效明显;退耕还林还草、黑土区水土保持、西部草原"三化"治理和湿地保护恢复力度加大;国有企业工业技术改造、矿山环境治理和生态恢复以及城市环境保护基础设施建设取得了巨大进展。目前,东北地区生态环境总体状况趋于恢复和好转,城市大气环境明显改善,部分河段水环境恶化趋势得到遏制。

然而,尽管生态环境治理力度加大,污染物排放和环境安全标准等级不断提高,但是由于区域经济发展速度和经济规模总量大幅度提高,局部地区承担着比以前更大的资源环境压力,存在着环境风险。辽宁沿海经济带的开发、中部城市群的集聚发展和高强度开发,使这些地区土地开发规模和开发速度迅速加大,直接干扰和破坏了当地的生态系统;产业和人口的快速集聚,增大了资源消耗和"三废"排放,水土资源变得十分紧张。特别是已经实施的产业振兴项目,仍然以重化工业项目为主,资源和能源消耗大,"三废"排放总量大。而且这种由于区域产业结构所带来的"结构性污染",在相当长时期内难以改变。此外,近年来东北地区迅速兴起的农产品养殖业和加工业,由于点多面广,环境治理难度大,对东北地区生态环境的影响逐渐扩大。

三、体制机制改革

1. 国有企业体制改革向纵深发展,但深层次矛盾未根本解决

实施振兴政策以来,东北三省的国有工业企业股份制改造取得了阶段性成绩,体制改革重

点向纵深发展并开始转向其他领域和行业。然而，许多国有企业尚未建立起规范、有效的现代企业制度。相当部分国有企业历史包袱沉重，机制不活。改制企业遗留问题也不容忽视，许多企业虽然进行了改制，但债务并没有化解。尽管国家对解决厂办大集体问题在财力上给予了支持，但由于东北厂办大集体企业多，改制资金缺口很大，多数地方反映无力实施这项政策。尤其是在东北地区长期形成的条条与块块、中央与地方之间的利益关系还有待理顺。中央直属国有大中型企业主导东北经济的局面没有发生变化。国有经济比重依然偏大，民营经济弱小，经济发展活力不足。中央国有企业控制着地区经济发展的优势资源和优势领域，产业发展与布局以国家和全球发展战略为主，地方经济发展放在从属地位。中央企业与地方政府和企业之间的利害关系错综复杂，彼此之间的关系在短期内难以协调，有待于国家经济和政治领域等方面的深化改革。此外，由于体制改革落后造成的观念意识落后，导致了形形色色的行政低效乃至腐败问题，影响了地方经济发展环境，阻碍着地方经济发展。解放思想和更新观念不但是一个十分紧切的现实问题，而且还是一个长期的任务。

2. 区域合作出现新亮点，但跨省区一体化发展机制尚未建立，区域竞争加剧

目前，东北三省都在努力促进省区内部区域合作机制，包括"辽宁沿海经济带"、"辽中城市群一体化"、"吉中城市群"、"延龙图一体化"和"哈大齐工业走廊"等。但跨省区合作发展十分缓慢，三省之间的差距进一步拉大。产业结构的相同和相近并没有形成紧密的产业链上下游协作关系；相反，由于产业布局雷同导致相互争夺资源和市场。从东北三省的老工业基地振兴规划中可以发现，它们的主导产业和支柱产业规划大同小异，缺乏合理分工和协作。新兴工业发展并没有很好兼顾自身原有的产业基础、资源保障和市场前景等，这个问题突出表现在农产品加工业、汽车、钢铁和石化等行业。新兴服务业发展也缺乏合作分工，比如近几年会展业蓬勃发展，但也出现了内容雷同、次数偏多、缺乏协作等问题。尽管在部分领域已初步建立了一些合作机制，但各个省区间尚未建立强有力的区域协作机制。为获取中央投资和项目审批，地方政府各显神通。省际贸易增长率远低于外贸进出口总额增长率；各地在引进外资等方面竞相出台优惠政策，在外贸进出口上又竞相压价，导致过度竞争；地方政府对市场封锁和垄断，阻碍了区域统一市场的形成；存在重复建设、发展战略趋同、产业结构趋同的倾向。

第二章 提升发展能力的战略与方向

东北振兴战略实施近十年来,社会发展环境、产业结构调整、改革开放、民生改善、基础设施建设、城市发展、现代农业发展等方面取得了显著成就,地区经济实力有了显著的提升。未来五到十年,还需要花大力气,以社会、经济可持续发展为主线,以新型工业化、新型城市化、区域创新能力为主攻方向,寻找新的发展模式,促进该地区又好又稳发展。

本章以基本实现振兴和全面建设小康社会为目标,阐述了振兴与发展进程中需要调整的重大关系,论证了区域发展基础动力培育的方向;设计并论证了现代产业体系建设、新型城市化、区域创新能力、区域协调发展、公共保障体系建设的基本思路与方向;提出了以大力推进新兴战略性产业为抓手推进现代产业体系建设、以新型城市化带动工业化转型、以创新提升区域发展活力、以可持续发展促进社会—经济—资源环境协调发展等建议。巩固国家装备制造业基地、国家新型原材料和能源保障基地、国家粮食安全和农牧业生产基地、国家重要的技术研发与创新基地地位。

第一节 重大关系认识与战略取向

一、振兴与发展的重大关系认识

构建与社会主义市场经济相适应的体制机制,构建实现全面振兴的现代化产业体系,构建支撑振兴的现代基础设施体系和生态环境,构建惠及民生的社会发展和社会保障体系,基本实现振兴、率先实现小康目标是东北地区的努力方向。未来十年,东北地区的发展涉及如下重大关系的调整与转型。

1. 从解决历史遗留问题向促进区域可持续发展转变

"十一五"期间,在实施东北地区等老工业基地振兴战略的推动下,东北地区经济社会发展取得了显著成就,经济实力显著增强,地区生产总值年增长率平均在10%以上。优势产业发展步伐加快,产业升级初现端倪。国企改制初步完成,非公经济加速发展。资源型城市资源枯竭、棚户区改造、厂办大集体等历史遗留问题逐步得到解决。"十二五"期间,东北地区应转变发展思路,将重点从解决历史遗留问题向促进区域可持续发展转变,注重体制机制、技术的创新,逐步建立可持续发展的长效机制和政策体系,强化现代产业体系建设、经济发展方式转变、区域分工协作、城市化改造、社会环境建设等领域的政策深化设计和引导作用。

2. 从优化传统产业向促进构建现代产业体系转变，更加注重发展战略性新兴产业

2003年国家提出振兴东北等老工业基地战略，在一系列政策和项目的支持下，近年来东北经济社会发展呈现出快速振兴的态势，工业经济持续增长，实力不断增强，经济、社会和生态效益明显提高。以沈阳、大连为核心的全国第四大都市经济区和哈大产业集聚带正在形成，工业结构调整和优化取得了显著成效。但不容忽视的是，东北地区在产业发展中仍面临着资源依赖程度高等问题。未来必须以建立结构优化、技术先进、清洁安全、附加值高、吸纳就业能力强的现代产业体系为目标，坚持重点突破与整体提升相结合，大力发展先进制造业为重点，以信息化带动工业化，大力优化提升产业结构。

面向"十二五"以及更长时期，东北地区应更加注重发展战略性新兴产业。从地区高新技术产业发展现状来看，光电子产业、软件产业、新型电子元器件、智能化仪器仪表、航空产业、卫星应用产业、生物医药等具有相对优势的领域已经成为高新技术产业的主导产业群。应积极培育和发展作为高新技术产业基础的信息业，以生物技术应用为主的生物医药业，以飞机制造为核心的航空航天产业，以超导、纳米、分子技术为主的新材料产业，以化学能、太阳能为主的新能源产业以及海洋新兴产业。加大对这些领域自主创新成果产业化的支持力度，发挥高新技术产业开发区的辐射和带动作用，建立一批特色产业基地和优势高技术产业集群，形成若干高技术产业增长点。服务业应坚持市场化、产业化、社会化方向，依托大连、沈阳、长春和哈尔滨四大中心城市构建现代服务体系，积极承接国际服务贸易转移，提高服务业发展水平，重点发展物流业、金融业、旅游业和文化创意等现代服务业。

3. 从单纯解决资源型城市转型向推动新型城市化转变

"十一五"期间，国家在推进《东北地区振兴规划》中确立的六个资源型城市转型试点的基础上，先后确立了两批共44个资源枯竭城市（区）作为经济转型试点，其中东北地区有16个，给予了相应的政策扶植和资金支持。在这一政策的支持下，资源型城市经济转型稳步推进，采煤沉陷区治理和棚户区改造进展顺利；基础设施不断完善，生态建设和环境保护取得积极成效，城镇社会保障体系初步建立；多数资源型城市的可持续发展能力增强。"十二五"期间，东北地区应注重推动城市化的发展，转变发展模式，以新型城市化带动工业化，实现城市化、信息化和工业的互动发展。国家发展和改革委已经启动了《全国资源型城市可持续发展规划》的编制工作，此项规划的编制是从全局高度谋划未来一段时期资源型城市可持续发展的重大举措，国家对资源枯竭型城市的扶持，包括中央财政转移支付和诸如土地整治、生态保护、棚户区改造、替代产业培育等专项资金，据预计将在"十二五"期间针对全国69个资源枯竭型城市投入近1 000亿元。东北地区应抓住机遇，充分贯彻和利用好国家的专项政策，着力以下几个方面建设。

（1）提高城市的综合经济实力。东北老工业城市应适应新时期经济发展的规律，因地制宜地制定和完善经济发展战略。首要任务是工业化与信息化融合，形成以高技术化、知识化为特征的竞争力强、辐射面广的现代城市型产业群。

(2) 实施"科教兴市"战略。东北老工业城市应增加教育投入,积极发展职业和成人教育,加强教师队伍建设。应进一步改革用人政策和机制,加大人力资源开发力度,积极营造用好和吸引人才的良好环境。鼓励技术、管理等生产要素参与收益分配。设立人才开发基金,加快人才市场建设,充分发挥现有科研人员的作用,遏制人才外流的势头。

(3) 加强城市文化建设。城市竞争力强弱不仅体现于经济竞争力,而且表现于文化建设水平。城市文化的主要内容包括城市的制度组织、市场贸易环境、创新和学习能力、景观形象、历史文化、文化产业、市民素质和政府形象等。东北老工业城市未来可加快培育影视演艺、会展、动漫游戏、新闻出版、工业设计、文化旅游等文化创意产业。

(4) 注重生态城市建设。在城市生态环境建设过程中,要坚持环境保护和经济、社会协调发展。在产业结构调整过程中,淘汰落后的生产设备和过剩的生产能力,大力发展高新技术和低耗能产业,坚决关停破坏资源、污染严重的企业。同时要做好城市周边地区生态体系建设。老工业城市生态环境质量的提高,将不断推动城市竞争力的提升。

4. 从工业化推动城市化向城市化引导工业化转变,促进城市化、工业化和信息化融合

资源的开发和工业的发展推动了东北地区城市的形成与发展,并决定了城市的特性和功能,使东北地区成为我国工业化和城市化的先行区域。在转变发展方式、信息化不断发展的大背景下,必须重新审视城市化与工业化的关系,应从营造需求和营造发展环境两个基本点出发,探索新型城市化的途径,以此引导东北地区工业化的发展和现代产业体系的建设。一是与信息化融合,推动信息化城市建设,营造新型工业化的发展环境和需求基础,加强城市信息化建设,利用信息技术改造传统产业;二是加强城市基础设施建设,营造新型工业化的支撑基础;三是提高居民生活水平和质量为努力方向,扩大本地需求,为新型工业化创造不断增长的需求;四是按照新型城市化和新型工业化的要求,处理好城市化与城市老工业区的空间结构关系,对城市老工业区加以合理改造和再利用,构建宜居的环境。

二、区域发展的基础动力营造

1. 经济稳定增长的动力

投资、消费和出口是促进一个地区经济增长的主要手段,就东北地区的发展态势看,近年来GDP的增长主要是靠投资拉动,其可持续性越来越值得怀疑,经济稳定增长的前景不容乐观。如何营造区域经济稳定增长的动力仍面临严峻的形势,内生有效增长动力不足,外生市场拓展能力有限。长远看,消费需求的增长逐渐成为经济持续增长的长久动力,成为发动机。如何扩大东北地区的需求能力并使其成为刺激本地经济稳定增长的动力将是未来政策关注的主要方向。

同时,东北亚是亚洲自然资源最丰富的地区,各国在资源、劳动力和其他社会经济要素上

具有很强的互补性，未来合作具有良好的基础。由于历史原因，各国合作进展缓慢。目前，随着图们江流域的开发以及中日韩合作开始走向制度化，东北亚经济合作迎来了新的机遇。未来东北地区应围绕对外开放构筑沿海沿边和内陆全面开放的新格局，加强与东北亚各国的合作，积极地引进韩国、日本的先进技术，改造东北地区的传统产业，提高其竞争能力，营造经济稳定增长的外部动力。

未来的重点是把握科学发展主题和加快转变经济发展方式主线，着力深化改革开放，推动体制机制不断创新，更加注重产业转型升级、科技创新、结构优化、环境友好型产业体系建设、城市改造等，营造稳定增长的动力。

2. 新型城市化的动力

新型城市化以"居民市民化"、"空间布局合理化"、"土地利用集约化"、"产业发展差异化"、"基础设施现代化"和"城市管理精细化"为标志。市民化不仅仅表现在户籍的转变，更重要的是附属在户籍背后的就业、住房、社保、医疗和子女就学等相关政策待遇的市民化。这不仅关乎经济增长——扩大内需的潜力所在，而且关乎社会和谐。空间布局合理化就是合理引导城市群发展、区域城市体系建设和城市内部空间功能的合理安排，营造宜居的环境和可持续发展的载体。土地利用集约化就是按照高效、节约的理念，确定合理的用地规模和结构，建设"紧凑—效率"型的城市功效空间。产业发展差异化就是按照产业分工和比较优势的理论，建立因地制宜的现代产业体系，实现精明增长，促进区域整体发展效率的提高。基础设施现代就是打造现代化并有效率的基础设施服务体系，支撑城市的健康发展。城市管理精细化就是利用现代化的信息手段，建章立制，在社区管理、物业管理、交通管理、安全管理、环境监测、文化建设等方方面面做到精细化，体现以人为本的城市发展理念。

按照上述标准，东北地区的新型城市化任重道远，动力不足。未来应牢牢抓住"质量提升"这个核心，以民生幸福为方向，切实从速度优先向速度与质量并重转变，从传统发展路径向创新型、内涵式的发展路径转型，从"单打一"发展向经济、社会、城市、文化、生态等综合协调发展转型，进一步提高城市发展的质量和效益。

3. 发展方式转变的动力

目前，东北地区转变发展方式的动力不足，主要体现在体制机制不活、企业转型活力不足、重化工投资倾向、政策引导乏力等方面。未来应按照"十二五"规划纲要的要求，坚持把经济结构战略性调整作为加快转变经济发展方式的主攻方向，构建扩大内需长效机制，促进经济增长向依靠消费、投资、出口协调拉动转变；坚持把科技进步和创新作为加快转变经济发展方式的重要支撑，增强自主创新能力，推动发展向主要依靠科技进步、劳动者素质提高、管理创新转变。

4. 可持续发展的动力

目前东北地区发展的资源环境压力有增大的趋势,落实生态文明建设的战略任务艰巨。东北的老工业基地仍然未能摆脱严重依赖资源的高消耗、高污染以原材料加工为主的重化工业结构。约有2/3的老工业基地的资源、能源消耗强度高于全国平均水平。各类污染物排放总量大,水环境和大气环境污染问题突出,近2/3的老工业基地城市的废水、废气排放强度超过全国平均水平,加强可持续发展动力的培育显得越来越重要。未来应坚持把建设资源节约型、环境友好型社会作为加快转变经济发展方式的重要着力点,强化资源节约和环境保护,节约能源,降低温室气体排放强度,发展循环经济,推广低碳技术,促进经济社会发展与人口资源环境相协调,走可持续发展之路。

三、促进经济社会又好又稳发展的战略取向

1. 坚持四个方向

(1) 坚持重点突破与整体提升相结合。以发展先进制造业和生产型服务业为重点,推进现代产业体系的建设;以信息化带动工业化,大力优化提升产业结构;以资源枯竭型城市转型为重点,提升城市的发展能力;以合作机制建设为抓手,推进区域协调发展;以农业集约化经营为重点,推进农业现代化建设。

(2) 坚持以开放促改革,以发展的成果支撑稳定。抓住东北亚经济一体化的机遇,大力推动内部改革;引入和壮大非公经济,创造发展新动力;以经济发展的成果支撑改革和社会发展,实现动态发展下的稳定。

(3) 坚持发挥比较优势和营造竞争优势相结合,提升区域竞争力。发挥农业、矿产资源、装备制造等比较优势,提升优势产业竞争力;抓住国际产业转移的机遇,瞄准新兴产业发展方向,大力发展高技术产业和现代服务业;打造具有国际竞争力的产业集群,发挥辐射带动效应,提升区域的整体竞争力。

(4) 坚持统筹兼顾,走全面振兴之路。统筹经济发展与人口、资源、环境的关系,加快消除城乡二元结构,在资源环境可承受的基础上,实现经济的快速发展。打破行政壁垒,加速要素资源合理流动,加强基础设施共建共享,形成区域一体化的发展机制。

2. 发展目标导向

"十二五"时期,东北地区需努力实现以下经济社会发展的主要目标。

(1) 经济快速发展。东北地区经济总量年均增长速度不低于10%,综合经济水平达到东部沿海地区平均水平。

(2) 结构调整取得显著进展。国有企业改革基本完成,工业增加值率达到40%(2003年为49%,2008年为33%);农业集约化、规模化经营程度明显提高;现代生产型服务业体系基

本形成。科技进步对经济增长的贡献率达到60%。非公有制经济增加值占地区生产总值比重提高15~20个百分点。

（3）可持续发展能力明显增强。总人口控制在1.1亿人，耕地保有量2 423万公顷。资源利用效率显著提高，单位国内生产总值能源消耗降低25%左右，单位工业增加值用水量降低25%。生态环境恶化趋势基本遏制，森林覆盖率提高2.2个百分点，自然生态保护区面积有所增长，管护水平显著提高。辽河、松花江流域水污染治理和辽中城市群大气污染治理取得显著进展，主要污染物排放总量减少10%。

（4）社会发展水平明显提高。基本公共服务得到改善，教育、卫生、社会保障体系基本健全，贫困人口基本消除。防灾减灾能力增强，城乡二元结构显著改变。城镇居民人均可支配收入和农村居民人均收入增速高于全国平均水平，城镇登记失业率控制在5%以下。

（5）关键领域的改革基本到位。基本完成厂办大集体、林业等领域的改革，历史遗留问题得到解决。农业集约化、规模化经营取得更大进展。进一步完善国有企业的法人治理结构，发展的动力和活力进一步增强。

（6）初步形成与东北亚经济一体化的开放式发展格局。推动沿海、沿边、内地的全方位对外开放，能够引领东北亚地区的经济一体化进程，参与全球经济大循环的能力进一步增强。

第二节　现代产业体系建设战略

一、全面推进工业结构优化升级，提升市场竞争力

1. 进一步提升装备制造业的地位

立足于装备制造业的现有基础，以信息化、智能化、集成化为突破口，加快推进企业技术进步，提升企业自主创新能力和系统集成能力，积极承接发达国家和地区的装备制造业转移，集中力量发展重型装备、数控机床、发电和输变电设备、汽车、船舶和轨道交通设备六大产业，加大投资和政策支持力度，完善上下游产业链，促进相关产业部门不断集聚，将东北地区建设成为先进装备制造业基地。同时，积极培育潜力型产业，依托装备制造业整机制造能力强的优势，发展基础配套零部件、加工辅具和特殊原材料等。依托国防军工企业汇集的优势，发展军民两用技术，促进军民融合，增强军工企业的辐射带动作用（专栏2—1）。

2. 积极推进信息化与工业化融合，提高自主创新能力

贯彻落实重点产业调整振兴规划，加大结构调整力度，加快淘汰落后产能，防止重复建设。积极推进信息化与工业化融合，用现代信息手段改造传统产业，提高数字化、智能化水平。按照走新型工业化道路要求，坚持以市场为导向、企业为主体、增强自主创新能力，切实转变经济发展方式。把提高自主创新能力作为工业结构调整的中心环节，建设一批带动力强、影响面广、见效快的技术创新和高技术产业化项目，大力发展具有自主知识产权的关键技术，增强企

业研发能力。大力推广应用自主创新成果,努力使之转化为先进生产力,培育新的经济增长点。

3. 依托原材料加工基地的优势,努力发展下游特色轻工产业

依托农林产品商品量大、品质好、畜牧养殖业发达的优势,大力发展农林畜产品精深加工业。依托北方中药材资源优势,发展现代中药(北药)产业。依托地处东北亚中心的地缘优势,加强与周边国家的能源和资源开发合作。

专栏2—1

东北地区产业结构调整方向建议

第一类:工业产业原有的基础较好,竞争力较强,增长优势明显,且对东北区域产业发展影响较大的工业部门。包括石油加工、炼焦和核燃料加工业、交通运输设备制造业、农副食品加工业。应进一步增强对相关主导工业部门的资金、政策等的支持力度,促进产业进一步发展壮大,按照区域分工的原则引导集中布局,形成产业集聚效应。延长产业链条,鼓励其充分发挥地缘优势,积极参与国际竞争和开拓境外市场。

第二类:工业产业基础有一定的优势,竞争力较强,但增长优势不明显的行业部门。包括石油和天然气开采业、黑色金属冶炼及压延加工业、有色金属矿采选业、化学原料及化学制品制造业、医药制造业、电力、热力的生产和供应业等。应对原有的产业进行技术改造升级,通过引进国内外相关先进的管理经验、模式和技术手段,实现产业生命周期的延长和再发展。

第三类:工业产业基础薄弱,没有布局上的集中优势,但比较竞争力不断增强,增长优势度明显上升的行业部门。包括专用设备制造业、饮料制造业等。在制定区域发展规划的相关政策中,在财税、资源开发利用等方面加大扶持力度,促使这些潜力行业成为新时期发展的重要产业。

第四类:工业产业基础处于劣势地位,竞争力不断下降,缺乏增长优势的行业部门。包括纺织业、服装制造业、造纸业、皮革制品业、通信和仪表制造业等。在珠三角、长三角拥有技术与市场优势、产业外向度高等情况下,积极发掘东北地区轻工业发展具有的后发比较优势,培育具有东北自身特色的高技术附加值企业,淘汰落后企业和技术。

二、加快发展高技术产业,着力培育新兴产业

未来十年,东北地区应升级改造传统产业,加快发展高新技术产业。重点发展作为高新技术产业基础的信息业,以生物技术应用为主的生物医药业,以飞机制造为核心的航空航天产业,以超导、纳米、分子技术为主的新材料产业,以化学能、太阳能为主的新能源产业以及海洋

新兴产业。加大对这些领域自主创新成果产业化的支持力度,发挥高新技术产业开发区的辐射和带动作用,建立一批特色产业基地和优势高技术产业集群,形成若干高技术产业增长点(表2—1)。

表2—1 东北地区高新技术产业行业分布城市

高新技术行业	分布城市
新材料	鞍山、沈阳、大连、大庆、长春、吉林、哈尔滨
环保节能	鞍山、沈阳、大连
电子信息	鞍山、沈阳、大连、大庆、长春、哈尔滨、吉林
机电一体化	鞍山、大庆、哈尔滨、吉林、长春
精细化工	鞍山、吉林、大庆
生物医药	鞍山、沈阳、大连、大庆、长春、哈尔滨、吉林
先进制造技术	沈阳、长春(汽车及零部件)
光电子	长春、吉林
农产品深加工	长春、哈尔滨、大庆、齐齐哈尔

注:根据东北地区国家级高新区行业特点统计而得。

1. 电子信息产业

在东北地区既有产业基础上,重点发展以光电子、新型显示、软件、车船电子、新型元器件、数字化医疗影像设备、数控系统、视听和计算机及外部设备等电子信息产业。依托长春在光电子信息产业等领域的优势,加强蓝光LED技术的开发与产业化,完善平板液晶显示技术、光纤通信和光子连接技术,发展光电子集成电路和高性能半导体激光器、新型光电系统集成技术的研发和产业化,建设光子信息产业基地;发挥大连、沈阳和哈尔滨在软件、数控系统、计算机及外部设备等领域的优势,发展数控系统、应用软件、智能机器人、计算机辅助集成(CAX/PDM)、网络制造(NM)、柔性制造技术和自动物料储运系统,建设软件和计算机相关产品生产和出口基地。

2. 生物产业

围绕农业生物工程、生物工程创新药物、新兴轻化工及食品生物工程产业,重点建设长春国家生物产业基地。积极推广生物工程育种、农业工厂化栽培与养殖、农作物的病虫害防治、可持续农业及农副产品深加工、新型高效生物饲养料等产业;重点发展生物工程制药、中药、化学药和生物农业技术,开发药物筛选生物芯片、基因工程胰岛素、人生长素、葡激酶、碱性成纤维细胞生长因子和干扰素、白细胞介素系列生物药、生物制剂,促进化学制药和生物制药逐步从仿制转向创新,发展特色医药产业;利用现代科技,开发农作物作为生物质能源技术、化工原料资源应用技术,以及玉米、大豆等主要农作物转基因技术,猪、牛、羊胚胎移植等技术及产业化。

3. 航空航天产业

充分发挥东北地区已形成的研究开发、设计制造、飞行试验等较为完备的航空产业体系,重点发展支线飞机及直升机;积极参与大型飞机的研发制造;推进通用飞机、无人机的产业化;重点研制大涵道比发动机、直升机传动系统及大型运输机配套辅助动力装置等;在国际合作中积极争取更多的飞机和发动机零备件制造、修理、试验、装配、试车等份额,把东北地区建设成为全国重要的民用航空产业基地之一。

4. 新材料产业

在新材料方面,重点发展新型精细化工材料、粉末金属材料、稀土发光材料、纳米级金属材料、有机电致发光材料、特种功能材料和复合材料等技术及产品,建立各具特色的新材料产业基地。依托沈阳、大连、长春和哈尔滨等特大城市,发展新型合成材料、新型工程塑料、单晶硅和化合物半导体材料、发光材料、高温超导材料、燃料电池等为主的新材料产业。依托大庆、吉林、抚顺、本溪、辽阳等城市,发展新型合成材料、耐高温合金材料、新型涂料、精细化工、高强度合金材料及新型复合材料、新型工程塑料及精细化工、芳烃及合成纤维材料延伸加工和深加工材料等。

5. 新兴海洋产业

发挥东北得天独厚的海洋资源、科技和产业优势,建议加快发展高技术海洋新兴产业。运用现代生物技术,培育名贵品种,发展海水养殖污染物的降解和生物修复技术,实现健康养殖;以海洋生物活性物质提取为突破口,开发系列新型海洋药物和保健型、功能型海洋食品、海洋卫生材料、海洋药用添加剂、海洋药物、海洋生态化妆品等及海洋环保监测仪器及系统等。

6. 新能源和可再生能源产业

扶持新能源和可再生能源产业发展,重点发展先进电池、大型风力发电技术、新型电站辅机、现代配电技术、高效可靠烟气余热回收和发电技术、工业炉窑洁净煤燃烧技术、空调蓄冷技术、生物质能的高品位转化技术等。建议推广清洁能源和可再生能源技术与应用,以蒙东、黑龙江和吉林西部、辽宁沿海为重点,积极发展风力发电,建设东北地区风电基地;支持生物质能开发利用,推动城市垃圾焚烧发电和农村废弃物发电;发挥东北黄金玉米带的优势,利用玉米、薯类、作物秸秆等淀粉质生物发展生物能源,生产乙醇(燃料酒精)、生物柴油、生物氢等,建设全国最大的生物能源基地(专栏2—2)。

专栏2—2

东北地区高技术产业建设重点建议

高技术产业基地——软件出口基地、光电子产业基地、高性能结构材料基地、先进装备制造基地、环保新能源产业基地、新型精细化工材料产业基地、生态绿色农业产业基地、生物工程及医药产业基地、航空产业基地。

高技术产业链——数控系统及成套装备产业链、汽车电子产业链、IC装备产业链、电站成套技术及设备产业链、新型节能技术及产品产业链、焊接技术产业链、智能机器人产业链、微电子产业链、液晶显示器产业链、光电通信产业链、传感器及智能仪表产业链、基因工程药物产业链、高分子材料产业链、无机非金属材料产业链、功能金属材料产业链、航空航天飞机特种材料及配件产业链、精细化工制品产业链、镁制品产业链、转基因农作物良种培育产业链、智能交通管理系统产业链。

重点项目——围绕国家确定的重大专项,实施一批高技术产业化项目。

三、大力发展现代农业,巩固农业基础地位

1. 加强国家商品粮战略基地建设

结合实施全国新增1 000亿斤粮食生产能力规划,以东北地区为重点区域,提高耕地等级,建设粮食单产在500公斤/亩左右、旱涝保收、高产稳产的高标准基本农田。加大粮食丰产科技工程实施力度,大力推广高产优质、节本增效新技术。优化农机结构,提高农业机械化水平。以辽河平原、松嫩平原和三江平原为主体,采取以地级市为基本建设单元的布局模式,选择生产能力大、生产潜力大和社会经济基础好的地市作为商品粮基地建设布局的重点地区,加大基础设施投资力度,向专业化、区域化、规模化方向发展,建成现代化的国家级商品粮基地,确保这些大型商品粮基地稳定的粮食生产力和商品粮供给能力。重点建设松嫩、松辽平原专用玉米生产优势区、高产高油高蛋白大豆优势区和三江平原水稻优势区。加强东部和南部山区水果及林特产品、大中城市郊区蔬菜生产基地的建设,形成特色农产品产业带。大力开展"场县共建",为地方农业发展提供示范和社会化服务。大力推进农业产业化、规模化、集约化经营,不断增加农民收入。

2. 推进精品畜牧业发展及基地建设

依托各地的农业资源优势,建设以中部平原为重点的肉蛋奶生产与加工精品畜牧带,以西部农牧交错带为依托的牛羊育肥基地,以蒙东草甸草原、优质人工草地和优质饲料基地为依托的大型现代化奶牛饲养和牛羊繁育区。形成以辽东半岛近海水域为主的海产品生产和加工带。

3. 建设绿色农产品生产基地

依托地区特色资源,以国际食品安全要求为标准,加大绿色食品产业的发展力度,建立一批高标准的国家和省级绿色农业基地与农产品出口基地,创建东北绿色农产品品牌,把东北地区塑造成我国及国际有影响力的绿色生态产业基地。依托三江平原大面积的湿地生态资源,建设大型优质安全水稻生产基地;利用中部平原区充裕的粮食资源,发展以淀粉和豆类制品为主导产品的粮食规模化生产基地;依托丰富的山地森林生态优势,开发利用林特产资源,加大食用菌、人参、林蛙、蜂等林特名牌产品的培育与开发;依托辽东半岛和辽西及丘陵地区独特的生态环境条件,建设绿色水果生产基地(专栏2—3)。

专栏2—3

东北地区农业发展重点建议

农田水利建设——加大灌区续建配套和节水改造力度,在"两江一湖"等水源条件较好的地区,规划和适时开工建设部分新灌区。加快推进引嫩入白、三江平原灌区、尼尔基水库下游灌区、绰勒水利枢纽下游灌区、大型灌溉排水泵站更新改造等重大水利工程建设。

中低产田改造——松嫩平原黑土区水土流失治理和土壤培肥、三江平原瘠薄型和渍涝型中低产田改造治理、松嫩平原西部盐碱地改良与风沙地修复、辽河平原东北部棕壤区渍涝和盐碱土地改造治理。

大型优质农畜产品基地建设——国家大型商品粮基地,优质畜产品生产基地,优质水产品养殖生产基地,特色资源产业化开发。

农业机械化——推进粮食主产区玉米、水稻生产全程机械化,加强农机服务网络建设、农机管理和操作人员培训。

保障体系建设——动植物保护、农牧业良种培育、科研与技术推广、信息服务和农产品质量安全检测中心建设。

农村基础设施建设——加强农村公路、饮水安全、农村能源、牧区草场围栏建设,完善农村教育、文化、卫生、医疗等公共设施。

四、积极发展现代服务业,提高服务业比重和水平

1. 优化发展现代物流业

依托沈阳、大连、长春和哈尔滨等中心城市,形成不同职能的物流中心。建设以沈阳为核心的东北地区陆上物流中心,以大连为核心的国际物流中心,以长春和哈尔滨为支撑的区域物

流中心,构筑覆盖东北地区的物流网络体系。进一步研究制定东北地区物流业发展专项规划,统筹建设一批重点区域物流园区。发挥东北地区产业、资源等优势,建设农产品、装备制造业、汽车及零部件、石油及制品、钢材和铁矿石等具有全国意义的五大专业物流基地。同时,促进软件及服务外包产业加快发展,重点建设好大连、哈尔滨、大庆三个服务外包示范城市。积极支持延吉、绥芬河等城市利用独特区位优势发展软件和服务外包产业。

2. 大力发展金融业

为支撑东北地区经济的发展,大力发展金融业仍是未来"十二五"期间的重点。发展方向为:继续支持中外金融机构在东北地区设立分支机构和办事机构。同时,鼓励有条件的城市进行金融改革创新,积极稳妥地发展中小金融机构。推动设立汽车金融公司,拓宽汽车消费融资渠道。推进东北产权交易平台互联互通、区域整合和功能拓展。支持大连商品交易所建设亚洲重要期货交易中心,在做精做细现有上市期货品种的基础上,推出东北地区具有优势、符合大连商品交易所功能定位的期货品种。大力发展多种形式的新型农村金融机构,推进农村金融产品和服务创新。完善企业债券发行政策,探索多样化的企业债信用增级方式。

3. 积极发展旅游业

旅游资源是东北地区具有突出优势的资源,在全国占据重要地位。东北地区是我国冰雪旅游资源最丰富的地区,是我国边境口岸旅游的重要区域,是我国森林、湿地生态旅游资源的重要分布区,并拥有我国最典型的草原旅游区,是我国北方地区滨海旅游带的重要组成部分。加快发展旅游业,是推动东北地区产业结构调整和优化、解决资源枯竭型城市发展出路、改善区域人居生活水平的重要途径(专栏2—4)。

专栏2—4

东北地区旅游业发展重点建议

冰雪旅游——建设哈尔滨、吉林等冰雪旅游基地。发展高纬度极地滑雪旅游、山地冰雪运动旅游和大众冰雪娱乐旅游。

森林草原湿地旅游——重点发展大兴安岭、小兴安岭、长白山、辽宁东部森林旅游,呼伦贝尔、锡林郭勒、科尔沁草原观光、民俗旅游,三江平原、松嫩平原、辽河下游平原和大兴安岭等湿地生态旅游。

火山温泉旅游——在有效保护的前提下,积极开发吉林长白山、黑龙江五大连池、内蒙古阿尔山等地的火山岩熔地貌观光、火山湖观光、科考旅游,发展温泉疗养、度假旅游。

工业旅游——保护最具代表性、反映东北老工业基地发展历程的工业文化遗产,重点在沈阳、鞍山、长春、大庆和齐齐哈尔等城市开发工业旅游项目;积极引导资源枯竭型城市发展工业旅游。

农业旅游——以现代农业生产基地为依托,建设一批农业旅游示范园区和旅游型特色村镇。

文化历史旅游——以红山文化遗址、高句丽遗址、渤海国遗址、辽宁"一宫三陵"等世界文化遗产和国家级文物保护单位为核心,依托地方特色文化,发展具有国际影响的文化旅游。

边境旅游——完善丹东、珲春、绥芬河、黑河、满洲里和二连浩特等重点边境口岸城市旅游配套服务设施,改善通关环境,丰富边境旅游内容。

滨海旅游——充分利用滨海旅游资源,发展滨海观光和休闲度假旅游。

五、鼓励发展文化创意产业,培育新的经济增长点

1. 文化创意产业具有一定优势

近年来,依托地区文化资源、人力资本和产业基础的优势,文化创意产业正在成为东北地区现代服务的核心产业之一。依托沈阳、大连、长春和哈尔滨等中心城市,支持文化创意、出版发行、影视制作、演艺娱乐、文化会展、数字内容和动漫等文化产业加快发展,打造了具有东北地方特色的文化品牌;形成了以沈阳、大连、长春、哈尔滨为中心的文化创意产业集群发展示范基地(表2—2)。

表2—2 东北地区四大城市重点发展文化创意产业门类

城市	重点发展的产业门类
沈阳	新闻出版、动漫游戏、表演艺术、电视、会展、文化旅游
大连	表演艺术、动漫游戏、服装设计、会展、文化旅游
长春	工业设计、手工艺、表演艺术、电影、会展、文化旅游
哈尔滨	动漫游戏、会展、文化旅游

2. 大力发展设计服务业

依托本地的艺术院校、艺术家资源,引进多种专业人才,大力发展设计服务业。规划建设设计产业园区,促进产业集聚,重点推动工业设计、服装设计等设计服务业的发展。引导以长春的汽车业、大连的服装业为代表的优势产业的企业加大设计研发力度,与本地设计服务业形成产业联动,打造地方产业集群。

3. 积极发展新闻出版业

推动产业结构调整和升级,加快从主要依赖传统纸介质出版物向多种介质形态出版物的

数字出版产业转型,加强相关出版物电子版本的制作和营销。开展区域合作,推动出版物分行业跨地区、跨行业、跨所有制经营,营造出版企业良性竞争的环境与机制,形成大型发行集团,创造规模优势,提高整体实力和竞争力。

4. 动漫游戏业

发展对日韩等国的国际外包业务和对国内的中央电视台等机构的国内外包业务,引进资金和技术支持,培养本地动漫产业的制作人才,培育有一定实力的动漫游戏企业。依托艺术院校和动漫游戏企业,培养本地的导演、编剧、原画师和游戏研发人才。创造条件使动漫从外包走向原创。重点扶持有一定规模、综合实力强的动漫、游戏企业。发挥政府的主导作用,建立多元化、社会化和市场化的长效文化创意产业投融资体系。创新金融工具和管理体制,发行相关债券,为从事原创动漫游戏企业提供强有力的资金支持。与中央媒体和东北本地电视媒体合作,建设动漫频道或动漫专栏,打造东北动漫游戏品牌,保障相关产品的营销。

5. 表演艺术

抓住东北地区"二人转"和农村题材的电视剧在全国热播的契机,重点扶持富有东北特色、同时满足全国乃至国际观众品位的表演艺术,维护东北地区表演艺术的声誉,打造东北地区文艺品牌。除"二人转"外,也要提供资金、政策优惠措施,扶持杂技、音乐等艺术门类的发展。投入专项资金,改造、新建影院、剧场等文化基础设施。发挥电视、广播等媒体的作用,加大宣传力度、引导观众的需求,活跃本地文化市场。

6. 电影电视业

鼓励非公有资本进入东北电影产业,进一步推动长春电影制片厂等国有单位的改革,建立长期高效的管理体制,瞄准国内市场需求,建设富有地方特色的电影产业基地。加强以辽宁卫视为代表的东北地区电视台的建设。完善制播分离体制,促进电视剧制作业发展。加强区域合作,吸引各地各种专业人才,创造一批精品影视剧和电视节目。

7. 会展、文化旅游业

依托本地独特的自然景观、气候条件和地缘位置,重点发展沈阳、大连、长春、哈尔滨等城市的会展、文化旅游业。发扬已有基础,重点做好沈阳的文博会,大连的服装节、啤酒节,长春、哈尔滨的冰雪节等。在合适的时机,整合东北地区的资源,选取长春或哈尔滨申办冬季奥林匹克运动会。

第三节 新型城市化发展战略

随着开放性资源经济体系的逐步形成,资源型城市历史积累的所有制结构、产品结构、技术结构等固有矛盾不断显现,同时受资源产业与资源型城市发展规律的影响,导致许多资源型城市纷纷陷入发展困境,东北老工业基地城市化进程明显减缓,城市化的年增长率较低,这与改革开放以来全国快速推进的城市化浪潮形成强烈反差。东北老工业基地城市化迟缓限制了城市化对区域发展及老工业基地改造的带动作用。

城市化是21世纪我国发展的主题,而城市化道路的选择受到资源环境、社会经济和国际政治经济环境等多方面因素的制约。东北地区城市化过程中所面临矛盾的复杂程度、城市化任务的艰巨性,要求必须探索出符合区情的内涵式、质量型的新型城市化道路。

一、新型城市化战略方向

1. 注重提高城市化质量,优化经济和社会发展空间

东北地区的新型城市化战略,必须正视城市化速度下降的现实,与区域经济发展和市场发育程度相适应,循序渐进。以新型城市化为动力,促进城市产业结构的调整与优化,推动现代产业体系建设,提高城市经济实力,完善城市功能;建设紧凑型城市发展道路,合理控制城市规模,防止大城市盲目扩张;在节约用地的同时,要重视城市环境和城市文化的保护;改善城市基础设施,健全城市居住、公共服务和社区服务等功能;改造老工业基地城市和大城市老工业区,提升发展能力;加强生态建设和污染综合治理,改善城市环境;加大人力资本投资,全面提高人口素质;加强软环境建设,提高城市吸引力;加强城市规划、设计、建设及综合管理,形成各具特色的城市风格,全面提高城市管理水平。

2. 分类引导城市建设,促进城市化的健康发展

首先,要强化中心城市带动,推进都市区发展。包括加强沈阳、大连的辐射影响力;强化哈尔滨在东北地区北部的中心地位;提升吉中城市群的地位;培育齐齐哈尔—大庆、牡丹江—佳木斯以及辽宁西部城市的工业地区。利用"新区"建设的政策倾向,整合营口与盘锦的空间资源,探索设立辽滨新区的途径与模式,构筑东北发展的第五极。其次,促进对外开放,发展沿海和边境城市。发展大连、营口、丹东等港口城市,以及满洲里、绥芬河、二连浩特等边境城市。再次,扶持中小城市与小城镇,推进城市化进程。从区域经济发展整体上规划中小城市与小城镇空间布局结构,研究乡村城市化模式和途径,探索小城镇与大中城市的合作机制。积极促进小城市和小城镇的产业结构调整,完善城市各项功能。最终在全区形成由特大城市—大城市—中等城市—小城市—小城镇组成的结构合理、层次分明、规模适度和功能齐全的可持续发展的城市体系。

3. 统筹城乡发展,推进新农村建设

东北地区城市规模结构以大中城市为主,小城市和建制镇发展不足,县域经济落后,严重地制约了农村人口的非农化进程,区域城市化呈现典型的"城乡二元结构"。东北地区的城市

化应是在农村生产力提高、经济科技社会大发展,城市第二、三产业特别是第三产业大发展,能提供充分就业岗位的基础上,使农民有序地转移到城市中来,达到以城带乡、以乡促城,实现城乡之间经济、社会、文化的相互交融和协调发展,使乡村也逐步达到与城市文明同样高的水平。这样,城乡二元结构就会随着城市化的进程将逐渐缩小并最终得以消除。

实施城乡一体化的基础设施规划。进一步加大农村基础设施建设投入,加快城市基础设施向农村延伸,加快形成城乡系统配套、相互融合的基础设施体系,形成完善的道路、电力、天然气、供排水、能源、防灾减灾、农业基础设施等多方式、多层次、多功能的基础设施服务网络,努力提高农村市政基础建设水平,为城市统筹发展提高硬件支持。

4. 促进生态城市建设,增强可持续发展能力

新型城市化本质上是一种城市可持续发展道路。城市生态化,是新型工业化道路下东北城市发展模式与传统工业化道路下城市发展模式的根本区别之一。目前东北地区的城市发展存在土地的浪费,农业用地与工业、城建用地的矛盾,存在资源的过度开采,生态环境的破坏与污染等问题,存在城市人口规模偏小而土地规模大等问题。资源的减少,环境的退化,人口的增加,加剧了人口、资源与环境之间的矛盾。而在调研中东北地区四大中心城市都提出目前的用地指标不足,要求规划给予放宽,在人口城市化过程放慢、城市经济亟待振兴的背景下,迅速扩大城市空间只会给耕地和生态环境造成更多的压力。对于这一种发展思路,必须予以矫正。为此,东北地区的新型城市化战略要从过去城市化外延扩张向内涵提高的集约型转变,大力发展"循环经济",提高资源的使用效率,协调人口、资源与环境之间的关系,走集约型、可持续的新型城市化道路。

首先研究城市的产业发展方向和空间布局模式,研究城市循环经济模式,使经济发展速度与环境容量相协调。其次是大力加强城市基础设施和环保设施的建设。三是建立并严格实施适应市场经济体制的"三废"排放制度,健全环境法规政策。四是统筹城市环境治理与区域环境治理,加强城市间合作,建立高效的协调管理机制,强化流域治理和污染控制,开展辽河流域、松花江流域城市密集区经济发展与环境治理规划。

5. 加强社会管理创新

加快构建源头治理、动态协调、应急处置相结合的社会管理机制。加强服务型政府建设、完善公共服务体系、坚持社会公平正义、强化法律道德规范、加强社会心理服务,构建源头治理体系,尽可能防止、减少、弱化严重社会问题和社会冲突的产生。完善政务公开、民主决策制度,加强公众参与,改进信访制度,畅通利益诉求表达渠道。加快公民个人基本信息制度、个人信用管理制度等社会基础制度建设。有效防范和化解征地拆迁、劳动争议、环境污染、食品药品安全、企业重组和破产等引发的社会矛盾,完善社会矛盾调解机制和社会治安防控体系。加强应急管理法律和预案体系、全民风险防范和应急处置能力建设。提高对网络的实时动态管控能力,严厉打击网络违法犯罪行为。积极推进社区服务中心建设,提高社区信息化水平,强化社区自治和服务功能,促进社会管理重心向基层组织转移。加强社会组织建设,积极发挥其提供服务、反映诉求、规范行为的作用。

二、新型城市化发展重点

1. 建设大都市经济区,提升国际竞争力

在经济全球化趋势下,由核心城市及其腹地组成的、具有有机联系的"城市区域"正在成为全球经济竞争的基本单元。大量国内外研究表明,以国际性"门户城市"为核心的城市区域("大都市经济区")是目前全球最具竞争力的地区,如大伦敦地区、东京都市圈、多伦多大区等。在国内,以香港和广州为核心的珠江三角洲和以上海为核心的长江三角洲,正在成为具有国际竞争力的大都市经济区。因此,进一步加强大城市的集聚功能,建设具有国际竞争力的都市经济区,是振兴东北地区有深远意义的工作。

应适应市场经济规律和经济全球化的趋势,积极培育充满活力的国际性"门户城市",并以此为核心建设具有国际竞争力的大都市经济区。"门户城市"的选择应考虑如下原则:① 发展水平高、经济实力强、人口规模足够大;② 中心性强,即为腹地服务功能强;③ 有广泛的国际、国内联系;④ 是跨国公司青睐的投资地;⑤ 有广大而且基础较好的腹地。按照这些原则,东北地区尚没有一个单独的城市能够成为像香港、上海那样的国际性"门户城市"。从基础和发展潜力看,应重点培育沈阳和大连为核心的大都市经济区(表2—3)。

表2—3 东北核心城市综合定位和中心等级

城市	2011~2015年	2016~2020年
沈阳	东北地区的中心城市,综合交通枢纽和物流中心,国家级的装备制造业基地	东北地区的中心城市(政治、文化方面),陆路交通枢纽和东北南部地区物流中心,国家级的装备制造业基地
大连	东北地区的副中心和门户城市,航运、航空、物流和区域金融中心,国家级的石油化工和制造业基地	东北地区的中心城市(经济方面)和门户城市,航运、航空、物流和区域金融中心,国家级的石油化工和制造业基地
长春	东北地区中部中心城市,汽车、光电子、现代农业产业化基地	东北地区中部中心城市,汽车、光电子、现代农业产业化基地
哈尔滨	东北地区北部中心城市,重型装备制造业基地和冰雪旅游基地,对俄贸易中心	东北地区北部中心城市,重型装备制造业基地和冰雪旅游基地,对俄贸易中心

2. 加强地区中心城市职能多样化建设,提高服务与辐射带动作用

东北地区除了四大中心城市之外,还存在大量的地区中心城市,这些城市功能多样,规模

不一,但在各区域发展中均承担着重要的作用。通过对东北地区城市职能的现状研究可以看出部分地区发展中心的职能单一,尤其是服务于周边地区的相关产业匮乏,缺乏对周边地区应有的辐射效应。因此,需要在新的发展阶段对其进行调整与引导,对主要中心城市发展方向进行合理调整。

与长三角、珠三角、京津冀地区相比,东北地区面积大,城市密度相对较低,城市间距大。长三角、珠三角、京津冀地区中心城市规模巨大,整体辐射能力强,使得城市间专业化分工明显,重要服务可以依托首位城市或组合首位城市,而东北地区与之对应的是首位城市规模相对偏小,辐射范围有限,这种情形在吉林省与黑龙江省情况尤其明显。由于东西两翼地区距离省域中心城市较远,很难得到中心城市的相关服务和接受辐射,这也是两翼城市被逐步边缘化的重要原因。

在未来发展中,必须促进地区中心城市加快发展,吉林、齐齐哈尔、大庆、佳木斯、牡丹江等中心城市现状仍是职能结构单一,偏重资源型产业和工业,没有充分的发挥所在地区中心城市的职能,在"十二五"期间应该注重加强综合性职能的发展,尤其是第三产业的发展,使其成为首位城市与腹地联系的桥梁,拉动区域经济的发展。

3. 加强城市专业化分工,形成产业集聚区

本溪、抚顺、鞍山、辽阳、铁岭、营口、吉林七大中心城市周边的城市,应从城市群和都市区角度考虑自身发展,统筹相互作用关系,加强城市间的合理分工,形成依托中心城市的专业化产业集聚区,提高区域经济整体实力与产业竞争力。

4. 以人为本,建设现代宜居城市

现代城市应注重人的因素,以人为本、全面协调、可持续发展。东北地区的城市,特别是中小城市长期以来在建设的指导思想上往往强调以工业生产为中心,导致许多城市特别是资源型城市出现水源不足、人口膨胀、住房紧张、交通拥挤、失业率高、绿地和空旷地减少、环境污染等严重的自然和社会问题。

为克服或减轻"城市病",提高城市化质量,不断改善和满足人们日益增长的物质和精神需求,增强先进生产力的动力和城市竞争力,必须确立新的城市发展观,大力推进城市建设与发展,从以物质生产为中心转向现代宜居为中心。合理确定城市职能,优化城市工业、第三产业和居住区总体规划布局,统一规划郊区、郊县和各类开发区、高新区、大学园区。科学地进行城市基础设施、建筑物、绿地的规划,不断满足居民的全面发展的需要。

5. 尊重自然规律,提炼城市特色职能

充分考虑区域发展的不平衡性,例如哈大沿线地区开发历史悠久、自然条件优越、生态容量大、经济基础雄厚,因此必须强化其在东北地区城市职能体系中的地位。而周边森林和草原地区是东北地区十分重要的生态屏障,其在加快城市化步伐的同时,应优化城镇职能定位,转

变以工矿型城镇为主的单一发展模式,积极探索旅游型城镇、工贸型城镇建设途径,产业发展要优先考虑生态环境承载力,积极发展污染小、能耗低、人力资源得到充分利用的绿色环保产业,走新兴工业化和城市化道路,实现区域可持续发展。

三、新型城市化带动资源型城市可持续发展

根据1986年、1992年、2000年和2003年的数据分析,东北地区共有资源型城市35座,其中地级城市15座,县级市20座。资源型城市实现结构转型应着重在以下几个方面实现突破:

1. 健全可持续发展长效机制

进一步健全资源开发补偿机制,引导和规范各类市场主体合理开发资源,承担资源补偿、生态环境保护与修复等方面的责任和义务。进一步健全衰退产业援助机制,积极转移资源出现衰减城市的剩余生产能力,保障资源枯竭企业平稳退出和社会安定。此类城市主要包括盘锦、抚顺、大庆、松原、大石桥等开采历史较长、产量递减、现有探明资源储量仅可维持5~15年开采时间的城市。对资源比较丰富的城市尽快建立企业补偿金制度,作为完善投融资体制的一部分,在政府对项目的核准过程中,增加对建立补偿金的审核。资源枯竭城市在国家支持下继续解决历史遗留问题。深化资源要素价格改革,建立充分反映市场供求关系、资源稀缺程度、环境损害成本的资源要素价格形成机制。进一步完善资源型城市可持续发展准备金制度,抓紧建立资源型城市可持续发展的法律法规体系,出台《资源型城市可持续发展条例》。

2. 培育壮大接续替代产业

以市场为导向,以企业为主体,因地制宜地培育和发展可持续替代产业,积极发展循环经济,探索切合实际、各具特色的发展模式。完善以资源型城市接续替代产业专项为重点的产业发展政策支持体系。推动资源型城市接续替代产业园区建设,积极承接产业转移。

(1) 大力发展主体资源深加工,延长产业链,建立健全资源可持续开发机制。石油工业城市重点开发石油化学工业等下游产业;煤炭工业城市建设基于清洁能源、清洁生产和循环经济技术的能源、原材料工业综合体;林业工业城市(镇)加快速生丰产林的建设,开发林下经济和开展生态旅游项目;本地资源已经衰竭的城市应综合开发各类加工工业。对七台河煤田的焦煤资源、其他保护性资源和国家重点林区的资源应建立科学保护和补偿的机制,实现可持续开发。

(2) 国家和省级政府加大资源勘探的投入,为培育多种经济成分参与的探矿权市场提供基础地质资料或部分详查成果,加快发现接续和接替资源,大力发展替代产业。

(3) 在整顿现有各种"开发区"的基础上,选择试点城市,建设"国家资源型城市接续产业开发园区",以培育产业集群为目标,通过土地、金融、税收、技术产业化支持等政策手段大力吸引国内外投资,特别是民营经济,或国家直接安排部分新产业项目。

(4) 落实"衰退产业援助机制",在国家帮助下针对重点行业和资源枯竭城市建立企业的

转产准备金。

3. 加强资源勘查和矿业权管理,强化生态环境建设

加大资源勘查支持力度,扩大危机矿山接替资源找矿专项资金规模,切块安排资源枯竭城市找矿。加强矿业权管理,支持资源枯竭城市资源型企业开发利用区外、境外资源。

开展对露天采矿区、采空地面塌陷区、深部采空区、特大型矿坑的地质、地下水等潜在危害的综合研究,并开发相应的治理技术。对油田开发城市的草原退化、湿地萎缩和土地盐碱化进行治理;在煤炭城市实施矿山地质灾害治理、土地复垦和土地开发整理工程;在大、小兴安岭和长白山地区建设一批针对湿地、珍贵树种母树林、珍稀动物等的自然保护区,实施生态移民、森林生态的修复与恢复的重点项目。

4. 加强资源型城市环境整治和基础设施建设

全面推进"资源开发补偿机制",落实资源型企业建立补偿金制度,完善其内容和加强可操作性。加强环境治理恢复,制定深部采空区、特大型矿坑治理办法,抓紧组织治理重大地质灾害隐患,积极引导社会力量参与矿山环境治理。加强对矿山资源开发规划和建设项目的环境影响评价工作。根据主体功能区的定位要求,对地处偏僻、资源枯竭、不宜居住的矿区和林区实施整体搬迁。

加大资源型城市基础设施建设投资力度,增强和完善城市功能,创造宜居环境。支持重点资源型城市交通、通信、电力、水利等重大基础设施建设的项目。加大市政公用管网设施改造力度,增强运行的安全可靠性。完善市政公用基础设施系统,改善人居环境。增强社会化服务功能,促进中央直属企业后勤管理和服务社会化。加快市政公用事业市场化步伐,推进城市基础设施投资主体多元化。

5. 完善社会保障体系,克服城市贫困

落实下岗职工的再就业优惠政策。在试点城市通过完善政府体制改革,支持政府职能部门建立"收支两条线"制度,保证职能部门履行职责,扶助下岗职工实现再就业。

通过国家财政资金的注入,支持试点城市的城市商业银行(信用社或合作社),建立健全"小额贷款"的政府援助体系;在试点城市探讨建立再就业人员就业培训期间(发放)生活补助基金的机制;加大对资源型城市普通义务制教育和职业教育的支持,减轻或免除困难家庭子女的教育负担,改善学校条件,有效遏止贫困的代际传递。

完善矿山塌陷区的搬迁和安置政策,适当解决农户问题和完成小区复垦;加大对棚户区的改造力度,在新的安置小区建设过程中注意与再就业工程结合;选择部分资源枯竭型城镇作为试点,促进劳务输出或实施部分居民的异地安置。

第四节 区域创新能力建设

一、体制机制创新的方向与重点

继续深化国有企业改革,大力发展非公有制经济,加快行政管理体制改革,着力推进政府职能转变,完善现代市场体系建设,进一步化解制约东北振兴的体制约束,逐步建立起与社会主义市场经济要求相适应的新机制、新体制。

1. 继续深入推进国有企业改革

(1)理顺产权关系。继续把股份制改造、发展混合所有制经济作为地方国有大型企业转换体制机制的方向和重点。并通过政策引导国有资本向关系国民经济发展和国家安全的关键领域、重要行业和骨干企业进行集中。逐步完善粮食、商贸、建筑、森工、文化等领域的国企改革。

(2)战略性布局调整。积极调整国有企业的战略性布局调整,优化整合资源,构建一批专业化分工明确、竞争力较强的大型企业集团。除对大型煤炭企业进行国有控股外,其他大型地方国有企业在股权比例上可以不进行限定,而由市场需要来决定其进退。

(3)法人治理。全面完成地方国有大型企业股份制改造,并完善公司法人治理结构。加快现代企业制度建设,增强老工业基地经济活力;完善企业内部劳动用工、人事和收入分配制度,着力转换企业经营机制;加强企业民主管理,切实维护职工合法权益。

(4)加快推进企业兼并与重组。坚持市场主导和政府引导相结合,进一步打破地区、行业、所有制界限,优化资源配置,加快推进企业兼并重组,促进中央企业与地方企业的联合重组,鼓励民营企业、外资企业等各类投资主体参与老工业基地企业改革重组,着力推动东北地区钢铁、汽车、石化和重型装备制造等重点行业的战略性重组,培育一批知名品牌和具有国际竞争力的大型企业集团。在推进国有企业重组的过程中,妥善解决好下岗分流职工的社会保障和就业安置工作。优先支持实现兼并重组的企业进行技术改造。积极稳妥地把国有企业股份制改造从一般竞争性领域向基础设施领域、公用事业、文化产业及其他垄断性行业推进。

(5)以明晰产权为重点,深化厂办集体企业改革。进一步完善国有资产管理和监督体制,建立健全金融资产、非经营性资产、自然资源资产等监管体制,防止国有资产流失。全面推进集体林权制度改革,积极推进国有林区管理体制和国有林场改革,推进国有农场体制改革。

2. 大力发展非公有制经济和中小企业

转变"重国企轻民营"的观念,树立国企、民营并重的思想。鼓励各类投资主体参与老工业基地的调整改造。加快落实对非公有制经济的支持政策。进一步完善和落实各项鼓励非公有制经济发展的法规和政策措施,取消各种不合理限制,促进非公有制经济加快发展的公平竞争环境,平等保护各类产权,在投资核准、融资服务、财税政策、土地使用、对外贸易和经济技术合作等方面给予平等待遇。制定一套鼓励自主创业的金融和财税优惠政策,积极支持民间资本进入基础设施、公共事业、金融服务和社会事业等领域。推动国有资本、民营资本和外资经济的融合,大力发展混合所有制经济,增强经济发展的活力和竞争力。鼓励民间资本采取多种形式积极参与国有企业改革改组改造,并在冲销呆账、减免利息、土地使用、人员安置以及有关税收信贷政策方面,享受原国有企业同等待遇。鼓励非公有企业参与农业和农村经济结构调整,进入物流配送、信息咨询、金融服务等现代服务业和基础设施、公用事业、文化产业、社会事业等领域。加强非公有制经济统计工作,提高政府决策的科学性。研究建立长效制约机制和监督、检查、汇报制度,维护非公有制经济的合法权益。选择沈阳、营口、长春、吉林、哈尔滨、七台河等城市,开展非公有制经济发展综合试点。鼓励民营企业围绕大型骨干企业,按专业化要求发展相关配套产业,提高东北地区的产业配套能力。引导中小企业创新体制机制,提高经营管理水平和市场竞争力。完善中小企业创业融资服务,继续推动中小企业信用体系和信用担保体系建设,支持东北中小企业信用再担保公司及其分支机构扩展业务。

3. 深入推进综合配套改革

借鉴深圳、上海浦东、天津滨海新区的经验,根据东北地区的具体情况,在"十一五"期间开展综合配套改革试点基础上,在信息化与工业化融合、国有企业改革、对外开放、行政管理、投融资体制改革、金融和信用体系建设、不良资产处理、土地管理等方面,继续试验一些重大的改革开放措施,深入推进老工业基地走新型工业化道路。

4. 加快行政管理体制改革,进一步转变政府职能

推进政企分开、政资分开、政事分开、政府与市场中介组织分开,减少和规范行政审批。切实改变政府对经济活动干预过多的状况,更多地运用经济和法律手段调节经济活动。加强各级政府的社会管理和公共服务职能,营造廉洁高效的政务环境。完善与国家法律相配套的地方法规,建立权责明确、行为规范、监督有效、保障有力的行政执法体制,全面推进依法行政,营造公正透明的法制环境。研究推动行政区域调整试点,有条件的地方积极推进"省直管县"财政管理方式改革,研究建立县级基本财力保障机制。同时,加强基层政权建设,按照城市管理重心下移的要求,充实城市社区机构和人员,落实城市社会管理职责。按照减轻农民负担的要求,科学稳妥地推进乡镇合并工作。鼓励大学毕业生面向基层进入社区(村)工作。

5. 加大不良资产处理力度

选择沈阳、长春等老工业基地城市开展不良资产处置试点工作,统筹研究解决不良资产处置的具体办法,理顺国有企业与国有银行和金融资产公司的不良债权债务关系。建立产业再生机构,制定企业再生计划,实现金融不良资产处置与促进企业转制重组的有机结合。放宽各国有商业银行处置不良贷款的条件,允许改制企业优先回购,支持国有商业银行灵活处置不良资产和自主减免贷款企业表外欠息,并在税收和处置资金方面给予扶持。实行多方合作、分类指导,积极推进东北老工业基地不良资产处置工作。对于政策性和体制性原因造成的不良资产,国家给予相应补偿和集中核销政策。对经营性因素形成的不良贷款,国家适当增加对东北不良债权的核销指标、增加分支机构呆账准备金。允许地方政府建立债务托管机构,授权其作为承接、托管和处置本地国有企业不良债务的平台,加快不良资产的处置速度。

6. 完善现代市场体系建设

打破行业行政性垄断和地区分割壁垒,积极培育资本、土地、技术和劳动力等要素市场,完善商品市场,推进区域一体化进程。充分利用沈阳产权交易中心实施企业产权、股权、债转股、不良资产交易,建立面向东北的区域性产权交易市场和资产评估市场。依托东北地区省会等中心城市的人才和技术交易市场,协调建设统一开放、互联互通的东北人才大市场、技术交易市场和东北人才资源库,促进人才合理流动。以规范市场秩序为重点,改进市场监管,加强信用体系建设。提高商业银行的风险控制能力,健全信贷征信体系,建立企业风险科学评价指标。完善社会信用体系,加强信用监管,建立健全守信激励机制和失信惩戒机制,为规范市场秩序构筑坚实的社会信用基础。

二、技术创新的方向与途径

1. 加快企业技术进步,提高自主创新能力

企业技术改造是老工业基地调整改造的重要内容,也是振兴工作取得成效的一条重要经验。继续加大对企业技术改造的支持力度,从现有相关投资专项中分离设立东北地区等老工业基地调整改造专项,以及利用新增中央预算内投资,支持东北地区等老工业基地企业技术改造和技术进步,近期应筛选一批项目予以重点支持。建议中央国有资本经营预算资金用于东北老工业基地中央企业的比例适当增加。尽快完成装备制造产业投资基金设立工作,重点支持东北地区装备制造企业技术改造和兼并重组。

(1)大力推进自主创新。把自主创新作为科学技术发展的战略基点和调整产业结构、转变增长方式的中心环节,加强原始创新、集成创新和引进消化吸收再创新,建设创新型东北。集中优势力量,发挥东北地区科技力量雄厚的优势,按照建设新型产业基地的战略要求,围绕重点产业和能源、资源、环境、农业、信息等关键技术和重大高技术进行科技攻关,努力掌握核心技术和关键技术,实现核心技术集成创新与跨越。适应东北振兴战略的需要,启动一批重大科技专项,形成一批具有国际竞争力的产业和拥有自主知识产权的产品。做好引进技术的消化吸收工作,实施重大产业技术开发专项,依托重大工程项目,加强重大技术的创新和重大技术装备研制,加快重大装备国产化步伐,为东北振兴和全国小康社会建设提供重大装备和技术支撑。

(2)加强自主创新能力建设。以科学发展观为指导,加强东北地区各类科技资源的合理配置和共享，建设科技支撑体系，全面提升东北地区科技自主创新能力。按照国家中长期科学和技术发展规划，坚持自主创新、重点跨越、支撑发展、引领未来的方针，加快建设东北创新体系，不断增强企业创新能力，加强科技与经济、教育的紧密结合，全面提高东北地区科技整体实力和产业技术水平。依托国家级院所，支持建设国家重大科技基础设施，整合区域内研究实验体系，依托重点大学建设国内一流、世界水平的科研机构和研究型大学，构筑高水平科学研究和人才培养基地。加强建设一批国家重点实验室，构建东北地区科技基础条件平台，促进科技资源共享。加快建设和完善一批产业技术研究与开发试验设施，在装备制造业、原材料工业、能源工业、医药、现代农业等领域，建设一批技术创新基地，提高产业技术创新能力。

（3）强化企业技术创新主体地位。加快建立以企业为主体、市场为导向、产学研相结合的技术创新体系，形成自主创新的基本体制架构。鼓励大中型企业建立技术研发中心，鼓励高等院校、科研院所与企业进行多种形式的结合，有重点地在装备制造、石化、生物工程、制药及新材料领域建立一批高水平的研发中心、工程技术中心和中试基地，为解决产业共性关键技术及促进技术成果向生产力的转化提供支撑。发展技术咨询、技术转让等技术创新中介服务，形成社会化服务体系。实行支持自主创新的财税、金融和政府采购政策，引导企业增加研发投入。发挥各类企业特别是中小企业的创新活力，鼓励技术革新和发明创造。到2015年，东北地区全社会研究开发(R&D)投入占生产总值的比重达到2%以上，省级以上重点实验室、工程中心各达到150家以上，企业技术(研发)中心达到280家以上，累计开发新产品5万项。加强科技基础设施建设，建设科技成果转化中心、科技创业服务中心和科技创新公共平台。加快发展多层次的科技成果交易市场，建立开放的交易网络，明确市场交易规则，形成健全规范的技术市场体系。

（4）建立提高自主创新能力的推进机制。整合科技资源，合理配置基础研究、前沿技术研究和社会公益性研究力量，推动高校和科研院所面向经济建设主战场，加强产学研相结合，加快推进科研成果向现实生产力转化，促进科研人员的合理流动与合作，构建科技资源共享机制。支持和鼓励企业采取适合自身特点的分配制度，实行技术、知识、管理等生产要素参与分配。支持和鼓励科研人员以技术入股、知识与管理能力折股等方式获得股权、期权。健全科技成果转让和产业化发展的综合政策体系，从税收优惠、政府采购及保护知识产权等方面，营造推动企业自主创新的政策法规环境。建立支持自主创新的科技投入体制，加大财政投入力度，鼓励和引导民间资本投向科技创新。发展多种形式的风险投资机构，形成较为完善的科技风险投资机制。发展科技开发公司和中介机构，建立和完善技术创新社会服务体系。采取有力措施，鼓励原创性发明和有产业化前景的科技创新。大力推进高新技术研究成果的转化，凡应用技术的研究成果，都要以自主知识产权的形成或产业化程度为价值判断标准；凡是职务发明和政府支持的应用技术研究项目，都要在成果转化的过程中明确科研人员的正当权益。完善知识产权制度，加强知识产权保护，发明专利申请数量和授权数量年均增长10%以上。

2. 优化配置教育资源

围绕东北振兴的重点建设任务和市场需求，优化教育资源配置，促进产学研一体化，大力发展职业教育和继续教育,为东北地区振兴提供强有力的教育和人才支撑。

(1)整合区域教育资源。加强高等学校重点学科建设,提高教育质量和科研开发能力。推动各高校间合作、校企合作和校地合作,探索高校与企业长期开展产学研合作的方式。依托高校和科研院所,联合共建东北科技教育信息网,实现全社会的资源共享。支持国家级大学科技园和留学人员创业园建设,给予其与国家级高新技术开发区等同的优惠政策,完善孵化功能及其支撑和服务体系。鼓励以重大项目或重点改造项目为依托设立博士后科研流动站和工作站。国家组织实施的"985工程"、"211工程"、"研究生教育创新工程"等项目向东北地区的高等学校倾斜。适当扩大东北各高等学校办学自主权,允许部分省属高等学校增设一些与东北老工业基地产业升级密切相关的学科和专业。对近年逐渐萎缩的各类制造业专业,在研究生学科专业设置、本科专业设置及第二学士专业设置方面予以政策性倾斜。探索建立高等学校毕业生储备制度,进一步扩大毕业生就业渠道。

(2)大力发展职业和继续教育。依托市场多渠道筹措职业教育经费,重点发展职业教育和多种形式的职业培训,加快培养技能型实用人才。各级政府要加大对职业技术教育的财政投入,鼓励社会资本投入职业技术教育,鼓励大中型企业自办职业技术教育。

设立东北老工业基地职业教育发展专项基金,对职业教育实训基地、师资队伍培训、信息化建设等给予资助。中央安排的职业教育专项补助资金和国家职业教育基础能力建设工程应向东北地区倾斜。加强对下岗失业人员和农民实用技能培训。普及和巩固九年义务教育,公共教育资源向农村和贫困地区倾斜。

3. 优化人才开发体制环境

深化以公开选拔、竞争上岗和任期制为主要内容的党政领导干部选拔任用制度改革,加快企业经营管理人才配置市场化进程。在国有企事业单位全面建立人才选聘的竞争机制,大力推行竞争上岗、社会招聘、公示制,不断创新选拔模式、考核办法和监督手段,形成能上能下的用人机制。制定更加灵活的引进人才政策,吸引各类人才到东北地区创业。切实解决引进人才的后顾之忧,在配偶工作、子女入学等方面给予优先安排。抓紧研究制定各类人才的评价标准,建立以业绩为重点,由品德、知识、能力等要素构成的人才评价指标体系。探索建立劳动、资本、技术和管理等生产要素按贡献参与分配的有效激励办法,健全人才公共服务体系,并选择部分科研、教育、文化、卫生等事业单位开展试点工作。研究制定人才的个人收入直接投入社会再生产部分予以免征或抵扣个人所得税的新办法。

4. 加强干部和各类人才培训

继续抓好各级领导干部培训和公务员对口培训工作,采取专题培训、对口培训和境外培训等多种方式,加强对东北地区各级干部的培训。加大企业经营管理人员的培训力度,推进实施高层次创新人才培养计划和紧缺专业人才培养工程,抓好中小企业人才培训工作,帮助东北地区大力培养中青年学科带头人和学术骨干,造就一批拥有自主知识产权和创新能力的高级专家。围绕现代制造业发展,大力培养高级技术工人和技师队伍,全面提高劳动者素质与技能。以推动企业调整改造和促进产业升级为目标,加强高技能人才培养基地和农村实用技术人才队伍建设,抓好振兴东北地区农村中小企业人才培训试点工作。建立东北人才培训网络,利用远程教育和信息化手段,加强对各级各类人才的培训工作。建立和健全高技能人才表彰奖励制度,进一步提高高技能人才的待遇水平,激励广大技术工人岗位成才。

5. 促进人才交流与合理流动

完善中央国家机关、东南沿海地区与东北地区干部交流机制。继续组织东北地区市县党政领导干部或后备干部到中央国家机关和东南沿海地区挂职锻炼,切实抓好东北地区领导干部跨省交流试点工作。采取有效措施鼓励沿海发达地区中央企业中的优秀企业家到东北地区中央企业工作。加大聘请外国专家和吸引留学人员回国工作的力度,建立留学人员为国服务的"绿色通道"。打破地区、行业、所有制等限制,尽快建立人才合理流动机制,疏通人才流动渠道。积极推进养老保险制度改革,从养老保险政策上消除影响各类人才流动的障碍,引导各类人才合理有序流动。加快东北地区人才市场体系建设,以现有人才中介服务网络为基础,整合区域性人才市场资源,建立东北人才交流信息平台,形成统一开放、互联互通的东北人才大市场。不断完善东北人才工作相互通报制度和人才市场联席会议制度。大力发展人才测评、人事代理、选聘人才等人才市场中介业务,提高人才市场配置效率。加强人才市场法制化建设。

第五节 区域协调发展战略

一、优化区域空间格局

1. 扶持产业集聚区快速发展

推动辽宁沿海经济带、沈阳经济区、哈大齐工业走廊、长吉图经济区加快发展,建设国内一流的现代产业基地。组织编制发展规划,支持沈阳铁西老工业基地调整改造暨装备制造业发展示范区和大连"两区一带"等装备制造业集聚区发展,打造具有国际竞争力的先进装备制造业基地。推进内蒙古东部地区能源重化工基地、黑龙江东部煤电化工基地和辽西北煤化工基地建设,提高资源转化利用水平。充分发挥沈阳、长春、哈尔滨、大连和通化等高技术产业基地的辐射带动作用,形成一批具有核心竞争力的先导产业和产业集群。支持有条件的地区建设一批有影响、有规模的特色产业园区,加快长春汽车产业开发区和轨道交通装备产业园发展,抓紧研究创建大连国家生态工业示范园区(静脉产业类)。加快推进东北地区符合条件的国家经济技术开发区扩区和重点省级开发区升级工作。

2. 建设绥芬河—满洲里东北北部沿边经济带

东北北部经济带涵盖黑龙江和内蒙古两省五市,是原有哈大齐工业走廊的延伸,包括绥芬河、哈尔滨、大庆、齐齐哈尔和满洲里。2008年经济带内土地面积达到15.77万平方公里，人口规模达到2 146.4万，经济总量6 355.7亿元，足以支撑起国家一级经济地理轴线和主体功能区的职能，上升为国家战略。

构建新经济带之后，根据区域贸易自由化理论和点轴理论的推演，区域内资本、劳动力等生产要素将加速集聚，产业布局也将打破地域界线，形成合理分工，现有内向型发展模式的哈大齐工业走廊将与经济带内五城市形成互补，通过运输通道和产业延伸，哈牡绥东对俄贸易加工区也将处于经济带内腹地，得到有力的产业和服务支撑；满洲里和牡丹江两大对俄门户通道的作用将更加凸显。

"十二五"期间，东北北部沿边经济带建设的主要任务包括：在哈尔滨建设国家级中俄人才交流、合作及培训中心，对俄贸易标准制定中心，信息中心，贸易争端解决处理机构，以服务经济带内各城市需求；探索在哈发展对俄金融结算业务；在哈尔滨成立地区性期货交易市场；探索中俄局部地区试行人民币、卢布自由兑换；试点运行俄方来哈人员"落地签证"制度；组建经济带内区域中心海关等（专栏2—5）。

专栏2—5

人民币区域化与贸易结算发展进程

自2008年金融危机爆发以来，人民币在更大区域内作为交易和计价货币，已经开启了区域化发展进程。

2008年7月10日，国务院批准中国人民银行改革方案，新设立汇率司，正式拉开了推动人民币区域化的政策帷幕。

2008年12月4日，中国与俄罗斯就加快两国在贸易中改用本国货币结算进行了磋商。

2008年12月25日，国务院决定，将对广东和长江三角洲地区与港澳地区、广西和云南与东盟的货物贸易进行人民币结算试点。2009年年初，人民币跨境结算中心在香港等城市进行试点。

2009年3月，央行与白俄罗斯、韩国、中国香港、马来西亚、印尼等国家和地区等就货币互换达成协议，签订了总额高达6 500亿元人民币规模的货币互换协议，为今后人民币跨境结算提供了资金支持。

推进人民币用于区域性国际结算，从长远看，有利于逐步改变以美元为中心的国际货币体系，为将来人民币在区域内履行投资和储备货币职能打下基础。从战略上来看，跨境贸易人民币结算能有效推动金融业的发展和区域性对外开放步伐，银行结算、清算收入增长等中间业务将迅速崛起。

3. 构筑区域发展的"双核心"结构

基于对大连、沈阳、长春、哈尔滨四城市所承担的区域功能的认识及城市职能特点分析,研究认为这四个城市在东北地区"十二五"规划期内的发展定位如下:

大连 东北地区的中心城市之一,东北地区对外开放前沿平台和国际贸易窗口、东北亚国际航运及物流中心、涉外金融中心、临港型先进制造业基地是其主体功能。

沈阳 东北地区的中心城市之一,辽宁省省会;东北地区政治和文化中心、物流中心、金融中心、陆路交通枢纽以及装备制造业研发和生产基地是其主体功能。

长春 东北地区中部的中心城市,吉林省省会;交通运输设备制造、光电子信息、农产品加工和新材料制造业基地是其主体功能。

哈尔滨 东北地区北部的中心城市,黑龙江省省会;对俄经贸和科技合作中心、重大装备制造业、绿色食品加工业、医药工业、冰雪旅游是其主体功能。

总之,大连、沈阳、长春、哈尔滨是东北地区的四个中心城市。其中,长春和哈尔滨分别是东北地区中部、北部的中心城市。沈阳是东北地区原有的大区级中心城市,大连是规划期内新兴的大区级中心城市,沈阳、大连共同构成东北地区发展的"双核心"。

4. 建设东北区域金融中心

建设东北区域金融中心,是推进东北振兴战略的现实要求,也是参与全球金融竞争的内在需要。目前,东北地区金融中心区位选择存在大连与沈阳之争。2009年4月18日,沈阳市政府在北京主持召开《从国家战略高度加快建设东北区域金融中心》课题报告论证评审会,提出以沈阳金融商贸开发区为核心加快建设东北区域金融中心的主张。2009年6月16日,综合开发研究院推出首期"中国金融中心指数",该指数选择中国内地24个2007年GDP在1 400亿元人民币以上的省会城市和计划单列市为样本,从金融产业绩效、金融机构实力、金融市场规模和金融生态环境四个方面进行综合竞争力排名。其中,大连排名第六,属于"核心区域金融中心";沈阳排名第十,属于"次级区域金融中心"。2009年7月,国务院原则通过《辽宁沿海经济带发展规划》,明确提出大连要提升核心地位和龙头作用,加快建设东北亚国际航运中心、东北亚国际物流中心、区域性金融中心和现代产业聚集区。根据国家战略布局,大连市制定了《大连区域性金融中心建设规划(2009~2030)》,加快区域性金融中心建设步伐。总体而言,大连具有金融总量东北第一、金融体系日臻完善、期货市场领军全国、金融开放优势明显、金融生态环境优越等特点;而沈阳各项指标居于东北前列,区域金融功能不断强化,金融开发区基础设施日渐完善,正在筹划建设五大金融交易平台,提升区域金融服务功能。

东北区域金融中心建设在于沈阳与大连的合作,错位发展,构建各有优势、持续发展的金融产业集群和金融市场体系,提供多样化的金融服务功能,形成多层次的区域金融中心体系。"十二五"期间,大连市重点以期货业为龙头,着力构建国际期货中心、投融资中心、国际结算与离岸金融中心等涉外金融服务中心;沈阳市重点建设沈阳金融商贸开发区,创新产业资本与金融资本融合模式,服务于东北老工业基地全面振兴。

5. 协调大都市经济区发展

"十二五"期间,东北地区将逐步形成辽宁沿海带、沈阳经济区、长吉图经济区、哈大齐工业走廊等以大连、沈阳、长春和哈尔滨为核心的四个大都市经济区,成为东北老工业基地全面振兴的核心地域和重要支撑力量。促进大都市经济区协调发展,提升区域竞争力对于实现"四基地一区"的振兴目标具有重要的战略意义。

明确区域功能定位,形成合理分工。随着《辽宁沿海经济带发展规划》和《中国图们江区域合作开发规划纲要——以长吉图为开发开放先导区》上升为国家战略,辽宁沿海经济带和长吉图经济区的功能定位也得到进一步明确。其中,长吉图经济区的战略定位是"四个重要、两个区",即使长吉图发展成为我国沿边开发开放的重要区域、我国面向东北亚开放的重要门户和东北亚经济技术合作的重要平台,培育成东北地区新的重要增长极,建设成为我国沿边开发开放的先行区和示范区。至2020年,将长吉图建设成为中国东北地区重要的新型工业基地、现代农业示范基地、科技创新基地、现代物流基地和东北亚国际商务服务基地,基本形成中国东北地区经济发展的重要增长极。

培育区域要素市场,推进市场一体化。长期以来,东北地区市场意识相对淡薄,区域内各自为政、市场分割和地方保护阻碍了经济资源的自由流动和跨地区的经济合作,区域发展缺乏明显的产业分工,低水平竞争导致资源严重浪费,经济一体化进程严重受阻。区域一体化包括产业一体化、交通网络一体化、科技一体化、信息一体化、市场一体化等诸多内容,其中最为关键的是市场一体化。

"十二五"期间,东北区域一体化的重点是推进市场一体化,真正完成向市场经济的转型。按照市场化运行原则,培育东北地区统一的要素市场,促进要素的合理流动。一是建立面向东北的区域性产权交易市场。充分利用沈阳产权交易中心实施企业的产权、股权、债转股、金融不良资产的交易,解决东北老工业基地全面振兴中资产存量的市场化配置问题。二是依托东北地区省区和中心城市的人才与技术交易市场,协调建设统一开放、互联互通的东北人才大市场、技术交易市场和东北人才资源库,促进人才合理流动,加快高新技术的转让和产业化。

6. 培育新的增长极

利用我国综合配套改革试验区的政策以及建立"新区"的政策供给倾向,选择有条件的区域,积极推进区域新型增长极的建设。综合各种条件以及区域文化和积极发展环境,应系统研究依托营口建立"辽滨新区"的途径与实施方案,与营口、盘锦共同形成东北区域发展的"第五级",与大连、沈阳、长春、哈尔滨一起,带动东北地区的快速发展。

二、促进区域合作

坚持政府推动、市场导向、企业主体相结合的区域合作模式,推进跨行政区的一体化进程,加强东北与东部、中部、西部地区的联系和协作,促进区域间的优势互补、协调发展。

1. 健全市场机制,培育区域要素和商品市场

打破行政区划的局限,弱化产权区域属性,促进生产要素在区域间自由流动和合理配置。统筹区域重要自然资源配置,在资源要素流动和区域环境保护中,研究建立受益方向贡献方实行利益补偿的机制。利用产权交易中心,实施产权、股权、债转股、金融不良资产等交易,优化存量资产配置。加快人才开发一体化进程,协调建设统一开放、互联互通的东北人才大市场,构筑人才信息平台,促进人才流动。鼓励和支持各省区在异地人才服务、促进人才流动、高层次人才智力共享等层面开展合作。共同消除制约商品流通的地区障碍,促进形成统一、开放、有序的跨省区共同商品市场,引导企业有针对性地构筑营销网络,发展以特色产品为依托、辐射全国的商品批发市场和网上商城。

2. 推进东北地区整体协调发展

加强产业合作机制建设,引导产业输出地与产业承接地之间的良性互动,实现区域产业优势互补,引导区域间产业合理布局,放大区域产业整体竞争力。开展联合建立区域创新体系试点示范工作。加快东北科技成果转化基地和企业孵化器建设,打造科技成果产业化平台。整合资源,发挥口岸优势,建立"大通关"系统,构建东北地区统一、高效的现代物流体系。统筹规划,加强合作,联手打造东北地区一体化的旅游协作网络,构建无障碍旅游区。建立东北信息协作网络,健全和完善信息资源共享机制,搭建现代化的区域公共信息平台。

3. 健全合作机制,拓展经济腹地和发展空间

发挥地缘优势,扩大东北地区与东北亚国家的经济技术合作,推动沿边开放。支持办好哈尔滨经济贸易洽谈会等国家级重要展会,鼓励发达地区参与东北老工业基地振兴,吸引国内其他地区的各类生产要素进入东北市场。推进东北地区与长江三角洲、珠江三角洲地方性资本市场的连接,鼓励国内有实力的民营企业和国有大中型企业到东北地区进行兼并和资产重组。充分利用沪深证券交易机构,支持东北企业利用股权、债券等金融工具融资。打造东北品牌,支持、组织东北企业赴内陆省市以及港澳台地区举办各种展销活动,积极参与西安中国东西部合作与投资贸易洽谈会等活动,构建东北企业参与西部大开发、中部崛起的平台,不断提高东北企业和产业的市场影响力与竞争力。

三、统筹城乡协调发展

"十二五"期间,东北地区应坚持"五个统筹"和建设社会主义新农村的指导方针,形成工业反哺农业、城市支持农村和农村服务城市的协调发展格局。大中城市应加快进行产业结构调整与升级,向有条件的县或中小城市农村地区扩散零部件生产和加工配套项目,退出农产品初加工行业,加强研发、市场和信息服务功能。县城应主动承接、引进骨干工商业项目,培育支柱产业。面向城市市场需求,发展蔬菜、花卉、食用菌、乳品、肉类等副食品生产加工基地。

1. 促进农村各项事业全面发展

以发展现代农业和推进农村工业化为重点,全面带动农村各项事业发展。继续大力支持粮食、肉、蛋、奶等农副产品加工业的龙头企业发展,巩固县城和重点城镇的支柱产业。黑龙江省重点发展水稻、大豆深加工和乳制品工业;吉林省重点发展玉米深加工、畜禽养殖业与肉制品加工业;辽宁省重点发展城郊蔬菜、水果、水产等特色农产品出口加工业;内蒙古东部地区重点发展乳业及优质畜产品加工业。

2. 吸引人口向城镇集聚

大力发展建设示范镇和中心镇,建设若干精品小城镇,吸引农村人口向小城镇集聚。优化城镇体系结构,加快村屯合并,稳步推进社会主义新农村建设,形成大中小协调、职能特色突出、经济社会联系紧密的城乡地域系统。

3. 统筹城乡基础设施建设和生态环境保护

防止城市重污染工业向农村扩散,建立水土等重要资源在工业与农业、城市与农村之间的公平分配和补偿机制。将基础设施建设的投入重点放在农村,健全农村公共设施维护机制,提高综合利用效能。实现100%乡镇和行政村通公路,100%解决农村饮水安全问题,综合治理农村生态环境,推进农村电网改造工程和"村村通"电话工程。

4. 加快管理体制改革

加快农垦城镇、林业城镇和矿业城镇的条块管理制度改革,促进地区经济协调发展。创新农村城镇化模式和机制,完善扩权强县政策。继续推进农村小城镇户籍、土地、投融资等管理制度改革。

5. 建立覆盖城乡社会保障体系

建立涵盖农村最低生活保障制度、新型农村合作医疗制度、农民基本养老保险制度、失地农民社会保障制度、农村社会救济制度等的全方位农村保障体系。其中,明确政府在统筹城乡社保体系中的主导作用,与企业、村集体、个人共同推进城乡社会保障工作。发挥财政职能作用,加大农村社保投入力度,促进社会保障领域基本公共服务均等化。将村级公共服务和社会管理分成教育、医疗卫生、就业、农业生产、基础设施等主要类别,针对不同种类设定经费保障和管理机制。将新增财力的70%以上用于改善民生,将农村社会保障支出提高至城市的30%,向城市和农村提供均衡的公共产品和服务,以加快农村社会经济发展,减轻农民社会负担,实现基本公共服务均等化。

第六节 公共服务均等化战略

"十一五"期间,东北地区的社会发展水平得到提高,基本公共服务得到改善,教育、卫生、社会保障体系逐步健全,贫困人口继续减少。社会主义新农村建设也取得明显成效。但与民生相关的社会事业领域没有得到根本改善,这种现象在欠发达地区以及发达地区的"落后区域"尤为突出。这些地区的经济增长能力、居民收入以及居民消费能力与发达地区、城市地区的差距越来越大。"十二五"期间,为维持社会稳定,东北地区应对基本公共服务均等化给予着重关注,缩小区域发展差距必须注重实现基本公共服务均等化,引导生产要素跨区域合理流动。

一、大力改善欠发达地区社会发展水平

"十一五"期间,东北地区区域经济、社会发展差距显著,城乡差距进一步加剧。由于历史、自然、政策等方面原因,许多贫困地区经济与社会发展一直没有明显起色,存在着明显的发展障碍。主要表现:一是缺乏自我发展能力;二是人力资源素质低;三是人地关系矛盾突出;四是社会发展严重滞后。为了使大多数居民都能相对公平地获取分享经济、社会、文化发展成果的机会,根据全面建设小康社会的要求、贫困地区现状、特点及面临的主要问题,欠发达地区落后状态的缓解应遵循以下发展思路。其一,以满足基本生活需求作为首要任务;其二,以提高人力资源素质作为中心环节;其三,以增强自我发展能力作为根本途径;其四,以开发式扶贫为主要手段;其五,以经济、社会与生态环境协调发展作为最终目标。

1. 加大支持力度

考虑到东北地区的特点,"十二五"期间应加大对欠发达地区的支持力度,引导欠发达地区明确发展定位和战略,走符合自身区情的发展之路。在有条件开发的地区,立足于形成具有竞争优势和民族特色的产业,合理有序开发利用优势资源,并把保护生态环境放在优先地位。建议各级政府加大资金投入,加快普及义务教育,扩大对贫困家庭学生的资助范围和力度。切实加大对民族地区、边疆地区一般性和专项性转移支付的力度,继续实施中央财政对产粮大县和财政困难县的"三奖一补"政策,扶持粮食主产区经济发展。加大扶贫开发力度,逐步提高农村扶贫标准,加快贫困地区脱贫致富步伐。同时,以加强对这些地区的弱势群体的帮扶为切入点,使落后地区的弱势群体首先得到接近全国平均水平的公共服务。

2. 扎实推进社会主义新农村建设

当前农业和农村发展动力不足,农业基础设施脆弱、农村社会事业发展滞后、城乡居民收入差距扩大的矛盾依然突出,仍是制约东北地区建设全面小康社会,加快推进现代化进程的主要因素。新农村建设是缩小东北地区城乡收入差距的主要途径,新农村建设的基本出发点就

是要解决城乡居民收入差距过大的问题。为此,国家不仅通过加大对农村的投入,制定相关扶持政策,鼓励并帮助广大农民开辟更多的收入渠道。而且通过免除农业税、免除义务教育阶段农村学生学杂费以及建立农村新型合作医疗制度等政策的实施,大大减轻农民负担,大幅度提高农民收入,缩短城乡之间日益扩大的收入差距,促进东北老工业基地和谐发展。

3. 推进城乡公共服务均等化

建立涵盖农村最低生活保障制度、新型农村合作医疗制度、农民基本养老保险制度、失地农民社会保障制度、农村社会救济制度等的全方位农村保障体系。其中,明确政府在统筹城乡社保体系中的主导作用,与企业、村集体、个人共同推进城乡社会保障工作。发挥财政职能作用,加大农村社保投入力度,促进社会保障领域基本公共服务均等化。将村级公共服务和社会管理分成教育、医疗卫生、就业、农业生产、基础设施等主要类别,针对不同种类设定经费保障和管理机制。将新增财力的70%以上用于改善民生,将农村社会保障支出提高至城市的30%,向城市和农村提供均衡的公共产品和服务,以加快农村社会经济发展,减轻农民社会负担,实现基本公共服务均等化。

二、扶持落后、贫困区域救济的社会公共服务体系建设

近年来,随着东北老工业基地经济社会快速发展,东北地区与环渤海地区的经济合作日趋紧密,尤其受到经济全球化因素的影响,人口和经济要素呈现出向沿海地区和中部城市群集聚的态势。当前的人口和经济要素向优势区位地区集聚,是东北老工业基地改造过程中的要素重组过程;体现了市场经济条件下资源配置的特征与规律,有利于形成区域经济增长极,带动东北老工业基地快速复兴并参与国际经济竞争,发挥东北整体区域经济功能。而且人口和经济主要集中在中部平原和南部沿海地区,有利于保护东部、西部和北部地区的生态环境,保障东北地区长远的可持续发展。然而,部分地区的超前发展拉大了地区间发展差距,导致落后、贫困地区社会经济发展缓慢、人才外流、公共服务体系建设缺失等现状。

1. 基本原则

在"十二五"期间,出于社会公平考虑,在经济发展差距日趋扩大的背景下,应坚持以人为本,搞好统筹兼顾,把普遍提高和改善落后、贫困地区居民生活水平,逐步缩小地区间社会发展差距作为缓解区域发展差距的出发点,使落后、贫困地区居民获得相对公平的社会公共服务和福利,生活水平和质量得到一定程度的改进。在此基础上,通过不断缩小区域经济发展差距,逐步实现区域协调发展的战略目标。重点从两方面入手:

2. 选择好重点区域

围绕基础设施、教育、卫生三个重点领域,东北地区应精心选择支持的重点区域和次重点

区域,实施差异化的公共服务扶持与引导政策,突出重点、分类指导,规划好帮扶领域的优先次序及帮扶地域的轻重缓急。分重点、分层次、分阶段地改善落后和贫困地区的社会发展状态。加大对贫困地区、少数民族聚居地区、生态脆弱地区的困难人口以及弱势人群的社会救助投入。加大公共安全保障力度,维护社会安定。

3. 促进社会和谐发展

重点通过提高人口素质,增加就业来实现社会的和谐发展。增加基础教育投入,将人口压力转化为人力资源优势,制定和落实吸引、稳定和利用好人才的政策措施。继续支持对落后、贫困地区的帮扶力度,对于现行的社会保障制度体系也要进行综合配套改革,加大保障体系的覆盖面和补助力度,建立较为完善的社会公共服务体系。

三、扩大就业和健全社会保障体系

东北老工业基地振兴政策实施几年来,东北老工业基地就业形势发生了明显的改观,社会发展趋于和谐稳定。就业形势好转主要有三个方面原因:首先是经济振兴吸纳了大量劳动力就业;其次是再就业的培训和安置机制逐步完善,发挥了越来越大的作用;三是覆盖全社会的社会保障机制初步建立,对缓解就业矛盾及其引发的问题起到了重要作用。但是,从长期来看,东北地区就业形势依然严峻,主要包括东北三省森工、军工、煤炭行业等困难群体;随着国有企业改革进一步深化,还将解聘大批富余人员;同时,农村剩余劳动力也有2 000多万。尽管近年来东北三省固定资产投入和经济增长速度都呈现异乎寻常的高速增长,但是并没有带来人们所期望的就业形势的显著改观。其中有两个主要原因:一是大量新增投资和项目仍然集中在传统优势领域,均属于资本密型和技术密集型,对增加就业的贡献不大;二是整个东北地区企业重组和产业转型所排斥出来的劳动力远大于新增项目的就业吸纳能力,以致整个地区失业率仍居高不下。这表明,如果不调整前几年只注重重化工业发展的思路,那么再多的投资对于改善地区就业状况的作用也显得有限,也就是说,增加就业需要大力发展劳动密集型产业。

在"十二五"期间,扩大就业以及健全社会保障体系毫无疑问地成为一项重要任务,并可以从以下三个方面着手:

1. 加强培训

增加基础教育投入,将人口压力转化为人力资源优势,制定和落实吸引、稳定和利用好人才的政策措施。开展职业技能培训,完善再就业培训,建立就业信息、职业培训、技术鉴定、职业介绍四位一体的就业培训体系,形成一套完整的就业培训政策优惠和贷款扶持的机制,充分利用电视、广播等现代化信息网络,提供就业信息和咨询服务,千方百计增加城镇就业岗位,更好促进产业发展和就业富民。

2. 实施积极的就业政策

把就业工作摆在更加突出的重要位置。落实促进大学生、农民工和困难群体的就业政策，确保就业形势稳定。通过就业服务和职业培训扩大就业和再就业，特别重视资源枯竭城市衰落产业的职工的就业再适应和区域内的可流动性。积极落实扶持创业的各项政策措施，以创业带动就业。多层次开展就业指导、就业培训，大力发展社区服务业，创造新的就业岗位。积极发展劳动密集型产业、服务业和各类所有制的中小企业，鼓励劳动者自谋职业和自主创业。通过财政援助创造就业岗位，采取迁居津贴、临时工资、在工资和用工上制定优惠政策鼓励企业到劳动力过剩地区投资等多种方式，改善劳动者可流动性。季节性生产企业实施季节错峰生产，平稳吸纳劳动力。扩大公共服务部门就业，救助濒危企业，维持社会就业量。

3. 健全社会保障体系

通过中央和地区财政的共同支持，建立更广范围、更大力度的社会保障体系，确保社会稳定和谐。加快推进城镇职工养老保险省级统筹，适当提高企业退休人员基本养老金标准。完善对困难群众的就业援助制度。做好被征地农民社会保障工作。完善工伤保险政策法规，进一步扩大工伤保险覆盖面，抓紧解决"老工伤"人员待遇纳入工伤保险统筹管理问题。完善新型农村合作医疗和农村医疗救助制度，逐步建立农村最低生活保障制度。加快发展农业保险，扩大试点范围、增加险种，加大中央财政保费补贴力度。进一步完善城镇基本养老和基本医疗、失业、工伤、生育保险制度，逐步提高社会保险统筹层次。逐步培育发展商业保险和保障项目，形成多层次的社会保障体系。加大城镇廉租房、经济适用房建设规模和国有林区棚户区、国有垦区危房、农村危房、危旧校舍改造力度，继续做好煤矿棚户区改造工作，支持开展城市棚户区改造工作。

第三章 东北三省发展指标的趋势模拟与预测

目前,我国各地区正处于社会主义现代化建设的快速增长时期。在制定各项经济发展目标时需要基于未来的大致合理判断,这就需要对经济系统的发展指标作相关的模拟与预测,通常经济预测是指综合各方面经济要素的历史信息,采用科学合理的定性与定量的方法分析,尽可能地去揭示经济要素发展途径和未来可能的结果。为了尽可能提高预测的准确性,需要对历史数据进行模拟,在模拟值与实际值比较靠近的情况下,再进行趋势预测,同时需要注意的是在尽可能保证较好的历史模拟精度基础上注重模型的简洁性,即不必采用繁杂的数学模型过度追求预测精度。除了经济领域的经济总量指标外,社会领域的人口要素指标、资源环境领域的要素指标都是涉及区域未来可持续发展的要素指标。此外,东北三省的农业在我国也具有重要的意义,应纳入到预测范围内。在已有历史数据的基础上进行相关指标模拟预测时,更多是基于历史数据自身的发展趋势,并不涉及未来可能出现较强的外部因素干扰,本章主要对相关指标进行未来自身发展趋势的模拟与预测。

第一节 人 口 领 域

一、历史数据信息的归纳与增长趋势的判断

近20年来,东北地区的黑龙江、吉林和辽宁三省的人口呈现缓慢增长趋势。如图3—1所示,三省的人口总数从1990年的9 900万人增长到2010年的10 807万人,20年的平均自然增长率为4.4‰,低于全国平均水平。从各省自然增长率的历史数据来看,2001~2010年,每年的人口自然增长率呈下降趋势,黑龙江、吉林和辽宁十年的平均自然增长率为2.3‰、2.3‰和1.3‰。通过这些历史信息可以容易得出两点结论:① 如果没有大的政治、经济和灾害事件,未来东北三省的人口总量也将呈现总体缓慢增长趋势;② 在同样的前提下,东北三省人口总数的自然增长率将保持在三省间人口自然增长率的最低值与最高值之间。有了这两点对于东北三省未来人口的发展趋势预测可以有个大致的方向判断。

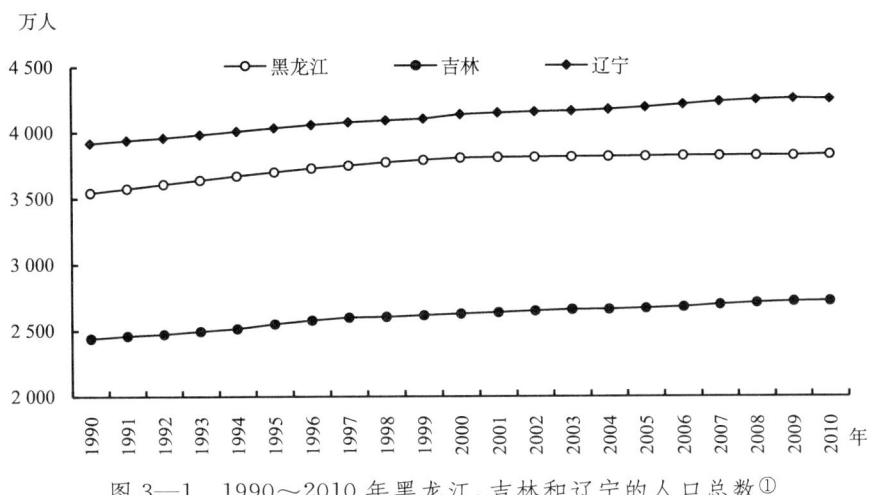

图 3—1　1990～2010 年黑龙江、吉林和辽宁的人口总数①

目前需要对于增长趋势给予一个明确的判断,以便于在模型模拟与预测中能够较为准确地把握人口的历史发展规律。根据三省人口的历史数据加和汇总得到 1990～2010 年东北三省的人口总数如图 3—2 所示。从历史趋势线来看,趋势线并非呈直线的增长趋势,类似指数函数或对数函数的增长趋势,故可排除一次线性函数形式,确定为多项式函数、指数函数和对数函数三种形式分别来模拟预测。

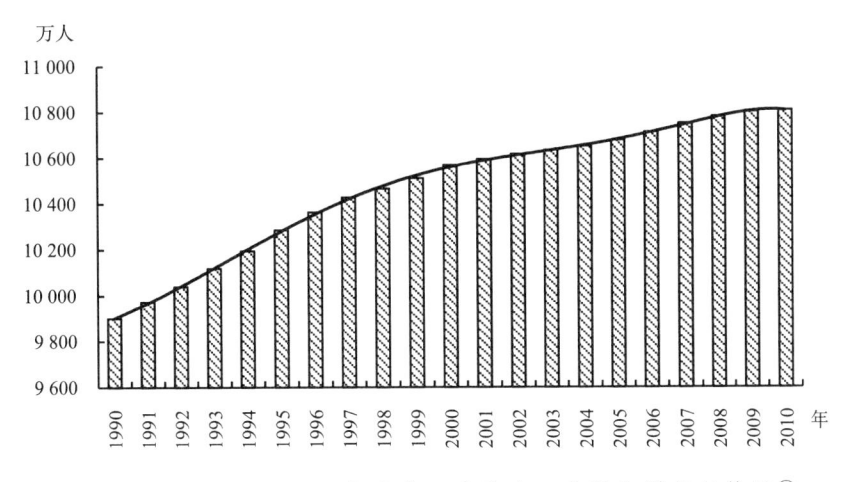

图 3—2　1990～2010 年东北三省的人口总数和增长趋势线②

---

① 资料来源于《黑龙江统计年鉴 2011》、《吉林统计年鉴 2011》和《辽宁统计年鉴 2011》,需要指出的是,本章所有的历史数据均源于东北三省统计年鉴的数据整理。
② 东北三省的人口总数为三省人口数相加的总和。

二、函数形式的设定与模拟及预测

根据前面的分析,确定以下三种函数形式进行模拟及预测,并进行对比分析。

1. 多项式函数形式的模拟及预测

设定模拟与预测函数的形式为:

$$y = \beta_0 + \beta_1 \cdot t + \beta_2 \cdot t^2 + \varepsilon$$

其中,y 为人口总数,t 为相应的年份数 1990,1991,…,2020;β_0,β_1,β_2 为待估系数,ε 为满足正态分布的随机误差项。根据 1990~2010 年的历史数据采用最小二乘求解得到:

$$y = -8\,203\,006 + 8\,169.225 \cdot t - 2.031 \cdot t^2 + \varepsilon$$

系数 t 检验　　　(-13.32)　　(13.26)　　(-13.18)

模型整体检验　　$R^2 = 0.994$;$F = 1\,508.7$

由上述统计检验,得到构建的函数形式对样本点的估计较显著。根据构建的函数形式分别模拟和预测的 1990~2020 年具体值为表 3—1 所示。从 1990~2010 年的实际值与模拟值比较来看,预测的平均误差值在 0.18% 左右。该函数预测从 2012 年开始东北三省的人口总数将开始呈现下降趋势,预测到 2020 年东北三省的总人口将达到 10 619 万人,比 2010 年减少 1.76%。

表 3—1　1990~2020 年东北三省人口总数的模拟与预测

年份	实际值(万人)	模拟值(万人)	年份	预测值(万人)
1990	9 901	9 899	2011	10 787
1991	9 973	9 982	2012	10 785
1992	10 040	10 061	2013	10 778
1993	10 119	10 136	2014	10 768
1994	10 195	10 206	2015	10 753
1995	10 286	10 273	2016	10 735
1996	10 364	10 336	2017	10 712
1997	10 428	10 394	2018	10 685
1998	10 467	10 449	2019	10 654
1999	10 511	10 499	2020	10 619
2000	10 570	10 545		
2001	10 595	10 588		
2002	10 618	10 626		
2003	10 635	10 660		

续表

年份	实际值(万人)	模拟值(万人)	年份	预测值(万人)
2004	10 652	10 690		
2005	10 679	10 716		
2006	10 713	10 738		
2007	10 752	10 756		
2008	10 782	10 770		
2009	10 802	10 780		
2010	10 809	10 785		
模拟的平均相对误差		0.18%		

2. 指数函数的模拟及预测

通常人口增长规律从较长时期来看呈 S 型指数曲线增长的趋势。这里采用 Logistic 增长曲线来模拟及预测。设定的函数形式为：

$$y = \frac{L}{1 + a \cdot e^{-bt}}$$

其中，y 为人口总数，t 为 1990~2020 年对应的年份数 $0,1,2,\cdots,30$。$L, a, -b$ 均为待估系数，并且 L 为增长上限。由于不知具体的增长上限，拟采用三和值法来估计系数。三和值法将历史曲线样本按年度均分为三等份，通过三段数据的和值来求得 Logistic 曲线的参数值。采用三和值估计相关 L、a 和 b 参数的具体公式如下（1,2,3 为对应数据段，n 为每段的数据个数）：

$$a/L = \left(\sum_2 \frac{1}{y_t} - \sum_1 \frac{1}{y_t}\right)\frac{e^{-b}-1}{(e^{-bn}-1)^2}; \quad e^{-b} = n\sqrt{\frac{\sum_3 \frac{1}{y_t} - \sum_2 \frac{1}{y_t}}{\sum_2 \frac{1}{y_t} - \sum_1 \frac{1}{y_t}}};$$

$$1/L = \frac{1}{n}\left(\sum_1 \frac{1}{y_t} - \frac{e^{-bn}-1}{e^{-b}-1}\frac{a}{L}\right)。$$

求解，得：$L = 10\ 895.4, a = 0.106\ 04$ 和 $e^{-b} = 0.887\ 74$，因此，

$$y = \frac{10\ 895.4}{1 + 0.106\ 04 * 0.887\ 74^t}$$

根据构建的函数形式分别模拟和预测的具体值为表 3—2 所示。从 1990~2010 年的实际值与模拟值比较来看，预测的平均误差值在 0.16% 左右。该函数预测未来十年东北三省的人口总数将继续呈现缓慢上升趋势，预测到 2020 年东北三省的总人口将达到 10 863 万人，比 2010 年增长 0.5%。

表 3—2　1990～2020 年东北三省人口总数的模拟与预测

年份	实际值(万人)	模拟值(万人)	年份	预测值(万人)
1990	9 901	9 851	2011	10 801
1991	9 973	9 958	2012	10 812
1992	10 040	10 055	2013	10 821
1993	10 119	10 143	2014	10 829
1994	10 195	10 222	2015	10 837
1995	10 286	10 294	2016	10 843
1996	10 364	10 358	2017	10 849
1997	10 428	10 416	2018	10 854
1998	10 467	10 467	2019	10 859
1999	10 511	10 514	2020	10 863
2000	10 570	10 555		
2001	10 595	10 592		
2002	10 618	10 625		
2003	10 635	10 655		
2004	10 652	10 682		
2005	10 679	10 705		
2006	10 713	10 726		
2007	10 752	10 745		
2008	10 782	10 762		
2009	10 802	10 776		
2010	10 809	10 790		
模拟的平均相对误差		0.16%		

3. 对数函数的模拟及预测

运用对数形式的增长曲线来模拟及预测东北三省的人口变化趋势。设定的函数形式为：

$$y = c + b \cdot \ln t + \varepsilon$$

其中，y 为人口总数，t 为相应的年份数 1990,1991,…,2020；c,b 为待估系数，ε 为满足正态分布的随机误差项。根据 1990～2010 年的历史数据采用最小二乘求解得到：

$$y = -663\ 760.9 + 88\ 704.3 \cdot \ln t$$

系数 t 检验　（-16.62）　（16.88）
模型整体检验　$R^2=0.938;F=285.1$

由上述统计检验,得到构建的函数形式对样本点的估计较显著。根据构建的函数形式分别模拟和预测的1990～2020年具体值为表3—3所示。从1990～2010年的实际值与模拟值比较来看,预测的平均误差值比较大,在0.58%左右。该函数预测未来东北三省的人口总数将继续保持缓慢增长趋势,预测到2020年东北三省的总人口将达到11 354万人,比2010年增长5.04%。

表3—3　1990～2020年东北三省人口总数的模拟与预测

年份	实际值(万人)	模拟值(万人)	年份	预测值(万人)
1990	9 901	10 027	2011	1 0958
1991	9 973	10 071	2012	11 002
1992	10 040	10 116	2013	11 046
1993	10 119	10 160	2014	11 090
1994	10 195	10 205	2015	11 134
1995	10 286	10 249	2016	11 178
1996	10 364	10 294	2017	11 222
1997	10 428	10 338	2018	11 266
1998	10 467	10 383	2019	11 310
1999	10 511	10 427	2020	11 354
2000	10 570	10 471		
2001	10 595	10 516		
2002	10 618	10 560		
2003	10 635	10 604		
2004	10 652	10 649		
2005	10 679	10 693		
2006	10 713	10 737		
2007	10 752	10 781		
2008	10 782	10 826		
2009	10 802	10 870		
2010	10 809	10 914		
模拟的平均相对误差		0.58%		

三、不同模型预测结果的比较分析

由于上述函数形式设定的不同,在模拟和预测具体值与实际值对照也不尽相同,但从总体上来看,大体上把握住了东北三省未来的人口发展趋势。三种不同函数形式的模拟值与预测值和实际值的比较如图3—3所示:

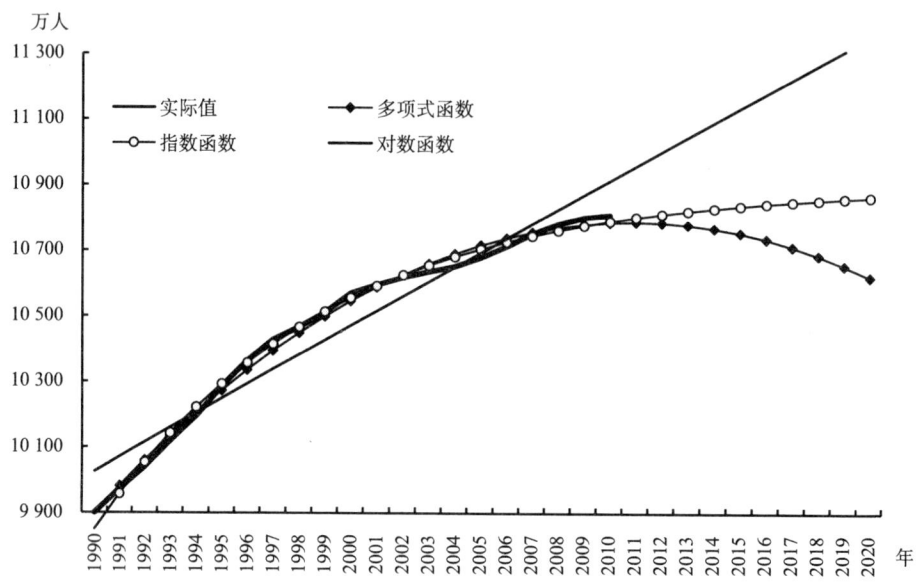

图3—3 1990～2020年东北三省的人口总数实际值和三种函数的模拟预测值

从图3—3可以看出,不同函数形式的模型模拟与预测存在差异,多项式函数和指数函数的模拟效果较好,平均相对误差为0.18%和0.16%,结合东北三省的自然增长率来看,未来人口总数的趋势在2010年后应该仍然会缓慢增长,而并非开始下降。因此,用Logistic曲线模拟预测的结果可信度更高。从人口总数的模型模拟与预测,可以看出关键是在把握历史数据信息的基础上,对增长趋势进行判断,再选择合适的数学模型来加以模拟和预测。

因此,本研究认为,未来东北三省的人口将继续呈现缓慢增长趋势。2020年,东北三省的人口总量预计在为10 800万人左右。

第二节 经济领域

一、历史数据信息的归纳与增长趋势的判断

1990～2010年东北三省的地区生产总值、三产结构和进出口总额的历史数据示意图如图3—4～6所示:

从图3—4、图3—5、图3—6,可以看出东北三省的地区生产总值和进出口总额在我国加入世贸后增长速度较快,只是在2009年受国际金融危机的影响地区生产总值的增速稍微有所

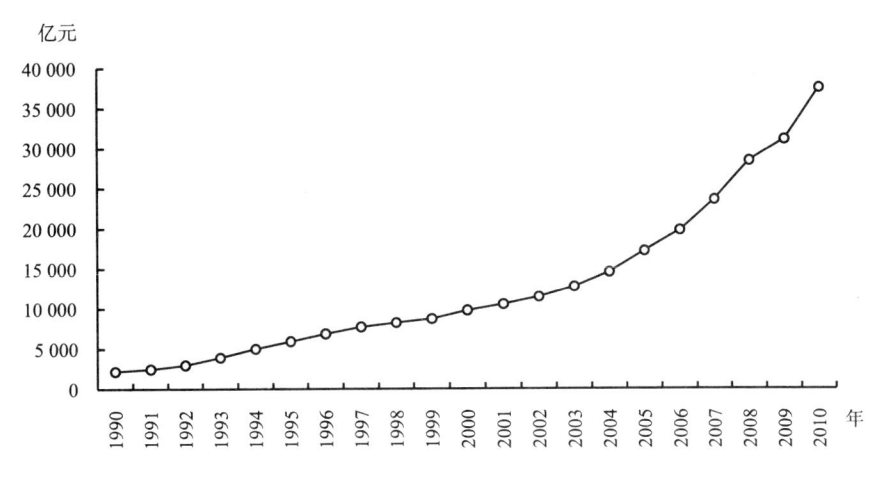

图 3—4　1990~2010 年东北三省现价的地区生产总值

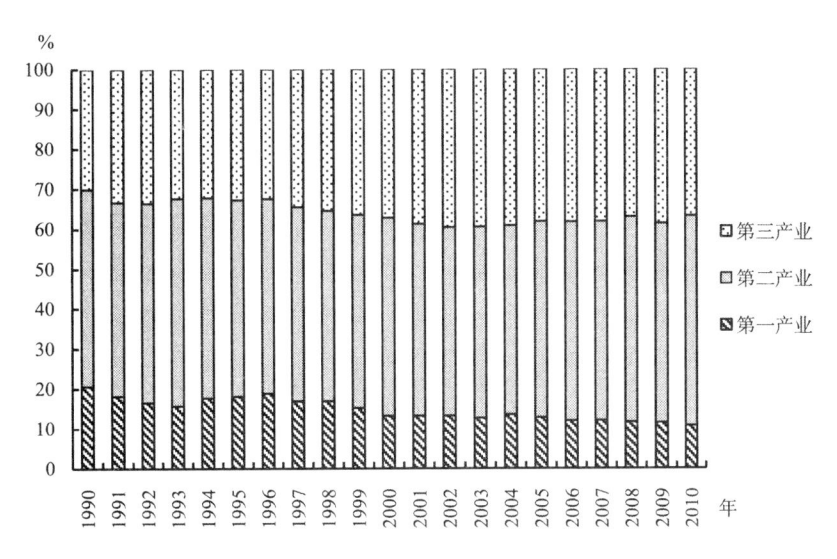

图 3—5　1990~2010 年东北三省的三次产业结构百分比

放缓,进出口总额的规模在 2009 年出现小幅度减少。三次产业结构的时间趋势是一次产业比重平稳下降,二次产业比重在 49% 左右上下波动,三次产业有所上升,但也受第二产业比重的影响。这里经济领域中的相关指标受一定时间趋势影响,采用时间序列来模拟与预测。在东北振兴战略中,未来投资是引起地区生产总值增长的一个重要因素,需要将其引入。

二、模型模拟与预测

1. 经济增长的模拟与预测

采用 ADF 检验,发现地区生产总值和投资均为 2 阶单整,并满足协整。对于地区生产总

值采用误差修正模型。设定的函数形式为:

$$\ln y_t = c + \alpha \cdot \ln y_{t-1} + \beta \cdot \ln(inv)_t + \gamma \cdot \ln(inv)_{t-1} + \varepsilon$$

其中,y_t 为 t 时期的地区生产总值,y_{t-1} 为 $t-1$ 时期的地区生产总值,inv_t 为 t 时期的地区生产总值,inv_{t-1} 为 $t-1$ 时期的地区生产总值,c,α,β,γ 为待估系数,ε 为满足正态分布的随机误差项。根据1990~2010年的历史数据采用最小二乘求解得到:

$$\ln y_t = 0.928 + 0.785 \cdot \ln y_{t-1} + 0.238 \cdot \ln(inv)_t - 0.098 \cdot \ln(inv)_{t-1}$$

系数 t 检验　　(4.32)　(13.17)　　　(2.86)　　　　　(−0.879)

模型整体检验　　$R^2 = 0.998$; $F = 3369.7$; $D.W. = 1.46$

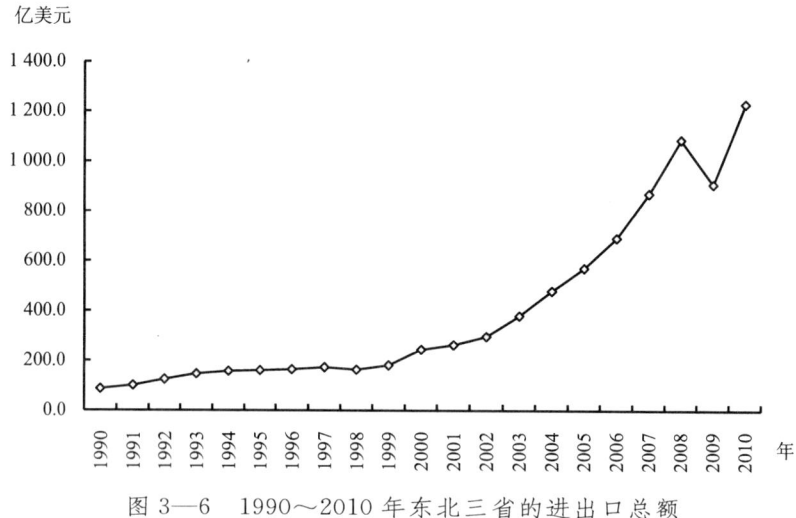

图 3—6　1990~2010 年东北三省的进出口总额

由上述统计检验,得到构建的函数形式对样本点的估计较显著。1990~2010 年固定资产投资总额年均增长率为 22.9%,假设 2011~2020 年仍然保持这样的年增长率。根据构建的函数形式分别模拟和预测的 1990~2020 年具体值为表 3—4 所示:

表 3—4　1990~2020 年东北三省的现价地区生产总值

年份	实际值(亿元)	模拟值(亿元)	年份	预测值(亿元)
1990	2 203.2	—	2011	44 879.9
1991	2 485.9	2 656.9	2012	52 191.4
1992	2 990.8	3 240.6	2013	60 474.5
1993	3 927.8	4 092.4	2014	69 873.1
1994	5 004.4	4 938.7	2015	80 552.2
1995	5 922.0	5 706.4	2016	92 700.8
1996	6 875.0	6 454.0	2017	106 534.8
1997	7 714.3	7 191.6	2018	122 301.1

续表

年份	实际值(万人)	模拟值(万人)	年份	预测值(万人)
1998	8 233.2	8 022.7	2019	140 281.6
1999	8 720.1	8 725.8	2020	160 798.5
2000	9 772.0	9 564.0		
2001	10 543.6	10 454.1		
2002	11 443.9	11 397.5		
2003	12 722.0	12 643.3		
2004	14 544.6	14 386.7		
2005	17 181.3	16 710.3		
2006	19 791.5	19 664.0		
2007	23 553.0	23 176.3		
2008	28 409.1	27 519.8		
2009	31 078.3	32 397.5		
2010	37 493.5	38 414.9		
模拟的平均相对误差		2.99%		

从表3—4可以看出,从1990～2010年的实际值与模拟值比较来看,预测的平均误差率在2.99%左右。该函数预测未来东北三省的经济总量将继续保持增长趋势,预测到2020年东北三省的地区生产总值将达到160 798.5亿元。值得说明的是,这一预测将通胀因素考虑在模型中,数值可能有放大的可能性。1990～2010年,地区生产总值的平均年增长率为15.41%,而预测出的2010～2020年的地区生产总值平均年增长率为15.68%,基本相差不大。自2007年《东北地区振兴规划》实施以来,除2009年因受金融危机影响导致经济增长放缓外,这几年东北三省的地区生产总值基本保持19%～20%的增长速度。目前的预测增长速度相对于前几年有些偏慢。

2. 经济结构的模拟与预测

东北三省产业结构的预测涉及多变量的趋势外推,常规的单变量趋势外推已不能满足,需要将单一变量扩展为向量,根据向量的历史数据来推断未来发展,因此考虑建立向量自回归模型(Vector Auto Regression,VAR)来预测东北三省的产业结构。VAR模型把系统中每一个内生变量作为系统中所有内生变量的滞后值的函数来构造模型,从而将单变量自回归模型推广到多元时间序列变量组成的"向量"自回归模型。VAR(p)模型的数学表达式为:

$$y_t = A_1 y_{t-1} + \cdots + A_p y_{t-p} + B x_t + \varepsilon_t, \quad t = 1, 2, \cdots, T$$

其中,y_t是k维内生变量,x_t是d维外生变量,p是滞后阶数,T是样本个数。A_1和A_p

是 $k×k$ 维待估系数矩阵，B 是 $k×d$ 维待估系数矩阵，ε_t 是 k 维扰动变量。模型滞后期阶数的确定主要依据 AIC 和 SC 最小准则，同时要考虑到模型单位根小于 1 以保证所建模型的稳定性。考虑产业结构主要受自身趋势影响，忽略外界未来出现较强的干扰，故仅用内生变量来建立，设定的模型形式为：

$$y_t = A_1 y_{t-1} + \cdots + A_p y_{t-p} + \varepsilon_t, \quad t=1,2,\cdots,21$$

选择滞后 4 期模型较理想，模型的具体形式为：

$$y_t = \begin{pmatrix} -0.253 & -0.635 & -1.378 \\ -11.45 & -11.54 & -11.21 \\ 11.611 & 12.122 & 12.528 \end{pmatrix} \cdot y_{t-1} + \begin{pmatrix} 6.398 & 6.388 & 6.140 \\ -7.87 & -7.29 & -7.69 \\ 1.311 & 0.705 & 1.362 \end{pmatrix} \cdot y_{t-2}$$

$$= \begin{pmatrix} 7.329 & 7.260 & 7.673 \\ -13.66 & -13.65 & -13.69 \\ 6.176 & 6.237 & 5.863 \end{pmatrix} \cdot y_{t-3} + \begin{pmatrix} 11.22 & 11.00 & 11.24 \\ -14.27 & -14.26 & -14.57 \\ 3.541 & 3.746 & 3.824 \end{pmatrix} \cdot y_{t-4} + \begin{pmatrix} -23.85 \\ 47.47 \\ -22.70 \end{pmatrix}$$

模型整体拟合效果：AIC＝－26.88；SC＝－24.97

模型个体拟合效果：R^2＝(0.94 0.89 0.95)

根据构建的模型分别模拟和预测的 1990～2020 年具体值为表 3—5 所示。从三次产业结构的实际值来看，自 1990 年以来，一产的比重一直呈现下降趋势；二产的比重虽然略有起伏，但一直保持在 50% 左右；三产的比重呈现缓慢增加趋势。在预测结果中，2010～2020 年，一产的比重继续呈现下降趋势，到 2020 年将下降到 10% 以下；二产的比重相对 2007～2010 年的平均比重还略有上升，到 2020 年达到 52.5% 左右；三产的比重则缓慢增加到 37.7%。

从东北三省的实际发展情况来看，预计未来十年，东北三省的振兴将改变传统的依靠投资和市场需求拉动产业复兴的方式带动区域经济振兴的发展模式，将逐步转向依靠城镇化推动地区产业结构升级、在优化升级现有传统产业的同时，更多通过发展新型产业和第三服务业，带动地区发展潜力的发展模式。因此，预计未来二产的比重增长将逐步放缓，而三产的比重将有所增高。要想提高第三产业的比重，则必须改变以往重视第二产业的政策趋势，设计创新的战略。

表 3—5　1990～2020 年东北三省的三次产业结构比重　　　　　　　　单位：%

年份	一产：二产：三产的实际值	一产：二产：三产的模拟值	年份	一产：二产：三产的预测值
1990	20.6：49.3：30.1	—	2011	11.0：51.2：37.8
1991	18.1：48.5：33.4	—	2012	10.9：51.8：37.3
1992	16.5：49.9：33.6	—	2013	10.7：51.6：37.7
1993	15.7：51.9：32.4	—	2014	10.6：52.1：37.3
1994	17.7：50.1：32.2	17.0：50.3：32.7	2015	10.6：51.8：37.6
1995	18.0：49.2：32.8	17.5：49.1：33.4	2016	10.4：52.2：37.4
1996	18.8：48.7：32.5	17.2：48.8：34.0	2017	10.3：52.0：37.7

续表

年份	一产：二产：三产的实际值	一产：二产：三产的模拟值	年份	一产：二产：三产的预测值
1997	16.9：48.5：34.6	16.5：48.2：35.3	2018	10.0：52.4：37.6
1998	16.9：47.7：35.4	16.1：48.1：35.8	2019	10.0：52.2：37.8
1999	15.2：48.3：36.5	14.4：48.6：37.0	2020	9.8：52.5：37.7
2000	13.1：49.6：37.3	13.8：48.8：37.4		
2001	13.2：48.0：38.8	13.7：47.9：38.4		
2002	13.2：47.2：39.6	13.9：48.1：38.0		
2003	12.6：47.9：39.5	13.0：48.3：38.7		
2004	13.5：47.3：39.2	12.7：49.0：38.3		
2005	12.8：49.0：38.2	12.1：49.1：38.8		
2006	11.9：49.8：38.3	11.9：50.0：38.1		
2007	12.0：49.8：38.2	11.5：50.0：38.5		
2008	11.6：51.3：37.1	11.6：50.6：37.8		
2009	11.4：49.9：38.7	11.4：50.5：38.1		
2010	10.6：52.5：36.9	11.3：51.3：37.4		

3. 对外开放的模拟与预测

东北三省的进出口总额除了 2009 年受国际金融危机的影响出现一定幅度下滑外，总体上呈现为上升趋势，尤其在 2001 年我国加入世贸以来增速更为迅速。采用一般的时间序列分析，设定的模型形式为：

$$\ln y_t = \alpha_0 + \beta_1 \ln y_{t-1} + \cdots + \beta_p \ln y_{t-p} + \varepsilon_t, \quad t = 1, 2, \cdots, 21$$

其中，y_t 为 t 时期的地区生产总值，y_{t-1} 为 $t-1$ 时期的地区生产总值，y_{t-p} 为 $t-p$ 时期的地区生产总值，$\alpha_0, \beta_1, \beta_p$ 为待估系数，ε 为满足正态分布的随机误差项。根据 1990～2010 年的历史数据求解得到：

$$\ln y_t = 0.031 + 1.017 \cdot \ln y_{t-1}$$

系数 t 检验　　(0.15)（27.52）

模型整体检验　　$R^2 = 0.977$；$F = 757.7$；$D.W. = 2.04$

由上述统计检验，得到构建的函数形式对样本点的估计较显著。根据构建的函数形式分别模拟和预测的 1990～2020 年具体值为表 3—6 所示。从 1990～2010 年的实际值与模拟值比较来看，预测的平均误差率在 14.98% 左右。该函数预测未来东北三省的对外进出口总额将继续保持增长趋势，预测到 2020 年东北三省的进出口总额将达到 7 119.8 亿元。1990～2010 年，东北三省的进出口总额平均年增长率为 14.90%，而预测出的 2010～2020 年的三省进出口总额的平均年增长率为 19.20%,显著高于前 20 年的增长速度。实际上,自 2007 年《东北地区振兴规划》实施以来,东北三省对外发展形势大好,除 2009 年受金融危机影响外,其余几年的进出口总额的年增长率基本保持在 25% 左右。因此,该预测结果应能基本符合实际发展趋势。

表 3—6　1990～2020 年东北三省的进出口总额

年份	实际值(亿美元)	模拟值(亿美元)	年份	预测值(亿美元)
1990	87.7	—	2011	1 476.0
1991	101.0	98.1	2012	1 736.6
1992	124.6	109.9	2013	2 049.3
1993	147.4	123.4	2014	2 425.5
1994	157.4	138.9	2015	2 879.4
1995	160.9	156.6	2016	3 428.9
1996	165.4	176.9	2017	4 096.2
1997	172.8	200.4	2018	4 908.9
1998	164.0	227.4	2019	5 902.1
1999	181.4	258.8	2020	7 119.8
2000	245.6	295.1		
2001	264.3	337.2		
2002	298.0	386.4		
2003	380.6	443.8		
2004	480.2	511.0		
2005	571.1	589.9		
2006	691.6	682.7		
2007	870.7	792.2		
2008	1 086.8	921.7		
2009	908.9	1 075.3		
2010	1 230.2	1 258.0		
模拟的平均相对误差		14.98%		

第三节 农业发展领域

一、历史数据信息的归纳与增长趋势的判断

1990～2010年东北三省的粮食产量和农林牧渔业总产值的历史数据示意图如图3—7所示。从图3—7可以看出东北三省的粮食产量与农林牧渔业总产值的历史趋势几乎一致，表明农林牧渔业总投入的增加很大程度上影响着粮食产量的增长。按现价计算，农林牧渔业总产值年均增长率为13%，按照此速度增长，东北三省的粮食产量也会按照两者之间的关系相应增加。需要对粮食产量与农林牧渔业总产值的数量关系采用数学模型做尽可能精确的解析。

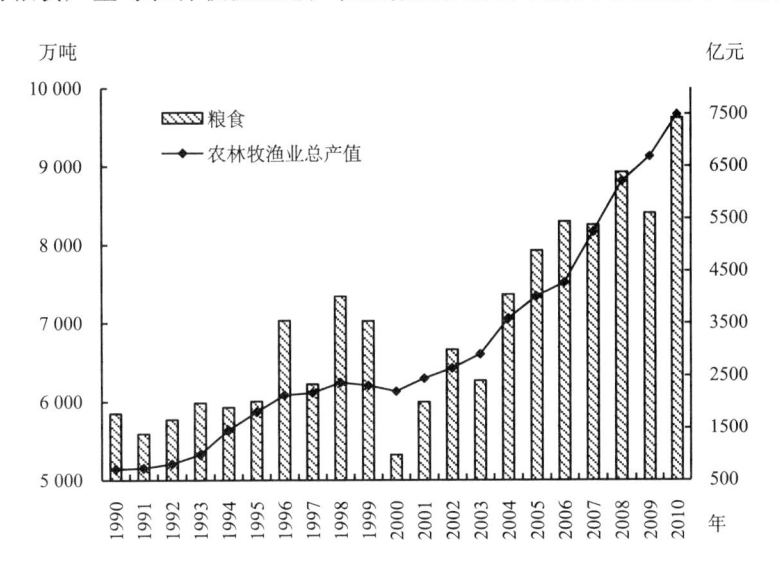

图3—7 1990～2010年东北三省的粮食产量与农林牧渔业总产值

二、模型模拟与预测

考虑存在两种数量关系：第一，当期的粮食产量与同期的农林牧渔业总产值存在线性关系；第二，当期的粮食产量增量与同期的农林牧渔业总产值增量存在线性关系。根据两种情况，分别取对数设定模型为：1) $\ln p = \alpha_0 + \beta_0 \cdot \ln y + \varepsilon_0$；

2) $\Delta \ln p = \alpha_1 + \beta_1 \cdot \Delta \ln y + \varepsilon_1$。

其中，p为粮食产量，y为同一时期的农林牧渔业总产值；$\Delta \ln p$为粮食产量增量，$\Delta \ln y$为同一时期的农林牧渔业总产值的增量；$\alpha_0, \alpha_1, \beta_0, \beta_1$为待估系数，$\varepsilon_0, \varepsilon_1$则为满足正态分布的随机误差项。对公式2)整理，$\ln p_t - \ln p_{t-1} = \alpha_1 + \beta_1 \cdot (\ln y_t - \ln y_{t-1}) + \varepsilon_1$，变形后即：

$\ln p_t = \alpha_1 + \alpha_2 \cdot \ln p_{t-1} + \beta_1 \cdot \ln y_t + \beta_2 \cdot \ln y_{t-1} + \varepsilon_1$；

根据1990～2010年的历史数据求解得到：

1) $\ln p = 7.211 + 0.208 \cdot \ln y$；

系数 t 检验　　　(0.15)　(27.52)

模型整体检验　　$R^2 = 0.737; F = 53.2; D.W. = 1.32$

2) $\ln p_t = 4.583 + 0.337 \cdot \ln p_t + 0.426 \cdot \ln y_t - 0.267 \cdot \ln y_{t-1}$；

系数 t 检验　　　(2.64)　(1.44)　　(2.06)　　(-1.24)

模型整体检验　　$R^2 = 0.783; F = 19.3; D.W. = 2.05$

由上述统计检验,模型2)较模型1)对样本点的估计更显著,并且拟合效果也有所提高。对于农林牧渔业按照13%的年增长率预测未来的发展,粮食产量则按照构建的模型2)进行模拟和预测,1990~2020年具体值为表3—7所示。该模型假设未来十年东北三省的农林牧副渔产业发展趋势与前20年保持不变,继续保持13.05%的年均增长率,预计到2020年,东北三省的农林牧副渔总产值将达到25 550.3亿元。依次对粮食产量进行预测。实际值与预测模拟值来看,二者的误差在6.84%左右。东北三省的粮食产量将继续呈现增长趋势,预计到2020年将达到11 987万吨,2010~2020年的年平均增长率为2.25%。而1990~2010年粮食产量的年平均增长率为3.08%,预测的增长趋势要低于前20年的增长趋势。

表3—7　1990~2020年东北三省的粮食产量(万吨)和农林牧渔业总产值　　　单位:亿元

年份	实际值		模拟值	年份	预测值	
	粮食产量	农林牧渔业总产值	粮食产量		粮食产量	农林牧渔业总产值
1990	5 853.7	708.3	—	2011	9 178.5	8 471.0
1991	5 595.6	728.6	5 254.7	2012	9 460.7	9 576.5
1992	5 775.0	812.5	5 268.1	2013	9 746.9	10 826.3
1993	5 987.7	987.7	5 566.3	2014	10 040.0	12 239.3
1994	5 931.5	1 461.9	6 362.3	2015	10 341.3	13 836.6
1995	6 008.4	1 805.7	6 559.4	2016	10 651.4	15 642.4
1996	7 033.2	2 126.5	6 716.6	2017	10 970.8	17 683.8
1997	6 226.3	2 172.5	6 540.8	2018	11 299.7	19 991.7
1998	7 343.4	2 372.6	6 692.4	2019	11 638.5	22 600.7
1999	7 029.0	2 312.9	6 516.5	2020	11 987.4	25 550.3
2000	5 323.5	2 201.9	6 367.3			
2001	5 999.5	2 448.5	6 697.7			
2002	6 666.4	2 643.4	6 842.5			
2003	6 270.2	2 910.4	7 035.4			
2004	7 365.0	3 587.8	7 567.7			

续表

年份	实际值		模拟值	年份	预测值	
	粮食产量	农林牧渔业总产值	粮食产量		粮食产量	农林牧渔业总产值
2005	7 927.0	4 016.5	7 696.6			
2006	8 297.0	4 284.7	7 720.9			
2007	8 254.5	5 247.5	8 282.8			
2008	8 925.3	6 215.1	8 636.1			
2009	8 404.0	6 690.0	8 638.9			
2010	9 620.7	7 493.1	8 891.4			
模拟的平均相对误差			6.84%			

第四节 资源环境领域

一、历史数据信息的归纳与增长趋势的判断

1990～2010年东北三省的能源消费总量和工业废水排放总量的历史数据如图3—8和图3—9所示。从图3—8可以看出东北三省的能源消费总量1990～2000年呈缓慢上升，2001～2010年呈快速上升，中间时段也略有起伏。图3—9中东北三省的工业废水排放总量1990～2001年呈快速下降，2002～2010年呈缓慢下降，中间时段也略有起伏。

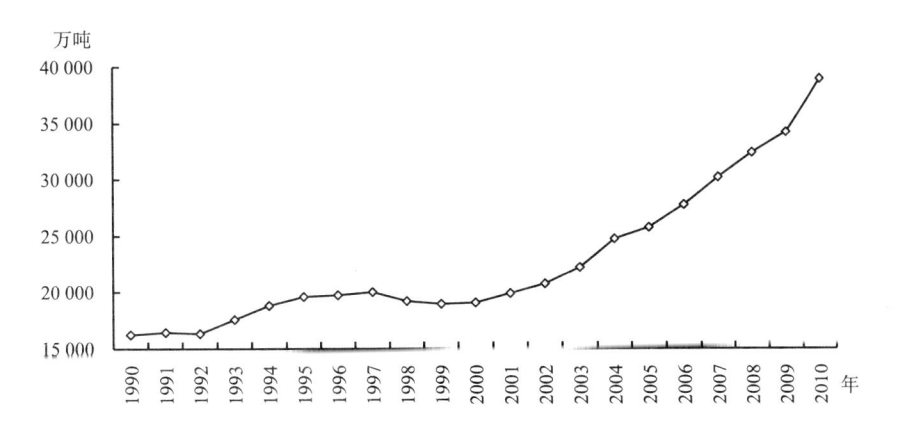

图3—8 1990～2010年东北三省的能源消费总量（标准煤）

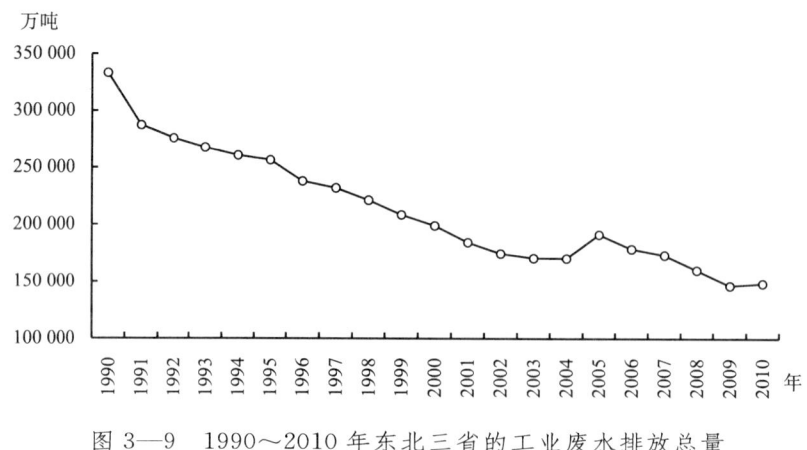

图 3—9　1990～2010 年东北三省的工业废水排放总量

二、模型模拟与预测

根据以上资源环境的历史数据信息分析,需要设定的模型具有较强的数据灵活性,即尽可能保持近期的数据信息,同时也具有一部分以前的数据信息。根据这一特点,采用多参数指数平滑法来进行模拟预测。设定模型的为:$\hat{y}_{t+K}=a_t+b_tK$,对于所有 $K\geqslant 1$。

其中,$a_t=\theta y_t+(1-\theta)(a_{t-1}-b_{t-1})$; $b_t=\gamma(a_t-a_{t-1})+(1-\gamma)b_{t-1}$

若 $t=T$(最后一期),则 $\hat{y}_{T+K}=a_T+b_Tk$ 对于所有 $K\geqslant 1$。式中,a_t 是截距,b_t 是斜率,它们都是通过平滑数值得到。θ 和 γ 为平滑参数,且 $0\leqslant\theta,\gamma\leqslant 1$,$K$ 为时间间隔段。

利用东北三省能源消费总量的历史数据,采用上述模型求解,得:$a_t=38\,256.04$;$b_t=3\,937.45$;$\theta=0.75$;$\gamma=1.00$。东北三省能源消费总量的实际值与模拟值如图 3—10 所示。从图 3—10 可以看出模型大体上模拟出了东北三省能源消费总量 1990～2010 年的历史趋势。经计算,多参数指数平滑模型模拟的平均相对误差为 2.9%,模拟的效果较好,可以根据该模

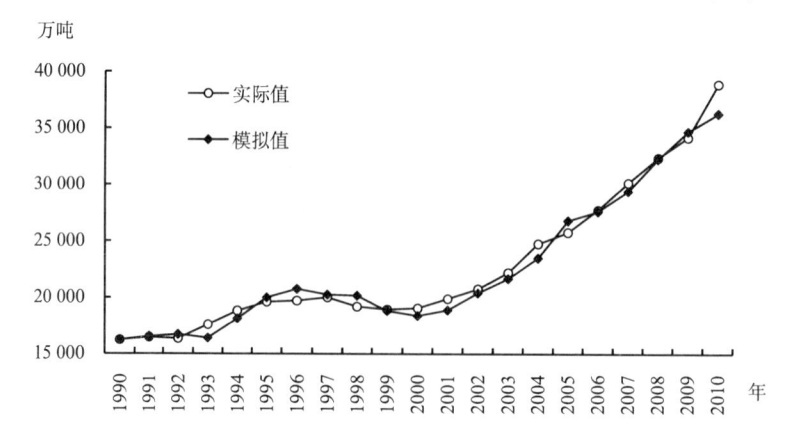

图 3—10　1990～2010 年东北三省能源消费总量的实际值与模拟值

型进行预测,预测值为表 3—8 所示。2020 年,东北三省的能源消费总量将达到 7.76 亿吨标准煤,2010～2020 年三省能源消费总量的年均增长率为 6.74%,略低于 2000～2010 年 7.07% 的年均增长率。

同样,利用东北三省工业废水排放总量的历史数据,采用上述模型求解,得:$a_t = 148\,861.0$;$b_t = -6\,794.64$;$\theta = 1.00$;$\gamma = 0.13$。东北三省工业废水排放总量的实际值与模拟值如图 3—11 所示。

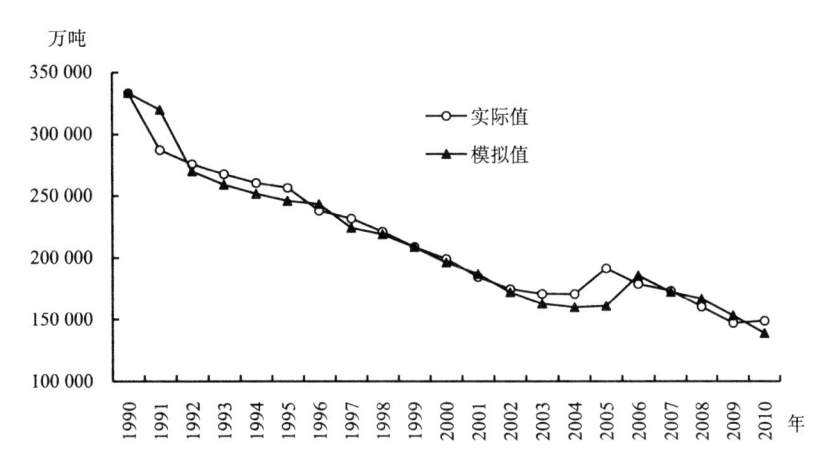

图 3—11　1990～2010 年东北三省工业废水排放量的实际值与模拟值

从图 3—11 可以看出模型大体上模拟出了东北三省工业废水排放总量 1990～2010 年的历史趋势。经计算,多参数指数平滑模型模拟的平均相对误差为 3.9%,模拟的效果较好,可以根据该模型进行预测,预测值为表 3—8 所示。2020 年,东北三省的工业废水排放总量将继续呈现下降趋势,预计将达到 80 915 万吨,2010～2020 年的十年年均减少率为 5.91%,高于 2000～2010 年的 2.70% 的年均减少率。

表 3—8　2011～2020 年东北三省的能源消费总量和工业废水排放总量预测值

年份	2011	2012	2013	2014	2015
能源消费总量(万吨标准煤)	42 193.5	46 130.9	50 068.4	54 005.9	57 943.3
工业废水排放总量(万吨)	142 066	135 272	128 477	121 682	114 888
年份	2016	2017	2018	2019	2020
能源消费总量(万吨标准煤)	61 880.8	65 818.2	69 755.7	73 693.1	77 630.6
工业废水排放总量(万吨)	108 093	101 299	94 504	87 709	80 915

第四章　东北地区优势产业发展

2003年国家提出振兴东北等老工业基地战略,在一系列政策和项目的支持下,东北地区经济和社会发展呈现出快速振兴的态势。以沈阳、大连为核心的全国第四大都市经济区和哈大产业集聚带正在形成,工业结构调整和优化取得了显著成效,传统装备制造产业焕发生机,以农产品加工业、高新技术产业和现代服务业为重点的新的支柱产业逐渐发展壮大。但在工业发展中仍面临着传统产业规模加大但发展效益不高、新兴产业与先进地区发展差距扩大、工业行业对资源依赖程度高、资源环境问题日益突出等问题。因此,本章在对东北地区工业行业的竞争力与效益进行科学分析的基础上,以东北地区在全国占有主导地位的装备制造业和农产品加工业为重点,科学认识行业发展特点和存在问题,结合国家产业政策和工业发展趋势,提出东北地区工业结构调整和优化的对策和建议,对实现工业的可持续发展具有十分重要的现实意义。

第一节　东北地区工业结构效益与竞争力

随着东北地区经济快速发展,工业结构调整和改造升级速度加快,提高工业产业竞争力日益成为影响东北振兴的核心问题。国外关于产业结构效益和产业竞争力研究集中在不同国家和地区产业竞争力、特定部门竞争力、外商直接投资和技术创新与区域产业竞争力、企业组织形式及体制创新与区域产业竞争力关系等领域,从不同视角提出产业竞争力评价体系,采用SWOT分析法、ICOP法、层次分析法、偏离份额法等对产业竞争力进行了定量评价和分析。国内对产业结构效益和产业竞争力研究集中在区域整体工业竞争力评价、特定行业部门产业竞争力分析、区域产业竞争力影响因素等方面。本章采用偏离—份额分析法,定量分析东北地区工业部门发展态势、增长优势和竞争优势,以期为东北地区农业结构调整与改造升级提供科学依据和指导。

一、偏离—份额分析法

偏离—份额分析法是由美国经济学家丹尼尔·B.克雷默于1942年首先提出,后来经由E. S. 邓恩和埃德加·胡佛等人发展完善,现已成为国际学术界用于评价区域产业结构优劣和竞争能力强弱、判断区域是否具有相对竞争优势的产业部门、确定未来产业发展主导方向的一种有效方法。该方法以上级区域为参照系,测算一定时期内研究区域某一工业行业按上级区域工业总产值年均增长可能形成的假定份额,进而将这一假定份额同该行业的实际增长额进行比较,分析该行业总产值增长相对于上级区域平均水平的偏离状况。这种偏离可以从行业结构因素和竞争力因素(区位因素)两个方面解释。如果该行业总产值增长速度大于上级区域的平均水平,说明该行业的结构优于上级区域的平均水平。反之,则落后于上级区域的平均水平。如果该行业结构与上级区域行业的结构相同,则该行业与上级区域增长率的差异则由区域竞争力因素所引起。

依据偏离—份额分析法的基本思路,研究区域在考察期内 i 行业总产值的实际增长额可以分解为三个部分:地区增长份额、结构偏离份额、竞争力份额,用公式表示为:

$$G_i = e_{it} - e_{i0} = N_i + P_i + D_i \tag{1}$$

$$N_i = e_{i0}\left(\frac{E_t}{E_0} - 1\right) \tag{2}$$

$$P_i = e_{i0}\left[\left(\frac{E_{it}}{E_{i0}} - 1\right) - \left(\frac{E_t}{E_0} - 1\right)\right] \tag{3}$$

$$D_i = e_{i0}\left[\left(\frac{e_{it}}{e_{i0}} - 1\right) - \left(\frac{E_{it}}{E_{i0}} - 1\right)\right] \tag{4}$$

$$PD_i = G_i - N_i = P_i + D_i \tag{5}$$

式中:G_i、N_i、P_i、D_i、PD_i 分别表示研究区域在考察期内 i 行业总产值的实际增长额、区域增长份额、结构偏离份额、竞争力份额、总偏离份额;e_i 为研究区域 i 行业的总产值;E_i、E 分别为上级区域 i 行业总产值以及工业总产值;0 为基期(年);t 为末期(年)。

N_i 表示假定研究区域 i 行业按上级区域工业总产值增长率增长所应实现的份额。如果 $G_i - N_i > 0$,则该行业实际增长率大于上级区域的平均水平;$G_i - N_i < 0$,则该行业实际增长率小于上级区域的平均水平。

P_i 表示结构效应,它等于研究区域 i 行业按上级区域同行业增长率计算的增长额与按上级区域工业总产值增长率所实现的增长额之差。若 $P_i > 0$,说明该行业结构素质较好,促进了研究区域工业总产值的增长,此值越大,该行业结构对研究区域工业总产值增长的贡献就越大;若 $P_i < 0$,说明该行业结构素质差,影响了研究区域工业总产值的增长。

D_i 表示区域效应,它等于研究区域 i 行业按实际增长率所实现的增长额与按上级区域同行业增长率所实现的增长额之差。反映出与上级区域相比较,研究区域在发展该行业方面具有相对的竞争能力。竞争力份额大小受资源禀赋、技术水平、装备水平、投资规模、管理水平、地区产业政策等结构以外的区位因素的影响。若 $D_i > 0$,则该行业竞争力大于上级区域的平均水平;此值越大,说明该行业的竞争力越强。反之则相反。

二、东北三省主要工业部门竞争力分析

本研究以 2004~2008 年为考察期,以全国为上级区域(参考区域),选择东北三省(辽宁、吉林和黑龙江)和全国 32 个主要工业大类行业的规模以上的工业总产值,将相应数据分别带入上述公式(1)~(5),计算得到东北地区各工业行业的偏离—份额结果(表4—1)。

1. 东北三省主要工业部门发展态势

从行业总产值实际增长额来看,考察期内东北三省主要工业行业生产总值增长额超过1 000亿元的行业依次为交通运输设备制造业,石油加工、炼焦及核燃料加工业,黑色金属冶炼及压延加工业,电力、热力的生产和供应业,农副食品加工业,通用设备制造业,化学原料及化学制品制造业,石油与天然气开采业。八大行业生产总值增长额占同期东北三省工业生产总值增长额的63.88%,其余24个工业行业的规模和所占份额较小。

从偏离—份额角度看(表4—1),首先从东北三省工业总体情况来看,工业总产值的总偏离—份额PD和结构偏离—份额P均为正值,表明工业结构的总体和素质相对于全国而言处于优势地位,而竞争力份额D为$-1 410.45$亿元,说明东北地区工业竞争能力处于劣势,工业总产值增长受到区位因素的制约明显。其次从各行业的总偏离—份额来看,总偏离—份额大于0的14个,其中大于200亿元的行业共有5个,依次分别为交通运输设备制造业,石油加工、炼焦及核燃料加工业,石油与天然气开采业,农副食品加工业,通用设备制造业,表明这几个行业在全国具有较为明显的优势。而总偏离—份额小于0的18个,其中小于-200亿元的行业有4个,依次别分为通信设备、计算机及其他电子设备制造业,纺织业,电器机械及器材制造业和有色金属冶炼及压延加工业,说明这几个行业在工业经济发展处于明显的劣势地位。

表4—1 东北三省32个主要工业部门偏离—份额分析结果

编号	工业大类行业	增长总量 (G_i)	增长份额 (N_i)	结构份额 (P_i)	竞争力份额 (D_i)	总偏离—份额 (PD_i)
01	煤炭开采和洗选业	302.95	421.05	102.21	-223.82	-121.61
02	石油和天然气开采业	1 040.95	348.08	1 578.42	-879.49	698.93
03	有色金属矿采选业	45.86	98.01	14.88	-67.02	-52.15
04	非金属矿采选业	-34.74	-3.14	-0.91	-31.07	-31.98
05	农副食品加工业	1 331.67	820.72	482.63	28.33	510.96
06	食品制造业	217.87	216.31	28.50	-28.05	0.45
07	饮料制造业	205.20	143.90	-24.30	85.96	61.66
08	烟草加工业	64.60	149.59	-72.27	-12.45	-84.72
09	纺织业	120.94	800.91	-555.09	-125.49	-680.58
10	纺织服装制造业	84.46	210.86	-75.92	-50.05	-125.97
11	皮革等制品业	43.23	212.68	-69.68	-99.77	-169.45
12	木材加工业	195.60	179.22	298.26	-281.89	16.37
13	家具制品业	99.82	123.17	124.80	-148.16	-23.36
14	造纸及纸制品业	47.24	150.11	-77.77	-25.10	-102.87

续表

编号	工业大类行业	增长总量 (G_i)	增长份额 (N_i)	结构份额 (P_i)	竞争力份额 (D_i)	总偏离一份额 (PD_i)
15	印刷业	26.55	41.86	−23.84	8.53	−15.31
16	石油加工业	2 197.60	849.87	1 084.88	267.57	1 352.45
17	化学原料制造业	1 098.52	952.19	−246.39	389.66	143.27
18	医药制造业	372.91	249.33	35.10	88.44	123.54
19	化学纤维制造业	109.93	193.22	−85.56	2.34	−83.22
20	橡胶制品业	95.59	155.15	−15.41	−43.72	−59.13
21	塑料制品业	256.09	359.85	−110.98	7.68	−103.30
22	非金属矿物制品业	743.60	487.98	−180.40	437.09	256.69
23	黑色金属加工业	1 903.85	1 748.54	833.66	−675.01	158.65
24	有色金属加工业	402.22	653.28	−367.20	114.99	−252.21
25	金属制品业	268.53	401.57	−91.38	−42.45	−133.83
26	通用设备制造业	1 252.73	906.80	115.21	228.67	343.88
27	专用设备制造业	602.82	483.36	82.57	35.78	118.35
28	交通运输设备制造业	2 789.07	1 335.67	1220.06	237.74	1 457.80
29	电气机械及器材制造业	589.86	924.82	−533.10	199.29	−333.81
30	通信设备等制造业	201.60	1 370.39	−988.54	−178.48	−1 167.02
31	仪器仪表制造业	58.00	204.10	−94.88	−51.44	−146.32
32	电力热力生产和供应业	1 447.19	1 372.41	650.65	−579.06	71.59
	合计	18 182.31	16 561.86	3 038.21	−1 410.45	1 627.75

资料来源:根据相关年份各省及全国统计年鉴中规模以上工业企业总产值计算。

从各行业的结构份额和竞争力份额可以进一步揭示出各行业发展的特征。结构份额大于0的工业行业共有14个,其中石油和天然气开采业,交通运输设备制造业和石油加工、炼焦及核燃料加工业3个行业的增加值大于1 000亿元,三者的结构优势十分突出。而结构份额小于0的工业行业有18个,其中通讯设备、计算机及其他电子设备制造业,纺织业和电器机械及器材制造业3个行业的增长值均小于−500亿元,表明三者的结构份额显著处于劣势。竞争力份额大于0的工业行业有13个,其中非金属矿物制品业,化学原料及化学制品制造业,石油加工、炼焦及核燃料加工业,交通运输设备制造业和通用设备制造业5个行业的增长值大于200亿元,具有较强的竞争力。而竞争力份额小于0的行业有19个,其中石油和天然气开采业,黑色金属冶炼及压延加工业和电力、热力的生产和供应业3个行业的竞争力份额均小于−500亿元,表明三者严重缺乏竞争力。

从各省份工业经济发展情况来看,与黑龙江和吉林相比,辽宁省32个工业组别中70%的工业组别高于其他两省。吉林省在交通运输设备制造业,黑龙江省在专用设备和电气设备制造业方面具有明显优势。其他大多数组别,黑吉两省均落后东北三省总体发展水平和全国平均水平。

2. 东北三省主要工业部门的增长优势

振兴东北战略实施以来,国家加强了对东北地区的装备制造业、能源、农副产品加工业等优势产业的资金和政策扶持力度。为了显示振兴五年多来这些优势产业的发展状况,依据偏离—份额分析结果,运用相关绘图软件,绘制出东北三省的工业增长优势分析图(图4—1)。分析图由份额分量 N 为纵坐标,增长分量 S 为横坐标,根据所在扇面将其划分为四种类型,进而可以判断出区域的总体结构及竞争力的优劣状况,具体分为增长优势分析图和竞争优势分析图。

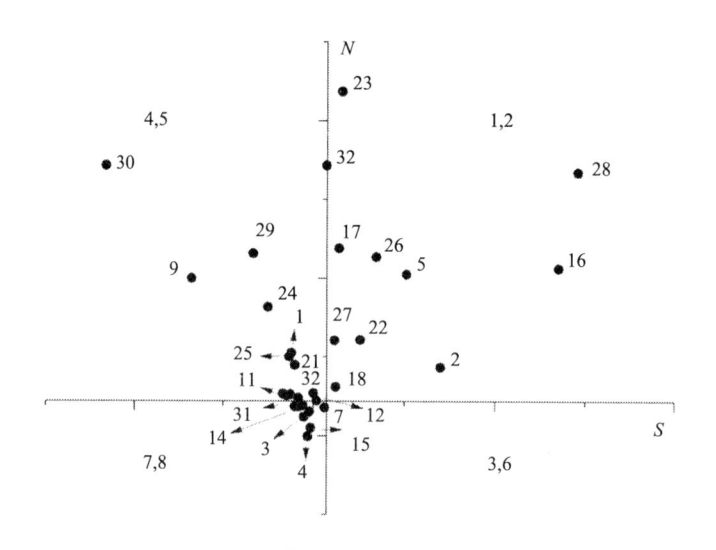

图4—1 东北三省工业增长优势

处于第1、2象限的为 I 类工业部门,该类部门是具有增长优势的工业部门,对工业总产值影响较大。主要包括(02)石油和天然气开采业,(16)石油加工、炼焦及核燃料加工业,(28)交通运输设备制造业。

处于第3、4象限的为 II 类部门,该类部门基础较好,但缺乏增长优势行业。主要包括(05)农副食品加工业,(06)食品制造业,(07)饮料制造业,(12)木材加工业,(17)化学原料及化学制品制造业,(18)医药制造业,(22)非金属矿物制品业,(23)黑色金属冶炼及压延业,(26)通用设备制品业,(27)专用设备制造业,(32)电力、热力的生产和供应业。

处于第5、6象限的为 III 类部门,该类部门的基础差,缺乏增长优势;其中第5象限的工业部门虽为增长部门,但不足以消除因缺乏部门优势而造成的影响。主要包括(01)煤炭和洗选业,(03)有色金属矿采选业,(08)烟草制品业,(09)纺织业,(10)纺织服装制造业,(11)皮革制品业,(13)家具制品业,(14)造纸及纸制品业,(15)印刷业,(19)化学纤维制造业,(20)橡胶制品业,(21)塑料制品业,(24)有色金属冶炼及压延加工业,(25)金属制品业,(29)电气机械及器材制造业,(30)通信设备制造业,(31)仪器仪表制造业。

处于第7、8象限为Ⅳ类部门,这些产业部门无增长优势,产业明显衰退。主要包括(04)非金属矿采选业。

3. 东北三省主要工业部门的竞争优势

为了更清楚地展示各工业行业的竞争优势,基于偏离—份额分析结果,以竞争分量 D 为横坐标,基础分量 P 为纵坐标绘制工业行业偏离—份额图,将东北三省工业行业划分为四种类型(图4—2)。

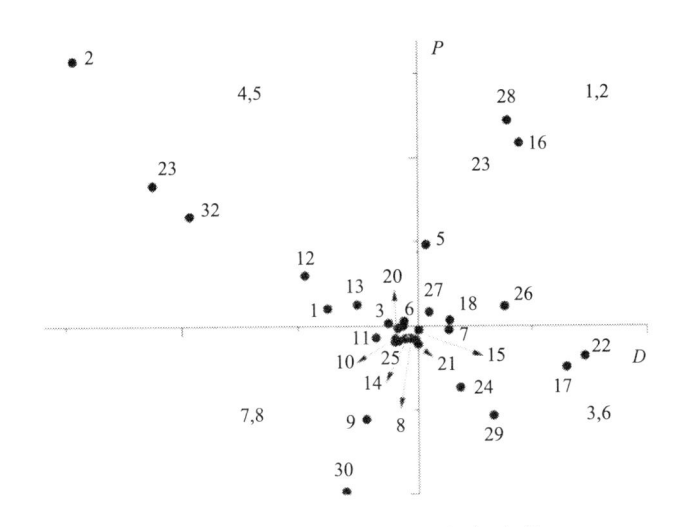

图4—2 东北三省工业竞争优势

Ⅰ类是工业基础好,产业竞争力强的行业类别:(05)农副食品加工业,(16)石油加工、炼焦及核燃料加工业,(18)医药制造业,(26)通用设备制造业,(27)专用设备制造业,(28)交通运输设备制造业。

Ⅱ类是工业基础好,但产业竞争力下降的行业类别:(01)煤炭开采和洗选业,(2)石油和天然气开采业,(03)有色金属矿采选业,(06)食品制造业,(12)木材加工业,(13)家具制品业,(23)黑色金属冶炼及压延加工业,(32)电力、热力生产和供应业。

Ⅲ类是工业基础差,而产业竞争力处于上升期的行业类别:(07)饮料制造业,(15)印刷业,(17)化学原料及化学制品制造业,(19)化学纤维制造业,(21)塑料制品业,(22)非金属矿物制品业,(24)有色金属冶炼及压延加工业,(29)电气机械制造业。

Ⅳ类是工业基础差,且竞争力下降的行业类别:(04)非金属矿采选业,(08)烟草加工业,

(09)纺织业,(10)服装生产业,(11)皮革制品业,(14)造纸业,(20)橡胶制造业,(25)金属制品业,(30)通信设备制造业,(31)仪器制造业。

4. 东北三省工业结构调整与发展方向

东北地区工业结构门类齐全,经过近几年的结构调整和改造升级,工业结构效益持续提高,工业竞争力不断增强,已经逐步形成以石油化工、农产品加工、装备制造业等为主体的优势产业集群。但是,工业内部各行业呈现不同的发展态势,应针对东北地区行业发展的客观实情,因地制宜提出结构调整和发展的重点和方向,进一步优化工业结构,提高竞争力。

第一类:工业产业原有的基础较好,竞争力较强,增长优势明显,且对东北区域产业发展影响较大的工业部门:如石油加工、炼焦和核燃料加工业、交通运输设备制造业、农副食品加工业。应进一步增强对相关主导工业部门的资金、政策等的支持力度,促进产业进一步发展壮大,对于这些产业的布局应本着逐步集中的原则,形成产业集聚效应。同时,延长产业链条,鼓励其充分发挥地缘优势积极参与国际竞争和开拓境外市场。

第二类:工业产业基础有一定的优势,竞争力较强,但增长优势不明显的行业部门,如石油和天然气开采业、黑色金属冶炼及压延加工业、有色金属矿采选业、化学原料及化学制品制造业、医药制造业、电力、热力的生产和供应业等,需要对原有的产业进行技术改造升级,通过引介国内外相关先进的管理经验、模式和技术手段,实现产业生命周期的延长和再发展。

第三类:工业产业基础薄弱,没有布局上的集中优势,但相比较竞争力不断增强,增长优势度明显上升的行业部门,如专用设备制造业、饮料制造业等,需要政府和行业主管部门,在制定区域发展规划的相关政策中,在财税、资源开发利用等方面加大扶持力度,促使这些潜力行业成为新时期发展的拉动产业。

第四类:工业产业基础处于劣势地位,竞争力不断下降,缺乏增长优势的行业部门,如纺织、服装制造业、造纸业皮革制品业、通信和仪表制造业等,在珠三角、长三角拥有劳动力优势、产业外向度高等优势的情况下,积极发掘东北地区轻工业发展具有的后发比较优势,选择好突破口,培育具有东北自身特色的高技术附加值企业,淘汰落后企业和技术。

第二节 东北地区工业竞争力的提升对策

一、优化工业结构,增强优势产业竞争力

1. 壮大装备制造业基地

东北地区是我国重要的装备制造业基地,具有良好的发展基础,生产规模和技术水平在全国处于优势地位。其中,辽宁省的(矿山、隧道)专用机械设备、先进船舶和海洋工程装备、大型

农业机械等产业部门的优势明显;黑龙江是我国大型水电和风电设备、核电设备、高技术重型数控机床制造业的重要生产基地;吉林省的交通运输设备制造业的优势显著,是该省的主导和优势产业。"十二五"期间,东北三省应立足于本省的优势产业,加大投资和政策支持力度,完善上下游产业链,促进相关产业部门不断集聚,以提升企业竞争力。

2. 促进配套产业发展

首先,调整传统工业优势部门与新兴产业之间的关系,逐步增强对竞争力强的行业的支持力度,培育新兴配套产业。其次,促进生产要素的资源共享和互补,避免重复建设和恶性竞争。通过促进技术、资金的自由流动,形成有竞争力的产业基地和产业集群;促进企业间建立区域研发中心,共同研发、共享成果,提升资金等生产要素的利用效率,共同开拓国内外市场。第三,通过宣传和引导,在国家和东部发达地区的政府和企业的重特大项目中,优先采购东北地区的优质国产设备和推进成套大型装备出口海外。依托装备制造业技术和产品的外向发展,促进东北三省区域内与之配套的上游能源和原材料产业,下游零部件、设备制造等的不断发展。

二、调整工业发展战略,提升整体实力

1. 促进产业结构的优化

区域产业结构调整包含两个方面,即产业结构的"合理化"和"高度化"。首先,东北三省的主要工业部门间相互连接,密切配合,以实现东北地区整体经济体系的健康运行,为提高东北三省的产业竞争力水平营造良好的环境。其次,通过不断吸收先进技术、加快原有产业转型,提升企业自主研发和创新能力,培育有利于东北区域产业结构高度化、现代化的发展格局。第三,平衡传统产业与新型产业的比重关系,对竞争力强的行业进行大力扶持,培育新的支柱产业。振兴东北战略实施以来,各省都制定了各自的产业发展政策来吸引国际投资,促进新材料、新技术在汽车、石化、农副食品加工、新材料等产业中的应用。东北三省的石化产业都是支柱产业,由于早期产业布局和各省基于自身利益采取的发展方向影响,导致产业深加工能力不足,新时期应按照国家节能减排政策的引导,引进国外先进的工业碳生态吸收技术和管理经验,建立"低碳排放,生态环保"的产业结构体系。

2. 深入实施大项目带动战略

加快东北区域工业发展配套基础设施建设,如哈大客运专线,"长—吉—图"区域一体化交通网络建设。通过大型项目的投资拉动各省相关的轨道交通、专用设备的发展。同时,依托区域重点发展轴线,使得凭借大项目的规划和开发带动发展轴线上的工业项目集中布局、资源共享、整体发展,形成一批拥有较强增长拉动力和发展潜力的新型工业生产基地。

三、加快对外开放力度，加速外向型工业发展步伐

随着国务院批准"辽宁沿海经济带"建设规划，积极开发辽宁沿海区域，促进"临海型"工业布局、提升沿海区域产业集聚和部门竞争力，积极承接国际产业分工，将临海产业如船舶、港口机械等作为促进辽宁省今后重点发展产业。2009年国家正式批准"长—吉—图"规划，以长吉图为开发开放先导区的图们江区域合作开发正式启动。发展轴线上的各地政府部门应在改善东北区域内外产业发展环境方面不断努力，充分利用东北亚投资贸易博览会，吉、辽加强在港澳地区的产业项目推介和招商活动，黑龙江加强在中俄边境地区合作中拥有的地缘优势，重视发展中国与俄罗斯滨海边疆区的边境贸易，加强口岸建设和配套服务设施的建设，解决制约贸易的政策和制度障碍。把东北三省技术和高技术劳动力优势与东北亚国家的资源优势相结合，促进外向型工业的发展。

四、促进区域创新，提高潜力产业的发展质量

东北三省产业创新的实质是产业结构的升级换代，包含四个方面：技术升级、组织升级、产品升级、标准升级。其中技术升级是核心。东北三省应通过产业创新扩散，通过整个产业系统升级，将新的技术和研究成果传递到整个产业系统和相关行业，实现东北区域产业集群化。东北三省的产业集群化达到一定高度时，区域内的产业融合，东北三省的政府部门应该通过知识支撑和政策支持等方面，促进产业融合的发展，促进产业创新，同时也加快产业结构升级速度。形成良好的产业创新机制，促进工业经济的发展。未来"十二五"时期，东北三省应通过高新技术、科技创新拉动工业产业向精细化、纵深化、集群化发展。区域工业创新体系的完善是东北地区产业结构优化升级、保持新老产业竞争力的重要依托。

五、促进原材料加工业和农副食品加工产业发展

东北三省原材料加工业处于基础良好、竞争力下降的情况。主要原因是技术水平与先进地区有较大差距，综合实力竞争力较差。因此，首先应加快技术开发和引进力度，建立产学研一体化的创新体系，为未来打造高技术的原材料企业；其次，扩大高加工度产业，通过提升技术、走新型工业化道路，通过高加工度提升产业相对竞争优势；第三，充分发挥东北三省在原材料加工业方面的传统优势，重点建设拥有先进生产水平的大型能源和石化生产基地。

东北三省中，辽宁沿海的海产品加工出口产业，黑龙江和吉林依托大兴安岭、长白山区的绿色食品加工、林区特产加工发展迅速。可是这些产业部门规模不大，产品生产缺乏统一的标准，同行低价竞争时有发生。未来应该着手引入先进的标准化生产、增强技术创新能力，实现向高附加产品转变、培育品牌产品。同时，发展大型农副产品、食品和饮料加工业的集群发展，变东北三省内各省的个体优势为东北区域的整体优势。

第三节 装备制造业发展现状与面临的挑战

装备制造业是东北地区传统的优势产业,也是振兴东北等老工业基地战略实施以来国家着力扶持的产业,机械成套装备、重大装备制造、汽车制造、发电设备等在全国处于领先地位,具有较强的竞争力。但是,20世纪90年代以来,东北地区装备制造业面临设备老化、竞争力不断下降、经济运行效率低等突出问题。随着振兴东北等老工业基地战略的实施,东北地区装备制造业面临难得的机遇,中国与俄罗斯、蒙古的经贸合作的快速发展为东北地区装备制造业发展提供了广阔的空间,辽宁沿海经济带、长吉图开放开发先导区、沈阳经济区等先后纳入国家区域开发战略,这些强有力的政策支持将会推进东北地区装备制造业实现跨越式发展。

一、装备制造业发展现状

1. 发展速度较快,经济运行效益低

(1) 东北地区振兴规划实施以来,东北三省装备制造业发展速度显著提升。东北三省装备制造业工业总产值增加迅速,2003~2009年增加11 024.96亿元,约增长3.15倍(图4—3);其中,辽宁增加7 668.71亿元,约增长4.4倍;吉林增加2 468.17亿元,约增长1.8倍;黑龙江增加888.1亿元,约增长2.2倍。从具体行业来看(表4—2),金属制品业、通用设备制造业、专用设备制造业和电气机械及器材制造业工业总产值增加最快,2003~2009年分别增加了6.28、6.27、6.23和5.32倍;仪器仪表及文化、办公用机械制造业和交通运输设备制造业工业总产值增加较快,2003~2009年分别增加了3.56倍和1.93倍;通信设备制造业、计算机及其他电子设备制造业工业总产值增加相对较快,2003~2009年增加了0.86倍。从产品产量看,以金属切割机床和汽车为例(表4—3),受市场需求影响,东北三省金属切割机床产量增加显著,2003~2009东北三省金属切割机床产量增加8.62万台,约增长1.42

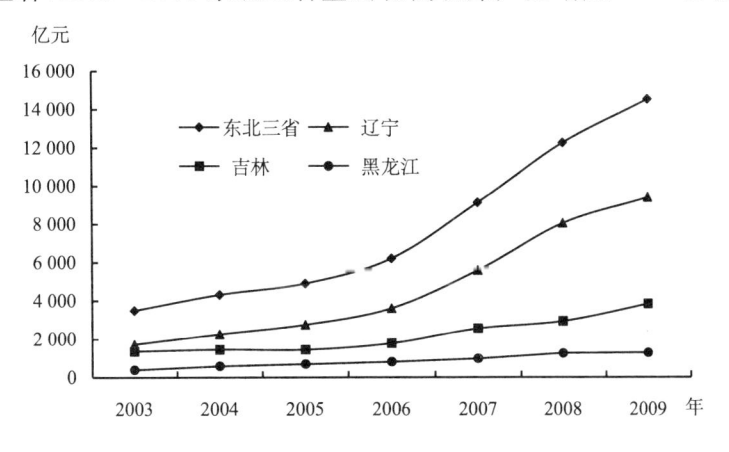

图4—3 2003~2009年东北三省装备制造业工业总产值

倍;其中,辽宁省产量增加最多,6 年增加 8.45 万台,约增长 1.5 倍;吉林增加 0.11 万台,约增长 2.75 倍;黑龙江增加 0.06 万台,约增长 0.16 倍。东北三省汽车产量增加也较快,2003~2009 年东北三省汽车产量增加 1 053 294 辆,约增长 108%;其中,辽宁汽车产量增加最快,6 年增加 378 447 辆,约增长 291.1%;吉林增加 591 200 辆,约增长 92.2%;黑龙江增加 83 647 辆,约增长 41.8%。总之,无论从产值还是产量来看,东北三省装备制造业增长速度都较快。

表 4—2　2003~2009 年东北三省装备制造业工业总产值　　　　单位:亿元

行业名称	2003 年	2004 年	2005 年	2006 年	2007 年	2008 年	2009 年
金属制品业	159.52	211.15	274.27	409.28	602.39	998.06	1 161.11
通用设备制造业	461.1	674.74	930.68	1 321.18	1 818.46	2 749.13	3 350.71
专用设备制造业	244.6	348.3	453.51	652.23	950.16	1 403.35	1 769.35
交通运输设备制造业	1 945.02	2 221.05	2 291.33	2 951.38	4 049.51	4 786.51	5 704.93
电气机械及器材制造业	255.25	374.96	506.22	685.28	958.35	1 290.19	1 613.72
通信设备、计算机及其电子设备制造业	386.45	433.98	385.13	469.24	621.3	682.451	718.654
仪器仪表及文化、办公用机械制造业	44.49	59.73	66.82	81.41	128.04	164.211	202.919

表 4—3　2003~2009 年东北三省金属切削机床和汽车产量　　　　单位:万台、辆

区域	产量	2003 年	2004 年	2005 年	2006 年	2007 年	2008 年	2009 年
东北三省	金属切削机床	6.07	10.15	12	13.92	16.1	15.56	14.69
	汽车	971 024	1 030 200	998 578	1 199 403	1 462 145	1 414 308	2 024 318
辽宁	金属切削机床	5.65	9.44	11.3	13.1	15	14.6	14.1
	汽车	130 005	143 000	150 488	291 200	377 145	340 778	508 452
吉林	金属切削机床	0.04	0.1	0.1	0.1	0.17	0.2	0.15
	汽车	641 000	646 200	582 000	633 000	823 000	861 300	1 232 200
黑龙江	金属切削机床	0.38	0.61	0.6	0.72	0.9	0.76	0.44
	汽车	200 019	241 000	266 090	275 203	263 000	212 230	283 666

(2) 经济运行效益较低。主要表现为:① 利润总额占全国比重低于总产值占全国比重。如表 4—4 所示,2003~2009 年,东北三省装备制造业工业利润占全国的比例低于其总产值占全国的比例;其中,辽宁在 2003~2009 年,装备制造业工业利润占全国比例也一直低于总产值占全国比例;吉林除 2003 年、2007 年和 2009 年利润总额占全国比例高于总产值占全国比例

外,其他4个年份利润总额占全国比例低于总产值占全国比例;黑龙江除2007年和2008年外,其他5个年份装备制造业利润总额占全国比重都低于总产值占全国比重。② 亏损企业比例高于全国水平。如图4—4所示,2003~2008年,东北三省装备制造业亏损企业比例每年都高于全国,但亏损差距逐渐缩小;其中2003年、2004年亏损企业比例远高于全国,高出全国近10个百分点;2007年亏损企业比例高出全国不到3个百分点。分省来看,2003~2009年,东北三省亏损企业比例都高于全国,但黑龙江亏损企业比例降低缓慢,2007年亏损企业比例高达21.18%,将近是全国(12.48%)的2倍。③ 亏损额占总产值比例虽小,但仍高于全国水平。如图4—5所示,2003~2008年,东北三省装备制造业亏损额占总产值比例一直高于全国,但亏损差距逐渐缩小。2003年亏损额占总产值的比例高出全国0.72个百分点,2007年缩小至高出全国0.03个百分点。分省来看,2003~2009年,东北三省亏损额占总产值比例也逐步降低。其中,辽宁和黑龙江装备制造业亏损额占总产值比例一直高于全国;吉林亏损额占总产值比例在全国平均水平上下波动;2009年,东北三省亏损额占总产值比值均低于全国。

表4—4　2004~2009年东北三省装备制造业总产值和利润总额占全国的比重　　单位:%

年份	指标	东北三省	辽宁	吉林	黑龙江
2003	总产值	7.0	3.5	2.7	0.8
	利润总额	6.0	1.9	4.0	0.2
2004	总产值	6.3	3.3	2.1	0.9
	利润总额	4.4	2.4	2.0	0.1
2005	总产值	5.9	3.3	1.8	0.9
	利润总额	3.3	2.1	0.7	0.5
2006	总产值	6.2	3.7	1.7	0.8
	利润总额	4.2	2.6	1.1	0.5
2007	总产值	6.8	4.1	1.9	0.7
	利润总额	6.6	3.6	2.2	0.8
2008	总产值	7.5	4.8	1.9	0.8
	利润总额	6.7	3.6	1.8	1.3
2009	总产值	7.8	5.1	2.1	0.7
	利润总额	7.5	4.4	2.7	0.4

2. 东北三省装备制造业规模优势犹存,但仍需提升

2003~2009年东北三省装备制造业总产值占全国比重一直维持在6%~8%,虽然较历史年份有所下降,但仍占有较大的比例。本研究采用企业平均规模、区位商分析东北三省装备制造业规模优势。工业企业平均规模表示各产业规模的发展程度,企业平均规模越大,说明规模经济越显著;区位商可以说明在区域分工中,某种产业或某种产品的专业化程度。如图4—6所示,2003~2009年东北三省装备制造业企业平均规模较高,企业平均规模都超过1亿元,与全国平均规模基本相当。其中,吉林装备制造业企业平均规模远比全国高;黑龙江装备制造业企业平均规模仅2003年和2004年小于全国外,其余5个年份装备制造业企业平均规模都大于全国;而辽宁装备制造业企业平均规模只在2009年高于全国,其余年份装备制造业企业平均规模都小于全国。如图4—7所示,2003~2009年东北三省装备制造业区位商仍低于1,表明装备制造业专业化水平仍需加强。其中,吉林省装备制造业区位商大于1,表明装备制造业专业化程度高,具有一定的比较竞争优势;辽宁省和黑龙江装备制造业区位商都小于1,表明两省装备制造业规模效应还不够突出,仍需提高专业化水平。

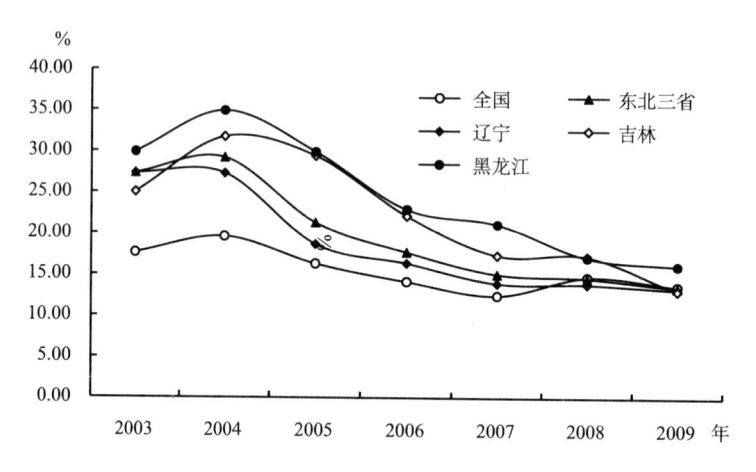

图4—4　东北三省装备制造业亏损企业比例与全国比较

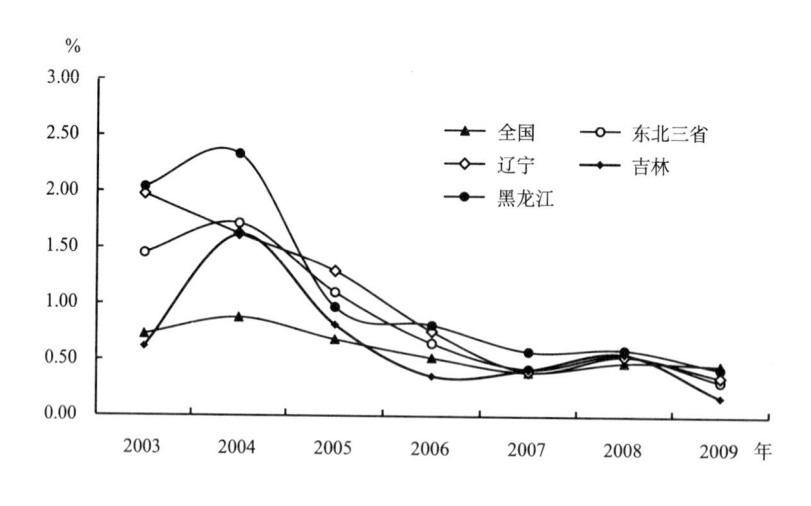

图4—5　东北三省装备制造业亏损额占总产值的比例

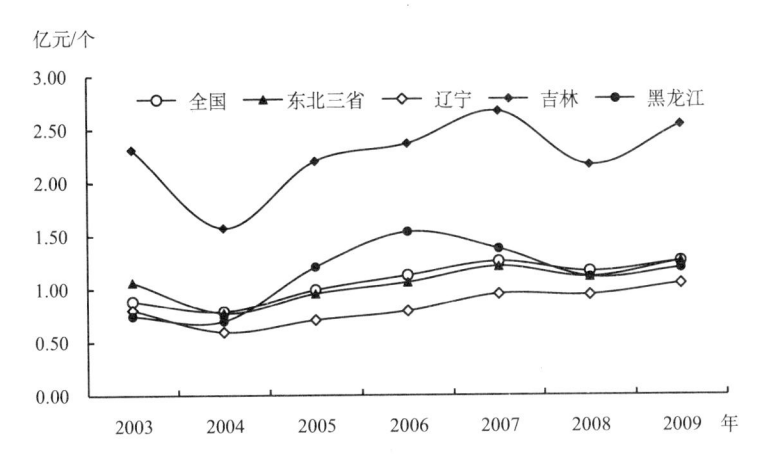

图4—6 2003~2009年东北三省装备制造业平均规模与全国比较

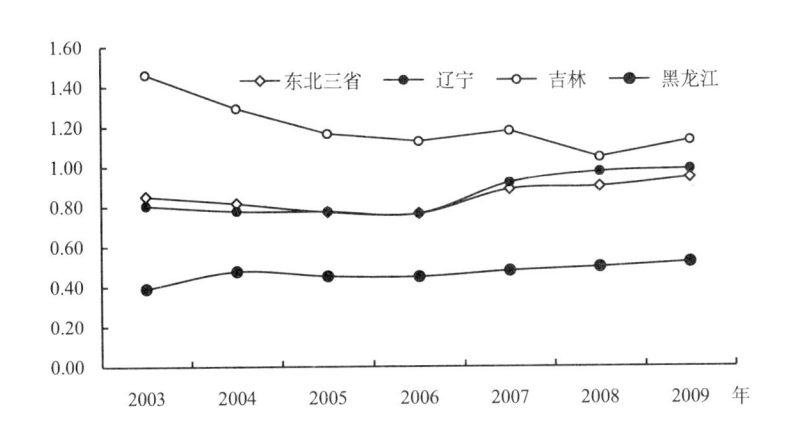

图4—7 2003~2009年东北三省装备制造业区位商

3. 新兴装备制造业与先进地区的差距继续扩大

东北三省在全国重大技术装备领域中占有重要地位,但新兴装备制造业与先进地区差距较大。如表4—5所示,2003~2009年,通用设备制造业、专用设备制造业、交通运输设备制造业的区位商绝大多数大于1,表明专业化程度较高,具有一定的竞争实力,而其他新兴装备制造业则与之相反;其中,交通运输设备制造业的区位商接近于2.0,表明其在全国具有绝对的竞争优势。另外,2003~2009年,通用设备制造业、专用设备制造业、交通运输设备制造业总产值占全国比重大多介于8.00%~15.0%,说明整体上仍对全国影响巨大,东北三省作为传统全国重大技术装备基地的地位依然存在。而通信设备、计算机及其他电子设备制造业,仪器仪表等设备制造业等新兴装备制造业的发展严重滞后,三者总产值占全国的比重都低于4.0%。

表4—5　2003～2009年东北三省装备制造业总产值占全国比重及区位商

行业名称	项目	2003年	2004年	2005年	2006年	2007年	2008年	2009年
金属制品业	总产值占全国比重(%)	4.14	4.09	4.18	4.80	5.26	6.64	7.22
	区位商	0.5	0.55	0.54	0.62	0.69	0.83	0.87
通用设备制造业	总产值占全国比重(%)	8.07	7.92	8.77	9.62	9.87	11.14	12.25
	区位商	0.98	1.06	1.14	1.25	1.3	1.39	1.48
专用设备制造业	总产值占全国比重(%)	6.38	6.87	7.45	8.20	8.97	9.66	10.54
	区位商	0.78	0.92	0.97	1.07	1.18	1.20	1.27
交通运输设备制造业	总产值占全国比重(%)	17.34	16.10	14.58	14.48	14.92	14.33	13.67
	区位商	2.11	2.15	1.9	1.88	1.96	1.78	1.65
电气机械及器材制造业	总产值占全国比重(%)	3.22	3.34	3.64	3.77	3.99	4.24	4.78
	区位商	0.39	0.45	0.47	0.49	0.52	0.53	0.58
通信设备、计算机及其他电子设备制造业	总产值占全国比重(%)	2.44	1.95	1.43	1.42	1.58	1.55	1.61
	区位商	0.3	0.26	0.19	0.18	0.21	0.19	0.19
仪器仪表及文化、办公用机械制造业	总产值占全国比重(%)	2.72	2.72	2.40	2.30	2.97	3.29	3.99
	区位商	0.33	0.36	0.31	0.3	0.39	0.41	0.48

二、装备制造业发展的有利条件

1. 产业基础良好，具有承接国际产业转移的优势

东北三省装备制造业产业基础良好。① 具有门类比较齐全的行业体系，并形成了一批行业骨干装备制造企业。经过多年建设和积累，东北地区装备制造业已经形成了门类比较齐全的行业体系。其中，辽宁省在数控机床、工业机器人等先进制造技术就产品开发方面优势明显；吉林省具有发展交通运输设备制造业的优势；黑龙江在发电设备、动力设施、飞机制造等方面具有明显的优势和潜力。近年来，东北三省装备制造行业涌现了一批大型企业集团，2009年已有10家营业收入超过100亿元的装备制造企业（表4—6），其中"一汽"营业收入超过

1 600亿元。② 东北三省具备得天独厚的人力资源优势和雄厚的科研基础。半个多世纪的装备制造业的发展,为东北三省培养大批优秀的装备制造业的专业技术人员、生产经营人才和产业技术工人。如表4—7所示,2003~2007年,东北三省装备制造业全部从业人员年平均人数每年都超120万人,并且逐年增加。另外,东北三省承担装备制造业研究的科研机构众多,科研力量雄厚,一直是我国装备制造业的重要科研基地之一。根据比较优势理论,产业转移是世界经济的一般规律,东北三省借助后发优势,依靠自身良好基础,能够成为承接装备制造业产业转移的最佳区位。以集装箱制造、造船行业和港口机械为例,在经过欧美时代、日韩时代后,东北三省地处东北亚,毗邻日韩,更具承接这些行业的优势。

表4—6 2009年中国500强企业中东北三省装备制造企业

排名	企业名称	总部所在地	营业收入(万元)
28	中国第一汽车集团公司	长春	16 446 614
148	华晨汽车集团控股有限公司	辽宁	4 135 595
184	哈尔滨电气集团公司	哈尔滨	3 299 242
306	沈阳远大企业集团有限公司	沈阳	1 802 760
316	辽宁忠旺集团有限公司	辽宁	1 741 012
416	大连重工·起重集团有限公司	大连	1 289 263
445	大连冰山集团有限公司	大连	1 200 006
474	沈阳机床(集团)有限责任公司	沈阳	1 128 150
486	大连机床集团有限责任公司	大连	1 087 000
489	北方重工集团有限公司	沈阳	1 076 000

表4—7 2003~2009年东北三省全部从业人员年平均人数   单位:万人

	2003年	2004年	2005年	2006年	2007年	2008年	2009年
东北三省	121.96	130.28	130.82	137.8	150.54	167.61	184.05
辽宁	66.2	74.1	79.22	88.01	99.48	113.48	126.98
吉林	28.06	27.93	27.96	28.21	28.78	26.96	33.56
黑龙江	27.7	28.25	23.64	21.58	22.28	27.16	23.51

2. 政策支持,为东北三省装备制造业提供了巨大的市场需求潜力

2007年国务院批准的《东北地区振兴规划》,提出"建设先进装备制造业基地",为东北三省装备制造业发展提供了政策保障。2005年辽宁颁布了《辽宁省装备制造业专项规划》,2006年黑龙江出台了《黑龙江省装备制造业"十一五"发展规划》,2009年吉林颁布了《吉林省装备制造业振兴措施意见》,这些都为东北三省装备制造业发展提供了政策支持。2008年金融危机爆发后,国际国内宏观经济政策发生了深刻变化,对东北三省装备制造业发展构成严峻挑战的同时,也为其带来了新的发展机遇。一方面金融危机使欧美装备制造业受到重创,另一方面世界各国纷纷采取积极的宏观经济政策,加大对公共基础设施建设的投入,使得全球装备制造业市场十分活跃。这为东北三省装备制造业优势产业进军海外市场提供了绝佳机遇。另外,2008年我国政府推出的"四万亿"投资计划,加快了铁路、公路和机场等重大基础设施建设;2009年国家《装备制造业调整和振兴规划》明确提出钢铁、汽车、石化、船舶、轻工业、纺织、有色金属、电子信息、国防军工九大重点产业的装备自动化目标;这些政策都对东北三省装备制造业的生产和需求具有很强的拉动作用。

3. 经济发展势头强劲,对装备制造业产品需求旺盛

我国现处于扩大内需、加快基础设施建设和产业转型升级的关键时期,对先进装备业有着巨大的市场需求。如在铁路大开发的拉动下,我国铁路发展已经步入高景气周期,对铁路客车需求巨大。2003~2009年我国铁路机车车辆购置费用增加迅速,2009年铁路机车车辆购置费用为780.76亿元,比2003年增加613.10亿元(图4—8),增长了约3.7倍。对外贸易的快速发展,为港口建设提供了有利条件,2001~2008年全国港口集装箱吞吐量的增长迅速,除2008年受金融危机港口吞吐量增速为12.12%外,其余年份增速都超过20.00%(图4—9)。随着港口吞吐量的快速增加,港口建设与开发对集装箱设备,集装箱起重机、船舶等行业的生产和需求具有很强的拉动作用。"十一五"期间我国建设现代农业,推进农业结构调整,对农产品加工设备、农业机械设备需求将大幅增加;随着城市化进程的加快及能源电力的强劲需求,带动了交通运输设备制造业及电气机械及器材制造业的生产和需求。此外,随着我国重化工化趋势的增强,钢铁、石化、能源等工业发展迅猛,为通用装备制造业和专用设备制造业提供了巨大的市场需求空间。总之,这些领域都是东北三省的优势和特色产业,市场需求的增加为东北三省加快发展装备制造业提供了千载难逢的历史性机遇。

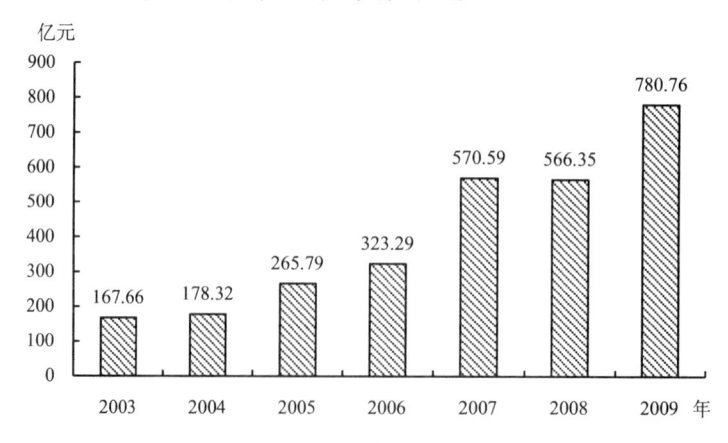

图4—8 2003~2009年全国铁路机车车辆购置投资

图 4—9 2001～2008 年全国港口集装箱吞吐量

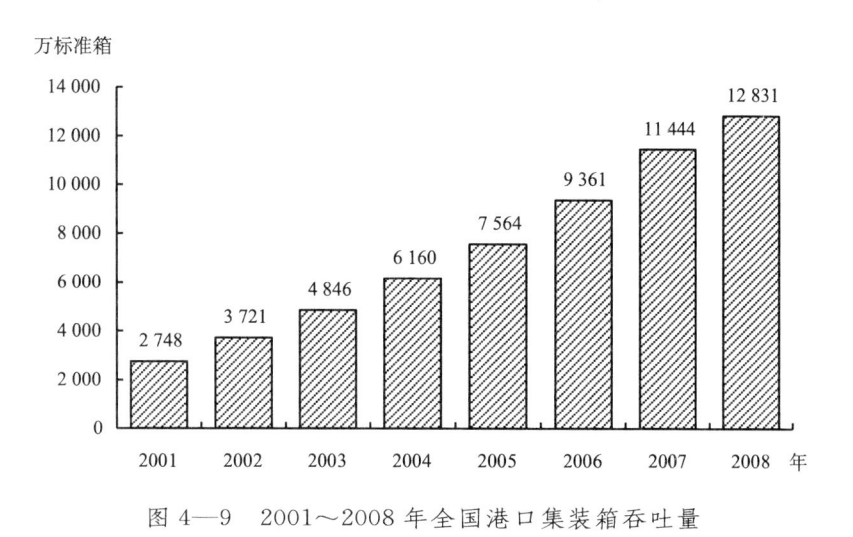

三、装备制造业发展面临的挑战

国家实施振兴东北老工业基地战略后,东北地区在赢取许多机遇的同时,也面临着诸多挑战,主要表现在以下三个方面。

1. 竞争力略有提高,但与发达地区相比仍具有较大差距

规模竞争力仍具有一定优势,但与全国先进地区相比差距仍很大。从装备制造业总产值占全国比重来看,2003～2009 年,东北三省装备制造业总产值占全国的比重都处于 6%～8% 之间。如图 4—10、图 4—11 所示,2009 年东北三省装备制造业总产值占全国的比重次序比

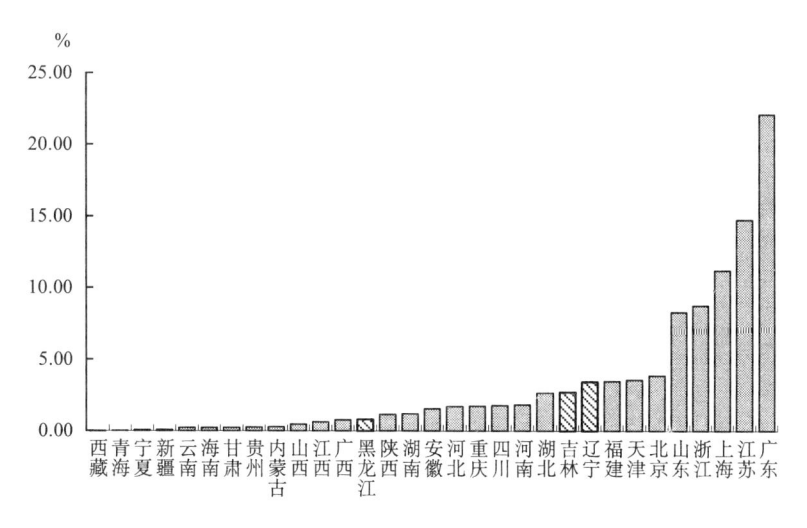

图 4—10 2003 年东北地区装备制造业总产值与全国比较

2003年有所提升,但与广东、江苏、山东相比仍具有较大的差距。2009年辽宁省装备制造业总产值在全国的排名较2003年前进了3个名次,但至2009年其在全国的比重也仅为5.07%,与广东(18.58%)、江苏(17.90%)、山东(10.92%)、浙江(7.67%)、上海(7.42%)相比差距仍较大。从销售利润率来看(图4—12),2003~2009年,东北三省装备制造业销售利润率都处于3.50%~5.70%,除2007年(5.58%)稍高于全国(5.38%)外,其余年份都低于全国。如图4—13、图4—14所示,与2003年相比,2009年除黑龙江装备制造业销售利润率在全国次序提升外,辽宁和吉林次序有所下降。总之,东北三省装备制造业整体竞争力仍需快速提升,否则很难适应日趋激烈的市场竞争,所以如何快速提升市场竞争力是东北三省装备制造业面临的重要挑战。

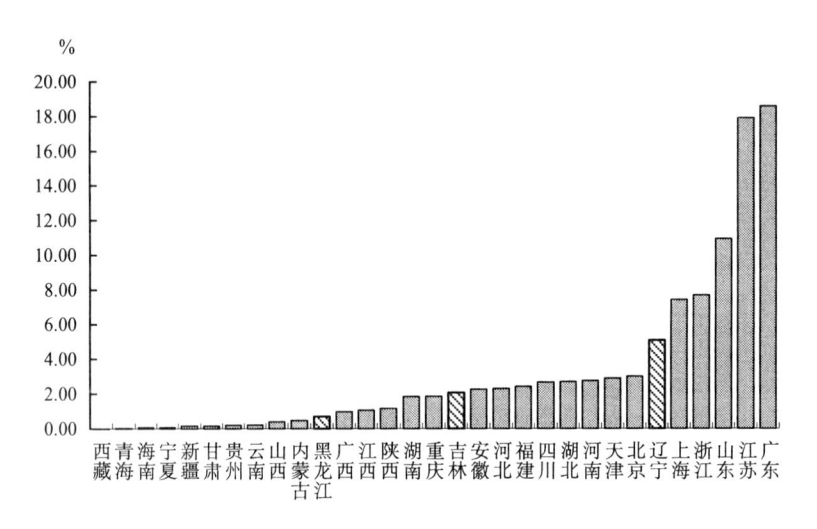

图4—11 2009年东北地区装备制造业总产值与全国比较

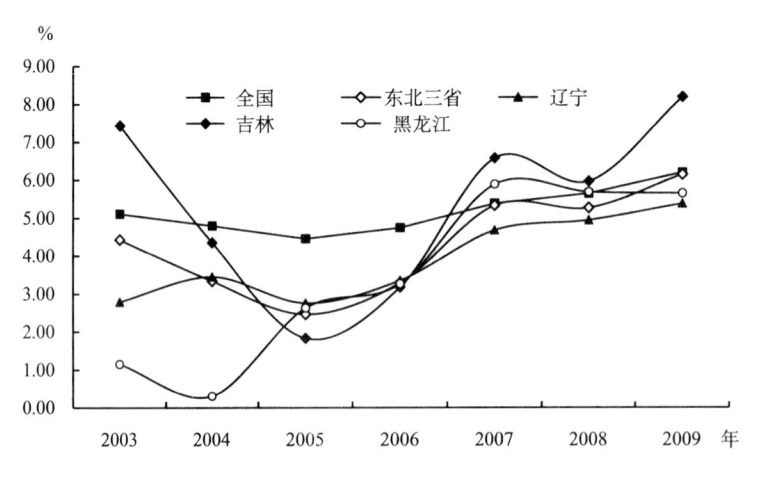

图4—12 2003~2009年东北三省销售利润率与全国比较

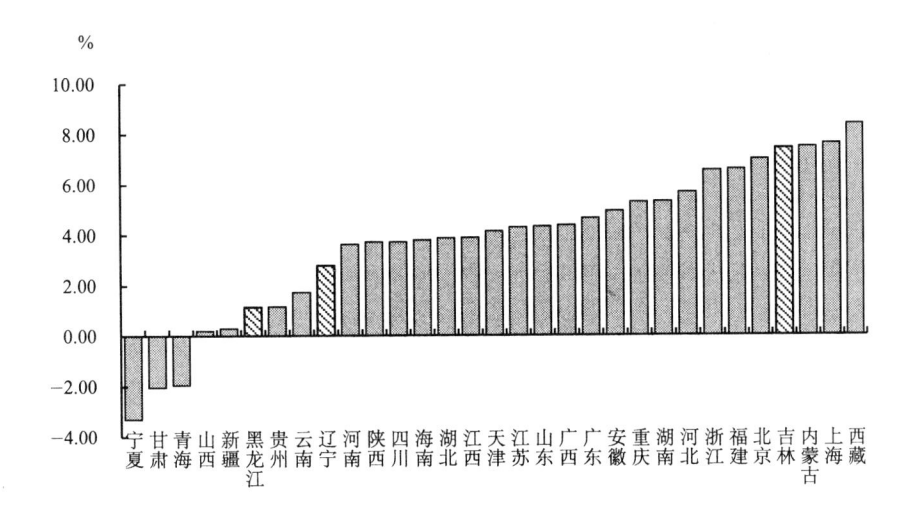

图 4—13　2003 年东北三省与全国销售利润率比较

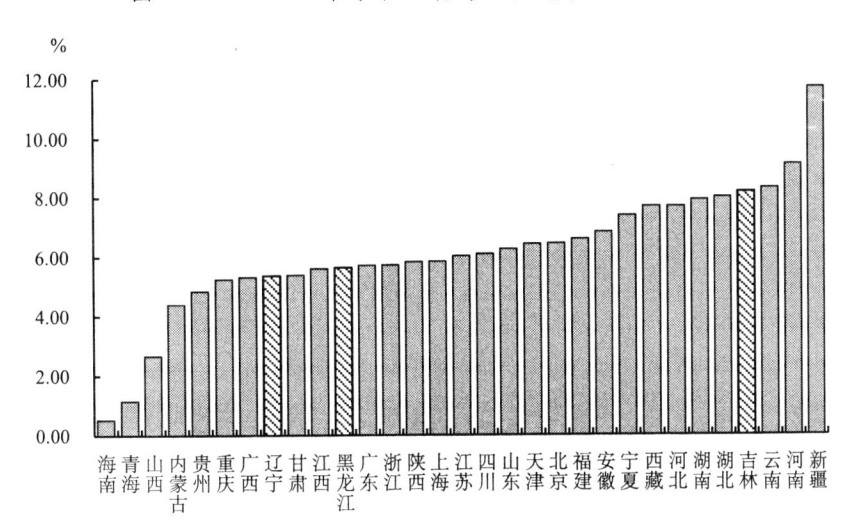

图 4—14　2009 年东北三省与全国销售利润率比较

2. 生产性服务业发展滞后，产业体系尚待完善

东北三省生产性服务业发展滞后，严重制约了装备制造业的市场竞争能力。2004～2009年，东北三省生产性服务投资占投资总额比重变化不大，一直低于全国水平（表4—8）。2009年，黑龙江的生产性服务业投资占投资总额比重增加幅度较大，接近全国平均水平，为25.22%，比2004年提高了4.4个百分点；吉林的生产性服务业投资占投资总额比重变动不大，在20%上下波动；辽宁的生产性服务业投资占投资总额比重最低，各年份基本均低于吉林与黑龙江。生产性服务业依附于制造业企业而存在，贯穿于企业生产的上游、中游和下游诸环节中，以人力资本和知识资本作为主要投入品，把日益专业化的人力资本和知识资本引进制造

业,是二、三产业加速融合的关键环节。生产性服务业的发展滞后,不利于东北三省装备制造业产业高级完善的产业链形成,进而制约其市场竞争力。此外,由于东北三省装备制造业多属大型国有企业,受体制制约,国有企业与地方中小型企业还未形成完善的网络型生产组织。总之,为了提升东北三省装备制造业的竞争能力,必须快速发展生产性服务业进而继续完善装备制造业产业链条,因此这也是东北三省面临的重大挑战。

表4—8　2004～2009年东北三省生产性服务业投资占总投资比重　　　　单位:%

区域	2004年	2005年	2006年	2007年	2008年	2009年
全国	21.66	20.91	21.37	20.26	24.12	25.88
东北三省	18.56	18.54	20.50	19.17	20.55	20.00
辽宁	17.18	16.46	19.27	18.38	19.29	17.49
吉林	19.29	20.58	21.31	17.81	20.06	20.86
黑龙江	20.82	21.54	22.67	23.00	24.47	25.22

注:"交通运输、仓储和邮政业"、"信息传输、计算机服务和软件业"、"租赁和商务服务"、"金融业"、"科学研究、技术服务和地质勘查业"、"水利、环境和公共设施管理业"分别划归到生产性服务业的范畴,生产性服务业的投资数据由这些行业的数据加总得出。

3. 国有资本比重过大仍未改善,严重制约产业整体发展活力

东北三省装备制造业国有资本比重过大,严重地制约产业整体发展活力。从国家资本占实收资本的比例来看(表4—9),2003～2009年,东北地区装备制造业国家资本占资本收入比重基本上都高出全国10个百分点以上。以2007年为例(图4—15),东北三省装备制造业国家资本占资本收入比重为22.06%,高出全国(8.97%)约13个百分点,比沿海发达省市广东(2.68%)、江苏(3.30%)、上海(5.06%)、浙江(1.73%)装备制造业都高出超过17个百分点。分省来看,辽宁、吉林、黑龙江装备制造业占资本收入比重分别为16.58%、37.03%和27.81%。尽管2009年东北三省比重有所下降(13.23%),但仍高出全国(7.08%)约6个百分点,比沿海装备制造业发达省市广东(2.87%)、江苏(3.38%)、上海(3.59%)、浙江(1.46%)都高出超过9个百分点,也远超过沿海装备制造业强省(图4—16)。东北三省装备制造业国有资本比重过高,一方面制约了企业自身活力;另一方面由于其他资本形式所占比例较小,尤其是民营资本份额远低于沿海地区,更影响了装备制造业整体产业优势难以充分发挥。此外,随着国外跨国企业的大举进入和国内沿海经济发达地区装备制造业的强势发展,东北三省装备制造业所处的环境非常残酷。因此,面对剧烈变化的外部环境,东北三省能否构建装备制造业多元经济协调发展模式进而提升产业发展活力,这是对东北三省装备制造业发展的又一重要挑战。

表4—9 2003～2009年国家资本占实收资本比重　　　　　　　　　　单位:%

区域	2003年	2004年	2005年	2006年	2007年	2008年	2009年
全国	19.23	16.28	10.02	10.27	8.97	7.41	7.08
东北三省	30.97	42.98	22.95	23.94	22.06	18.90	13.23
辽宁	22.46	31.72	13.45	17.88	16.58	9.84	11.76
吉林	52.72	69.76	44.58	42.49	37.03	45.81	17.74
黑龙江	35.76	33.74	35.1	27.81	27.81	17.82	15.34

注:实收资本是指企业投资者按照企业章程或合同、协调的约定,实际投入企业的资本。

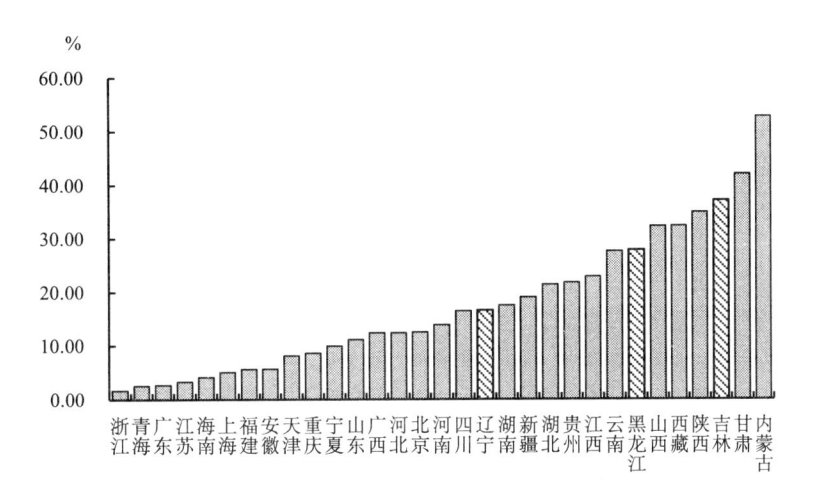

图4—15 2007年东北三省与全国装备制造业国家资本占实收资本比重比较

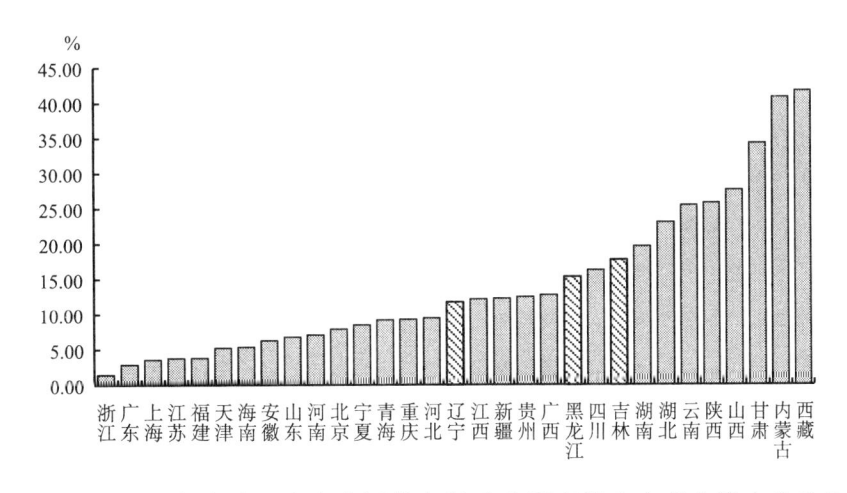

图4—16 2009年东北三省与全国装备制造业国家资本占实收资本比重比较

四、装备制造业发展方向与对策

1. 针对装备制造行业特点制定发展战略

东北地区交通设备、通用设备和专用设备制造业的产业集聚化发展水平较高和综合竞争力强。应加快推进企业技术进步，提升企业自主创新和集成能力，提高拥有完全自主知识产权的高附加值产品比重，实现装备制造企业的经济效益提升。重点支持风电机组等一批高附加值项目发展，推动技术创新能力提升和产业结构优化升级。加大投资和政策支持力度，突破行政、地域和所有制限制，注重完善上下游产业链，促进配套产业集聚化发展。积极培育潜力型产业，依托装备制造业整机制造能力强的优势，发展基础配套零部件、加工辅具和特殊原材料。金属制品业发展应通过引进新技术和上下游企业建立纵向联系等方法延长产业生命周期。对于电气机械制造业，应抓住国家基础设施建设的有利时机，增强与区域内外企业的联系和合作，采取多种合作模式参与项目建设，推动电气装备制造业向高水平发展。同时，应立足于服务东北配套零部件产业需求，推进通信和仪器仪表业承接东部产业转移。

2. 推进装备制造业集群网络建设

东北装备制造业的特点是关联度高、类型丰富、配套性好。这一特点决定了装备制造业和配套产业间必须联动发展才能提高装备制造业的整体竞争力，企业规模大小和经营类型的差异使得国企与中小企业群间形成互补关系。国有企业集中，其优势主要集中在国内外市场开拓、核心技术攻关等方面，而中小企业由于体制灵活、创新能力突出，可以为大型企业的技术研发和服务网络建设提供支持。东北地区不同所有制和规模企业应突破"刚性边界"，发展企业间良好的合作关系，整合大型装备制造业的产业优势，促进优势产业融合。

3. 促进装备制造业配套产业发展

围绕东北地区有竞争优势的通用、专用和交通设备制造业等产业，促进配套服务和技术研发产业集聚化发展。目前，东北地区围绕装备制造业形成的配套产业集聚区在国家级开发区内初步成型。东北装备制造业竞争力要提升，必须注重支柱产业内部创新能力提升，加快资金、技术资源向区域内支柱产业集聚发展。虽然东北地区整体吸引外商直接投资，消化吸收国外装备制造业先进技术水平还有待提高，但是加强重点行业自主创新能力，推进技术创新成果向企业生产力转化力度。建立装备制造业技术研发孵化基地、制定园区配套扶持政策，为高水平人才发展创造良好环境。

第四节 农产品加工业发展现状与面临的挑战

20世纪90年代以来，我国农业和农村经济的发展进入了新阶段，但是，仍然面临着农业效益不高和农民增收难的突出矛盾，"三农"问题成为我国全面实现小康社会和城乡统筹发展的突出问题，要解决这些矛盾，必须寻求农业发展的新突破。发达国家的成功经验和农业自身发展的规律表明，农产品加工业是农业结构高级化的客观要求，是促进农业增效和农民增收，提高农业竞争力的重要途径。当今世界的农业竞争，已不仅表现为初级农产品和单个生产环节的竞争，更表现为包括农业产前、产中和产后诸环节在内的整个产业体系的竞争，特别是农产品加工业的竞争。

长期以来，东北地区形成了典型的城市与乡村、工业和农业之间的双"二元"结构，这种结构已经造成工农关联度低下，互动机制缺失，产业结构层次低，农业增效和农民增收缺乏动力支持，这些问题已经成为区域农业与农村经济可持续发展的内在缺陷，该区也成为我国"三农"问题最为突出的地区之一。随着东北老工业基地振兴战略和扶持粮食主产区农产品加工政策的实施，以农业产业化和基地规模化为主要特色的现代农业成为区域新的经济增长点。国家"东北振兴"首批100个项目中，将农产品深加工业作为重点投资领域之一，东北三省在各自的老工业基地振兴规划和"十二五"规划中也分别将农产品深加工作为各自新型产业体系中的重要支柱产业。目前，东北地区农产品加工业已经具备了一定的规模，形成了部分优势产业和产品。但是，与农产品加工业发达的沿海地区相比，在整体水平、规模总量、结构层次、技术水平、竞争能力等方面都存在一定差距。这种差距如不加以控制和逐步缩小，将影响整个东北地区经济发展。因此，在"十二五"时期乃至更长一个时期，必须采取有效的战略措施，加快区域农产品加工业发展。

一、农产品加工业发展现状

1. 农产品加工业发展迅速，成为农业与农村经济新的增长点

东北地区是我国重要的粮食主产区。依托丰富的农产品资源，该区农产品加工业发展迅速，目前，农产品加工业正处于规模扩张和质量提高并进的阶段，已初步形成了粮食、经济作物、果蔬、饮料等加工产业集群，成为农业和农村经济新的增长点。2008年黑龙江省规模以上农产品加工企业600多家，超亿元企业70多家，农产品加工业产值达500亿元，占全部农产品加工业产值的80%以上。吉林省农产品加工业已经成为经济发展最有希望、最具有潜力的支柱产业，2008年年底，吉林省农产品加工业完成固定资产投资286亿元，增长31.0%，农产品加工销售收入1860亿元，比上年增长18.5%，较2005年增长1.85倍。在吉林省的支柱产业中，无论是资产总额、产品销售收入、工业增加值，还是利税总额，农产品加工业均已超过石油化工业，成为吉林省仅次于汽车行业的第二大支柱产业。辽宁省农产品加工业也已经成为继装备制造、冶金、石化工业之后的第四大支柱产业。2008年年底，辽宁省农产品加工业增加值为1158.0亿元，比上年增长20.1%，占规模以上工业增加值的17.5%，其中农产品加工业增加值383.4亿元，增长24.8%。

2. 农产品加工业向优势产区和城市郊区集中，优势产业集群初步形成

东北地区是我国优质水稻、玉米和大豆的优势产区。依托玉米、稻谷和大豆等优势资源，农产品加工业迅速发展，已经形成北大荒米业集团、绿都集团、金秋企业集团、裕丰米业等国家级大型龙头企业带动，以省级和其他中小加工业企业为一体的稻米加工企业群。大豆加工企业的快速发展培育出一批大型龙头企业，推动了区域农产品加工业发展，出现了哈高科、大自然油脂等一批技术先进、规模化、集约化的生产企业和企业集团。玉米加工业是近年来东北地区发展最为迅猛的农产品加工业，经过多年的发展，已经形成以长春大成、黄龙等企业为代表的大型玉米加工企业群。总之，东北地区依托丰富的粮食资源，玉米、大豆和稻谷等粮食深加工快速发展，并开始形成了优势资源不断向优势产业集中，优势产业不断向优势区域集聚的区域农产品加工业新格局和新趋势。

3. 技术创新能力增强，农产品附加值提高

东北地区是我国科研机构和高等教育等智力资源较为丰富的地区之一。像东北农业大学、中国科学院东北地理与农业生态研究所等农业类高等院校和科研院所数量多，且层次较高。该区农产品加工已经初步形成高校、科研部门和企业的联合开发，合作攻关等发展格局。如吉林大成集团通过广泛开展企业和院校的联合攻关、自主开发和科研成果的引进、消化吸收，已经成为世界上技术领先、规模效益领先的玉米经济大型企业。目前采用的微生物发酵等高新技术，生产出酒精、玉米甘油等玉米精深加工产品，研发出的燃料酒精、玉米蛋白等技术，居国内领先水平。

4. 辐射带动区域农业与农村经济作用增强

东北地区农产品加工业的发展，不仅可以促进农产品生产基地的发展和壮大，促进农业生产的专业化和规模化，而且促进农业增效和农民增收，带动农业与农村经济社会发展。2009年吉林省发展农产品加工业，通过订单形式，建立种植基地200万公顷，直接带动农户300万户，带动农民增收35亿元，安置农村富余劳动力60万人。黑龙江省通过发展水稻加工业，实现新增产值100亿元，增加地方财政收入8亿元，带动20万人就业，增加农民收入15亿元。

二、农产品加工业发展的有利条件

1. 农产品生产集中，优势农产品基地形成

东北地区是我国农业生态环境和水土资源配置最好的地区之一，资源地域组合优势明显，粮食增产潜力大。这里土地资源十分丰富，具有进行规模化生产经营的条件和基础。农产品生产品种比较集中，是我国玉米、大豆和水稻的主产区；生产的集中度很高，农产品产量大，深加工链条较长，附加值高。这些优越条件为东北地区农产品加工业发展提供了资源保障。依

托优越的资源条件,东北地区逐渐形成了具有比较优势的区域化、专业化、规模化的粮食生产基地。依托丰富的农产品资源,粮油加工、畜产品加工和林特产品等优势农产品加工集群基地逐渐形成。如中部平原区发展了以淀粉和豆类制品为主导产品的粮食规模化加工业,建立了以乳制品工业为龙头,玉米带—奶牛带的整合农产品加工业带。东部和北部山地丘陵区开发利用林特产资源,形成了以食用菌、人参、林蛙等为主的林特名牌产品生产加工基地。西部利用天然草地发展畜牧业,建成以优质牛羊肉制品企业为龙头的畜牧业产业链和生态畜产品精深加工业基地。

2. 国家政策支持,农产品加工业发展的科学规划

加快农产品加工业发展是进一步促进农业结构战略性调整升级,解决"三农"为问题的一个重要途径。党和国家非常重视农产品加工业的发展。在《关于促进农产品加工业发展意见》等重要文件中指定了一系列引导和扶持政策,积极推动农产品加工业的发展。国家农业部等相关部门也先后颁布《优势农产品区域布局规划》、《全国主要农产品加工业发展规划》、《农产品加工业发展行动计划》等重要文件,对我国农产品加工业发展和布局做了科学的规划,为农产品加工业的快速健康发展提供重要的政策保障和支持。此外,为支持粮食加工业,特别是粮食精深加工业,国家发展和改革委、财政部、农业部等制定相关的专门政策,通过财政补贴、信贷扶持、税收优惠等政策给予倾斜支持。随着东北老工业基地振兴战略的实施,国家对东北地区的支持力度将会继续加大,支持方式也不断完善。在"十二五"乃至更长的时期内,国家为解决"三农"问题,支持农产品加工业发展及其结构升级,必将继续出台一系列更为有效的政策措施,这将为东北地区农产品加工业的深入发展带来更大的机遇。

3. 农产品工业作为支柱产业被纳入老工业基地振兴规划

随着农业结构战略性调整和现代农业发展战略的制定实施,农产品加工业已经成为东北地区的支柱产业之一。各级政府部门对农产品加工业发展的重视程度也在不断提高,东北三省都把农产品加工业纳入振兴老工业基地规划,并通过政策支持和宏观引导,努力培育优势农产品加工业带。如《辽宁老工业基地振兴规划》提出:"加快发展现代农业,引导和推动农业产业化龙头企业发展,基本形成扶龙头、建基地、带农户的产业化经营发展格局。以七大产业体系为重点,不断壮大农产品加工业。"阜新、辽源、大庆等一些资源型城市已把农产品加工业作为接续产业扶持的重点。《振兴吉林老工业基地规划纲要》提出"依托丰富的农产品资源和生态优势,大力发展玉米大豆精深加工、畜禽乳精深加工、长白山生态食品三大产业,建设生态型绿色农产品加工基地,把农产品加工业建成第三个支柱产业"。《黑龙江省老工业基地总体规划》提出"发展绿色、特色食品工业产业群,建设全国重要的食品工业基地。加快食品工业产业升级步伐,大力发展农产品深加工产业,延长产业链,提高农产品转化程度和精深加工比重。依托和培育知名品牌,整合加工资源,扩大加工规模,重点发展乳制品、大豆制品、玉米加工、薯类制品、肉类制品、啤酒饮料及山特产品深加工"。

4. 科技进步为农产品加工提供技术支撑

国内外著名的大型农产品加工企业在发展过程中已经积累和形成了信息网络技术、先进的融资技术、先进的生产技术、环保技术和市场营销技术等,这些国外农产品精深加工的技术成果能够为东北地区农产品精深加工发展提供技术支撑。如美国P&R公司利用精细化工技术生产的高乳化性、高分散性、凝胶性等80多个品种的分离蛋白,广泛应用于肉制品、乳制品、面制品等产品。ADM公司开发的18种大豆分离蛋白中,高分散性、高溶解性调味品,低糖度乳品饮料用及婴儿专用粉等产品;美国依阿华大学作物利用研究中心,以大豆为原料,制造生物塑料,其产品具有较好的机械性能、抗水性和储藏稳定性,尤其具有在土壤中易降解的特性,有效地解决了聚乙烯和聚氯乙烯等塑料的白色污染问题。美国大豆的热脱皮、调质技术的普遍应用和脱皮成套设备的推广,提高了出口大豆粕产品的蛋白含量或产品的含油量,增强了产品的市场竞争力;挤压膨化技术和设备的应用推广,为全脂大豆粉加工,开发丰富多彩的大豆食品,提供了技术和装备,所有这些都为东北利用国际资本、先进技术提供了条件。此外,由于东北是我国玉米和大豆的主产区,在玉米和大豆的深加工技术研究方面,有一支很好的研发队伍。例如,长春大学国家大豆深加工技术研究推广中心的"大豆功能因子连续提取技术"可以使大豆浓缩蛋白的纯度提高到70%以上,将大豆浓缩蛋白添加于面粉中,提高面粉优质蛋白含量、改善面粉制品质量的技术,已获得国家专利。一些重点技术,被国家科技部批准列入"国家科技成果重点推广计划"项目,一些重要的国家标准,也来自于东北。因此,在玉米和大豆深加工技术方面,东北地区处于国内领先,个别技术处于国际领先水平。

5. 消费需求结构变化,农产品加工市场前景广阔

随着我国经济及城镇化的快速发展,人民生活水平不断提高,城乡居民对农产品加工品的消费需求不断增长和升级。加上我国农产品质量安全标准的提高和对外贸易的发展,必将对我国农产品形成更大的市场需求。作为原料丰富而且具有一定农产品加工业发展基础的东北地区,顺应市场导向,大力发展农产品精深加工业,将获得广阔的发展空间和前景。玉米深加工形成的玉米酒精,可以替代汽油,不仅可以节省石油资源,减少汽油消耗排放尾气对环境污染的影响,而且可以消化和转换玉米,解决玉米进入市场和只销售原粮问题,提高玉米生产的经济效益。玉米酒精开始在小范围内取代汽油,作为汽车燃料投入使用。吉林省开发出了同类产品,乙醇汽油已在东北三省应用,并将扩大到京津地区,燃料替代产品的市场需求前景好。根据国际医学研究会的报告,大豆中的异黄酮、蛋白酶抑制剂、肌醇六磷酸酶等都有抗癌作用,且不含胆固醇,脂肪中含有80%的不饱和脂肪酸。

我国东部沿海发达地区和各大中城市地区,特别是城市居民,其食品消费理念和方式已接近中等发达国家水平。随着人们对大豆精深加工食品保健功能的日益认同,对豆类制品的需求扩大,大豆精深加工食品的消费市场空间将不断扩大。从而促进大豆精深加工产业的发展。中国食品工业发展纲要明确指出:"中国未来膳食结构中应当选择动物性食物和豆类食物并重的模式,优质蛋白质的选择应当以植物蛋白质为主。"正在实施的"大豆行动计划"、"学生营养计划"、"大豆振兴计划"和"大豆发展计划"等,都将有利于扩展大豆蛋白产品市场。

6. 农产品加工业全球化趋势为东北地区农产品加工业发展提供了契机

21世纪初,国际农产品加工业进入了成熟、快速发展期。据统计,全球农产品加工业产值已高达27 000亿美元。其中,美国5 000亿美元,欧洲3 000~4 000亿美元,日本2 500亿美元,并且随着农产品跨国化和国际性的扩张,发达国家农产品加工业的外销产值必定会持续增加。现在,农产品加工业产值已经位居世界工业各行业前列,每年的增长幅度均保持了较高水平,其国际市场贸易额逐年扩大。国外农产品加工企业发展呈现出生产规模化、经营国际化、加工自动化、品牌集中化的发展大趋势。随着农产品加工业的快速发展,一大批规模庞大的跨国公司或集团公司开始形成,并开始向国外扩张。如荷兰著名的CSM公司是一家专业生产和销售食品配料与粮食制品跨国公司,其业务涉足全球100多个国家;以乳业为主的法国达能公司,其年销售额为60亿欧元;雀巢公司年销售额为133亿欧元;Lamb Weston年销售额高达270亿美元。这些跨国化、规模化的国际型农产品加工业集团,成为拉动全球农产品加工业发展的领头羊。国际农产品加工业的发展,为东北地区发展高起点、技术含量高的精深加工业,以及为这些国际知名企业进行配套生产,提供了较好的条件。东北地区农产品加工业可以充分利用国际农产品市场,吸收和引进先进的生产、融资、环保等技术和企业管理、市场营销经验和管理模式,构建现代企业制度,这对于提升区域农产品加工企业自主创新能力和研发水平,提高农产品加工企业国际竞争力具有重要的现实意义。

三、农产品加工业面临的挑战

1. 资金短缺影响企业有效运转和改造升级

农产品加工业属于劳动和资金密集型产业,受到农产品原料生产季节性限制,原料收购资金占用量大,资金需求时间集中。农产品加工企业的资金需求特点,决定了农产品加工企业周转资金需求量大且集中。由于企业规模小、生产风险高、融资渠道窄、融资环境差等因素影响,绝大多数农产品加工企业融资困难,严重制约了农产品加工企业的正常运转和改造升级。东北农产品深加工企业资金短缺除了自身原因外,融资环境不健全以及体制问题也是非常重要的原因。主要在于:其一,东北地区农产品加工企业大部分是在农村经济改革中不断发展壮大起来的民营企业,这些企业在创办初期的基础设施建设和设备投入上,从国有金融机构贷款量大,企业自身资产负债率高,抑制了进一步贷款;其二,东北地区市场化进程相对滞后,资本和产权市场的建设不能满足经济发展的需求,影响企业的间接融资,民间资本市场发育也很不充分,很难利用民间资本市场进行融资;其三,东北地区是我国的粮食主产区,粮食挂账造成东北国有商业银行不良资产较多、审批部门与企业之间中间环节过多、延缓农产品深加工企业得到贷款等突出问题。

2. 政策扶持不到位，企业发展的宏观环境欠佳

国家农产品加工业发展相关政策的制定和实施，以及东北老工业基地振兴战略的提出与推进，给发展以农产品加工为主的地方经济提供了很好的宏观环境和政策支持。但是，关于发展和支持东北地区农产品加工业的政策和规划还不够具体，已有的扶持政策还有待真正落实。已经存在的贸易壁垒和不太紧密的经济合作交流，在一定程度上制约了东北地区加工业的发展，而且目前还没有有效的宏观政策加以改善和解决。在产业政策方面，国家没有针对东北地区发展农产品加工期的专项产业扶持政策。对于具有较强支柱作用和竞争力的大型农产品加工龙头企业，在资金投入、设备更新等方面缺乏有力支持。同时，东北地区农产品加工企业发展的无序性、趋同性和区域失衡将会加大中小加工企业发展的风险性和难度，不利于农产品加工业有序体系的构建和可持续发展。

3. 国内外农产品加工企业的竞争压力大

随着我国经济全方位融入世界经济，农产品工业国内市场国际化的趋势更加明显，未来国内食品市场竞争将更加激烈。伴随着这种竞争，国际资本和国外农产品跨国公司大举进入我国，加快了对我国企业的并购步伐，对国内同类企业也形成了强烈的竞争压力。这些跨国食品企业凭借其在资金、技术、市场等方面的优势，以技术密集型的优质产品为主，进入我国农产品加工市场，对国内市场已经造成较大的冲击和竞争压力。东北地区虽是农产品加工业发展较早的地区，但是由于原来对农产品加工业发展没有足够的重视，对国内外市场竞争的应对能力严重不足。此外，沿海发达地区农产品加工业发展迅速，加剧了国内市场竞争，也给东北地区同类产业发展带来不利影响。

4. 农产品加工业发展面临资源环境的制约

生态环境保护和发展环境友好型经济，都将对东北农产品加工规模扩张和结构调整提出新的更高的要求。目前，国家已经制定和实施了多种保护生态环境的政策和措施，严格限制高耗能、高耗材、高污染的行业发展。东北地区农产品加工业的发展与规模扩张，受能源、运输、原材料等费用价格持续上涨的影响，使得加工业的生产成本上升，经济效益有下降趋势。这种约束将随着市场经济的快速发展和进一步的开放而加剧。此外，东北地区属于相对缺水地区，而加工业是需水量较大的行业，这将加剧水资源供需矛盾，而且由于水环境污染控制，将制约农产品加工业规模的进一步扩张。

四、农产品加工业发展方向与对策

东北地区农产品加工业必须以科学发展观为指导，走新型工业化道路。依托区域农产品资源优势和雄厚的工业基础，以市场为导向，以技术创新和体制改革为重点，加速规模扩张，优化加工业结构与空间布局，提升发展质量和效益，逐步形成产业体系完备、结构空间布局合理、资源环境可持续性的农产品加工业的发展格局。

1. 加强农产品加工业集群发展，优化农产品加工业空间布局

东北地区农产品加工业结构调整和规模扩张，必须考虑区域功能定位、产业定位和优势资源禀赋和空间分布，以科技进步和自主技术创新为动力，加快延长玉米、大豆和稻谷三大加工产业链，大幅度提高精深加工比例，积极培育规模大、水平高、竞争强的大型龙头企业，形成企业规模大、空间布局合理、自主创新能力强、加工效益高的发展态势，最终形成农产品精深加工产业集群。

（1）玉米精深加工业集群发展与优化布局。东北地区拥有我国著名的黄金玉米带，玉米资源占有全国的1/3以上，玉米加工业的发展已经成为东北老工业基地振兴战略重要组成部分，玉米精深加工已成为区域农产品加工的重点领域。未来发展要按照"壮大规模、深度开发、择优发展、清洁环保"的思路，依托区域内便捷的交通网络和丰富的原料优势，以玉米产业园区和原料基地为空间载体，确立玉米精深加工的方向，利用现代生物工程技术，选择市场需求较大、发展前景良好、相对优势明显、产业链条较长的产品作为发展重点，加快玉米加工产业链条延伸，实现玉米的加工增殖和结构高级化。重点促进以淀粉糖、氨基酸、有机酸、赖氨酸、变性淀粉、多功能淀粉、玉米油系列、方便型营养玉米食品和高纯度无水酒精等的产业集群发展，扩大玉米精深加工产品，在食品工业、化学工业、医药工业、能源等领域的应用。根据比较优势和农产品加工业发展基础，今后东北地区玉米加工业发展的重点地区应该是吉林和黑龙江。并且要逐步确立吉林玉米加工业的龙头支柱地位，尽快形成以长春地区为中心的玉米加工企业密集区。龙头加工企业应更多地向原料产地布局，以利于减少成本，带动原料供给地区经济发展和农民收入增长，增强区域农业生产能力。

（2）稻谷精深加工业集群发展与优化布局。相对全国而言，东北地区稻谷并不具有规模生产优势，但是具有质量和效率上的比较优势，优质稻米市场需求呈现持续扩大的趋势。未来稻谷加工业发展应按照"深度加工、提高技术、延伸链条、扩大市场"的思路，在初级加工基础上，适度发展深度加工，以整粒米、米粉制品和谷壳、米糠、碎米等副产品的综合利用等为主要方向，加快延长加工链条。依据东北地区稻谷生产的区域布局和资源条件，黑龙江省稻谷产量列全国前茅，拥有大规模集中连片种植的优质水稻区，机械化程度高，劳动生产率高，生产绿色稻谷的生态环境良好，具备了大规模发展稻谷加工的基础条件和原料保障。此外，黑龙江省拥有先进的科技基础，已经形成了北大荒米业集团、绿都集团等一批科技含量较高的稻谷加工龙头企业。该省为稻谷加工业的重点地区，今后要促进哈尔滨、牡丹江、佳木斯、绥化等地区建立大中型稻谷精深加工企业集群化发展，以龙头加工企业为核心，形成覆盖周边地区的合理加工空间布局和基地，带动稻谷生产。譬如，以北大荒米业、鹤鸣米业集团等为龙头，带动黑龙江南部优质稻谷生产；以绿都集团、鸡西兴达米业等龙头企业，带动黑龙江中东部优质稻谷生产。

（3）大豆精深加工业集群发展与优化布局。东北地区是我国高油大豆集中生产区，未来发展要按照"发挥优势、开发新品、提高竞争、扩大市场"的思路，依托非转基因大豆的生产优势,大力发展非转基因大豆的初加工、深加工和终端产品。扩大大豆加工规模,提高大豆精深加工和副产品综合利用水平及主要产品的生产集中度,建成国内最大的大豆加工非转基因大豆深加工基地。以市场为导向,以技术创新为动力,延伸产业链条,提高附加值产品和深加工水平。重点促进以大豆蛋白新产品、油脂精深加工和大豆资源综合开发利用等为主的大豆深加工集群化发展。依据大豆资源的区域分布与加工基础,东北地区大豆生产的区域化、规模化和产业化趋势明显,黑龙江集中化趋势更为突出,东北地区应集中发展黑龙江非转基因大豆加工,扩大加工规模,增加产量,提高市场竞争力,把黑龙江省培育成为今后国内大豆主要加工区。并以"九三"油脂、哈高科等龙头企业为依托,优化大豆加工企业的空间布局,加快优势大豆产区和基地建设,带动大豆优势产区生产能力提高。

2. 加大政府政策支持,培育农产品加工业发展的成长环境

东北地区农产品加工业发展,必须通过切实有效的政策支持和资金引导,强化科技进步对于农产品加工产业链延伸拓展的支撑能力,并增强农产品加工装备和产业链的科技创新能力。其一,建立和完善农产品深加工的融资平台,通过利用证券市场融资、加大中央政府扶持资金和地方配套资金,放宽金融机构信贷标准,以及吸纳信托投资基金等途径,扩宽农产品加工企业的融资渠道,解决企业资金短缺的问题。其二,设立农产品加工专项资金和税费减免、加强科技研发和推广立项等,支持农产品加工产业链的共性技术、关键技术研究开发及其推广应用。东北地区发展农产品精深加工业,必须针对玉米、大豆和稻谷的综合加工利用,以成套设备和技术研发推广和提高区域农产品加工企业科技自主创新能力为发展重点,促使区域农产品精深加工跃上一个新台阶,促进农产品加工业改造升级和企业竞争力增强。着重支持微生物发酵技术、酶的应用技术、高等有机合成技术、高新分离技术和生物工程技术利用技术等为主的玉米加工技术创新;以生物技术、膜分离技术、离交技术、高效干燥技术、超微技术、自动化工艺控制技术为主的水稻加工技术创新和以油脂浸出技术、大豆蛋白加工技术和大豆磷脂加工技术为主的大豆加工技术自主创新。其三,加大对农产品深加工龙头企业的扶植,以优势龙头加工企业为核心,打破所有制和区域界限,推进企业兼并重组,建立具有核心竞争力的农产品深加工企业或企业集团。其四,中央应把农产品加工业作为振兴东北老工业基地的重要组成部分纳入到振兴东北老工业基地的战略中,应针对东北地区农产品加工业发展的趋势和客观要求,尽快制定农产品加工业发展总体规划和专项规划,以及专项财政政策、产业扶持政策、金融政策、税收政策等。各级地方政府应针对各省区实际情况,制定玉米、大豆、稻谷等加工业发展和基地建设规划,在资金、财政、产业等方面制定更为细致有效的法规和措施,促进农产品加工业的有序发展。

3. 加大政府宏观调控力度,构建合理的农产品加工体系

东北地区农产品加工业基本上形成了以玉米、稻谷和大豆加工为主的结构特征。从我国居民的消费结构和农产品加工水平来看,现阶段稻谷和大豆加工业的快速发展可为人口日益增长提供更为丰富的稻米和豆制品,如豆奶、豆油等,对国家粮食安全,特别是食物安全具有重要的积极作用。而玉米兼口粮、饲料、工业原料三者于一身,在开发利用的不同阶段对国家粮食安全的影响有很大的差别,以食品加工和淀粉等为主的初加工阶段,对粮食安全的影响较小,而以玉米酒精、燃料乙醇等为主的精深加工阶段,对粮食安全的影响势必扩大。因此,在发展玉米加工业的过程中,必须加大政府的宏观调控力度,正确处理这三者关系。其一,东北地区玉米加工业的迅速发展对提高玉米综合效益,解决农民卖玉米难问题,增加农民收入,促进农业工业化等都具有重要意义。应大力支持加工链条长、科技含量高、市场需求旺、经济效益好的玉米深加工项目发展,在东北建立起世界一流的玉米加工业基地。其二,应根据玉米供给能力,立足于国家粮食安全,规划玉米精深加工发展,严格控制玉米食用酒精和燃料乙醇生产能力的盲目扩张。积极研究开发薯类、秸秆、林木废弃物等生物质原料,用来替代玉米生产燃料乙醇。玉米加工业发展,应首先保证口粮安全;其次应按照综合效益优先、兼顾人民生活需要原则,保证饲用玉米和工业玉米需要。其三,加强政府对玉米加工业的宏观调控,调整加工业结构,构建合理的加工体系,防止重复建设,造成资源浪费。此外,中央和地方政府应建立针对农产品加工业发展的应急预案,适时根据国际国内粮食安全形势,通过经济杠杆以及门槛限制、规模限制、总量控制、项目控制等行政手段,控制玉米精深加工规模和发展速度,以保障国家的粮食安全。

第五章 东北地区新兴产业发展

着力培育新兴产业发展是东北地区"十二五"期间的首要任务之一。其中,重点包括文化创意产业和高新技术产业。"十二五"期间,东北地区应发挥文化资源、人力资本和产业基础的优势,将文化创意产业发展成为东北地区现代服务的核心产业之一,积极培育新的经济增长点。同时,依托沈阳、大连、长春和哈尔滨等中心城市,支持文化创意、出版发行、影视制作、演艺娱乐、文化会展、数字内容和动漫等文化产业加快发展,打造具有东北地方特色的文化品牌。在高新技术产业方面,以沈阳、大连、长春和哈尔滨为中心,重点发展作为高新技术产业基础的信息业,以生物技术应用为主的生物医药业,以飞机制造为核心的航空航天产业,以超导、纳米、分子技术为主的新材料产业,以化学能、太阳能为主的新能源产业以及海洋新兴产业。

第一节 东北地区文化创意产业发展

一、东北地区文化创意产业发展的历史特征

目前,文化创意产业应用最广泛的定义是英国文化部2001年创意产业报告所界定的"源自个人的创造力、技巧和天分,通过知识产权的开发和应用,可以创造财富和就业潜力的行业",包括广告、建筑、艺术品和古董市场、手工艺、设计、时装设计、电影、互动休闲软件、音乐、表演艺术、出版、电视和广播等行业或部门。按照国内的习惯,会展和文化旅游也经常被涵盖其中。

这些行业门类中的一些,比如手工艺、表演艺术等我国历史上就存在,源远流长。在东北地区,广受大众欢迎的"二人转"已经有300多年的历史。也有另外一些行业类型,比如电影、西洋音乐等在20世纪初传入我国。东北地区在日本侵华期间,曾是日本的殖民地,长春是"伪满"的文化中心,1937年就曾建立远东最大的电影厂——满洲映画协会。"满映"即是后来的东北电影厂,以及今天的长春电影制片厂的前身。长春电影制片厂是中国三大影视基地之一,曾经创造新中国第一部木偶片、第一部动画片、第一部科教片、第一部短故事片、第一部译制片、第一部故事片等。总体来看,东北地区在建国之前及建国初的一段时期内,无论是民族戏剧,还是现代的电影等文化事业在全国都居于领先地位。

进入20世纪80年代之后,随着改革开放以及经济体制的转型,以电影为代表的文化创意产业经历了一段困难时期。比如,到1997年,长春电影制片厂账面亏损已达到3 000万元,举

步维艰。在这样的条件下,不得不进行了一系列的体制改革。目前,虽然改革已经见到了成效,但是,相较于京津冀、珠三角、长三角以及近年来崛起的湖南等地,东北地区的文化创意产业在全国的地位有所下降。除了长春的电影、哈尔滨与大连的会展和文化旅游较有特色外,文化创意产业总体上竞争力不强。

二、东北地区文化创意产业在全国的比重和发展态势

中国各省市文化创意产业没有非常具体并且口径一致的统计资料,这里只能用一些近似的数据粗略地概括文化创意产业的分布。2005年年初,在北京市多媒体行业协会和上海市多媒体行业协会的指导下,中国创意设计行业的门户网站之一———视觉中国,携手中国创意设计行业的众多专业媒体就中国创意设计行业进行了一个多月的有奖在线调查。根据赛迪网IT情报中心对此次调查的整理,得到《2005年度中国创意设计产业网络与媒体消费行为调查研究报告》。该报告定义创意设计人群为从事创意和设计的专业人士。根据他们的调查,创意设计人群集中分布在华北、华东、华南等较发达经济区域①,东北地区处于中下水平,创意设计人群占全国的8%(图5—1)。

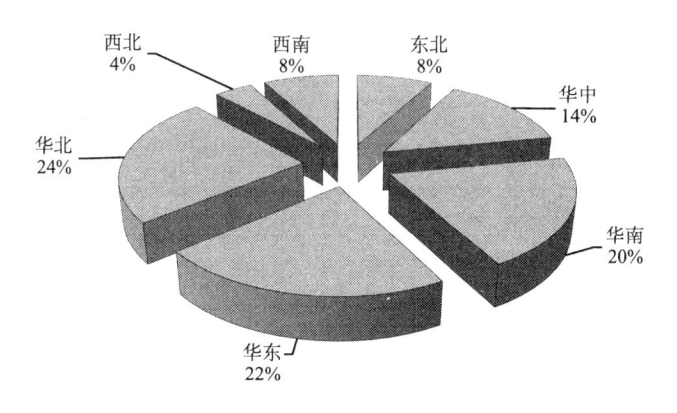

图5—1 创意设计人群在七大区的分布

资料来源:视觉中国,赛迪网,2005.04。

这一数据说明的是创意人群的总量,没有考虑各地区经济总量和人口规模的差别。故此,我们又计算了2005年各地区就业年龄人口(15~64岁人口数)占全国就业年龄人口的比例,然后,用创意人群占全国的比例除以就业年龄人口占全国的比例,便得到了七大区创意人群的区位商(表5—1)。区位商可以表征各大区文化创意人群的相对分布状况,数值越大,该地区的创意人群占全部经济的比重越高,近似认为文化创意产业发展越好。大于1,表明该地区创

---

① 《2005年度中国创意设计产业网络与媒体消费行为调查研究报告(摘要版)》没有具体指明七大区包括哪些省市。这里理解为按照默认的常用划分方法。具体为:华北区:北京、天津、河北、山西、内蒙古;东北区:辽宁、吉林、黑龙江;华东区:上海、江苏、浙江、安徽、福建、江西、山东;华中区:河南、湖北、湖南;华南区:广东、广西、海南;西南区:重庆、四川、贵州、云南、西藏;西北区:陕西、甘肃、青海、宁夏、新疆。

意人群高于全国平均水平;等于1,则处于平均水平;小于1,则低于平均水平。

表5—1 七大区创意设计人群的区位商

各大区	区位商	各大区	区位商
华北	1.95	华南	1.79
东北	0.88	西南	0.56
华东	0.75	西北	0.55
华中	0.84		

资料来源:根据《中国统计年鉴2006》各区人口数和图5—1创意设计人群数据计算而得。

很明显,华北和华南地区的文化创意产业发展水平远高于全国平均水平,区位商分别达到1.95和1.79。东北区创意设计人群区位商为0.88,虽然低于1,但是排在七大区的第3位,相较于创意设计人群总量的排名(第5位)有所提高。这表明东北区创意人群少是由总人口较少决定的,其创意产业发展水平应该与华中地区(区位商0.84)较为接近,处于中等水平。

三、东北地区发展文化创意产业面临的机遇和挑战

1. 东北地区文化创意产业在全国的竞争力

祁述裕、殷国俊参照国外有关竞争力研究的通行做法,以生产要素、需求状况、相关辅助产业、文化企业战略、政府行为五个要素为基本内容,建立了全面反映一个国家文化产业竞争力的综合评价指标体系(图5—2)。这里采用的方法与此类似,文化创意产业竞争力指数由生产要素指数、需求条件指数、企业效率指数、相关和支持性产业指数、政府效率指数等加权合成而得[①]。

各分项指数的测算方法如下:

生产要素主要包括文化创意人才和资金,这里用每万人艺术院校数和人均可支配收入两个指标合成生产要素指数。艺术院校是文化创意人才的主要来源,而我国大专院校的毕业生大多有在毕业学校所在地工作的倾向。因而,艺术院校的数量可以在很大程度上影响一个地区创意人才的数量。人均可支配收入可以在两方面影响生产要素:其一,它是吸引文化创意人才的重要手段之一;其二,它一般可以表征一个地区的资金充裕程度,因而代表了发展文化创意产业的资本实力。

---

① 根据《中国统计年鉴2011》得到2009年年底各地区年末总人口;2010年各地区城镇居民平均每人全年家庭收入,2010年年底各地区城镇居民家庭平均每人全年消费性支出:文化娱乐用品消费和文化娱乐服务消费之和;2010年私营和个体工作人员比例:私营和个体工作人员之和与全部就业人口之比。《中国科技统计年鉴2010》得到2009年各地区科技活动人数。各省市网站数目来自《中国互联网络发展状况统计报告》2012年1月。纺织服装鞋帽制造业就业人口数据来自《中国工业经济统计年鉴2010》2009年数据。旅游业就业人口来自《中国旅游统计年鉴2010》2009各省区艺术年数据。院校数目根据美术网"2012年全国各省市艺术院校和专业汇总",http://meishu.yikao.cn/a/20110901/4e5f0eb202e01.shtml。

需求条件指数用各地区城镇居民家庭平均每人全年文化娱乐用品消费和文化娱乐服务消费之和表征。

```
                    文化创意产业
                    竞争力指数
    ┌──────────┬──────────┼──────────┬──────────┐
  生产要素    需求条件    企业效率   相关和支持性   政府效率
   指数        指数        指数     产业指数       指数
  ┌─┬─┐        │        ┌─┴─┐      ┌─┬─┐
 每 人         人       每 私       人 纺 旅
 万 均         均       万 营       均 织 游
 人 艺         消       人 企       网 服 业
 术 校         费       科 业       站 装 就
 院 配         文       技 和       数 鞋 业
 校 收         化       活 个             帽 人
 数 可         支       动 体             制 口
   支         出       人 从             造 比
             数 业             业 例
                   员 人             比
                   数 员             例
                     比
                     例
```

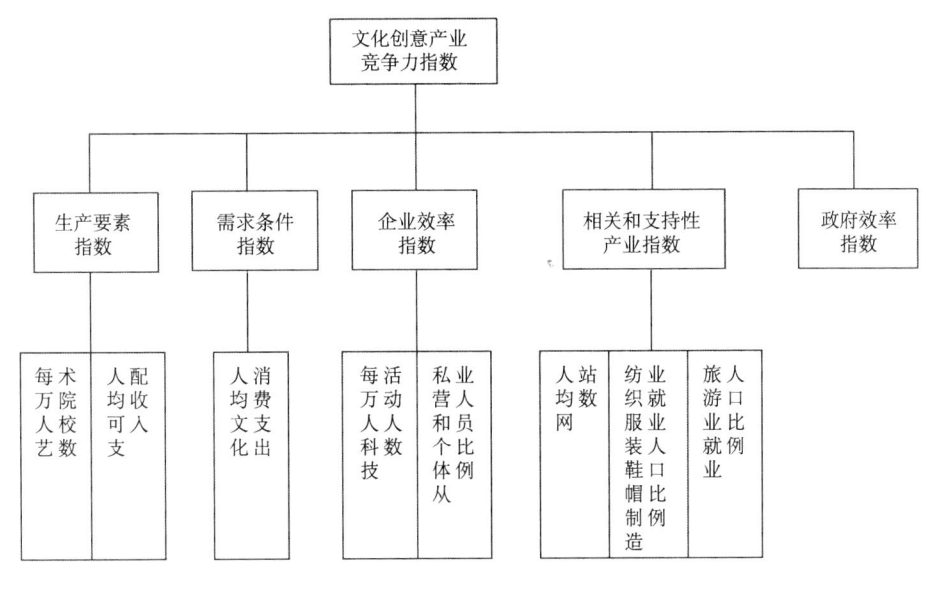

图 5—2　文化创意产业竞争力指标体系

影响企业效率的因素有很多，为了简化问题，这里假定它主要由企业家精神决定。杨宇、郑垂勇指出企业家精神概念的核心是创新和创业，他们根据国际通行的企业家精神衡量指标以及我国现有数据，分别采用万人科技活动人数和民营企业及个体人员比例衡量我国各地区企业家精神在创新和创业两方面的状况。这里用这两个指标等权合成企业效率指标。

相关和支持性产业由三个指标合成：各省市人均网站数、纺织服装鞋帽制造业比例和旅游业就业人口比例。文化创意产业的发展需要来自信息技术产业、纺织、玩具等日常用品制造业以及旅游业的支持，考虑到数据的可获取性，选取了上述三个指标。

唐任伍、唐天伟认为地方政府效率是各级地方政府机构在履行政府职能过程中所涉及的财政投入与财政效果的相对比较，即政府成本与政府收益之间的对比关系。它表现为地方政府以较小的政府规模提供较多的公共服务和公共物品，以及当地居民具有较高的经济福利水平。他们根据瑞士洛桑国际管理发展学院测度政府效率的方法，结合我国有关数据的统计情况，精心寻找那些主要由财政支出引起的、有完整统计数据的、反映政府投入效果的主要指标，根据经济学、管理学、统计学等学科原理，构建了一个由47个具体指标构成的完整指标体系。这里采用的数据是由北京师范大学管理学院《2011中国省级地方政府效率研究报告》测度的我国31个省级地方政府2010年的政府效率的标准化值。

上述各项指标需经过方差标准化①之后,合成各个分项指数,并最后合成文化创意产业竞争力指数。

表5—2 我国各省市文化创意产业竞争力评价

	文化创意产业竞争力指数	生产要素指数	需求条件指数	企业效率指数	相关和支持性产业指数	政府效率指数
上海	11.03	2.02	3.19	2.69	2.62	0.52
北京	11.02	2.94	2.41	2.74	2.48	0.45
天津	4.63	2.03	0.64	1.14	0.65	0.17
浙江	3.90	0.91	1.14	0.66	0.78	0.40
江苏	3.68	0.47	1.02	1.24	0.43	0.53
广东	3.68	0.35	1.62	0.68	0.91	0.12
福建	1.46	0.30	0.73	−0.19	0.65	−0.03
辽宁	1.33	0.25	−0.29	0.54	0.48	0.35
山东	−0.41	−0.10	−0.21	−0.30	−0.18	0.38
内蒙古	−0.44	−0.34	0.28	−0.01	−0.46	0.09
吉林	−0.86	0.05	−0.73	0.23	−0.49	0.09
陕西	−0.93	0.23	−0.09	−0.65	−0.48	0.06
湖北	−0.96	0.13	−0.55	−0.11	−0.30	−0.14
重庆	−1.03	−0.23	0.13	−0.23	−0.47	−0.22
宁夏	−1.21	−0.37	−0.19	−0.19	−0.36	−0.106
海南	−1.33	−0.41	−0.87	−0.12	0.35	−0.27
山西	−1.64	−0.40	−0.63	−0.45	−0.10	−0.07
湖南	−1.71	−0.28	−0.16	−0.60	−0.47	−0.20
江西	−1.78	−0.34	−0.43	−0.56	−0.34	−0.12
安徽	−1.82	−0.50	−0.24	−0.54	−0.54	−0.01
黑龙江	−1.92	−0.44	−0.99	0.02	−0.60	0.10
河北	−2.07	−0.42	−0.73	−0.75	−0.31	0.14
四川	−2.10	−0.66	−0.22	−0.60	−0.54	−0.08

① 除政府效率指数本身已经为标准化值外,其他指标均用 Z-score 法进行标准化处理,也即经 $Y_i = \frac{(x_i - \bar{x})}{s}$,其中标准差 $s = \sqrt{\frac{1}{n-1}\sum_i (x_i - \bar{x})}$,变化成均值为零的数值。

续表

	文化创意产业竞争力指数	生产要素指数	需求条件指数	企业效率指数	相关和支持性产业指数	政府效率指数
广西	-2.14	-0.41	-0.22	-0.77	-0.53	-0.21
新疆	-2.19	-0.92	-0.73	-0.27	-0.20	-0.069
青海	-2.34	-0.85	-0.78	-0.27	-0.52	0.084
云南	-2.40	-0.58	-0.46	-0.57	-0.52	-0.26
河南	-2.46	-0.56	-0.34	-0.82	-0.64	-0.10
甘肃	-2.63	-0.72	-0.54	-0.69	-0.44	-0.244
西藏	-2.94	-0.35	-1.46	-0.15	-0.18	-0.81
贵州	-3.43	-0.78	-0.29	-1.11	-0.69	-0.56

据表5—2的计算结果，我们可以看到东北三省中辽宁和吉林的文化创意产业竞争力较强，排在31个省市的第8位和第11位，黑龙江则处于中下水平，位列21位。

在生产要素指数、需求条件指数等五项分指标中，东北三省的需求条件指数均明显低于其他几个指标。这表明东北地区内部的需求较少，是限制东北文化创意产业发展的重要"瓶颈"。以文化创意产业竞争力较为接近的辽宁与内蒙古两省进行比较。2010年辽宁和内蒙古的人均可支配收入分别为17 712.58元和17 698.15元，人均文化消费却分别为763.55元和996.16元，这表明东北地区自身文化消费尚有着很大的潜力。

在东北三省中，辽宁、吉林两省的竞争力指数、生产要素指数、相关和支持性产业指数较高，表明辽宁的资金、人才较多，相关产业支撑较好，已经具备发展文化创意产业的物质和人才基础。相反，黑龙江经济总体发展水平较低，发展文化创意产业面临的困难较多。

2. 机遇

（1）国家高度重视，为文化创意产业提供了财政、金融以及制度等多方面的支持。自2006年发布《关于深化文化体制改革的若干意见》以来，国家出台了一系列政策，先后界定了文化产业的内涵，确立了重点发展的行业，颁布了文化产业振兴规划，完善了金融领域的配套措施，为文化创意产业提供了有利的政策环境。这是我国包括东北地区在内的各地区发展文化创意产业难得的机遇（专栏5—1）。

> 专栏 5—1
>
> **国家对文化产业的主要政策支持**
>
> 2002年《中共十六大报告》第一次把文化产业与文化事业作为两个概念区分开来，提出发展文化产业是市场经济条件下繁荣社会主义文化、满足人民群众精神文化需求的重要途径。
>
> 2006年年初，中共中央国务院发出《关于深化文化体制改革的若干意见》，明确划分了文化事业和文化产业的范围和界限，提出要大力提高文化产业的规模化、集约化和专业化水平。培育和建设一批出版、电子音像、影视和动漫制作、演艺、会展、文化产品分销等产业基地。
>
> 2006年4月，信息产业部、财政部等国家十部委联合发出了《关于推动我国动漫产业发展的若干意见》，给予动漫产业以优惠的扶持政策。
>
> 2007年《中共十七大报告》提出"大力发展文化产业，实施重大文化产业项目带动战略，加快文化产业基地和区域性特色文化产业群建设"。
>
> 2009年9月，国务院出台《文化产业振兴规划》，文化产业已经上升为国家的战略性产业，成为应对国际金融危机和实现产业升级的重要手段。
>
> 2010年4月，中宣部会同中国人民银行、财政部等九部委联合制定《关于金融支持文化产业振兴和发展繁荣的指导意见》（简称"《指导意见》"）正式发布，要求通过创新信贷产品、培育保险市场、实施文化产权评估交易等具体举措，加大金融对文化产业发展的支持力度。
>
> 2011年10月，中共十七届六中全会通过了《中共中央关于深化文化体制改革，推动社会主义文化大发展大繁荣若干重大问题的决定》。《决定》提出，要加快发展文化产业，推动文化产业成为国民经济支柱性产业。

（2）城市化率高、文化颇具特色，创意人才资源丰富。尽管农村地区也有手工艺、民间艺术等文化创意活动，一般而言，文化创意产业主要还是集中分布在城市中。城市可以提供更多的文化设施和文化氛围，同时，居民具有较高的受教育水平和消费能力，是发展文化创意产业的主要场所。截至2008年，东北地区的城市化率为56.69%，远高于全国的45.68%。特别是，沈阳、大连、长春、哈尔滨四大城市经济基础较为雄厚，人口素质较高，国际环境好，有着生产和消费文化的良好环境，是发展文化创意产业的核心区域。

东北地区有着突出的文化资源优势。东北方言与普通话最为接近，表演艺术易于在全国推广。特别是近年来以"刘老根"为代表的东北"二人转"、农村题材的电视剧在全国热播，已经在全国打出东北文化的声誉。

东北地区创意人才资源丰富。除了土生土长的民间艺人外，区域内沈阳、长春、哈尔滨等城市的鲁迅美术学院、吉林艺术学院、东北师范大学等高校的艺术类专业和哈工大、东北大学、吉林大学等高校的信息、软件类专业都很有特色,是培养创意人才的重要基地。

(3) 气候、自然风光独具特色,适宜发展会展、文化旅游产业。东北地区处于寒温带和温带湿润、半湿润地区,夏季凉爽宜人,冬季白雪皑皑。在我国乃至东亚,自然风光独具特色,是召开国际会议、开展文化旅游的理想地区之一。

东北地区的民间艺术、表演艺术、影视等产业都有一定基础。这些产业可以与文化旅游、会展产业紧密结合,形成良性互动,为整个文化创意产业的发展提供强劲的动力。

(4) 紧邻东北亚经济发达邻国,便于承接日韩文化创意产业外包业务。文化创意产业往往具有很长的产业链,涵盖了低端的加工制造和高端的创意设计。包括日韩在内的发达国家或地区为了降低成本,往往把文化创意产业的低附加值部分转包到发展中国家和地区进行生产。东北地区紧邻日韩两大文化创意强国,通过承接外包业务,可以为本地文化创意产业的发展积累必要的资金、技术和人才。

近年来,随着我国劳动力成本的提高,日韩等国有将动漫等文化创意产业的外包转移到印度、越南等更不发达国家和地区的趋势。然而,从地理距离上看,东北仍然有着其他地区不具备的优势,可以向高端的外包服务拓展。

3. 挑战

(1) 经济基础较为薄弱,资金较为匮乏。文化创意产业以中小企业为主,同时,高端的文化产品往往也需要较大的资金投入,因而,文化创意产业具有高风险的特征,需要大量的资本作为基础。相较于京津冀、长三角、珠三角,东北地区的资金积累较少(人均可支配收入)。同时,本地银行系统不够完善,金融发展较为落后,难以为文化创意企业提供足够的资金支持。

(2) 轻工业基础薄弱,相关产业支撑不强。虽然重工业也需要工业设计之类的文化创意产业作关联产业,但是,食品、玩具、服装等轻工业与文化创意产业的联系更为紧密。这些行业进行品牌生产的过程中,最为注重对产品的形象设计,最有动力投资到文化创意产业中来。东北地区是传统的重工业基地,除辽宁外,轻工业一直处于相对落后的状态,发展文化创意产业的相关产业支撑薄弱。

(3) 企业效率不高,缺乏出色的企业家和专业的管理人才。文化创意产业的发展不仅需要丰富的文化创意人才,也需要优秀的管理者和企业家。比如,湖南三辰卡通的发展很大程度上取决于其创立者王宏杰出的管理智慧和企业大胆创新的作风。改革开放以来,东北地区由于国有企业比重过高,工业方面的企业家云集,但开放步伐较慢,商业文化较为落后,缺乏大批出色的创意方面的企业家和专业的管理人才。对于文化创意产业这样的新兴经济形态,尤为突出。

(4) 经济社会环境不理想,对区域外人才的吸引力不强。国内外文化创意产业发达地区的经验表明,发展文化创意产业需要吸引全国乃至全世界的人才。东北地区薪金水平低、社会治安较差、气候寒冷,对区外人才的吸引力不强。

（5）文化经济资源分散，规模优势不明显。首先，在城市方面，东北有沈阳、大连、长春、哈尔滨四大城市，各自均有一定的文化创意资源。然而，四个城市中尚没有形成一个真正的区域中心，难以与北京、上海、广州等区域中心城市竞争。其次，东北文化创意企业规模偏小。缺乏像湖南三辰卡通等大规模的企业集团，在市场竞争中缺乏规模优势。

第二节　东北地区文化创意产业发展战略与举措

一、重点发展的文化创意产业部门

文化创意产业涵盖广告、建筑、设计、电影电视等众多部门。针对东北地区的资源特征和经济发展需求，以下几个部门需要重点发展。

1. 设计服务业

设计产业与制造业产业升级关系最为密切。东北地区的汽车、服装等行业的发展，实现自主品牌，从"中国制造"到"中国创造"的转变，需要设计产业提供必要的支持。东北地区可以依托本地的艺术院校、艺术家资源，引进多种专业人才，大力发展设计服务业。规划建设设计产业园区，促进产业集聚，重点推动工业设计、服装设计等设计服务业的发展。引导以长春的汽车业、大连的服装业为代表的东北地区优势产业参与到设计产业中来，形成产业联动，打造地方产业集群。

2. 新闻出版业

东北新闻出版业具有一定基础。其中，辽宁出版集团资产总额达22亿元，是中国最大的出版商之一，是中国出版业第一家完全政企分开、政事分开、并获得国有资产授权经营的大型国有出版产业集团。

东北新闻出版业需要适应社会经济的发展，推动产业结构调整和升级，加快从主要依赖传统纸介质出版物向多种介质形态出版物的数字出版产业转型。扶持出版物发行业跨地区、跨行业、跨所有制经营，创造规模优势，提高整体实力和竞争力。

3. 动漫游戏业

发展对日韩等国的国际外包业务，引进资金和技术支持，培养本地动漫产业的制作人才，积累资金和人才基础。培养本地的导演、编剧、原画师和游戏研发人才，创造条件，使动漫从外包走向原创。重点扶持有一定规模、综合实力强的动漫、游戏企业。发挥政府的主导作用，建立多元化、社会化和市场化的长效文化创意产业投融资体系。创新金融工具和管理体制，为从事原创动漫游戏企业提供强有力的资金支持。与中央媒体和东北本地电视媒体合作，建设动漫频道或动漫专栏，打造东北动漫游戏品牌，保障相关产品的营销。

4. 表演艺术

近年来随着以"刘老根"为代表的东北"二人转"和农村题材的电视剧在全国的热播,已经在全国打出东北表演艺术的声誉。东北地区需要在此基础上进一步发展富有东北特色,同时满足全国乃至国际观众品位的表演艺术。除"二人转"外,也要提供资金、采取政策优惠措施,扶持杂技、音乐等艺术门类的发展。投入专项资金,改造、新建影院、剧场等文化基础设施。发挥电视、广播等媒体的作用,加大宣传力度、引导观众的需求,活跃本地文化市场。

5. 电影电视业

近年来,我国电影市场火爆,电影业已经成为最具活力的文化创意产业部门。长春有着全国三大影视基地之一的长春电影制片厂,有着良好的基础。东北地区需要抓住机遇,发挥本地区的优势,建设富有地方特色的电影产业基地。

电视台是当代文化传播的重要平台,也是电视业发展的关键。湖南、北京、上海等地文化创意产业的发展都与本地电视台的发展有重要关系。东北地区需要进一步加强以辽宁卫视为代表的本地电视台的影响力,从而带动本地动画、影视等部门的发展。

6. 会展、文化旅游业

东北地区自然条件和地理位置独特,在会展、文化旅游业方面有着独特的优势。沈阳、大连、哈尔滨等城市的会展业一直在全国占有重要的地位。今后需要继续发扬这些已有的基础,重点做好沈阳的文博会、大连的服装节与啤酒节、长春与哈尔滨的冰雪节等。在合适的时机,整合东北地区的资源,选取长春或哈尔滨申办冬季奥林匹克运动会。

二、发展文化创意产业的核心城市

沈阳、大连、长春、哈尔滨是东北地区最为重要的四个大城市,其人口规模、经济规模和发展水平等远超出东北地区其他城市,具备发展文化创意产业的有利条件。

1. 沈阳

沈阳地处辽宁中部,为东北地区交通枢纽,以沈阳为中心的辽中城市群覆盖 2 200 万人口,是服务于东北甚至全国的现代服务业中心,又是一座历史文化名城,发展文化创意产业有诸多优势。沈阳拥有清故宫、清福陵、清昭陵三处世界文化遗产,是国内仅次于北京拥有世界文化遗产最多的城市。2008 年和 2009 年,沈阳市文化产业增加值位列东北三省首位。沈阳动漫产业基地的总体规模和实力在东北地区处于绝对领先地位,并进入全国第一集团军。沈阳在表演艺术、新闻出版、工业设计、动漫游戏等文化创意产业部类中均有一定的基础,是东北发展文化创意产业最重要的基地之一。

2. 大连

大连作为东北地区对外开放的窗口和经济发展的龙头,具有环境优美、交通便利、商贸活跃、国际交往频繁、对外文化交流广泛、文化的吸纳和辐射空间广阔等独特区位优势。会展业发展潜力巨大,目前已有服装、车展等国际大型会展十余种;加工和开发动漫产业的商务成本较低,并将逐步建成中国最大的动漫产业集群;同时大连已成为国家软件产业基地,软件产业具有一定规模,并具有一定人才优势。

3. 长春

长春拥有两个国家级非物质文化遗产,三个国家级先进文化县,四个国家级文化产业示范基地,八个省级文化产业示范基地以及20余所高校,文化创意产业有一定的历史基础和人才储备。

长春拥有全国最大的电影基地、电影娱乐城及汽车生产基地。长春冰雪节、民间艺术博览会等文化旅游业也颇具规模。2010年长春冰雪节总收入超百亿,接待游客977万人次。未来需要加快培育影视、演艺、展览、动漫制作、创意设计等产业关联度高的产业发展;依托汽车制造业基地的优势,发展相关设计服务业;依托本地的地理位置和气候资源,发展会展、文化旅游业。

4. 哈尔滨

哈尔滨市处于东北亚的交通枢纽,拥有深厚的文化底蕴,建筑、人文、历史、风俗等东西文化合璧。这为创意产业的发展提供了广阔的对外交流平台。同时,哈尔滨市拥有多所高水平的高等院校及相应的科技园区,包括哈尔滨工业大学科技园区、哈尔滨工程大学科技园、黑龙江大学科技园、哈尔滨软件园四个软件园和哈尔滨海外留学创业园、中俄信息产业园、黑龙江动漫基地和黑龙江地理信息产业园四个专项园区。这些为文化创意产业的发展提供了良好的科技支撑。

哈尔滨夏季气候凉爽,冬季景色眩目,会展业具有独特的优势。哈尔滨啤酒节、文化产业博览会、制博会、美博会、汽配会、科博会、哈尔滨之夏文化旅游节等会展活动有声有色。

三、东北地区文化创意产业发展的政策措施

1. 鼓励外资和民营经济更多地参与文化创意产业

根据国务院《文化产业振兴规划》落实国家关于非公有资本、外资进入文化产业的有关规定,根据文化产业不同类别,通过独资、合资、合作等多种途径,积极吸收社会资本和外资进入政策允许的文化产业领域,参与国有文化企业的股份制改造,形成以公有制为主体、多种所有制共同发展的文化创意产业格局。

2. 建立多元化的融资渠道

文化创意产业以中小企业为主,同时文化产品的价值难以衡量。我国风险投资体系和文化创意评估担保制度还没有建立起来,很难得到足够的资金支持。东北地区应建立多元化的

融资渠道,发挥政府的主导作用,建立多元化、社会化和市场化的长效文化创意产业投融资体系。主要包括:建立政策性银行;建立各类创意基金;发行创意企业彩票;出台各种优惠政策,鼓励组建创意投资公司、创意融资租赁公司等,并建立诚信信息体系等配套保障体制。

可以参照北京等地的做法(专栏5—2),政府与地方银行合作建立文化创意产业金融服务中心。尝试以文化创意产业集聚区为单位,发行集合债券。以版权等知识产权作为抵押,为文化创意企业提供相应额度的贷款。

3. 合理规划文化创意产业集聚区

东北各市的文化创意产业集聚区已经初步形成,需要进一步合理规划。各城市需要集中优势资源,建设好几个重点文化创意产业集聚区,避免重复建设和资源浪费。未来应依托重点城市加强对特色创意产业集群的培育,建设一批东北文化特色鲜明、优势突出的文化创意产业基地和园区,打造较为完整的文化创意产业链条,实现文化创意产业集群发展和产业规模效应的充分释放。

4. 扶持文化创意产业从外包走向原创

在发展的初始阶段,从事一些外包业务,特别是日韩等发达国家的外包,对于东北地区文化创意产业资金、人才的原始积累大有益处。然而,从事原创业务的文化创意企业能够带来更大的利益,才是区域经济发展的方向。因而,需要对从事原创业务的企业提供特殊的扶持和奖励政策,特别是融资方面提供一定的优惠。

5. 建设东北地区的文化传播平台

参照长沙湖南卫视、上海东方卫视等地方电视台的发展经验,建设东北地区的文化传播平台。通过筹划具有全国影响的电视节目,扩大东北文化的影响力。

专栏5—2

北京、上海、湖南文化创意产业发展模式

由于资源禀赋、产业基础存有差异,我国各省市文化创意产业发展模式也不尽相同。其中,北京、上海、湖南等文化创意产业发达省市的发展模式较有特色,值得其他地区加以借鉴。

北京——政府推动型:北京文化创意产业的发展受到了政府的高度重视,市政府成立了"北京市文化创意产业领导小组",市委书记刘淇亲自担任组长。制定出台了北京市促进文化创意产业发展的若干政策和相关行业扶持政策;设立了文化创意产业专项资金和文化创意产业集聚区基础设施专项资金。在政府的推动下,北京文化创意产业发展与制造业搬迁有机结合起来,在政府划定的"首钢"等搬迁后的旧工厂区域,引导文化创意

> 企业的集聚,建设文化创意产业集聚区。此外,北京宣武区政府与北京银行合作,积极开拓文化创意产业的融资渠道,建立了文化创意产业金融服务中心,为北京文化创意企业提供快速的审批渠道和优质的金融产品服务方案。
>
> 　　上海——社会参与型:上海文化创意产业的发展相当程度上也是受到政府的大力推动。然而,与北京成立政府领导小组直接管理文化创意产业有些不同,上海由上海经济委员会批准成立了由企业家、艺术家、政府官员、媒体人士组成民办非企业机构"上海创意产业中心"。因而,更广泛地吸收了社会资源参与推动文化创意产业的发展。相较于北京,上海的文化资源相对薄弱,经济资源却更为丰富。重点发展五大创意产业为:研发设计、建筑设计、文化艺术、时尚消费、咨询策划等。
>
> 　　湖南——大企业带动型:湖南地处中部地区,经济相对落后,人才、资金等相较于北京、上海都有较大的差距。湖南在支持、引导文化创意产业发展的过程中,针对本地区的条件,实施了精品名牌战略,特别注重大型文化创意企业的建设,初步形成了在全国颇具影响的湖南广播影视集团、出版投资控股集团、动漫集团等。特别是,湖南两大动漫巨头宏梦卡通集团和三辰卡通集团战略整合的同时,吸引了红杉资本中国基金等国内外资本过亿元人民币的追加投资,大大提高了企业在全国的竞争力。

6. 打破地域和部门限制,加强东北地区内部合作

加强东北三省内部的合作,构建区域一体化的文化市场,为文化创意企业的跨区域经营提供便利。培育资产和资源集中度高的大型出版集团、影视传媒企业。

7. 引进包括"虚拟人才"在内的各种人才

改善区域内的经济社会环境,提供专项资金,积极引进各种人才。"虚拟人才"指人才不一定为东北地区所有,但可以为东北地区所用的人才。针对东北目前的条件,吸引"虚拟人才"可以以更广泛的形式将国内外优秀的文化人才纳入东北的人才范畴中,为东北文化创意产业的发展作贡献。

8. 积极申办冬奥会等国际性的会展活动

东北地区气候、景观富于特色,会展业较为发达。但是,缺乏北京奥运会和上海世博会这样引起全国和全世界关注的盛会。

积极准备各种条件,选择长春或哈尔滨申办冬季奥林匹克运动会。通过申办乃至举办冬奥会,将很大程度改善区域内的各种基础设施,扩大东北的影响力。

四、保障条件

1. 加强组织领导

各省市的相关领导要统一思想,提高认识,高度重视文化创意产业,进一步强化对文化创意产业工作的组织领导,加强文化产业专门工作机构的建设,在人员、经费等方面给予必要保障。建立相关的考核、评价和责任制度,作为评价地区发展水平、衡量发展质量和领导干部工作实绩的重要内容。

2. 深化文化体制改革

按照《国家文化产业振兴规划》要求,紧紧抓住转企改制、重塑市场主体这个中心环节,加快推进出版发行单位转企改制和兼并重组,加快电影制片、发行、放映单位和文艺院团转企改制,抓好党报党刊发行体制和广播电视节目制播分离改革。大力推动行政管理体制改革和政府职能转变,建立统一高效的文化市场综合执法机构。

3. 立法保障

依法加强对文化产业发展的规范管理。完善知识产权保护体系,严厉打击各类盗版侵权行为。建立地方法律法规,使文化创意产业纳入法制化的发展轨道。加强文化市场法规建设,进一步修订完善相关法律法规,为文化创意产业发展营造良好环境。

第三节 东北地区高新技术产业发展

一、东北地区高新技术产业基本概况

经过近十几年的发展,东北地区具有地方优势的高新技术产业框架已初步构建并粗具规模。在具有相对优势的领域已经形成高新技术产业的主导产业群,如光电子产业、软件产业、新型电子元器件、智能化仪器仪表、航空产业、卫星应用产业、生物医药等。各地域的高新区受其传统产业发展基础影响,所发展的高新技术行业略有侧重(表5—3)。

表5—3 东北地区高新技术产业行业分布城市

高新技术行业	分布城市
新材料	鞍山、沈阳、大连、大庆、长春、吉林、哈尔滨
环保节能	鞍山、沈阳、大连
电子信息	鞍山、沈阳、大连、大庆、长春、哈尔滨、吉林
机电一体化	鞍山、大庆、哈尔滨、吉林、长春

续表

高新技术行业	分布城市
精细化工	鞍山、吉林、大庆
生物医药	鞍山、沈阳、大连、大庆、长春、哈尔滨、吉林
先进制造技术	沈阳、长春(汽车及零部件)
光电子	长春、吉林
农产品深加工	长春、哈尔滨、大庆

注:根据东北区国家级高新区行业特点统计而得。

东北地区已形成以沈阳、长春、哈尔滨和大连为主的高新技术产业园区。发展以软件产业、计算机及外部设备、光学仪器、通信及网络产品、数字化音视频产品及医学影像设备等为主体的电子信息产业,以及加大新材料成果转化和产业化方面的科技支撑力度,促进新材料产业的快速发展。并且,东北地区已经在企业创新、新兴产业培育和重点产业空间发展上取得了重大的成绩。大城市围绕城市改造和发展,重点是构建了有利于企业发展的平台,如哈尔滨市围绕医药行业的发展,建立利民工业园区,目前以民营为主的医药企业集聚了25家;大庆在石化总厂周边建立化工园区,重点围绕精细化工中小企业生产配套设施,已有30多家民营精细化工企业在园区落户。产业园区的建设使得城市工业区与居住区分离,并且加强了园区的环境建设以吸引投资,有利于城市化与生态环境系统的协调。

从东北地区的现状来看,各具特色的高新技术产业正在成为区域经济发展的拉动力量。辽宁省围绕先进装备、新材料、电子信息、生物与医药及新能源等领域,重点开展了重型燃气轮机、兆瓦级风机、流程工业综合自动化控制、控轧控冷超级钢、第三代移动通信系统、药物缓释控释等30项重大技术研究,其中十余项已经抢占了全国技术制高点,为发展高新技术产业和提升传统产业提供了技术支撑。沈阳、大连已经发展成为高新技术产业的重要增长极,沈阳的软件、新型装备、生物工程与制药等产业已粗具规模,销售收入超过20亿元的企业达十家之多,大连的光电子、软件及信息服务业、新材料、机电一体化、生物制药五大主导产业格局已基本形成,大连软件园已建设成为具有国际化和全国一流水平的软件研发和生产集散地。吉林省已经形成了以信息产业、生物产业、新材料产业、现代农业为支撑的高新技术产业构架,培育了长春光电子,长春生物医药,通化现代中药,吉林、辽源新材料,松辽平原现代农业等高新技术产业集群,其中光电子信息、生物医药等产业领域在高新技术产业发展过程中,逐渐显现出鲜明的产业特色和较强的发展优势,在全国高新技术产业发展中逐渐突显并被纳入国家重点产业布局。长春已经成为继武汉之后国家批准的第二家光电子产业基地,全省有国家规划布局内的重点软件企业十家,光显示器件、光电仪器仪表、光电子器件及材料、疫苗、基因工程药物、现代中药等优势领域加快成长,以长春高新、长春经开、吉林高新等开发区以及大成工业园、通化医药城、敦化医药城等为主要集聚地,聚合了光电子信息产业园、软件园、生物医药园、现代中药园、玉米深加工产业园等相关产业集群,发展壮大了北方彩晶、吉林华微、吉林修正、大成玉米、华润生化等一批大型企业集团，培育了一汽启明、长春华信、长春金赛、百克药业、博泰生物等一大批中小型高新技术企业。黑龙江省已初步形成以哈电站集团、哈飞、东安等为骨干的机电一体化产业群。以大庆华科、黑化集团、哈工大软件等为骨干的电子信息产业群，以哈医药集团、华雨制药、葵花药业等为骨干的生物医药产业群，现在全省共有哈尔滨、大庆两个国家级和齐齐哈尔一个省级高新技术产业开发区，佳木斯等四个高新技术产业化基地，哈尔滨工业大学和哈尔滨工程大学两个国家级大学科技园，哈尔滨南、牡丹江阳明等六个民营科技企业示范区，利民医药科技园等三个省级医药园区，哈尔滨农业科技园等六个省级农业科技园区，兴凯湖等五个国家级和大庆龙凤等五个省级星火密集区，这些高新区、科技园、产业化基地，已成为全省发展高新技术和培育特色产业的重要基地。

  高新区的发展是振兴东北老工业基地战略的有机组成部分，其建设和发展的速度、质量与水平，在很大程度上关系着东北老工业基地改造的目标和任务是否能完成，关系着东北地区未来可持续发展的潜力。如表5—4所示，2010年我国东北地区七个高新区（沈阳、大连、鞍山、长春、吉林、哈尔滨、大庆）共实现营业总收入10 512.8亿元，同比增长23.5%；工业总产值9 406.9亿元，同比增长27.2%；工业增加值2 472亿元，同比增长27.8%；净利润721.7亿元，同比增长46.1%；上缴税额611.8亿元，同比增长27.9%；出口创汇102.6亿美元，同比增长43%。从增长率来看，2010年东北地区的营业总收入、工业总产值、工业增加值、净利润、上缴税费、出口创汇几项指标不仅比2009年有了明显的增长，而且全部超过了全国的平均水平。特别是出口创汇方面，增长率由2009年的-0.6%，增长到43%，比2010年全国23.4%的平均增长率高出接近一倍。

表5—4 东北地区高新区主要经济指标比较

年度指标	2009年	2010年	2009年增长率/%	2010年增长率/%
营业总收入/亿元	78 706.9	97 180.9	19.3	23.5
其中：东北	8 310.3	10 512.8	9.0	26.5
其他	70 396.6	86 668.1	20.6	23.1
工业总产值/亿元	61 151.4	75 750.3	16.1	23.9
其中：东北	7 397.2	9 406.9	8.0	27.2
其他	53 754.22	66 343.4	17.3	23.4
工业增加值/亿元	15 416.67	19 271.7	23.3	25.0
其中：东北	1 934.17	2 472	20.2	27.8
其他	13 482.5	16 799.7	23.8	24.6
净利润/亿元	4 465.4	6 261.3	35.1	40.2
其中：东北	493.9	721.7	27.0	46.1
其他	3 971.4	5 539.6	36.2	39.5

续表

年度指标	2009年	2010年	2009年增长率/%	2010年增长率/%
上缴税费/亿元	3 994.6	4 968.2	24.9	24.4
其中：东北	478.5	611.8	11.8	27.9
其他	3 516.1	4 356.4	26.9	23.9
出口创汇/亿美元	2 007.2	2 476.3	－0.4	23.4
其中：东北	71.8	102.6	－0.6	43.0
其他	1 935.4	2 373.7	－0.4	22.6

资料来源：《中国高技术产业发展年鉴(2011)》。
注：此处的东北地区指的是东北三省，不包括内蒙古东部地区。

东北地区七个高新区增长最快的两个指标是净利润和出口创汇。营业总收入增长较快的是大连高新区、长春高新区和大庆高新区；工业总产值增长较快的是大连高新区和长春高新区；净利润增长较好的是长春高新区、沈阳高新区和哈尔滨高新区；尤其是出口创汇是这些年来增长最快的一年。

二、东北地区高新技术产业空间布局

东北总共有国家级高新技术产业开发区七个，即哈尔滨高新技术产业开发区、吉林高新技术产业开发区、大连高新技术产业开发区、沈阳高新技术产业开发区、长春高新技术产业开发区、大庆高新技术产业开发区、鞍山高新技术产业开发区；国家级经济技术开发区五个，分别是：大连经济技术开发区、哈尔滨经济技术开发区、营口经济技术开发区、长春经济技术开发区、沈阳经济技术开发区；另外还有一个国家级旅游度假区，即大连金石滩旅游度假区。省级经济开发区12个。

高新技术产业带集聚在以沈阳、长春、哈尔滨和大连等省级首府大中型城市为核心，省内沿线分布以哈—大线、长—吉线、沈—大—鞍线为支线，形成了"干"字形带状区域分布形态。东北的高新技术产业覆盖东北三省，形成了以点、线、面相结合的区域网络空间结构。其中，东北的点状结构主要分布在几个具备高新技术研究与开发能力的大中城市，即大连、沈阳、长春、哈尔滨、鞍山、吉林、大庆等城市，并以这些省市所属的高新技术企业园区为集聚重点；线状结构则从大连到哈尔滨的纵向分布结构和以地方城市为依托的横向线状分布结构，如吉林省以长春为核心，向吉林市延伸的长吉产业带；黑龙江省以哈尔滨为核心向西北方向延伸的哈大齐产业带。东北交通发达，通信设施完备，各种要素能够在纵向和横向线路上充分连接，以最小的成本实现区域内的各种要素的流动。东北的面状分布结构则是以三个省府城市为圆心，由大城市的增长极向省内周边地带辐射进而带动地区经济的全面增长，如辽中南城市群，以沈阳为中心点，周边以辽阳、抚顺、鞍山、本溪等中型城市构成的面状高新技术产业开发与实践基地（专栏5—3）。

专栏 5—3

沈阳、大连、长春三个高新区的特色

东北地区的七个高新技术产业开发区中,沈阳、大连和长春三个开发区规模最大,效益最好。它们各自发展中都有一些特点,形成了三种发展模式。

以电子信息为基础多部门带动的沈阳高新区:沈阳高新区建设之初,以电子信息产业为主导。截至 2006 年年底,沈阳高新区高新技术产业产值为 360 亿元,其中电子信息产业占 70%,先进制造产业占 20%。经过不断转型升级,园区实施集群化发展战略,按照"拉长产业链,提升产业完整度;完善功能配套,提升产业关联度;发展产业集群,提升产业集中度;推进制造业与服务业互动,提升产业融合度"的思路,现已形成以电子信息、先进制造、生物医药、民用航空、新能源、新材料等为主导的产业体系。

以软件园为龙头的大连高新区:大连处于渤海沿岸,交通便利、风景秀丽、气候宜人,十分有利于吸引外资和高技术人才,发展软件和服务外包产业。预计到 2012 年年末,大连软件和服务外包产业收入将突破千亿元大关,实现千亿产业集群的目标。大连作为全国 11 个"国家软件产业基地"之一和六个"国家软件出口基地"之一,大连软件园被誉为中国发展水平最高、最国际化的国家级软件园。园区内优惠的投资政策、丰富的人才资源、多渠道的资金来源和活跃的市场营销为国内外软件企业提供了良好的发展空间。在软件园的带动下,大连高新区取得十分迅速的发展,发展到现在已经有注册企业 4 700 余家,其中世界 500 强企业 66 家,在全国 54 个国家级高新区中综合排名攀升到的 14 位。

依托原有工业基础的长春高新区:长春是老工业基地,有中国第一汽车集团公司等老牌工业企业和长春电影制片厂等历史积淀深厚的文化创意企业。同时,长春市有相对雄厚的科技资源,每万人中科学家、工程师和大学生比重均居全国第六位。全市有中科院和工程院院士 30 多人,有一批闻名中外的国家重点科研机构和高等院校。依托优势资源,对传统产业改造升级是长春高新技术产业发展的重要特点。2009 年,长春高新技术产业开发区的先进装备制造、生物医药、光电子和新材料等行业实现技工贸总收入 1 763.48 亿元,占全区经济总量的 90.57%。先进的装备制造和生物医药仍是长春高新区效益最高的行业部门。

如表 5—5 所示,东北各地的高新区中,长春高新区的总收入、总产值、增加值、净利润均处于第一位,但是,在技术收入、出口创汇方面远远落后于沈阳和大连。长春高新技术产业规模大,真正意义上的高新技术含量不够高,产品主要面向国内市场;相反,沈阳和大连的高新技术产业规模虽然没有长春大,但是外向度更高,技术收入远高于包括长春在内的其他各市。

表 5—5 2009 年东北各高新区的主要经济指标

	工业总产值		工业增加值		净利润	
	数值(千元)	各高新区的比例(%)	数值(千元)	各高新区的比例(%)	数值(千元)	各高新区的比例(%)
沈阳	122 601 733	16.57	28 044 078	14.50	6 502 787	13.17
大连	102 043 826	13.79	31 806 548	16.44	9 230 461	18.69
鞍山	71 866 885	9.72	22 697 870	11.74	4 690 709	9.50
长春	189 986 211	25.68	46 895 174	24.25	17 443 754	35.32
吉林	89 078 567	12.04	24 823 327	12.83	3 340 644	6.76
哈尔滨	91 590 868	12.38	18 546 894	9.59	4 412 580	8.93
大庆	72 549 308	9.81	20 602 993	10.65	3 771 410	7.64
合计	739 717 398	100.00	193 416 884	100.00	49 392 345	100.00
	总收入		技术收入		出口创汇	
	数值(千元)	各高新区的比例(%)	数值(千元)	各高新区的比例(%)	数值(千元)	各高新区的比例(%)
沈阳	15 015 4061	18.07	22 299 798	45.79	1 552 292	21.63
大连	135 290 285	16.28	16 443 392	33.76	3 924 095	54.68
鞍山	80 853 186	9.73	3 464 218	7.11	290 039	4.04
长春	194 700 728	23.43	1 159 561	2.38	543 393	7.57
吉林	93 078 465	11.20	1 742 764	3.58	398 459	5.55
哈尔滨	100 874 766	12.14	461 143	0.95	361 588	5.04
大庆	76 078 847	9.15	3 132 161	6.43	106 691	1.49
合计	831 030 338	100.00	48 703 037	100.00	7 176 557	100.00

资料来源:《中国高新技术产业开发区年鉴 2010》。

三、东北地区高新技术产业面临的机遇与挑战

1. 机遇

(1) 科技创新机构和人才较为丰富。东北地区拥有各类大学 154 所,国家级大学科技园 5 个;原中央部委所属应用开发科技企业和科技中介机构 376 个;国家级工程研究中心 22 个,重点实验室 20 个,国家级高新区 7 个,特色产业基地 12 个,生产力促进中心 100 多个,企业孵化器 30 个;企业技术开发机构 230 多家,民营科技企业 12 000 多家;专业技术人员 70 多万人。沈阳、大连、哈尔滨和长春分布的高等院校占东北地区总数的 57% 以上,其创新潜力位居全国

前列。这种高层次的智力资源与生产直接结合,有利于把科研成果直接转化为产品,为高新技术产业的发展提供了必不可少的支撑条件。

(2) 具备一定的产业基础。东北地区是传统的重工业基地,聚集了我国装备工业、原材料工业、基础产业的很大比重,拥有各行业的龙头骨干企业,如第一重型机器厂、哈尔滨三大动力设备厂、沈阳输变电设备厂、第一汽车制造厂、大连造船厂等。集中了当时国内较高水平的科技力量和技术开发能力,代表了我国民族工业的发展水平和自主技术研发水平,这种雄厚的积淀为东北地区技术进步和科研成果转化为现实生产力,提供了十分有利的条件。

(3) 区位优势较为明显。辽宁省拥有大连、营口、丹东、锦州、葫芦岛五大口岸城市,有现代物流和贸易中转的天然优势,现代物流业及电子商务、仓储配送、运输分拣、货代报关、结算理赔等现代服务业发展迅速。这些行业的发展最终将为企业的经营降低成本,从而促进高新技术产业的发展。

2. 挑战

目前,东北高新技术产业发展中主要存在下面几个主要问题:

(1) 高新技术产业规划趋同现象严重。各省(区、市)都把电子信息、新材料、生物医药工程列为需要加快发展的产业。现在东北区很多地方不顾条件地建立高新区,发展那些在发达国家的产业分类中属于高技术门类的产业,如 IT、生物工程、新材料等,而忽视了本地最需要的技术,忽视了技术创新,忽视了高新技术产业在东北区内合理、有序的空间分布,这是一个很大的误区。

(2) 高新区内的企业独自为战,没有形成联动的产业创新机制。从东北各高新区的发展来看,其产业内部的关联度还很小,大多数企业都是集聚不集群。虽然东北高新区内也集聚着各种行业的高新技术产业群,如电子信息、新材料、生物制药,但只是空间上的集聚,它们之间的相互关联度并不强。

(3) 产业间关联效应小,没有达到产学研合理协作与相互学习的有效机制。东北高新区应坚持"一区多园、专业分工"的模式,搞好创业孵化中心、大学科技园、留学生创业园、软件创业园、生物园、光电一体化园、民营科技企业园等综合和各种专业产业园区、科技创新园区、孵化园区的建设。

(4) 许多高技术企业名不副实。很多企业进入高新区是为了达到减少税收的目的而进入高新区。更有甚者,有些地方政府为了使自己的高新区能有更多企业入驻,不属于高新技术的企业也勉强沾边以撑门面。在东北,除沈阳和大连外,其他省市高新区的技术收入占总收入比例均低于全国平均水平,便是对这一情况的最好印证。

(5) 科技发展和技术创新落后。主要存在以下几点问题:观念陈旧使企业科技自主创新缺乏精神动力;政策落实不到位挫伤企业自主创新的积极性;科技投入力度小,投入经费偏低;资金使用不合理,基础研究比重偏低;企业投入比例小,企业技术开发经费占销售收入的比重低。

表5—6　2009年东北各高新区的总收入和技术收入

	全年收入(万元)	技术性收入(万元)	技术收入占总收入的比例(%)
沈阳	15 015 406	2 229 980	14.9
大连	13 529 029	1 644 339	12.2
鞍山	8 085 319	346 422	4.3
长春	19 470 073	115 956	0.6
吉林	9 307 847	174 276	1.9
哈尔滨	10 087 477	46 114	0.5
大庆	7607 885	313 216	4.1
全国	787 069 415	59 204 382	7.5

资料来源:《中国科技统计年鉴2010》。

(6)科技成果转化率不高,产学研合作体制还不健全。

一是相对于高新技术产业发展而言,人才供给严重不足。与其他区域对比,东北地区人才资源相对丰富,但是相对于高新技术产业发展的需求而言,人才供给却严重不足。

二是人才结构和产业创新结构不匹配。从产业技术进步的过程来看,技术进步大体可分为基础研究、应用研究和技术开发以及开发成果商品化、最终到技术扩散五个阶段。东北地区的人才储备,基本集中在高等院校、科研院所,而技术开发尤其是开发成果商品化和技术扩散环节的人才却相对薄弱,这也是东北地区人才总数多但是科技成果转化或者新产品产值较低的重要原因之一。

三是高技术服务业发展有待进一步加强。传统上,东北地区的重工业具备一定的优势,服务业相对落后。现代经济中,制造业的发展离不开服务业的扶持。发展高新技术产业有赖于金融业、信息与通信服务业、科技服务业、商务服务业等高技术服务业的发展。

第四节　东北地区高新技术产业发展战略与对策

综观东北地区高新技术产业的现状、机遇和挑战,从战略上,东北地区高新技术产业发展应当坚持突出产业特色、重点突破、创新中发展、可持续发展、对外开放五项原则;从具体的政策上,需要从改造传统产业、加快产权制度改革、转换政府职能、开放大专院校、支持民营企业和加大吸引外资力度六项具体措施。

一、战略

1. 突出产业特色战略

东北老工业基地先导型高新技术产业发展要突出产业特色原则。积极扶持具有自主知识产权的企业,扶持特色产品、企业、产业不断发展壮大,形成规模化的产业优势和局部的特色优势,消除产业趋同化、雷同化,承担东北老工业基地产业优化的使命。

根据各地产业结构现状及资源禀赋情况,辽、吉、黑三省合理分工,形成各具特色的高新技术产业集群。辽宁省重点发展信息技术、新材料技术、环保节能技术等产业集群;吉林省和黑龙江省则重点发展光机电一体化技术、精细化工技术、生物制药技术、农产品深加工技术以及先进制造技术等产业集群。以长春、沈阳、大连、哈尔滨市的科研院所、高新技术企业为龙头,建设高新技术产业带。围绕长春建设国家光电子产业基地,其他两省争取布局光电子下游产业和零部件产业。要立足东北地区的资源特点、人才优势、科技优势、产业基础,发展具有比较优势的高新技术产业,促进地域分工的形成。精心打造"北药基地"、"中国光谷"、"先进制造基地"等颇具特色的高新技术产业群。

2. 重点突破战略

以东北现有的经济实力和技术水平,不可能全面出击,齐头并进,只能有重点地选择若干个领域首先获得突破。发展高新技术产业要本着量力而行、尽力而为的原则,对目前国内市场需求量大、面广,对经济发展具有突破性推动作用的行业,实行有限目标、重点突破。

3. 创新发展战略

要全面推进企业体制创新和技术创新,调整产业结构与技术结构、所有制结构紧密结合起来。东北国有大企业居多且历史包袱沉重,体制障碍突出。必须把体制、机制创新放在首位,通过原始创新、集成创新和引进消化创新,使其成为促进东北地区高新技术产业发展的主要动力和支撑。

坚持深化改革,着力推进体制机制创新和观念理念创新。继续深化国有资产管理体制和国有企业改革,大力发展混合所有制经济,促进非公有制经济加快发展。坚持自主创新,着力发挥科学技术的支撑和引领作用。

4 可持续发展战略

人类已经面临环境污染、生态破坏和资源短缺的危机,因此发展高新技术产业必须实行可持续化发展战略,并坚持走绿色制造的道路。坚持资源开发与节约并举,把节约放在首位,大力发展循环经济,实现资源粗放型向资源节约型、资源一次利用型向综合利用型、环境污染型向清洁生产型"三个转变"。

坚持可持续发展,着力加强资源节约利用和环境保护建设。切实贯彻资源开发与环境保护并重的方针,坚决淘汰高消耗、高排放、高污染、低效益的各类产品。坚持以人为本,着力建设和谐宜居的良好生态环境。

5. 对外开放战略

发展高新技术产业要面向两个市场,要利用两种资源,学会两种本领。要大胆地对内对外开放,走内引外联的路子。抓住国际产业调整和转移的机遇,在引进、消化、吸收、创新的基础上,尽快形成企业的自主开发能力,提高核心竞争力。坚持扩大开放,着力打造积极参与国内外经济合作的重要平台。发挥沿海地区全方位开放的先导和示范作用,积极承接国际和国内产业转移。

二、对策

大力发展东北地区高新技术产业,关键在于激活丰富的科技创新资源,形成现实生产力。主要措施有改造传统产业、推动产业升级,转换政府职能、推进国有大中型企业的产权制度改革;开放大学、科研院所;发展民营科技企业以及加大对外开放,进一步吸引外资等。

1. 用高新技术改造传统产业

重工业比重大是东北地区产业结构主要特点,立足于对重工业的技术改造,发展高新技术产业,是东北地区高新技术产业发展的特殊性所在。关注东北地区传统产业,如原材料工业、装备工业等等对高新技术的具体需求,是实现高新技术产业化,振兴东北经济的重要途径。

高新技术产业虽是在传统产业的基础上发展起来的,但却不可能完全替代传统产业。传统产业不仅为高新技术产业的发展提供必要的资源、人才、技术等外部环境条件,而且还为其提供完备的工业基础设施和辅助工业系统以及大量的资金。综观东北老工业基地的现状,传统产业仍是老工业基地的比较优势之所在,虽然目前传统产业增长潜力远不如前,但传统产业所做出的经济贡献仍占绝对地位,相信不管如何增加对三产、高新技术产业的扶持,短期内都难以改变其主导地位。目前,东北老工业基地有待加大技术改革投入,依靠高新技术提高传统产业的技术装备水平。

为谋求国际竞争优势,各国均把高新技术作为发展本国经济的一项重要国策。这不仅因为高新技术产业具有极高的附加值和强大的竞争优势,而且还因为高新技术及其产业能给传统产业注入新的活力,带动传统产业的技术升级和产业结构的优化,继而加速整个国民经济的发展速度。同时,高新技术的发展也迫切需要传统产业利用高新技术成果对其原有低水平技术进行改造。这主要源自以下两个方面:其一,传统产业要为高新技术的研制、开发和产业化提供能够满足一定技术要求的生产装备;其二,传统产业将为高新技术产业提供市场发展空间。没有传统产业对高新技术的积极吸纳,就不可能有效地促进高新技术及其产业的迅速发展。

我国高新技术产业发展的远期目标自然是走向国际市场,实现国际化,但就目前我国传统产业的技术水平和高新技术产业的发展水平而言,国际化目标对我国还很不现实。总之,我国是拥有12亿人口的发展中国家,传统产业的技术水平较低,且是面临着更新换代的重要时期;国内市场十分广大,但因被国外各大厂商竞相竞争,国内企业的市场份额日渐缩小;而同时真正能打入国际市场的高新技术产品却寥寥无几。所以,提高传统产业的技术水平和劳动生产率,降低生产成本,增强产品竞争能力是高新技术产业发展的首要目标;开拓国内市场,渗透国际市场,是当今我国高新技术产业发展的首要市场战略。以改造传统产业为主要方向,以开拓国内市场和积极向国际市场渗透为策略,才是我国高新技术及其产业发展的重要选择。

没有传统产业的现代化,就不可能有高新技术产业的有效发展,而高新技术产业发展的一个重要方向就是向传统产业渗透并装备传统产业。就我国目前高新技术产业发展的障碍来看,其首要约束就是资金限度。我国还没有在金融衍生工具和风险投资基金等方面予以支持,即使予以支持,资金仍然有限,所以,高新技术产业的发展资金仍然有待于传统产业的贡献。为此,传统产业的现代化对高新技术产业的发展显得十分重要,而高新技术对传统产业的有效武装,亦是传统产业走向集约经营的必由之路。一切渗透和装备传统产业的高新技术均是传统产业现代化发展的必要技术。国家必须在这一方面划拨专项资金及专项贷款予以资金援助;打破条块分割,健全科技人才的流通机制,予以人才援助。

2. 用产权制度改革激活国有大中型企业创新活力

东北地区的技术创新没有成为国有大中型企业的自觉行为,或者没有得到企业的充分重视,更多的不是资金的原因,而是没有建立持久的有效地激励机制。根本原因在于国有企业产权不明晰,特别是知识产权不明晰,科技人员创新的积极性没有有效地发挥出来,创新人员没有从创新中得到相应的回报和鼓励。首先对国有企业进行产权制度改革,建立激励机制的大环境,然后建立明确的知识产权保护和激励制度,例如通过拥有一定数量的公司股票和股票期权等办法,将企业共同的发展目标转化为自己的个人追求,这不仅可以留住人才,也是吸引人才、发挥人才作用、促进科技创新、实现高新技术产业化的关键环节。

3. 转换职能,恰当发挥政府作用

东北地区国有大中型企业多,政府干预市场的力度大。而政府的性质和结构决定了它在直接的生产和商业活动中不具有民间企业所具有的市场适应性和竞争力,因此,它应当尽量从市场活动中退出,更不应直接经营企业和干预企业的人财物、产供销的决策。但是,这并不意味着政府在发展高新技术产业中成为旁观者,在经济上,政府不可避免地要扮演多重重要的角色。而真正适合政府起作用的是市场失灵的领域,如建立高新技术市场秩序、提供高新技术所需要的公共物品、组织重大共性技术的开发等方面。

4. 开放大专院校和科研院所,促进科技资源转化为现实生产力

高等教育是区域创新体系中重要的一环。它的教育模式和传播的观念对人才的创业有着直接的影响,灵活的教育体制对人才潜能的发挥十分重要。硅谷的斯坦福大学就是开放式的大学,在高新技术创新和高新技术产业发展中起到了重要的作用。东北地区也有类似成功的经验,如东北大学与软件产业的发展,吉林大学与光电子产业的发展,但是并没有形成整体气候。因此鼓励国家和地区的科研单位和实验室开放,向国有企业或民营企业介绍科研机构成果;同国有或者私营企业合作,联合开发新产品,风险共担,利润共享,甚至将国家实验室的部分经费用于产业合作,向企业投资。鼓励大学向企业开放,促进大学和企业的互动,这种互动形式可以是多样的:如大学接纳企业研究人员在学校进行科研活动;大学接受企业的捐款,由企业出资在大学里设立课程和研究机构;大学接受企业委托进行研究或者在大学设立联合研究中心等。这就需要打破现有的考核机制,促进产业界人才和大学人才的双向流动,大学教师在业余时间对企业进行技术指导或任职,甚至大学教师可以停薪留职长期到企业去进行研究活动,企业的研究人员也可以到大学任职、传授知识等等。

5. 支持民营科技企业,活跃高新技术产业市场

东北地区民营科技企业近些年得到了蓬勃发展,民营科技企业规模化速度也在不断加快,形成了一批有竞争力、有优势的企业或企业集团,民营科技企业已经成为高新技术产业化的生力军。但是,民营企业的弱点也十分明显,资金薄弱,资信不足,融资困难;不可能建立独立的、强大的技术后方,如R&D中心等;取得市场、技术、管理等信息的能力较弱。东北地区也存在着类似的机构,如各省的中小企业管理局,但问题是对中小企业的管理不仅只此一家,不同省份或地区管理的部门也不一样。没有从上到下形成统一顺畅的政府服务体系。因此,理顺现有的管理体制,建立统一的政府服务部门,并加强与中小科技企业的沟通,加大对中小企业服务力度,通过相关政策或者市场手段切实解决中小企业发展问题,营造健康持续的发展环境。

6. 发展风险投资,为高技术企业提供金融支持

风险投资与高新技术产业化是"鸡与蛋"的关系,相互作用、相互影响,有着融合的必然趋势,但二者在我国的融合却是十分有限的。目前,我国风险投资市场上存在一种奇怪的现象:一方面是大量的创业企业资金匮乏,但得不到风险投资的青睐;另一方面则是上百家风险投资公司的风险资本规模不断扩大,大量的风险资本悬浮在空中,无法落到创业企业的实处。造成这种局面的原因是错综复杂的,主要反映在投融资机制、运行机制、法律、政策、人才等方面。风险投资对东北老工业基地产业结构优化升级、高新技术产业的发展等具有重大作用。东北老工业基地发展风险投资的对策主要有:坚持市场化运作模式、完善风险投资的市场环境和风险投资自身建设三个方面。东北老工业基地应不遗余力地发展和完善风险投资行业,为风险投资行业的快速发展开辟道路,大力促进风险投资推进东北老工业基地改造和发展的进程。

(1) 培育风险投资的市场主体。我国东北在大力发展机构投资者的同时，还应积极创造条件引导个人和家庭资本进行风险投资，并为国外风险投资机构进入我国创造条件。我国东北风险投资起步晚，风险投资专业人才薄弱，必须创造条件大力培养和造就一批风险投资家，为风险投资事业的发展提供智力的支持。我国东北应严格按照现代企业制度建立风险投资公司，使其有明确的风险资本来源和投资运作方式，健全的风险控制机制。我们必须建立和培育高素质的风险企业，利用市场经济机制使其成为风险投资的主体。

(2) 大力发展技术市场、股票市场、产权市场和投资中介服务机构。技术市场是高新科技由开发走向应用的纽带，一项风险投资是否成功关键在于其是否能顺利地变现退出。要拥有通畅的资本退出渠道，就必须存在发达的股票市场和产权市场。如美国纳斯达克市场、欧洲证券交易者自动报价协会、吉隆坡二板市场等。在我国，中小企业板及未来的创业板对风险投资不可或缺。另外，风险投资发挥离不开项目评估、财务与法律咨询等各方面专业中介服务机构的支持。因此我国东北必须建立和健全中介服务体系，为风险企业的发展和风险投资公司的运作提供高质量的服务。

(3) 建立健全有关风险投资的法律法规体系。从立法上看，目前我国高新技术产业与风险投资的融合存在的主要问题就是风险投资活动时遇到的法律障碍。很多现行法律规定滞后于实践活动，同时在不少相关领域立法又呈现出大量空白，很大程度上制约了我国风险投资的快速发展。要保障风险投资公司在项目选择、知识产权维护和所有者权益转让等方面的利益，就要尽快建立与风险投资发展相适应的中小企业法、风险投资基本法、风险投资基金管理办法、合伙企业法、知识产权保护法、公司法、税法、企业收购与兼并法、破产法等。

美国的《中小企业投资公司法》、英国的《风险投资法》等都通过立法和制定政策的方式对风险投资的方向与运作作出了规定。我国也在不断完善《合伙企业法》，修改《公司法》，出台《风险投资法》、《信托法》、《投资基金法》等，这些法律法规赋予了风险投资机构多项法律保障。风险投资企业将得到国家政策的扶持，从而极大地改善国内风险投资环境，促进风险投资业的发展，东北地区也是如此。

(4) 建立有利于高新技术产业和风险投资互动的税收优惠政策。世界各国都对风险投资从政策上给予支持。英国在《投资信托法》中规定，对于将80％以上的资产投资于新兴企业的"产业投资基金"实行税收豁免。美国1993年通过一个法案：银行向风险企业贷款可占项目总投资的90％，如果风险企业破产，政府负责赔偿90％。美国还在《小企业发展法》中规定，联邦政府的年度研究发展经费超过1亿美元时，必须每年按法定比例拨出研发经费支持小企业进行技术创新。

各国风险投资发展的实践都表明，税收优惠政策是风险投资发展的"助推器"。政府应从以下几个方面制定较全面的税收优惠政策。一是完善直接税收优惠政策。在所得税优惠政策方面，通过对高新技术企业的企业所得税和高科技人才的个人所得税进行减免，以吸引和留住高科技型人员和加强对高新技术企业的支持力度；同时对风险资本收益实行减免所得税。这有助于鼓励风险投资者的投资积极性，刺激更多风险资本的投入。在流转税优惠政策方面，要改变现行的与科技有关的流转税只局限于对科研单位的技术转让收入免征营业税的规定,还应拓宽流转税优惠政策面,包含风险投资公司。率先对高新技术产业领域实行"消费型"增值税,允许抵扣外购的固定资产纳税额,降低投资成本,增加投资收益。二是完善税收间接优惠政策,对加速折旧、税前还贷、延期纳税和特定准备金方面进行全面的税收优惠。三是把税收优惠的重点集中在高新技术的研究、开发和应用推广上,避免误导高新技术企业偏离科技研究与开发的方向。

7. 选择重点行业,加强高新技术产业基地建设

在行业选择上,发挥沿海、沿边各自的比较优势,形成专业化协作分工,进而形成东北区有机协调的高新技术产业格局。沿海地区以辽宁省为代表,依托临空和临海的优势,结合本地区传统产业基础,重点发展信息技术、新材料技术、环保节能技术产业;沿边地区主要是吉、黑两省;根据吉、黑两省产业结构现状及其资源赋存情况,重点发展光机电一体化技术、精细化工技术、生物制药技术、农产品深加工技术以及先进制造技术产业。在空间分布上,除一级轴线哈大线上现有七个城市分布着国家级高新技术产业园区外,还有营口、锦州、辽阳、丹东四个城市分布着省市级高新技术开发区。未来高新技术产业还要有层次、有梯度地向二级轴线沈丹、滨洲、滨绥、长图、长阿(尔山)的城市延伸。可率先考虑在齐齐哈尔、四平、赤峰三个城市发展高新技术产业园区,形成一个相对密集的高新技术产业带。

总体上,根据东北地区的比较优势,需要重点建设以下基地:

(1) 现代中药和生物药基地。我国东北地区自然资源和气候条件独特,中药材蕴藏量大,具备把医药开发作为产业发展重点的优良条件。应当依托丰厚的医药资源,加快医药工业企业技术改造,扩大中药和生物药开发对外合作,同时还要加快产学研结合,重点推进中药现代化和产业化,从而为建设中药和生物药基地奠定基础。

(2) 光电子及信息产业基地。我国东北地区大力发展光电子及信息产业,既是国内外产业发展态势所驱使,也是东北地区科研、人才及产业等基础优势所致。所以,有必要在现有的基础之上,全力打造东北地区的光电子及信息产业基地。

(3) 航空航天产业基地。航空工业是关系国家安全和国民经济命脉的战略性产业,也是衡量一个国家国防实力的资金密集型和高投入、高风险、高附加值的技术密集型产业。辽宁作为东北地区航空航天产业的中心基地,一直以来,其航空企业生产的重要零部件,为许多国家和地区生产民用航空器所采用,这种"为他人作嫁衣"的产业发展状况必须改变,必须建立国际化区域性航空航天产业基地。

(4) 新材料产业基地。新材料与生物技术、信息技术并列为21世纪的三大技术原动力之一,是现代社会进步的物质基础和先导。我国东北地区是材料工业的重要来源地,材料工业在国民经济中占有举足轻重的地位,因此,有必要在借鉴国内外先进地区新材料产业基地建设经验的基础上,结合本地实际情况,对东北综合经济区新材料产业基地的建设加以推进。

第六章　东北地区交通能源建设研究

　　交通和能源基础设施建设是东北地区"十二五"规划中的重要内容,也是实现东北地区全面振兴的重要支撑。东北地区的交通网络在我国历史上建设较早,也较为完善,曾为东北地区的工业发展和城市建设做出过突出贡献。而蒙东①—东北煤炭基地是国家规划的14个大型煤炭基地之一,为东北地区振兴提供了有力的能源保障。实施东北地区等老工业基地振兴战略以来,国家重视加强东北地区交通、能源等基础设施建设,基础设施条件得到明显改善,为东北地区老工业基地实现全面振兴创造了良好的条件。未来,要继续加强东北地区的基础设施建设,提升管理服务水平,形成比较完善的综合交通运输体系和多元清洁的能源体系,为东北地区实现全面振兴提供有力保障。

第一节　交通基础设施建设的成就与问题

一、"十一五"期间交通基础设施建设取得了较大的成就

　　"十一五"以来,东北地区基础设施建设进一步增强(表6—1)。在当前宏观经济背景下,国家和地方利用投资拉动经济增长的趋势明显,推进了一批能源、水利、交通等关系国计民生的重大基础设施项目,为东北地区进一步促进经济和社会快速健康发展提供了强有力的支撑。

表6—1　2010年东北地区交通基础设施发展现状　　　　单位:公里

省份	铁路	水运	公路	等级路	高速	一级	二级	等外
辽宁	4 279	413	101 545	84 757	3 056	2 876	17 135	16 789
吉林	4 024	1 456	90 437	81 002	1 850	1 855	9 087	9 435
黑龙江	5 785	5 098	151 945	118 917	1 357	14 51	9 063	33 028
合计	14 088	6 967	343 927	284 676	6 263	6 182	35 285	59 252

1. 铁路建设不断推进

　　"十一五"期间,东北地区的铁路建设取得了较大的进展,新开通的铁路有:伊敏至伊尔施铁路、赤大白(赤峰—大板—白音华)铁路、东北东部铁路通道白河至合龙段。此外,新开工建

---

① 为叙述方便,内蒙古东部在本书简称为蒙东,黑龙江东部简称为黑东。

设的铁路有：京沈客运专线、哈尔滨—大连客运专线、长春—吉林城际铁路、锡林浩特至乌兰浩特铁路、巴新铁路、东北东部铁路通道前阳至庄河线、通化至灌水线。此外，滨洲铁路海拉尔至满洲里段复线全线改造、沈阳—吉林铁路改造完成，通辽—霍林河铁路复线、锦州—承德铁路、义县—朝阳—叶柏寿段铁路改造已开工。截至 2010 年年底，东北地区（东北三省）铁路里程达到 1.41 万公里，占全国的 15.45%。新建铁路基本连通了东北东部通道，加强了东北三省与蒙东之间的运输联系（表 6—2）。

表 6—2　"十一五"期间东北地区新开通运营铁路

时间	铁路	事件	意义
2007 年 5 月	长春—吉林城际铁路	开工	促进城市交流及城市群的发展
2007 年 8 月	哈尔滨—大连客运专线	开工	《东北地区振兴规划》经国务院批复后第一个开工建设的重大工程，有助于缓解哈大铁路的运输压力
2007 年 11 月	巴彦乌拉—新立屯铁路	开工	阜新—西乌珠穆沁旗，有利于蒙东煤炭资源的运输
2008 年 10 月	锡林浩特—乌兰浩特铁路	开工	横贯胜利煤田、霍林河煤田、白音华煤田，是连接内蒙古中东部煤炭基地的铁路骨干线路
2008 年 12 月	东北东部铁路通道吉林省境内白河至合龙段	开通	形成沿辽东半岛、中朝、中俄边境通道
2009 年 8 月	赤大白铁路	通车	为建设锡市能源基地奠定了坚实的基础，同时也为锡市与赤峰乃至东北地区和环渤海地区加强合作开通了一条新的交通大动脉
2009 年 1 月	东北东部铁路通道辽宁省境内前阳至庄河段和吉林省境内通化至灌水段	开工	全线开工，有助于形成沿辽东沿海、中朝、中俄边境大通道
2009 年 6 月	京沈客运专线	开工	缓解进出关铁路运输能力紧张的现状，形成沟通东北和华北地区新的重要通道
2009 年年底	伊敏—伊尔施铁路	通车	连接满洲里和海拉尔至东北中南部地区和关内的运输通道，其建成有利于缓解滨洲线运能紧张的压力

2. 高速公路建设取得了较快的发展

依据《东北地区振兴规划》，东北地区的高速公路建设取得了较快的发展。截至 2011 年年底，绥芬河—牡丹江、通辽至沈阳、沈阳至吉林高速公路已全线贯通通车。此外，鹤岗—大连、珲春—乌兰浩特、大庆—承德、长春—承德、丹东—锡林浩特、吉林—黑河等高速公路已大部分路段建成通车,其中还有部分路段正在建设或即将建设,包括:丹东—佳木斯、长春—乌兰浩特、大庆—松原、赤峰—承德、长春—双辽、双辽—康平、大板—锡林浩特、北安—黑河。此外,内蒙古境内的阿荣旗—博克图—牙克石段高速公路也正在规划建设中。截至2010年年底,东北地区达到公路总里程34.39万公里,占全国的8.58%,其中高速公路6263公里,占全国的8.45%(表6—3)。

表6—3 东北地区新建高速公路

规划高速公路	途经城市	已建成区段	规划在建
G11 鹤岗—大连	鹤岗、佳木斯、鸡西、牡丹江、敦化、白山、通化、丹东、大连	大连—丹东、鹤岗—佳木斯	丹东—佳木斯
G12 珲春—乌兰浩特	珲春、图们、延吉、敦化、吉林市、长春、松原、白城、乌兰浩特	珲春—长春	长春—乌兰浩特
G45 大庆至广州高速公路大庆到承德段	大庆、松原、双辽、通辽、赤峰、承德	松原—赤峰	大庆—松原、赤峰—承德
G25 长春至深圳高速公路长春到承德段	长春、双辽、阜新、朝阳、承德	康平—阜新—朝阳—承德	长春—双辽—康平
G16 丹东—锡林浩特	丹东、海城、盘锦、锦州、朝阳、赤峰、锡林浩特	丹东—海城—朝阳—赤峰—大板、赤峰—大板	大板—锡林浩特
G1211 吉林—黑河	吉林、哈尔滨、绥化、北安、黑河	吉林—绥化	北安—黑河

3. 港口和机场建设有序推进

大连港大窑湾集装箱三期已投入使用,老港区、东港区改造正在逐步推进,有力地推进了大连东北亚国际航运中心的建设。营口港、丹东港、锦州港扩建工作已经启动。

截至2010年年底,东北地区共有民用通航机场26个。其中,黑龙江省通航的机场有九个,包括哈尔滨太平机场、齐齐哈尔三家子机场、佳木斯东郊机场、牡丹江海浪机场、黑河机场、漠河古莲机场、大庆机场、鸡西机场、伊春机场。吉林省有三个机场,包括长春龙嘉机场、吉朝阳川机场、长白山机场。辽宁省有七个机场,包括沈阳桃仙机场、大连周水子机场、大连长海机场、锦州小岭子机场、丹东浪头机场、鞍山机场、朝阳机场。蒙东地区共有七个机场,包括海拉尔东山机场、赤峰土城子机场、满洲里西郊机场、乌兰浩特机场、锡林浩特机场、通辽机场、二连浩特机场。新开通的机场包括漠河古莲机场、长白山机场、大庆机场、鸡西机场、伊春机场、鞍山机场和二连浩特机场。其中漠河机场成为中国最北端的机场,开通了漠河—哈尔滨—北京航线。长白山成为我国首个森林旅游机场,并开通了至北京、长春、延吉的旅游航线。此外,阿尔山机场也于2011年8月正式通航,开通了阿尔山—北京、阿尔山—呼和浩特航线。

4. 城市轨道交通建设开始兴起

目前,我国颁发的关于轨道交通法律法规政策的文件包括《关于加强城市快速轨道交通建设管理的通知规定》(2003)、《铁路主要技术政策》(2004)、《关于优先发展城市公共交通的意见》(2005)等。根据国家政策及东北地区城市经济发展以及城市交通运输需求的增加,目前,大连、长春、沈阳和哈尔滨四大城市的轨道交通规划获得了批准。其中,大连、长春和沈阳已有部分铁路线路开始运营。

大连 截至2010年年底,大连地铁已开通的线路包括快轨3号线及7号线,运营线路总里程63.45公里,共有18座运营车站。在建地铁线路包括:1号线——东西线,2号线——市区环线,6号线——金州西线,8号线——旅南线,10号线——金普线,这五条线路预计在未来1~2年内开通。规划线路包括4号线——旅顺北线、5号线——虎滩线、9号支线——机场线、11号线及12号线。目前,大连已建成的轨道交通线路达88公里。预计"十二五"期间本市将有170公里新建轨道交通投入运营,轨道交通通车总里程将达到258公里。

长春 目前,长春市投入运营的轨道交通包括轻轨3号线和4号线,线路总长52.1公里。2010年6月,国家发改委向国务院报送了《长春市城市快速轨道交通建设规划(2010~2016年)》。根据规划,长春市城市快速轨道交通线网规划由五条地铁和两条轻轨线路组成放射式的线网,其中五条放射线为地铁线(1、2、5、6、7号线)、两条半环线为轻轨线(3、4号线)。其中,地铁1号线和2号线即将开工建设,建设里程41.98公里。

沈阳 目前,沈阳投入运营的地铁线路包括地铁1号线及西延线、地铁2号线,共设站41座,里程49.76公里。目前,沈阳市在建地铁线路包括地铁1号线东延线、地铁2号线北延线及南延线、棋盘山旅游专线和沈铁城际铁路,合计87.8公里。根据《沈阳市城市快速轨道交通建设规划(2011~2018)》,未来沈阳市规划了4号线一期工程、9号线一期工程及10号线工程,总里程104公里,总投资533亿元。

哈尔滨 2008年9月哈尔滨地铁一期工程,地铁1号线正式开工建设。根据《哈尔滨市轨道交通网络规划》,哈尔滨地铁网络规划为"四线一环"和两条支线,总里程143公里,总投资384亿元,建设期20年。2010年,哈尔滨市重新修编完成了轨道交通网络规划,线网规模已从原"四线一环"调整为"九线一环",线路长度增加到340公里。

二、东北地区交通建设评价与主要问题

1. 有力支撑了东北地区的发展与振兴

随着东北地区交通基础设施网络的不断完善,有力地支撑了经济社会的发展。2010年,东北地区共完成客运量21.29亿人次,旅客周转量1 884亿人公里,货运量25.85亿吨,货运

周转量12 137.5亿吨公里(表6—4)。

(1) 形成了以公路、铁路为主的客货运输体系。在客运量中,铁路完成旅客运输2.97亿人,占总量的13.95%;公路完成运输28.23亿人,占总量的85.6%。在货运量中,铁路完成货物运输4.59亿吨,占总量的17.75%;公路完成货物运输20.10亿吨,占总量的77.73%。2010年,京哈线旅客发送量7 657万人,旅客周转量486.35亿人公里。在全国铁路干线中,旅客发送量仅次于京沪线、京广线及陇海线。2010年,京哈线的货物发送量为1 451万吨,货物周转量为553.92亿吨公里;沈大线为3 142万吨,货物周转量为411.70亿吨公里(表6—5,表6—6)。

表6—4　2010年东北地区客货运输情况

省份	客运量(万人)	旅客周转量(亿人公里)	货运量(万吨)	货运周转量(亿吨公里)
辽宁	101 525	905.3	158 484	9 029.1
吉林	64 486	475.7	40 729	1 282.2
黑龙江	46 895	503.0	59 314	1 826.2
合计	212 906	1 884.0	258 527	12 137.5

表6—5　东北地区主要铁路干线货物运输量

线路	2005年		2010年	
	货物发送量(万吨)	货物周转量(亿吨公里)	货物发送量(万吨)	货物周转量(亿吨公里)
京哈线	3 710(哈大线)	793.87(哈大线)	1 451	55 392
沈大线			3 142	41 170
滨州线	4 685	314.51	5 665	50 961
滨绥线	1 646	202.75	1 463	20 113

表6—6　东北地区各主要铁路枢纽的旅客和货物发送量　　单位:万人、万吨、%

车站名称	旅客发送量		增长率	车站名称	货物发送量		增长率
	2005年	2010年			2005年	2010年	
哈尔滨	1 569	2 805	78.8%	峻德	733	496	−32.3%
沈阳	1 182	1 433	21.2%	鹤岗	1 019	661	−35.1%
鞍山	312	485	55.4%	双鸭山	1 181	1 010	−14.5%
本溪	724	1 179	62.8%	七台河	1 474	1 621	10.0%
锦州	411	229	−44.3%	恒山(牡丹江)	660	474	−28.2%

续表

车站名称	旅客发送量		增长率	车站名称	货物发送量		增长率
	2005年	2010年			2005年	2010年	
吉林	449	465	3.6%	鸡西	1 036	1 015	−2.0%
				大青	1041	699	−32.9%
				大官屯(抚顺)	755	571	−24.4%
				鲅鱼圈(营口)	812	1 864	129.6%
				本溪	589	1 076	82.7%
				灵山(鞍山)	1 136	1571	38.3%
				霍林河	1 453	4 652	220.2%

（2）港口货物吞吐能力明显增强。东北地区的港口全部分布在辽宁省沿海地区。目前，形成了以大连、营口为主要港口，丹东、锦州为地区重要港口，盘锦、葫芦岛等港口为补充的分层次港口布局体系，为东北老工业基础战略的实施提供了坚实的港口基础设施保障。截至2010年年底，东北地区的港口生产性泊位达到334个，其中万吨级以上泊位153个，完成货物吞吐量6.78亿吨，较2005年增长了1倍多。集装箱969万标箱，是2005年的2.6倍。其中，大连港港口吞吐量达到31 399万吨，营口港完成港口吞吐量22 579万吨，丹东港完成港口吞吐量5 343万吨，分别是2005年的1.8倍、3.0倍和3.5倍。

（3）航空运输能力不断增强。截至2010年年底，东北地区26个机场共完成旅客吞吐量3 539.16万人次，比2004年（19个机场）增加了2 134.96万，增长了152%。货邮吞吐量41.22万吨，是2004年的1.81倍。其中，大连周水子机场旅客吞吐量超过1 000万人次，沈阳桃仙机场和哈尔滨太平机场旅客吞吐量超过500万人次，长春龙嘉机场的旅客吞吐量也接近于500万人次。

2. 在全国综合交通网络中的地位逐步趋于稳定

虽然东北三省的铁路和哈大高速公路建设都比较早，且铁路网发育已基本成熟，但自1995年以来，东北地区的交通在全国综合交通网中的地位却在逐年下降。研究表明，东北三省的铁路占全国铁路的比例由1995年占全国22%下降到2004年的17.9%，随后虽仍略有下降，但基本保持稳定（图6—1）。2010年，东北三省的铁路里程占全国的比重为15.5%。东北三省的公路由1995年的10.7%下降到2004年的8.9%，2006年由于公路统计中纳入了农村公路，其比例上升至9.3%，2008年又略微下降至8.6%。高速公路方面，其比例由1995年23.8%下降到2004年的8.5%，2007年进一步降至6.6%，但2010年又回升至8.5%。总体而言，东北地区的交通网络中全国的地位逐渐下降，但最近几年有保持稳定的趋势。

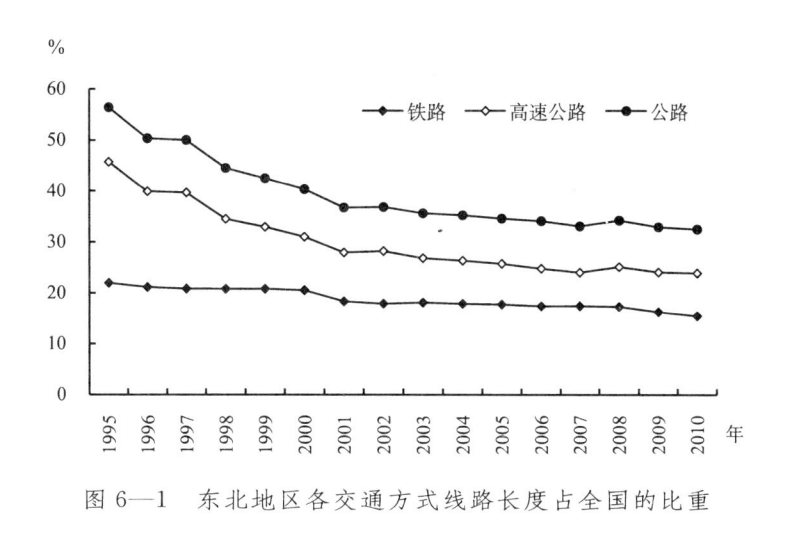

图 6—1　东北地区各交通方式线路长度占全国的比重

3. 仍不能完全满足经济社会发展对交通运输的需求

随着东北老工业基地的振兴,本区经济发展、产业结构调整、城镇化及区域经济的进一步扩大,东北地区的交通网络对经济发展的支撑能力仍表现出不足。如随着大图们江地区和对俄开放格局的逐渐形成,东北地区对俄、对朝的交通逐渐成为制约合作的一个因素。此外,随着东北地区经济的发展,对能源、原材料的运输将进一步增强。而当前东北地区主要通道的运输能力明显不足,导致运输再度趋紧,对经济生产形成了一定制约。

第二节　交通建设的发展方向与战略重点

一、"十二五"期间东北交通建设的发展方向与战略

完善综合交通运输体系,逐步形成煤炭、石油、矿石、粮食、集装箱、重型装备及客运七大综合运输系统。加强国际运输通道和跨区域交通基础设施建设,完善和优化铁路路网,推进省际高速公路建设,加快港口资源整合和发展小型机场。加快重点城镇群的城际轨道交通建设及重点城市沈阳、大连、长春和哈尔滨的城市轨道交通建设。"十二五"期间,东北地区的交通建设应单纯从"设施体系"的建设逐步转向"网络组织"优化,并强化不同交通方式之间的衔接,提高整体效率。

二、"十二五"期间东北交通建设的战略重点

1. 加强国际运输通道建设

开通中俄国际大通道。加强对俄通道建设方案的规划论证工作。目前,中国对欧亚铁路大通道一共有四个方案,并进行了初步论证。从论证的结果看,"大连方案"和"绥芬河方案"可

行性较大。最近,黑龙江省又提出了"哈尔滨方案",兼备了前两个方案的优点,规划修建一条以满洲里、牡丹江为端点的俄制宽轨铁路干线,与俄西伯利亚大铁路和远东铁路标准对接,延伸到俄赤塔和海参崴。该方案可以同时充分利用海参崴和大连两个出海口,又与俄制铁路标准接轨,具备可操作性和现实性。打造哈尔滨—佳木斯—哈巴罗夫斯克—日本海的亿吨黄金水道,建设哈尔滨—佳木斯高速铁路客运专线。

2. 加强跨区域交通网络的建设

加快哈大客运专线、齐齐哈尔—牡丹江客运专线、长吉客运专线和吉林—图们、长春—乌兰浩特—霍林河铁路、长春—白音华铁路、巴新铁路、锡林浩特—乌兰浩特铁路的建设,打通东北东部铁路通道。继续推进白城至阿尔山、锦州至齐齐哈尔、叶柏寿至赤峰、长春至图们等铁路的改造。

继续推进《东北地区振兴规划》中已规划高速公路的建设,完善国家高速公路网在东北地区的布局。建设满洲里—呼伦贝尔、丹东—佳木斯、长春—乌兰浩特、大庆—松原、赤峰—承德、长春—双辽—康平、大板—锡林浩特、北安—黑河高速公路。同时,有序推动地方高速公路建设。

规划建设抚远、通化、加格达奇、五大连池、霍林河等机场。同时,考虑建设建三江、绥芬河、白城、松原、营口、扎兰屯等通勤机场。适时开展长春龙嘉机场二期、延吉机场迁建论证工作,统筹研究吉林机场复航改造事宜。

3. 积极推进重大基础设施项目建设,加快港口资源整合

推进大连港大窑湾集装箱四期建设,继续加快老港区、东港区改造,加快建设大连东北亚国际航运中心和东北亚国际物流中心,应着重加快港口重大基础设施建设,加快推进大窑湾北岸开发。近期结合大连钻石海湾建设,将大连湾部分杂货码头调整到大窑湾北岸,满足杂货运输需要,未来结合腹地集装箱运输需要,把大窑湾北岸建成集装箱专业化港区。加快滚装运输布局调整,全面启动旅顺羊头洼港区滚装码头、和尚岛西区滚装码头建设,逐步实现大连湾港区滚装运输向羊头洼港区调整。加快大连港老港区改造建设步伐,全面完成老港区国际邮轮码头建设,建设国际客运中心。加快推进长兴岛港区开发,推进长兴岛南岸公共港区码头和内湾航道建设,启动北部港区专业化油品、矿石码头建设。加快大连市北黄海沿岸港口和黄渤海两岸临港产业港口建设,加快庄河港、皮口港、登沙河港、三十里堡港、松木岛港区开发建设。

加快港口资源整合,推进大连港与锦州、葫芦岛港、丹东港的合作,建立以大连港为中心,功能互补、辐射力强的航运中心组合港。

4. 积极建设以沈阳为中心的辽中城际轨道交通网

辽宁中部城市群是辽宁省的经济核心地带,是东北亚地区少有的都市密集区,更是我国最重要、最具发展潜质的经济区之一。辽宁中部城市群是以沈阳为中心,通过中心城市沈阳的经济辐射和吸引,与周围经济社会活动联系紧密的地区,形成了"区域经济共同体"发展趋势。范围包括沈阳、鞍山、抚顺、本溪、营口、辽阳、铁岭七个城市,总面积65 040平方公里,占全省的44%。辽中经济区突飞猛进的发展,经济一体化的形态和特征日益凸现,是中国主要的重工业发展基地之一。为了实现区域资源共享、优势互补、统筹区域性重大基础设施建设,改善生活环境和投资环境,促进经济与社会快速持续发展,辽宁省组织编制了《辽宁中部城市群城际轨道交通规划》,规划建设以沈阳为中心城际轨道交通,缩短城市之间的时空距离,实现沈阳至抚顺半小时,沈阳至辽宁、本溪、铁岭一小时到达,形成以沈阳为中心、辐射周边四市的"一小时交通圈",为区域经济一体化提供支撑。此外,要完善辽中城市群旅客运输网络,优化综合运输结构,满足旅客运输需求。

5. 发展以轨道交通为主导的大城市交通模式

加强大城市公共交通尤其是轨道交通的建设,积极推进沈阳、大连、长春、哈尔滨等大城市的城市轨道交通建设。建成以城市轨道交通网络为主的城市公交系统,为城市内部及城市中心区与郊区及周边地区间提供大容量的客流运输,并通过轨道交通来合理引导城市的空间结构,避免城市以"摊大饼"方式进行蔓延。并积极进行投融资体制机制创新,实现投资主体的多元化。采取合理、有效的市场化经营模式,降低建设和运营成本,提高运营效率。

第三节 能源建设的成就与问题

一、"十一五"期间能源建设主要成就

1. 蒙东煤电化基地建设

依托蒙东地区丰富的煤炭资源和水资源,东北振兴规划提出"建设呼伦贝尔、霍平白、胜利等大型煤电化基地;适时建设锡林郭勒、霍林河、呼伦贝尔等煤化工基地"。规划颁布后,蒙东各地市也分别制定了相应的规划。而且,在政策方向的支持下,大唐、华电、鲁能、中电等大量能源企业和资金向蒙东地区集聚,开发当地的煤炭、煤电和煤化工产业,蒙东煤电化基地已经形成,成为国家14个煤炭基地和16个煤电生产基地之一。到2010年年底,蒙东基地的煤炭产量已经达到2.62亿吨,在建产能1.6亿吨,大大超过规划的1.5亿吨。在煤电建设方面,随着伊敏二期、三期、上都电厂二期、元宝山三期、白音华金山电厂、中电投白音华坑口电厂、国华呼伦贝尔一期等项目的投产,2011年年底,蒙东地区全口径电力装机容量达到1 993.66万千瓦。为了保证蒙东电力的外送,与之相配套的500千伏白赤辽输变电工程、霍通沙输变电工程、呼伦贝尔—辽宁直流工程都相继竣工投入运行。2011年蒙东电网向东北电网送电391.3亿千瓦时[①]。

---

① "2012年蒙东电力供需形势预测分析",http://www.nmgjxw.gov.cn/cms/dlyx/20120104/6575.html。

在煤化工产业发展方面,2007年《东北地区振兴规划》颁布实施后,内蒙古随即制定了在锡林郭勒、霍林河、呼伦贝尔建设三个大型煤化工基地的规划,并提出"到2020年把内蒙古东部地区建成国家重要的现代煤化工基地"的目标。围绕三大煤化工基地,蒙东将积极稳妥发展甲醇及其下游产业(包括二甲醚)、煤制天然气、烯烃、化肥等产品;有序推进褐煤低温热解示范工程,开辟褐煤开发利用新途径。一批项目也随之在蒙东地区布局。在锡林郭勒盟的多伦县已经在建设一个能源化工园区,由大唐国际发电股份公司投资180亿元建设的煤基烯烃项目已经投产,可年产聚丙烯46万吨及副产品精甲醇24万吨、汽油12.95万吨、液化气6.66万吨。在西乌旗也有一个阜新煤矿的煤化工项目在实施;霍林河也在当地政府的主导下,集中布局搞煤电铝和煤化工产业。而在呼伦贝尔市,牙克石五九煤炭集团已经宣布进军煤化工;神华煤制油公司也与呼伦贝尔市签订相关协议,神华集团将在呼伦贝尔市投资700多亿元,建设一系列的煤化工、煤电联营、煤制油项目[①]。一批煤化工项目陆续在赤峰市开工建设,计划总投资达到345亿元。年产40亿立方米的大唐国际克什克腾旗煤制天然气项目及输气管线工程项目已经开工建设,并将于2012年投产;中电投集团在巴林右旗大板镇开工建设的年产120万吨煤基甲醇项目也已开工建设;国电元宝山年产30万吨合成氨、52万吨尿素项目和赤峰九联煤综合利用项目也都在加紧建设中[②]。

在蒙煤外运上,由于目前蒙东煤炭的自身消耗量大约只占到产量的50%,每年还需要将大量的煤炭外运到东北三省,以补充吉林、辽宁煤炭不足。目前,蒙东的煤炭外运主要是通过铁路进行。2007年,蒙东煤炭外运量为5 600万吨。东北规划实施后,为解决蒙东煤炭外运不足,尤其重点解决锡市白音华矿区的煤炭外运问题,铁道部和内蒙古自治区联合规划修建了赤大白—锦赤铁路、巴新铁路、正蓝旗—张家口—曹妃甸线和通霍复线改造。到2010年年底,赤大白铁路已经竣工,巴新铁路、蓝张线和通霍复线正在建设之中,预计2012年竣工。

2. 黑龙江东部煤电化基地建设

2008年3月,《黑龙江东部煤电化基地规划》正式出台。根据规划,该基地的主要发展方向是"稳定煤炭产量,巩固煤电生产,调控焦炭产业,大力发展煤化工产业"。发展目标是到2010年,煤炭产量稳定在9 000万吨,电站装机容量达到1 223万千瓦,新增煤化工主要生产能力是甲醇172万吨,尿素165万吨,煤焦油加工30万吨。同时,黑龙江省还在土地、财税金融、科技与人才、资源开发与保护以及投资等方面给予了一系列配套支持措施。

在该规划指导下,牡丹江、佳木斯、鸡西、七台河、双鸭山和鹤岗等东部六市,均出台了符合本地区地域优势和发展特点的地区建设方案和具体的扶持政策,一批重点项目也陆续开工建设,黑龙江煤电化基地建设也取得一定进展。到2008年,龙煤集团六个改扩建项目已经投产,

---

① 内蒙古东部发展走重化工路线建设煤炭基地,http://www.cfzxqyw.com/news/News_View.asp?NewsID=2576。

② 赤峰市全力打造东部盟市重要煤化工生产基地,http://news.qq.com/a/20091114/001278.htm。

年新增煤炭生产能力390万吨。黑龙江的煤炭产量基本维持在1亿吨左右。电力方面,总装机55万千瓦的风电场项目,已有45万千瓦建成投产。双鸭山电厂三期、鹤岗电厂二期、大唐七台河电厂均已投产。在电网方面,佳—绥—哈500千伏输变电工程已全线建成,集—庆—方500千伏输变电工程已获国家发改委核准,庆—鸡—林和鹤岗两个500千伏输变电工程的可研报告已通过评审。煤化工方面,山东鲁能、中国化学工程集团、中煤能源集团、中电投集团、中国航天集团等集团陆续到黑龙江投资煤化工项目,且不同煤电化产业园也确立了不同的发展重点(表6—7)。

表6—7 黑龙江不同煤电化产业园发展重点

园区名称	发展重点
牡丹江煤化工产业园	重点发展电石、聚氯乙烯、草酸、醋酸乙烯、聚乙烯醇、炭黑等产品,形成上、下游协调发展的产业链
佳木斯煤化工产业园	重点发展甲醇、尿素、油页岩生产粗柴油及煤化工下游产品
双鸭山煤化工产业园	重点建设甲醇、二甲醚产品精深加工等煤化工项目
七台河煤化工产业园	重点建设煤炭焦化基地,发展优质特种焦炭及煤焦油、焦炉气综合利用生产甲醇及精细化学品
鹤岗煤化工产业园	重点建设煤炭气化生产合成氨及肥料、甲醇及其下游产品开发、煤层气开发和腐殖酸综合利用等煤化工项目
鸡西煤化工产业园	重点建设甲醇制烯烃、电石和聚氯乙烯树脂等煤化工项目

资料来源:http://www.hlj.stats.gov.cn/hydt/dbmdh/10245.htm。

3. 地区煤炭基本实现产销平衡

自东北振兴规划实施以来,内蒙古东部地区的煤炭资源得到大幅度的开发,煤炭产量增长迅速,已经从2007年的1.7亿吨增长到2010年的2.62亿吨。其中,自身消耗大约占到不到45%,外运量大约为1.17亿吨。仍有部分剩余,可以外运到东北三省,当年铁路调出煤炭约1.17亿吨。

东北三省的煤炭产量基本稳定在2.2亿吨左右。2010年,东北三省煤炭的消费量为38 710万吨。其中辽宁省和吉林省依然供不应需,需要从黑龙江、蒙东地区调入煤炭。

从东北规划区整体来看,2010年,东北规划区煤炭生产规模已经实现并超过了规划的3亿吨规模,并基本实现产销平衡。但是,由于蒙东的地区褐煤发热量低,导致售价低,吨煤售价只有100元到150元。而辽宁和吉林需要的煤炭主要是优质炼焦煤和无烟煤,因此,在煤的质量上还存在短缺。2010年,辽宁和吉林还从山西等地区调入少量煤炭。

4. 原油产量逐年降低,天然气管网开工建设

东北地区的石油资源主要分布在大庆油田、吉林油田以及辽河油田。其中辽河油田和大

庆油田由于长期开采,已经进入注水采油阶段,出油量逐渐减少。到2010年东北地区原油生产规模已经下降到5 667万吨。

而原油消费量却在逐渐增长,随着辽阳、抚顺等乙烯项目产能扩大,东北地区的炼化能力不断提高。到2009年,一次原油加工能力已经达到1.1亿吨。而原油供给量的不足一方面导致大庆、吉林等炼化公司开工不足,另一方面也需要从海外进口原油。国外原油进口主要有两个渠道,一个是通过满洲里口岸从俄罗斯进口原油,但量比较少。另一个就是从大连进口原油。目前辽中南地区已经同时拥有大连港、大连新港、营口港和在建的长兴岛四座30万吨级原油码头,原油设计通过能力达到7 500万吨,基本可以保障地区原油消费供应。

在东北振兴规划中,提出要利用新发现的大庆气田和已有的吉林天然气以及进口天然气,推进东北地区的天然气管网建设。东北天然气管网工程由1条主干线、1条联络线、2条支干线、11条支线和储气库组成。其中哈尔滨—长春—沈阳—大连主干线管道全长约950公里,沈阳—秦皇岛联络线全长约413.7公里。2条支干线包括大庆—哈尔滨、长岭—长春—吉化。11条支线包括大庆—齐齐哈尔、长岭—松原、抓吉—哈尔滨、大连—金州区、与干线相连的阿城、鞍山、辽阳、抚顺、本溪支线,与联络线相连的锦州、盘锦支线。作为覆盖整个东北地区绝大部分市场的供气管网,东北天然气管网工程同时又连接了多个气源,包括大庆油田天然气、吉林油田天然气、进口俄罗斯天然气、大连LNG天然气、环渤海天然气等。另外,中间还有三个分别位于辽、吉、黑,管道上、中、下游的天然气储气库。整个管网建成后,将在很大程度上消化大庆等地区富余天然气,使天然气这种环保高效的新型能源为东北老工业基地振兴服务,并将促进"北气南下"战略实施。

2008年年初大庆至哈尔滨天然气管道工程竣工标志着东北天然气管网建设项目正式启动。2009年6月沈阳—秦皇岛联络线正式开工建设,长岭—长春—吉化输气管道建设也进入实际操作阶段。

5. 电力建设成就丰硕,风电建设取得重大突破

东北振兴以来东北电网建设取得丰硕成就。2010年东北电网全口径发电装机容量已经从2003年的3 591万千瓦达到7 228万千瓦,突破规划的6 000万千瓦。全社会用电量也从1 449亿千瓦时增长到3 055亿千瓦时,增长211%。500千伏线路长度从3 551公里增长到9 962公里,增长280.5%;500千伏变电容量从1 284万千伏安增长到3 836万千伏安,增长298.8%;220千伏线路长度从21 938公里增长到31 507公里,增长143.6%;220千伏变电容量从3 520万千伏安增长到6825万千伏安,增长193.9%。在电源结构方面,火电装机稳步增长,风电、核电、生物质能源方面取得重大突破。

(1)火电装机发展迅速。依托蒙东地区和黑龙江地区的煤炭资源,在国内需求的拉动下,在东北规划实施的几年中,东北地区的火电装机发展迅速。仅2007年投产、开工和再建的项目就达1 440万千瓦,而2008~2010年开工建设的火电建设项目有2 290万千瓦。蒙东在东北地区电力生产中的地位逐步提高。在2007年已开始建设的项目中,就有660万千瓦的项目布局在蒙东,840万千瓦的项目布局在东北三省;而在2008～2010年的建设项目中,则有1 072万千瓦的项目布局在蒙东煤电基地。

(2) 风电建设取得重大突破。2006年国家实施《可再生能源法》,通过减免税收、鼓励发电并网、优惠上网价格、贴息贷款和财政补贴等激励性政策来激励发电企业和消费者积极参与可再生能源发电。由此使国内风电市场的发展进入到一个高速发展的阶段。东北地区的风电发展也进入快速增长时期。到2010年年底,东北地区的风电总装机达到1 070万千瓦。其中主要分布在内蒙古东部、辽宁沿海、吉林西部地区。而且90%的风电场修建于2006年以后,60%的风电场建设于2009～2010年。

内蒙古东部地区更是成为风电投资的热点。从1989年开始,内蒙古相继建成了辉腾锡勒风电场、朱日河风电场、商都风电场、锡林风电场和达里风电场五个风力发电场,引进了德国、丹麦、荷兰、西班牙、美国等国的并网大型风电机组224台。2006年新能源法颁布后,华能、国华等电力公司争相在内蒙古上风电项目,内蒙古政府也出台了上100万千瓦火电装机必须同时上100千瓦风电的政策,使内蒙古的风电装机呈现井喷式增长,从2005年年底的17万千瓦,增长到2006年的60万千瓦,到2007年年底达到165万千瓦。到2008年年底已完成吊装的风电装机数量已经达到331万千瓦。其中,蒙东地区就占到233.91万千瓦(图6—2)。2010年年底,蒙东地区的并网风电装机容量达到350万千瓦。

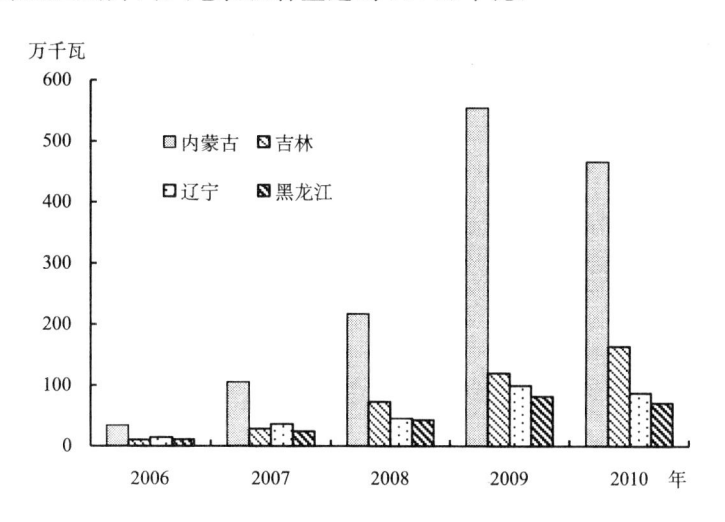

图6—2 不同时期东北地区新增风电装机规模

吉林省风电场现有装机221万千瓦,其中90%的装机是2006年后建立的。主要分布在吉林省西部的白山、通榆地区。

(3) 核电项目稳步进展。东北地区的第一个核电项目是位于大连的红河沿核电站。该项目规划装机总容量600万千瓦。工程全部竣工投产后,年发电量为525.6亿度。其中一期规划建设两台百万千瓦级核电机组。项目于2007年开工,预计于2012年投入使用。

(4) 电网建设。2009年10月,蒙东呼伦贝尔电网实现与东北主网联网运行,结束了长期孤网运行的历史。该联网对缓解该地区电网"大机小网"的突出矛盾,提升地区电网供电可靠性和电能质量,增强蒙东电网资源优化配置能力,促进地区经济社会发展,都具有十分重要的意义,由此实现蒙东地区电网正式并入东北电网,实现了东北规划区的统一管理。

在电网建设方面,2009年,黑龙江内部的佳绥哈输变电工程500千伏群兴1号线、吉辽四回的500千伏蒲梨1号线、2号线、沈阳内部的500千伏清东线、500千伏康平—沈北输变电工程、将蒙东霍林河煤电基地的电力输送辽宁的霍通沙500千伏输变电等工程陆续竣工并投入运行。白赤辽500千伏输电通道、呼伦贝尔—辽宁±500kv直流和交流输电通道也于2010年年底竣工,这些工程对提高区域电网供电能力和供电可靠性具有十分重要的意义。

由此,目前东北电网基本形成"西电东送"和"南电北送"的网架结构。黑龙江东北部电源基地形成向黑龙江省中部地区输电的双通道3回线路,黑龙江东南部电源基地形成向吉林东部送电的单通道2回线路,黑吉、吉辽省间形成的北电南送的双通道4回输电网结构,呼伦贝尔电源基地形成向辽宁负荷中心的直流输电通道。黑龙江省中部负荷中心形成哈南—永源—绥化—大庆的环网结构,吉林省中部负荷中心形成合心—长春南—东丰—包家的环网结构,辽宁省中部负荷中心形成沙岭—沈北—沈东—徐家—南芬—王石—鞍山—辽阳的回路环网结构,大连受端电网形成三角环网结构。东北区域电力供需基本平衡,大庆、哈尔滨、长春、沈阳、大连等负荷中心500千伏受端环网基本形成。

二、东北能源建设评价与主要问题

总观东北振兴规划以来东北地区的能源建设,基本按照符合规划的要求进行。蒙东和黑东煤电化基地建设的规划都已经制定,煤炭和煤电开发稳步进行,一大批煤电化的项目已经落实。在区内能源合作方面,蒙东地区向东北三省的电力输送设施、煤炭输送设施建设基本完工,已经形成了良好的合作局面。但是,依然涌现出以下几个问题。

1. 地方的能源开发建设规模普遍超出规划预期

由于近年来国家大规模经济刺激投资拉动能源需求的增长以及能源产业的相对稳定高回报,导致目前国内外投资向能源产业和能源富集地区集聚,而能源富集地区政府也普遍萌发借助能源资源优势,做大能源开发产业,带动地区经济增长,导致各地区能源开发的规划和发展情景基本都超出了东北振兴规划的预期规模。

蒙东地区的煤炭开发规模增大。2010年,蒙东地区的煤炭产量已经达2.6亿吨,预计2015年可达到3亿吨。由于自身消纳量有限,2009年年初,蒙东地区已经出现褐煤市场明显供大于求,价格低、销售困难,企业面临严重亏损的现象。但是,各煤炭企业扩能速度却不见减缓[1],预计蒙东煤炭市场不容乐观。

电力装机规模已超出规划规模。2011年年底,东北地区的电力装机已达到9 589万千瓦,

---

[1] "全国煤炭经济运行情况调查(上)", http://www.china5e.com/show.php? contentid=9539。

发电量3 254亿千瓦时,已经开始出现电力过剩的局面。这一方面可能会刺激当地的高能耗产业发展,加重地区的资源环境负担;另一方面,如果国家的产业政策约束力较强,东北地区的电力过剩或者导致火电机组平均利用小时下降,或者必须增加新的电力通道,将东北电力外送到华北和华东地区。2011年,蒙东地区受本地发电机组增多,外供市场容量不增的影响下,火电机组年平均利用小时数为4 730小时左右,比2010年下降了306小时。

2. 蒙东、黑东地区存在地方规划与总规划不协调,地方规划规模普遍偏大的现象

由于地方政府都积极希望通过开发本地资源来带动地区经济增长,因此其能源开发规划规模普遍较大。以黑东煤化工基地为例:①《东北地区振兴总体规划》要求,到2010年东部基地建设区煤炭产量稳定在9 000万吨,2020年达到1亿吨,总体要求稳定煤炭产量。但是,煤炭丰富的双鸭山市却规划"十一五"末煤炭产量翻一番,达到4 000万吨。鸡西市则规划煤炭产量,由2008年的3 500万吨增长到2020年的4 500万吨。仅这两市规划的煤炭生产规模合计增加3 000万吨。② 总体规划要求,东部基地电站装机容量,2010年达到1 223万千瓦,比2007年增加420万千瓦。而双鸭山市规划到2010年装机总量达到1 000万千瓦。比2008年的250万千瓦增加750万千瓦,鸡西市规划则从约50万千瓦提高到300万千瓦,两市合计增加1 000万千瓦,接近总体规划装机增量的2.5倍。

3. 煤化工前景不明,其初级产品产能过剩

首先,我国的煤化工产业发展前景不明。近年来国家大力推行石油替代战略,发展煤化工也是符合国情的长远之举。煤化工产业投资强度大,拉动GDP效应明显。而且除了项目本身巨大投资对经济的拉动效应外,还能以此为龙头,带动区域内化工产业上、中、下游的全面发展。因而在应对国际金融危机保持经济增长的政绩压力面前,各地各企业上马或扩产煤化工项目的热情高涨。但是,2008年下半年受国际油价走低,导致煤化工产品滞销、价格急剧下降。2009年上半年,全国煤制甲醇全行业开工率仅为30%。虽然2009年下半年随着油价回升,煤化工产业市场回暖,但是我国的煤化工产业投资过大,根据我国石油和化学工业联合发布的行业经济运行数据显示,2011年全国煤制甲醇的产能3 000万吨以上,而国内需求只有1 000万吨,导致全国甲醇装置开工率只有50%左右。煤化工初期产品的产能已经严重过剩,国家发改委已经一再发文严格煤化工行业准入资格,且对于加快煤化工初级产品的"燃料替代"的政策尚且不明,该地区的煤化工产业发展前景不明。

其次,地区煤化工尚未形成产业集群。现有规划的蒙东、黑东煤化工基地又没有任何化工基础,与现有的大庆、吉林、辽中南的石化产业集群还未形成产业合作,地方下游产品加工链条也未形成,在技术、人才方面也没有支撑。未来产品将需要大量长距离运输到东部沿海地区,将加重本地区的运输压力。

第三,煤化工产业迅速发展与地区生态环境保护矛盾突出。煤化工产业是耗水产业。根据东北振兴规划,鼓励在蒙东、黑东地区建设煤化工基地,主要是依据当地相对富润的水资源。

但是，在现有煤化工项目布局中，有一些项目布局在水资源相对不足的赤峰、锡林郭勒地区。这些地区的生态、生活用水都尚未保障，部分地区由于过度开采地下水，造成地表河流断流，水井干涸，地下水位下降，导致人畜饮水困难。

第四节 能源建设的重点任务

一、建设目标

针对"十一五"期间东北地区能源建设的主要内容以及存在问题，在"十二五"期间，东北地区的能源建设将继续坚持节约优先、环境友好、煤油并举、多元发展的方针，优化生产布局和消费结构，建设国家能源保障基地。继续推进能源基地建设，尤其是推进能源基地的后续配套和能源输送通道的建设。

二、能源保障体系建设的主要任务

1. 继续推进能源基地建设

建设大型煤电基地是实现资源优势互补、提高能源安全保障水平、增强能源供应能力的重要手段。蒙东和黑东地区煤炭资源丰富，但距离消费区较远，且蒙东呼伦贝尔、黑东地区水资源相对丰富，适合发展煤电和煤化工产业。因此，"十二五"期间，要继续推进蒙东煤电基地和黑龙江东部煤电基地建设。

首先，要继续推进呼伦贝尔、白音华、锡林郭勒煤电一体化项目，到2015年，蒙东地区的煤炭生产能力基本可以达到4亿吨，火电装机达到3700~4000万千瓦，并形成呼伦贝尔—辽宁360~500万千瓦、锡林郭勒—华北360万千瓦、霍林河、白音华—辽宁360万千瓦的送电能力。

其次，稳步推进黑东煤电一体化建设。在保障煤炭安全生产的前提下，通过理顺煤炭开发管理体制，稳定提高地区煤炭产能。到2015年，黑东地区的煤炭生产能力基本稳定在1亿吨左右，电力装机达到2500万千瓦。

第三，合理规划开发地区煤化工产业。在合理分析地区资源环境承载力、市场容量的前提下，遵循"适量、适度、适当和可持续发展"的原则，科学规划和合理开发地区的煤化工产业和区域布局。要对地区煤化工的产能、主要产品、产品的后续加工、销售等进行合理规划。且为防止煤化工产品过剩，要抓好煤炭深加工，最大限度延伸煤炭产业链，通过发展精深加工，使主副产品互相匹配，促进资源立体开发、循环利用。"十二五"期间，继续推进呼伦贝尔煤化工基地、黑东煤化工基地、辽西北煤化工基地建设。

2. 鼓励东北地区发展热电联产

根据国家能源"十一五"规划和"热电联产2010年规划和2020年远景规划"，在工业热负荷为主的地区,因地制宜建设以热力为主的背压机组;在采暖符合集中或发展潜力较大的地区,建设30万千瓦登记等级高效环保热电联产机组;在中小城市建设以循环流化床技术为主的热电煤气三联共,以洁净能源作燃料的分布式热电联产和热电冷联供,将分散式供热燃煤小锅炉改造为集中供热。并且,根据国家发改委、建设部联合出台的《热电联产和煤矸石综合利用发电项目建设管理暂行规定》,对热电联产供热和采用其他方式供热的销售价格逐步实行同热同价。热电联产机组在供热运行时,依据实时供热负荷曲线,按以热定电当时优先排序上网发电。而且,热电联产具有显著的节能和环保效益。

东北地区冬季寒冷且漫长,对热能的需求较大。因此,要继续鼓励东北地区发展热电联产,尤其鼓励哈尔滨、长春、松花江、大连等大中城市的热电联产项目。

3. 大力发展风电、核电、生物质等清洁能源

根据我国节能减排的要求,到2020年,我国单位国内生产总值二氧化碳排放要比2005年下降40%~45%。为此,我国的能源发展要实施节能优先战略,大力发展非化石能源。根据相关规划,到2020年,我国的非化石能源占一次能源消费总量比例要达到15%以上。其中,水电装机要达到3.4亿千瓦以上,核电投运装机达到7 000万千瓦以上。

东北地区风电资源相对丰富,主要集中在蒙东地区和吉林、黑龙江西部地区。其中内蒙古东部和吉林西部是国家规划的六大千万千瓦级风电基地。"十二五"期间,要在国家已审查通过的内蒙古东部、吉林西部两个千万千瓦级风电基地规划的基础上,根据电网现有状况及规划,着手呼伦贝尔和兴安盟、通辽和赤峰、锡林郭勒、吉林西部四个千万千瓦级风电基地的开发建设工作。抓紧开工建设内蒙古东部和东北两大千万千瓦级风电基地建设,到2015年,蒙东风电装机1 400万千瓦,吉林西部风电装机900万千瓦。并积极利用清洁能源外送优势,推动锡林郭勒—上海特高压通道开工建设,做好在建的呼伦贝尔—辽宁直流、东四盟市新建扩建的七条500千伏线路,锡林郭勒送华北网的500千伏风电专用通道建设,力争到2015年外送风电能力达到1 000万千瓦以上。

同时,在通辽、赤峰、锡林郭勒盟、等太阳能、风能资源丰富地区,利用现有风电送出系统,建设2~3个2万千瓦以上的光伏发电电站,与风电混合上网的示范工程。

在核电方面,辽宁红沿河二期工程已经获得批准,"十二五"期间就可以开工建设,争取"十二五"期末投产。同时,要做好辽宁徐大堡和吉林核电项目的前期工作。

4. 加强东北地区电网建设,尤其是推进特高压和智能电网建设

加强东北地区电网建设,大力推进既有电网改造,提升骨干电网送电能力。加大农村电网特别是粮食主产区和林区的电网改造力度。研究解决风电等分散电源上网问题,率先在东北电网开展智能电网建设试点。

在"十二五"期间,尤其要推进特高压建设。东北地区的电力负荷集中分布在沿哈尔滨至大连及沈阳至山海关铁路沿线附近大中城市。这些地区的负荷占全区总用电负荷的60%左右,是东北电网的主要受端。而电源基地主要分布在内蒙古东部和黑龙江东部。东北地区电源和负荷分布的这一特点决定了东北电网"西电东送,北电南送"的格局。随着电力生产和消费空间格局的两地集聚趋势加剧,加强电力生产地与消费地之间的输电线路和等级建设将成为地区电网建设的重点。根据我国电网建设方案和地方需求,特高压电网将成为未来我国电力输送通道的主要建设方向。

根据国家电网特高压骨干网架总体规划以及东北特高压电网规划研究,近期东北地区主要是积极推进区内特高压电网的建设。首先要积极推进宝清—哈尔滨—吉林—辽宁特高压交流输变电工程建设。目前,宝清煤电基地煤矿项目已核准建设,电厂计划 2011 年至 2012 年间投产发电。而宝清—哈尔滨—吉林—辽宁同塔双回 1 000 千伏线路则是宝清煤电基地电力外送的重要通道,也是东北电网"北电南送,东电西送"的主要通道,工程投产后将大大加强黑吉辽省间的电力输送能力。此外,还要促进 1 000 千伏沈北—阜新—营口—沈北双环网的建设,在辽宁省受端电网形成双环网结构。到 2020 年,辽宁省形成以沈北、阜新、本溪、营口为枢纽点的特高压受端双环网,宝清煤电基地电力通过两回 1 000 千伏交流输电通道和 1 回直流通道送入东北电网负荷中心,霍林河煤电基地以扎鲁特—阜新、扎鲁特—沈北两个通道 4 回特高压线路向辽宁省特高压环网送电,同时,呼伦贝尔煤电基地通过两回 1 000 千伏交流与东北主网相连,形成"强交流、强直流"外送输电通道,吉林核电以两回特高压线路接入东北特高压电网。

远期,要加强蒙东—华北、华中的特高压电网建设。主要包括呼伦贝尔—唐山、呼伦贝尔—山东的直流输电工程、锡林郭勒—上海的特高压通道建设。

5. 继续加强东北亚国家能源合作

"十二五"期间,继续加强同俄罗斯、蒙古的能源开发合作。

拓展并加强中国与俄罗斯在天然气、原油、核能、能源设备制造、电力和煤炭等领域的合作。俄罗斯远东地区石油、天然气、煤炭资源丰富。但一直以后受政治因素影响裹足不前。随着 2009 年我国与俄罗斯两国领导人的互访,以及天然气、石油、煤炭领域系列备忘录与协议,《中国东北地区与俄罗斯远东及东西伯利亚地区合作规划纲要》等文件的签署,我国与俄罗斯在能源方面的合作环境将有所改善,合作力度和领域也将逐步加强与拓展。首先,要重点推进并完成中俄原油管道建设。根据中俄《关于在石油领域合作的谅解备忘录》以及《中俄石油领域合作政府间协议》,中国和俄罗斯将共同建设和运营一条连接俄罗斯斯科沃罗季诺和中国大庆的输油管道。该管道已于 2009 年 5 月开工建设,并于 2010 年完工并且投入运营。项目建成后,俄方将在今后 20 年内每年向中国输出 1 500 万吨原油。其次,要进一步加强在天然气方面的合作。在前述政府间协议的推动下,俄罗斯天然气工业公司与中国石油天然气集团公司签署了关于俄罗斯向中国供应天然气基本条件的框架协议。根据协议,未来俄罗斯每年将向中国输送天然气 700 亿立方米。其中,西线方向约 300 亿立方米,东线方向约 380 亿立方米。而且,根据 2009 年 6 月俄签署的《关于天然气领域合作的谅解备忘录》后,中俄合资石油天然气公司成立,并取得了俄罗斯东西伯利亚地区两块储量达600亿立方米的天然气田——南别廖佐夫斯基气田和切连杰斯气田的勘探开采权。因此,我国与俄罗斯在天然气方面的合作将进一步加大。第三,电力、煤炭等方面的合作也将加强,主要包括俄罗斯向中国出口电力、煤炭等事宜。

继续鼓励企业走出去,加强中国与蒙古的煤炭开发合作。蒙古国与中国接壤的边境地区煤炭储量丰富,蕴藏量约为500亿~1 520亿吨。大型的矿山有南戈壁省塔本陶勒盖煤矿(已探明储量64亿吨)、纳林苏海煤矿(探明储量13亿~17亿吨)、苏赫巴托尔省巴音朝克图煤矿(储量12亿吨)。但因地区工业不发达,能源需求量低,资源开发不足。而我国辽宁、黑龙江等地的部分煤炭开发企业却面临资源枯竭、无煤可挖的困境。因此,建议通过一定的税收优惠政策,积极鼓励和引导有条件、有比较优势的国有企业和私营企业实施"走出去"战略,开发蒙古国煤炭,开展境外加工贸易,为国家长期、稳定、经济合理地利用蒙古的能源资源提供保障。

第七章　东北三省资源环境承载力及发展效率评价

资源环境是任何区域实现可持续发展、经济稳定增长及建设和谐社会的基础。从全国来看,东北三省是我国各类资源环境要素配置和组合最佳的地区,也正是基于这些资源环境要素,东北三省成为我国重要的工业基地和农业生产基地。目前,东北三省的资源环境仍具有较高的承载能力,相对于当前的经济社会发展,资源环境基本可承载,尤其是资源禀赋高于全国平均水平,但环境容量稍低于全国平均水平。若东北三省继续维持当前的发展模式,资源环境压力将面临严峻的形势。未来,东北三省应转变发展方式,努力改变投资主导型的经济增长模式,进一步促进产业结构转型,推动资源依赖型向创新驱动型转变,有效推动节能减排工作,积极发展循环经济,加强生态环境保护与治理,建设低碳型城市,为东北老工业基地的全面振兴提供强大支撑。

第一节　区域资源环境承载力的评价方法

一、评价指标体系

区域资源环境承载力是不同尺度区域在一定时期内,在确保资源合理开发利用及生态环境不受危害并维系良好生态系统的前提下,资源环境所能承载的经济社会活动的能力。本研究通过分析地区的资源环境条件,判断现在的资源环境存量和未来的支撑能力。

目前,对资源环境承载力的评价方法有状态空间法、生态足迹法和多指标综合评价法等。本研究采用多指标综合评价法,状态空间法和生态足迹法可为多指标综合评价法提供相关的理论支撑,以全面将资源环境承载力的相关因素纳入指标体系。区域资源环境承载能力的评价指标体系,形成指标项、指标集和评价指标三个层级,其中指标项包括资源环境承载力供给量和需求量,指标集包括资源禀赋、环境容量、资源需求和环境压力四个(表7—1)。

资源环境供给量指影响资源环境承载力的有利因素在某时期内,能够提供的资源环境承载力大小,可用资源禀赋与环境容量指标集进行表征。

资源环境需求量指影响资源环境承载力的不利因素在某时期内,对资源环境承载力产生的需求的大小,可以用资源需求和环境压力来表征。

表 7—1 区域资源环境承载力评价指标体系

指标项	指标集	评价指标	权重	指标项	指标集	评价指标	权重
资源环境承载力供给量	资源禀赋	人均水资源量	0.058	资源环境承载力需求量	资源需求	GDP	0.051
		人均耕地面积	0.115			人均 GDP	0.047
		人均建设用地面积	0.115			GDP 年均增长率	0.033
		人均林地面积	0.097			第三产业占 GDP 比重	0.035
		人均煤炭储量	0.041			人口密度	0.048
		人均石油储量	0.040			人口自然增长率	0.028
		森林覆盖率	0.105			城市化水平	0.037
		湿地覆盖率	0.047			城镇居民人均可支配收入	0.035
		自然保护区占辖区面积比重	0.046			农民人均纯收入	0.034
		建成区绿化覆盖率	0.037			人均用水量	0.038
	环境容量	污染治理投资占 GDP 比重	0.034			万元 GDP 用水量	0.047
		工业废水排放达标率	0.047			水资源利用率	0.039
		工业二氧化硫去除率	0.039			万元 GDP 能耗	0.068
		工业烟尘去除率	0.048			固定资产投资占 GDP 的比重	0.032
		工业粉尘去除率	0.023		环境压力	万元 GDP 工业废水排放量	0.097
		工业固体废物综合利用率	0.032			万元 GDP 工业二氧化硫排放	0.079
		城市生活垃圾无害化处理率	0.025			万元 GDP 工业固体废物排放	0.068
		三废利用产品产值/GDP	0.034			自然灾害直接经济损失占 GDP 比重	0.036
		城市污水日处理能力	0.019			污染经济损失占 GDP 的比重	0.055
						人均生活污水排放量	0.039
						人均生活二氧化硫排放量	0.035
						人均生活烟尘排放量	0.021

二、评价方法

本研究引入模糊集合及一致性矩阵,运用模糊数学原理及 AHP 法,计算各指标的权重。首先采用 Delphi 法,邀请专家针对东北资源环境状况,选择最重要的指标作为定性的信息基础。然后,将各组因素建立比较矩阵,请专家进行两两比较打分,在符合一致性的条件下求出各指标因素的权重。随后对各因素进行评价,建立模糊评语集。最后,利用模糊评语集,对由

AHP法获得的指标权重进行模糊数学处理,得到最终评价指标权重(表7—1)。

假设评价指标数据样本集为$\{x_{ij}|i=1,\cdots,m;j=1,\cdots,n\}$,其中$x_{xj}$为第$i$个样本的第$j$个指标值,$m$、$n$分别为样本数量和指标个数。

对越大越优的指标,标准化公式为:
$$x'_{ij} = (x_{ij} - \min_i x_{ij})/(\max_i x_{ij} - \min_i x_{ij})$$

对越小越优的指标,标准化公式为:
$$x'_{ij} = (\max_i x_{ij} - x_{ij})/(\max_i x_{ij} - \min_i x_{ij})$$

其中,$\max_i x_{ij}$、$\min_i x_{ij}$分别为第j个指标的最小值和最大值,则标准化后的数据集为$\{x'_{ij}|i=1,\cdots,m;j=1,\cdots,n\}$。

完成原始数据标准化处理及各指标权重的确定后,利用线形加权和函数($P=\sum w_i x'_{ij}=1,\cdots,m;j=1,\cdots,n$)计算各区域资源环境供给指数和需求指数,进而求得其资源环境承载力指数。

对东北三省的资源环境承载力进行判断,得出结论:若资源环境承载力盈余量得分为正,说明区域资源环境承载力处于可载状态;相反,若盈余量得分为负,则表明评价区域资源环境承载力处于超载状态。介于两种状态之间的为满载状态,即资源环境承载力盈余量为零。

第二节 资源环境承载力分析

一、资源环境承载力总体判别

按照上述方法,分别计算资源禀赋、环境容量、资源需求、环境压力和承载力指数,判别东北三省资源环境承载力(表7—2)。相对全国而言,东北三省资源环境基本可承载,其中辽宁已严重超载,吉林基本可载,黑龙江可载。目前,东北三省资源禀赋仍高于全国平均水平,土地资源质量和数量优于全国平均水平,能源矿产资源在全国占有重要地位,但因传统发展模式的影响,其资源需求压力已超过资源禀赋供给;东北三省的环境容量稍低于全国平均水平,但总体尚能承载其环境污染压力。综合考虑,目前东北三省的资源环境基本可载,但鉴于目前资源环境供给增长的限制,若发展模式不能根本改善,未来其资源环境压力面临更严峻的形势。就地区而言,资源环境承载力并不一致。辽宁的资源需求压力已远超出其资源供给,但环境容量尚能满足环境压力,其资源环境总体已处于超载状态。吉林的资源优于辽宁,也满足目前经济发展对资源的需求,环境容量基本能承载污染排放压力,即资源环境基本能够支持经济社会发展需求。黑龙江的资源禀赋优势明显,能满足经济社会发展需求,环境容量可支撑污染排放压力,其资源环境处于可载状态。

表 7—2 东北三省和全国资源环境承载力比较

区域	全国	东北三省	辽宁	吉林	黑龙江
资源禀赋	0.116 5	0.240 5	0.079 0	0.245 0	0.416 5
环境容量	0.333 6	0.324 8	0.281 6	0.242 0	0.266 3
资源需求	0.256 5	0.266 1	0.261 8	0.267 2	0.320 2
环境压力	0.298 8	0.144 3	0.264 1	0.081 2	0.017 0
承载力	−0.095 2	0.090 1	−0.191 3	0.123 4	0.340 4
承载力状况	轻微超载	基本可载	超载	基本可载	可载

二、资源环境承载力要素评价

1. 资源禀赋基础

东北三省资源总量丰富、种类齐全、配置合理,各类资源在质与量两方面居于各经济区前列。东北三省的铁矿、石油、煤炭、土地、水、森林等经济发展所需要的主要资源,都能得到基本保障,虽然有些资源已有枯竭之虞,但良好的组合条件并没有遭到根本性破坏,仍是我国资源组合条件最好的地区。目前,东北三省的资源禀赋指数为 0.240 5,优于全国平均资源禀赋,其中黑龙江资源禀赋最优,吉林次之,辽宁最差,资源禀赋低于全国平均水平。

东北三省的资源优势主要表现在:耕地资源质量优良,是我国最大的商品粮基地,对国家粮食安全保障具有重要的作用;森林资源在全国具有举足轻重的地位,虽然已呈枯竭之势,但在全国的地位并未改变,特别是随着全球变暖和低碳经济发展,东北三省将是我国增加绿地面积、应对国际气候变化的支撑点。矿产资源丰富,尤其是对关系国民经济命脉的能源、矿产资源如石油、煤炭、铁矿,东北三省在全国都具有重要的作用。

(1) 水资源量丰富,但人均水资源较少。目前,东北三省的水资源丰富,总量为 2 146.8 亿立方米,占全国水资源量的 6.95%,但人均水资源为 1 959.7 立方米/人,低于全国人均水资源量(2 310.4 立方米/人)。如表 7—3 所示,辽宁的水资源量为 606.7 亿立方米,占全国水资源量的 1.96%,人均水资源为 1 392.1 立方米/人,仅为全国人均水资源量的 60.25%;吉林的水资源总量 686.7 亿立方米,占全国总量的 2.22%,人均水资源为 2 503.3 立方米/人,稍高于全国平均水平;黑龙江的水资源量为 853.5 亿立方米,占全国总量的 2.76%,人均水资源为 2 228.6 立方米/人,为全国平均水平的 96.5%。

(2) 土地资源丰富,耕地质量较好。东北三省的土壤以黑土、黑钙土、暗草甸土和白浆土为主,是世界三大黑土区之一。东北三省的耕地面积为 2 145.00 万公顷,占全国耕地总量的 17.62%,人均耕地为 0.196 公顷,高于全国平均水平(0.091 公顷/人)1 倍以上;质量较好的一等耕地占 59%,高出全国平均水平 20 个百分点,三等地与不宜农耕地占 7.3%,是我国一等地比重最高、三等比重最低的地区。东北三省是我国最大的林区,林地面积为 3 699.17 万公顷,占全国林地总量的12.09%,人均林地为0.338公顷/人,是全国平均水平(0.228公顷/人)的1.5倍,林木生产力较高。其中,黑龙江的土地资源最丰富,耕地面积占全国总量的9.72%,人均耕地面积为全国平均水平的3.4倍;林地总量占全国总量的7.14%,人均林地面积是全国平均水平的2.5倍。吉林的土地资源也较为丰富,耕地面积占全国总量的4.55%,人均耕地面积是全国的2.2倍;林地占全国的2.77%,人均林地是全国平均水平的1.4倍。辽宁土地资源禀赋次之,耕地总量占全国总量的3.36%,但因人口众多,人均耕地面积与全国平均水平相当,林地占全国的2.18%,人均林地低于全国平均水平。

表7—3 2010年东北三省与全国主要的资源指标对比

地区	东北三省	辽宁	吉林	黑龙江	全国
水资源量(亿立方米)	2 146.8	606.7	686.7	853.5	30 906.4
人均水资源量(立方米/人)	1 959.7	1 392.1	2 503.3	2 228.6	2 310.4
耕地面积(万公顷)	2 145.00	408.53	553.46	1 183.01	12 171.59
人均耕地面积(公顷/人)	0.196	0.093	0.202	0.309	0.091
林地面积(万公顷)	3 699.17	666.28	848.73	2 184.16	30 590.41
林地面积(公顷/人)	0.338	0.152	0.309	0.570	0.228
石油基础储量(亿吨)	9.22	1.88	1.89	5.45	31.74
铁矿基础储量(亿吨)	78.19	75.46	2.31	0.42	222.32
煤炭基础储量(亿吨)	127.20	46.63	12.40	68.17	2 793.93

资料来源:根据《2011年中国统计年鉴》整理。

(3) 能源及矿产资源丰富。东北三省的矿产资源分布广,种类繁多,已探明储量的矿种84种,占全国已探明矿种的64%,其中近60种为大中型矿床。累计探明储量占全国首位的有石油、铁、金、镍、锰、钼、菱镁、滑石、金刚石、火山渣、浮石、硅藻土、膨润土、硅灰石、石墨等。石油基础储量为9.22亿吨,占全国总量的29.04%,主要分布在黑龙江,为5.45亿吨,占东北三省总量的64.46%;铁矿基础储量78.19亿吨,占全国总量的35.17%,多分布在辽宁,为75.46亿吨,占东北三省总量的96.51%;煤炭资源基础储量为127.20亿吨,占全国总量的4.55%,主要分布在黑龙江、辽宁,分别占东北三省总量的53.59%和36.66%。

2. 环境容量

东北三省的自然条件优越,生态环境基础较好,甚至部分环境质量的关键指标如森林覆盖率、湿地覆盖率高于全国平均水平,但由于区域环境污染治理滞后,污染排放量较大,给区域生态环境带来一定的压力,总体环境容量相对不高,低于全国平均水平(0.334)。目前,东北三省的环境容量指数为0.325,辽宁、吉林和黑龙江分别为0.282、0.242、0.266,均低于全国平均水平(表7—4)。主要表现在:第一,工业污染治理滞后,工业污染物治理率低于全国平均水平,一些关键指标如SO_2去除率、工业废水排放达标率低于全国平均水平。第二,东北三省的废物综合利用能力落后全国平均水平,环境投资相对全国平均水平较低。第三,城市环境治理能力落后,虽然东北三省城市污水处理能力稍高于全国平均水平,但其城市垃圾无害化处理却远落后于全国平均水平。总体而言,东北三省工业污染治理落后,城市生活垃圾处理滞后,这些不足造成了其总体环境容量相对不高。

(1) 自然环境本底条件良好。东北三省气温、水文、地貌等自然要素经过不同地质年代的交互作用,使东北三省内部形成了不同的生态地理环境,为地区发展提供了良好的自然环境基础。森林覆盖率40.18%,均远高于全国平均水平(20.36%),其中黑龙江最高,达42.39%,吉林、辽宁分别为38.93%、35.13%。湿地覆盖率为8.53%,高于全国平均水平(4.01%)的2倍,其中黑龙江9.49%,吉林为6.37%,辽宁为8.53%,均高于全国平均水平。自然保护区面积占辖区面积比重为13.35%,低于全国平均水平(14.90%);黑龙江、吉林、辽宁分别为14.09%、12.29%、12.46%,均低于全国平均水平。建成区绿化覆盖率36.6%,低于全国平均水平,除辽宁的39.3%高于全国平均水平,吉、黑两省均低于全国平均水平(38.6%)。

(2) 环境治理能力较弱。受传统发展模式及其他因素的影响,东北三省工业污染、城市污染等治理能力相对较弱,导致总体环境容量相对不高。① 从工业污染治理看,治理能力落后于全国平均水平。工业废水排放达标率为91.7%,低于全国平均水平(95.3%),辽宁、吉林、黑龙江分别为92.6%、89.0%、92.7%。工业二氧化硫去除率为50.5%,低于全国平均水平(63.9%),辽宁、吉林、黑龙江分别为60.1%、40.3%、20.9%,均低于全国平均水平。② 从污染投资看,工业污染物治理投资占GDP的0.07%,低于全国水平(0.10%),辽宁、吉林、黑龙江分别为0.08%、0.07%、0.05%,均低于全国水平。③ 从城市污染物处理来看,城市生活垃圾无害化处理率为51.9%,低于全国水平(77.9%),辽宁、吉林、黑龙江分别为70.9%、44.5%、40.4%,均远低于全国水平。城市污水日处理能力为373.9万立方米,低于全国平均水平(432.0万立方米),其中辽宁为586.25万立方米,高于全国平均水平,而黑龙江、吉林分别为310.4和225.1万立方米,均低于全国平均水平。

表7—4　2010年东北三省与全国主要的环境容量指标对比

地区	东北三省	辽宁	吉林	黑龙江	全国
森林覆盖率(%)	40.18	35.13	38.93	42.39	20.36
湿地覆盖率(%)	8.53	8.37	6.37	9.49	4.01
自然保护区面积占辖区面积比重(%)	13.35	12.46	12.29	14.09	14.90
建成区绿化覆盖率(%)	36.6	39.3	34.1	34.9	38.6
工业废水排放达标率(%)	91.7	92.6	89.0	92.7	95.3
工业二氧化硫去除率(%)	50.5	60.1	40.3	20.9	63.9
工业污染物治理投资占GDP比重(%)	0.07	0.08	0.07	0.05	0.10
城市生活垃圾无害化处理率(%)	51.9	70.9	44.5	40.4	77.9
城市污水日处理能力(万m³/日)	373.9	586.2	225.1	310.4	432.0

资料来源:根据《2011年中国统计年鉴》整理。

3. 资源需求

近年来,随着地区经济发展,特别是东北老工业基地振兴计划实施以来,东北三省面临新机遇,经济社会获得了更快发展。但这也给东北三省带来了更大的资源压力,尤其在全国发展环境转变时期,东北三省在保障国家发展战略资源需求的同时,如何满足自身资源需求更值得关注。总体而言,东北三省的资源需求压力高于全国平均水平,需求指数为 0.266,高于全国平均水平(0.256 5),其中辽宁、吉林、黑龙江分别为 0.262、0.267、0.32,也均高于全国水平。目前,东北三省的经济发展速度虽高于全国平均水平,但对资源需求的影响并不严重,导致资源压力过大的主要原因是经济结构和发展模式:东北三省经济仍以重工业为主,产业结构不甚合理,第三产业发育不足;经济发展仍严重依赖于资源要素投入,水资源、能源投入高于全国平均水平,集约、高效、低耗的发展模式尚未建立。总之,东北三省虽具有较好的资源禀赋,但由于发展模式及产业结构的影响,目前已面临一定的资源压力。

快速的经济发展须以资源作为保障,近年来东北三省经济取得了快速进步,但也给资源带来新压力。人均 GDP 为 34 225 元,高于全国平均水平(29 992 元/人);黑龙江为 27 076 元,低于全国平均水平,辽宁、吉林分别为 42 335、31 599 元,均高于全国平均水平。三省的 GDP 增长率为 13.7%,高于全国水平(10.3%),辽宁、吉林、黑龙江分别为 14.2%、13.8%、12.7%,均高于全国水平。目前,东北三省的经济结构仍偏重,第三产业发展不足,经济增长严重依赖于投资。第三产业占 GDP 比重为 36.9%,低于全国水平(43.1%);其中辽宁、吉林、黑龙江分别为 37.1%、35.9%、37.2%,均低于全国。2010 年三省的固定资产投资占 GDP 比重为 82.0%,高于全国平均水平(69.3%);其中,黑龙江为 65.7%,低于全国;辽宁、吉林分别为 86.9%、90.8%,均高于全国平均水平。快速的经济发展、不合理的经济结构和传统的发展模式为地区资源需求带来巨大压力。水资源利用率为 27.4%,为全国平均水平(19.5%)的 1.4 倍;其中,黑龙江为 38.1%,约为全国平均水平的 2 倍;辽宁为 23.7%,为全国平均水平高 1.2 倍;吉林为 17.5%,略低于全国平均水平(表 7—5)。三省的万元 GDP 用水量为 157.1 立方

表 7—5 2010 年东北三省与全国主要的资源利用指标对比

	全国	东北三省	辽宁	吉林	黑龙江
人均 GDP(元/人)	29 992	34 225	42 355	31 599	27 076
GDP 增长率(%)	10.3	13.7	14.2	13.8	12.7
第三产业占 GDP 比重(%)	43.1	36.9	37.1	35.9	37.2
全社会固定资产投资占 GDP 比重(%)	69.3	82.0	86.9	90.8	65.7
水资源利用率(%)	19.5	27.4	23.7	17.5	38.1
万元 GDP 用水量(m³/万元)	150.1	157.0	77.8	138.5	313.4
能源消耗强度(吨标准煤/万元)	1.055	1.264	1.380	1.145	1.156

资料来源:根据《2011 年中国统计年鉴》整理。

米,高于全国平均水平(150.1立方米/万元);其中黑龙江为313.4立方米,为全国平均水平的2倍;辽宁、吉林分别为77.8立方米、138.5立方米,都低于全国平均水平。黑龙江省用水强度高,作为农业大省,农业在经济体系中占有较大比重。三省的万元GDP能耗为1.264吨标准煤,高于全国平均水平(1.055吨标准煤/万元);其中辽宁、吉林、黑龙江分别为1.380吨标准煤、1.145吨标准煤、1.156吨标准煤,都高于全国平均水平。

4. 环境压力

东北三省是老工业基地,长期以来形成了以重化工业为主的工业结构,煤炭、石油等资源开发强度大,利用效率较低,污染排放强度高。此外,工业污染治理水平低及城市环境基础设施落后等更为东北三省带来严重的环境压力。目前,三省的环境压力为0.159,虽低于全国平均水平(0.299),但环境压力在一些特定生态脆弱区已十分严重;其中,辽宁为0.286,与全国平均水平相当;吉林、黑龙江为0.097、0.022,低于全国平均水平。由于环境治理滞后,工业污染物对环境压力逐渐加大,虽然一些指标低于全国平均水平,但其总体污染强度已不容忽视。此外,受制于城市污染治理能力,目前三省生活污染对环境的压力也日趋加大。再者,由于环境投资欠账过多,环境应急设施欠缺及环境监管不到位,易发生环境事故,对环境造成一定的压力。

(1) 工业污染环境压力大。以重化工业为主的工业结构和低水平的污染物治理设施,导致工业污染物排放强度非常高。目前,三省的万元GDP工业废水排放为3.98吨,低于全国平均水平(5.92吨),但也很高;其中,辽宁、吉林、黑龙江分别为3.87、4.46、3.75吨,均低于全国平均水平(表7—6)。万元GDP二氧化硫排放量为4.2千克,低于全国平均水平(4.6千克);其中,辽宁为4.7千克,高于全国平均水平;吉林、黑龙江分别为3.5、4.0千克,均低于全国平均水平。辽宁万元GDP工业废水、工业二氧化硫排放都比较高,与其重化工业为主导的产业结构有关。此外,东北三省工业固体污染排放也不容忽视。

(2) 生活污染环境压力大。随着人们生活水平的提高,生活污染相应加大。2010年人均生活污水为27.58吨,略低于全国平均水平(28.32吨);黑龙江、吉林分别为20.78和27.59吨,都低于全国平均水平,辽宁为33.52吨,高于全国平均水平。三省的人均生活SO_2排放量为2.7千克,稍高于全国平均水平(2.4千克);其中,辽宁为3.7千克,高于全国平均水平;黑龙江和吉林分别为1.9和2.0千克,均稍低于全国平均水平。

表7—6 2010年东北三省与全国主要的环境指标对比

	全国	东北三省	辽宁	吉林	黑龙江
万元GDP工业废水排放量(吨/万元)	5.92	3.98	3.87	4.46	3.75
万元GDP工业二氧化硫排放量(千克/万元)	4.6	4.2	4.7	3.5	4.0
人均生活污水排放强度(吨/人)	28.32	27.58	33.52	27.59	20.78
人均生活二氧化硫排放强度(千克/人)	2.4	2.7	3.7	2.0	1.9

资料来源:根据《2011中国统计年鉴》整理。

三、资源环境承载力空间分异

1. 资源禀赋

资源禀赋是指一个国家或地区所拥有的资源数量和质量构成;其值越高,地区资源所拥有的资源优势越明显。根据评价结果,可将东北三省的地市分为四类。① 资源禀赋丰富区:包括大兴安岭、四平、松原、黑河、延边、吉林、鹤岗、铁岭,资源禀赋指数均高于0.27。其中,大兴安岭森林资源丰富,黑河、延边水资源、森林资源较为丰富,四平、吉林耕地资源丰富,松原、鹤岗、铁岭土地资源、矿产也较为丰富。② 资源禀赋较丰富区:包括牡丹江、伊春、丹东、长春、通化、绥化、白山、阜新、哈尔滨、鸡西、双鸭山、佳木斯,资源禀赋指数介于0.2~0.27。其中,牡丹江、长春、白山、哈尔滨、佳木斯等土地资源较为丰富,通化、阜新、绥化、鸡西、双鸭山等矿产资源较为丰富。③ 资源禀赋一般区:包括盘锦、锦州、白城、七台河、抚顺、本溪、辽源、鞍山、辽阳,资源禀赋指数介于0.16~0.2,矿产资源一般较为丰富,但耕地资源、水资源制约突出。④ 资源禀赋较差区:包括齐齐哈尔、葫芦岛、沈阳、朝阳、大庆、营口、大连,资源配置状况较差,土地资源、水资源等不能满足发展需求。

2. 环境容量

环境容量是指自然环境或环境的组成要素对污染物质的承受量或负荷量、环境的自净能力或生态系统的自行调节能力,其值越高,区域环境承受或自净能力越大。根据评价结果,可将东北三省所有地市分为四类地区。① 环境容量大的地区:包括大兴安岭、延边、辽源、白山、白城、朝阳、双鸭山、铁岭,环境容量指数均大于0.13,这些地市多自然环境优良,环境治理措施相对其他地区较先进。② 环境容量较大的地区:包括丹东、鞍山、七台河、绥化、四平、辽阳、本溪、牡丹江、佳木斯、黑河、鸡西,环境容量指数介于0.1~0.12,自然环境相对良好,环境污染治理基本到位。③ 环境容量一般的地区:包括阜新、锦州、哈尔滨、伊春、齐齐哈尔、鹤岗、松原、大庆、抚顺,环境容量指数介于0.06~0.1,自然环境已呈恶化态势,环境治理相对滞后。④ 环境容量小的地区:包括通化、葫芦岛、盘锦、沈阳、营口、吉林、长春、大连,资源环境承载力指数均小于0.06。葫芦岛、通化、营口、吉林虽然自然环境比较优良,但环境治理滞后,环境容量相对较小;而沈阳、大连、长春主要由于开发强度已经比较高,导致可用环境容量较小。

3. 资源需求

资源需求是指在一定时期内,区域发展对资源环境产生的需求的大小,其值越大,区域发展对资源要素投入的依赖性越强。根据评价结果,可将东北三省所有地市分为四类地区。① 资源需求高的地区:包括本溪、辽阳、七台河、营口、阜新、鞍山、吉林、大庆,资源需求指数大于0.27,这些资源型城市发展严重依赖资源投入,对资源需求特别大。② 资源需求较高的地区:包括葫芦岛、抚顺、锦州、盘锦、沈阳、朝阳、铁岭、松原、大连、通化、双鸭山,资源需求指数介于 0.19~0.27。大连、沈阳发展迅速,对资源需求相对较大,其他城市发展也较快,但高投入的发展模式导致资源需求较高。③ 资源需求一般的地区:包括鸡西、齐齐哈尔、辽源、四平、延边、鹤岗、长春、白城、丹东,资源需求指数介于 0.16~0.19,区域发展并不缓慢,经济结构相对合理,对资源需求并不突出。④ 资源需求弱的地区:包括伊春、哈尔滨、白山、绥化、佳木斯、牡丹江、黑河、大兴安岭,资源环境承载力指数均小于 0.16。这些地区如伊春、大兴安岭、牡丹江等资源丰富,对资源需求较小,哈尔滨发展迅速,但经济结构比较合理,对资源依赖程度较小。

4. 环境压力

环境压力指环境恶化、资源匮乏和环境灾害等因素给区域发展带来的不利影响,其值越大,表示区域发展受环境恶化等因素的制约作用越强。根据评价结果,将东北三省所有地市分为四类地区。① 环境压力大的地区:包括鹤岗、本溪、阜新、通化、朝阳、七台河、吉林、齐齐哈尔,环境压力指数都大于 0.174,环境污染严重,治理滞后,压力大。② 环境压力较大的地区:包括抚顺、葫芦岛、铁岭、延边、佳木斯、锦州、营口、伊春、双鸭山,环境压力指数介于 0.1~0.174,主要原因是环境污染治理滞后,污染物排放过多。③ 环境压力一般的地区:包括丹东、辽阳、牡丹江、大连、鸡西、白城、辽源、四平、大兴安岭、白山,环境压力指数介于 0.6~0.1,污染物排放较少,虽然部分资源型城市发展迅速,但由于污染物有效治理,环境压力并不大。④ 环境压力小的地区:包括鞍山、黑河、大庆、松原、盘锦、沈阳、长春、绥化、哈尔滨,环境压力指数都小于 0.6,由于污染的有效治理及发展水平的提升,环境压力较小。

5. 资源环境承载力

根据东北各地区资源禀赋、环境容量、资源需求和环境压力综合分析情况,将东北三省所有地级行政区域划分为以下四种类型。

(1) 资源环境承载力可载区:包括长春、四平、白山、松原、延边、哈尔滨、牡丹江、黑河、绥化、大兴安岭等地市,承载指数都大于 0.15。这些地市资源丰富,能够满足发展需求,同时自然生态环境良好,环境压力相对较小,生态环境能够保持优良状态。

(2) 资源环境承载力基本可载区:包括丹东、辽源、铁岭、白城、鸡西、双鸭山、伊春、佳木斯等地市,承载力指数介于 0~0.15。其中,丹东、铁岭资源丰富,能满足发展需求,但环境污染已呈恶化态势,对生态有一定压力。辽源资源虽较丰富,但仍不能满足发展需求,环境容量较好,压力较小。佳木斯、双鸭山、伊春、鸡西资源相对丰富,尚能满足发展需求,环境污染轻微。

(3) 资源环境承载力轻微超载区:包括鞍山、锦州、盘锦、吉林、通化、齐齐哈尔、鹤岗、大庆、七台河等地市,承载力指数介于 0.1~0。其中,鞍山、盘锦、大庆环境污染相对较轻,环境容量尚能承载污染压力,资源禀赋较差,不能满足发展需求。吉林、通化、鹤岗资源较为丰富,能够满足发展需求,但环境污染已较为严重,超出环境容量。齐齐哈尔、锦州资源禀赋较差,不能满足发展需求,环境污染严重,超出环境容量的阈值。

(4) 资源环境承载力超载区:包括沈阳、大连、抚顺、本溪、营口、阜新、辽阳、朝阳、葫芦岛等地市,承载力指数都小于-0.1。这些地区经济发展较快,区域国土资源开发强度大,地区资源已不能满足发展需求。此外,长期以来环境治理的滞后,环境污染已严重超出生态环境承载力。

第三节 区域发展效率评价

一、资源环境效率

东北三省的经济增长模式对资源环境带来了不利的影响。长期以来的重化工业为主的工业结构,石油化工、冶金、制药、食品酿造、造纸、电力等行业是主导产业,也是资源消耗强度大、污染物排放多的行业,这使区域水资源、能源资源开发强度大。

1. 资源能源消耗

(1) 水资源。东北三省的水资源消耗强度不断降低,万元 GDP 工业用水量呈现下降趋势,2010 年比 2003 年减少 47.4 立方米,降低约 62%。从省市分布来看,黑龙江的万元 GDP 工业用水量较多,2010 年为 54.30 立方米,超过全国平均水平(36.07 立方米),与福建、江苏大致相当;辽宁、吉林分别为 13.5 立方米、30.1 立方米,虽均低于全国平均水平,但与京、津、鲁等省市仍有较大差距(图 7—1)。

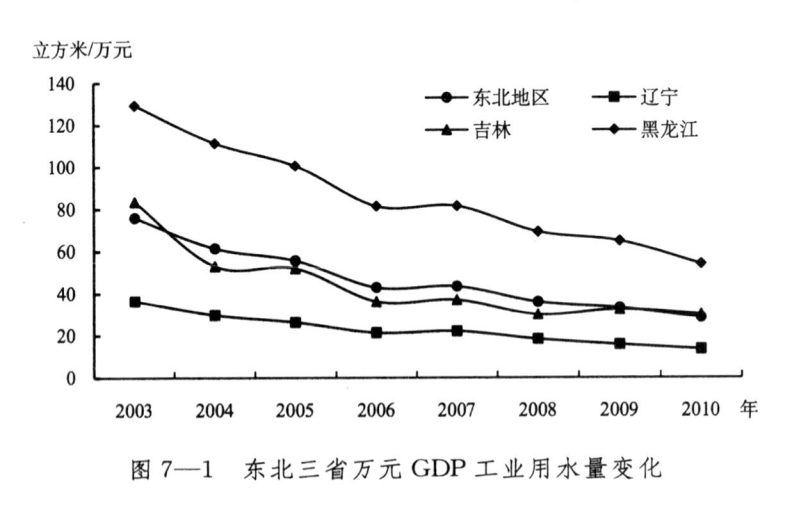

图 7—1 东北三省万元 GDP 工业用水量变化

(2) 土地资源。东北三省的经济增长过程中,土地资源的投入强度持续下降,其万元 GDP 工业建设用地一直下降,期间减少 0.013 公顷,降幅为 54%,三省均呈现类似趋势。2008 年,吉林、黑龙江的万元 GDP 工业建设用地分别为 0.014 公顷、0.013 公顷,均高于全国平均水平(0.009 公顷),属占地强度高的省份;辽宁为 0.008 6 公顷,虽低于全国平均水平,但高于东部沿海省市(图 7—2、表 7—7)。

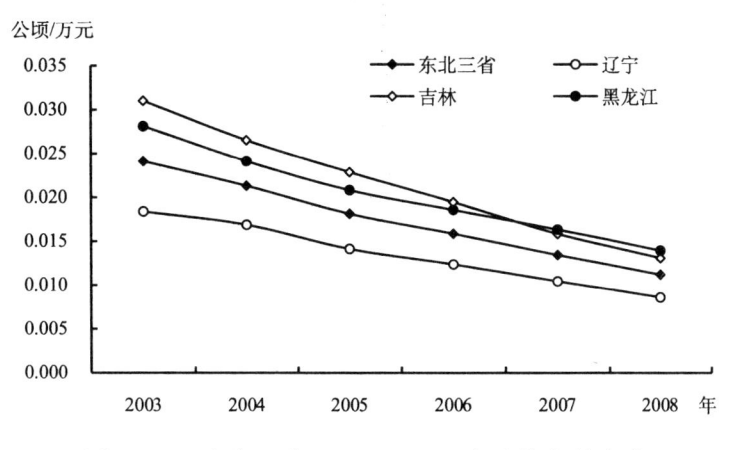

图 7—2 东北三省万元 GDP 工业用地发展变化

(3) 能源消耗。2005~2010 年,东北三省的万元 GDP 能耗呈下降趋势,期间减少 0.41 吨,下降 24.4%,其中吉林降幅最大,为 30.4%,黑龙江降幅小,仅为 20.6%。分省来看,2010 年三省均高于全国平均水平(1.06 吨标准煤/万元);其中辽宁的能耗强度最大,其值为 1.38 吨标准煤/万元,高于全国平均水平 0.32 倍,属耗煤强的省份;吉林和黑龙江也比较大,分别为 1.15 和 1.16 吨,与湘、陕等省相当(图 7—3)。

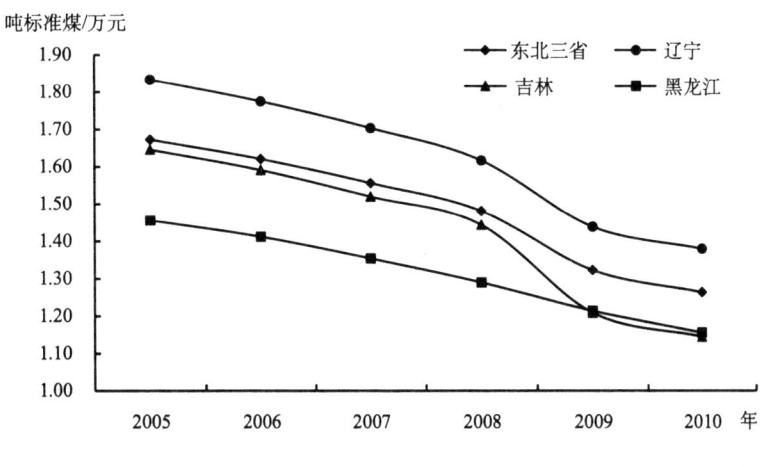

图 7—3 东北三省万元 GDP 能耗变化

从耗电来看,2005 年以来,东北三省的万元 GDP 耗电大致呈下降趋势,期间减少 234 千瓦小时,降幅为 19.7%。分省来看,2009 年吉林和黑龙江万元 GDP 耗电都比较小,分别为 809 和 799 千瓦小时,大致与京、津、沪相当;辽宁则比较大,为 1 120 千瓦小时,与豫、桂相当(图 7—4)。

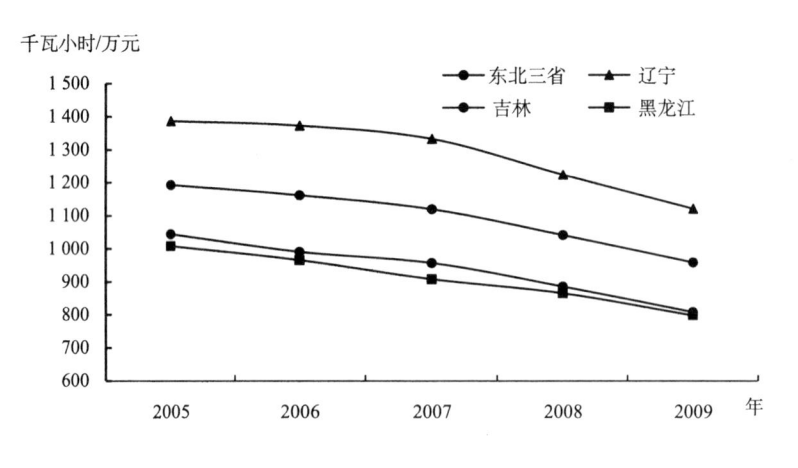

图 7—4　东北三省万元 GDP 电耗变化

2. 工业污染

（1）工业废水。2003～2010 年，东北三省的万元 GDP 工业废水排放量呈下降趋势，期间减少 9.5 吨，减少约 70%。以 2010 年为例，黑龙江的万元 GDP 工业废水排放量最少，为 3.8 吨，低于全国平均水平（5.9 吨）；辽宁、吉林分别为 3.9 吨、4.5 吨，大致与粤、陕、云相等，都低于全国平均水平，但远高于京、沪、津排放水平（图 7—5）。

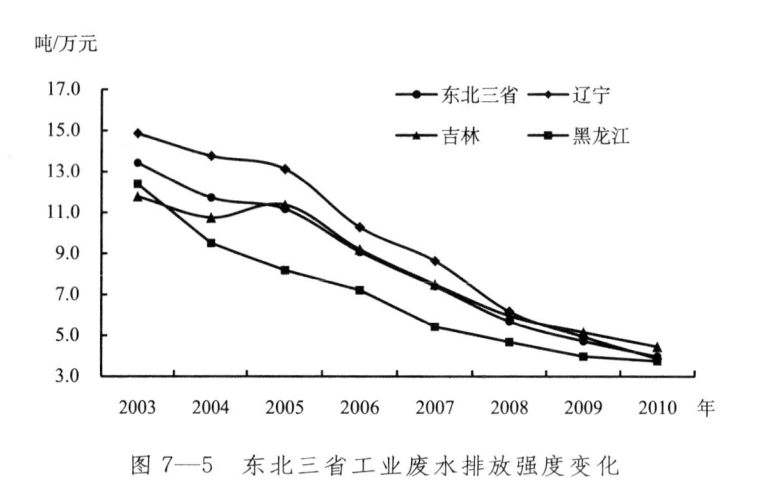

图 7—5　东北三省工业废水排放强度变化

从工业废水 COD 来看，东北三省的万元 GDP 工业废水 COD 排放量呈下降趋势，期间减少 2.4 千克，减少约 67%。2010 年黑龙江的万元 GDP 工业废水 COD 排放量为 1.08 千克，与全国平均水平大致相等（1.08 千克），辽宁、吉林分别为 1.09 千克、1.51 千克，都高于全国平均水平；与全国其他省份相比，吉林省工业 COD 排放强度非常高，仅低于新、青、桂、宁等全国排放强度最高的省市（图 7—6）。

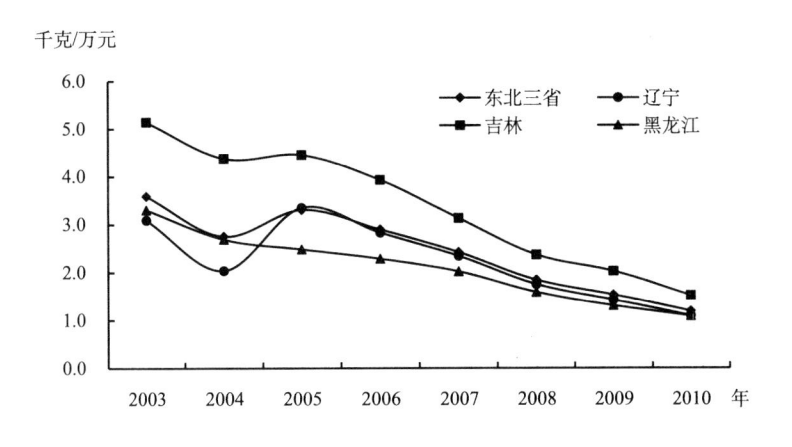

图 7—6　东北三省工业废水 COD 排放强度变化

(2) 工业二氧化硫。2005 年之前,东北三省的工业 SO_2 排放强度大致呈现增长的趋势,此后至 2010 年一直降低,期间降低约 52%。2010 年,辽宁万元 GDP 工业 SO_2 排放量为 4.7 千克,与全国平均水平(4.6 千克)大致相等,但远高于沿海省市;黑龙江、吉林分别为 4.0 千克、3.5 千克,都低于全国平均水平,与鄂、鲁、皖等省市大致相当,但与京、沪、琼、藏等省市还有较大差距(图 7—7)。

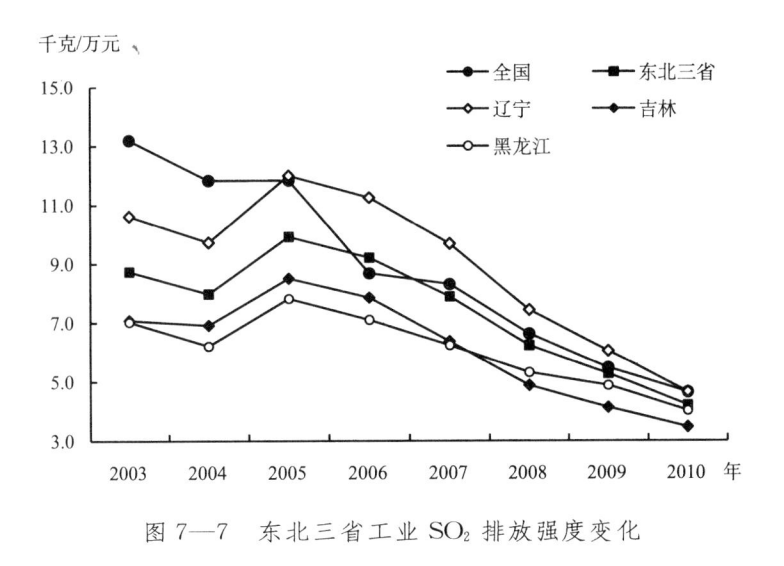

图 7—7　东北三省工业 SO_2 排放强度变化

(3) 工业固体废弃物。2003～2010 年,东北三省的工业固体废弃物排放强度变化幅度较大,总体看,东北三省万元 GDP 工业固体废弃物排放量呈下降趋势,期间减少 1.1 千克,约 90%。2010 年除吉林数据缺失外,辽宁、黑龙江都为 0.2 千克,低于全国平均水平(1.2 千克),与东部沿海省市大致相当,低于全国大部分省市排放水平(图 7—8、表 7—7)。

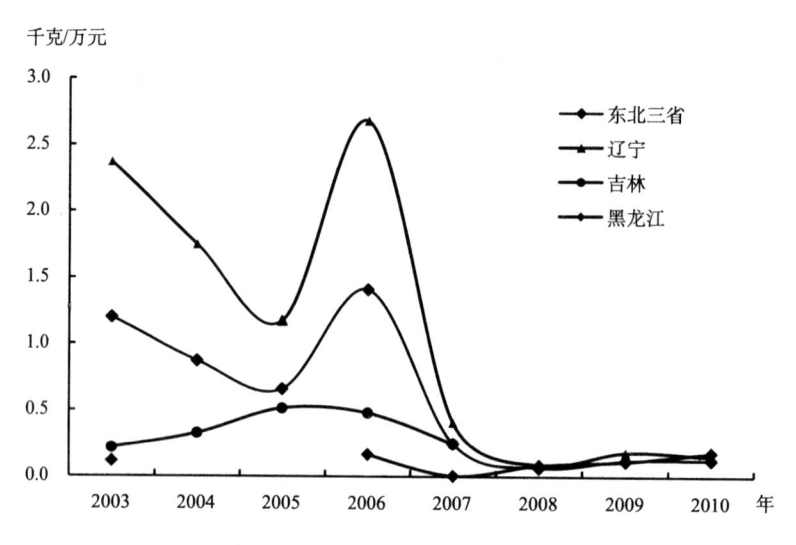

图 7—8　东北三省工业固体废弃物排放强度变化

表 7—7　东北三省主要资源环境指标的全国排名

地区	辽宁	吉林	黑龙江
万元 GDP 工业用水量	26	16	9
万元 GDP 工业建设用地面积	23	10	8
万元 GDP 工业耗煤	9	14	15
万元 GDP 耗电	13	27	29
万元 GDP 工业废水排放量	22	19	23
万元 GDP 工业废水 COD 排放量	14	5	16
万元 GDP 工业 SO_2 排放量	16	21	17
万元 GDP 工业固体废弃物排放量	20	—	21

二、经济增长效率

经济增长问题一直是经济学家、地理学家和政府等各界关注的课题。作为经济增长的核心,效率增长不但决定了经济增长的质量、技术进步的方向和管理效率的高低,而且直接影响着区域增长的差异。

1. 方法与数据

以 1987~2008 年东北三省地市面板数据为基础,构建对数型柯布—道格拉斯随机前沿分析模型分析东北地区经济增长效率。采用 SFA 测算东北地区经济增长效率及其影响因素,模型定义如下:

$$y_{it} = f(x_{it};\beta)\exp(\varepsilon_{it}) \tag{7-1}$$

$$\varepsilon_{it} = \nu_{it} - u_{it} \tag{7-2}$$

$$u_{it} = u_i \exp(-\eta(t-T)) \tag{7-3}$$

$$TE_{it} = \exp(-u_{it}) \tag{7-4}$$

其中，y_{it} 表示第 i 个地区第 t 年的产出，x_{it} 表示第 i 个地市第 t 年的投入，β 为待估计参数，ε_{it} 为复合误差项，可以分解为生产无效率项 u_{it} 和随机误差项 ν_{it}，ν_{it} 表示测量误差及各种不可控制的随机因素，服从 $N(0,\sigma_\nu^2)$，$\nu_{it} \in iid$（独立同分布）；u_{it} 为非负随机变量，表示生产无效率项，服从截断正态分布；u_{it} 与 ν_{it} 之间相互独立。(7-3)式为用于定量描述时间对无效率项 u_{it} 的影响方程，η 为衰减系数。(7-4)式中 TE_{it} 表示第 i 个地市第 t 年的生产效率水平。显然，当 $u_{it}=0$ 时，$TE_{it}=1$ 表示该地市处于生产前沿上，即处于技术效率状态；当 $TE_{it}>0$ 时，$TE_{it}<1$ 表示该地市处于生产前沿下方。

运用对数型柯布—道格拉斯生产函数，在 1987~2008 年面板数据的基础上，对东北地区经济增长效率的测度模型如下：

$$\ln(y_{it}) = \beta_0 + \beta_1 \ln(L_{it}) + \beta_2 \ln(K_{it}) + \varepsilon_{it} \tag{7-5}$$

$$\varepsilon_{it} = \nu_{it} - u_{it} \tag{7-6}$$

$$m_{it} = \delta_0 + \delta_1 \left(\frac{FDI}{GDP}\right)_{it} + \delta_2 \left(\frac{TGDP}{GDP}\right)_{it} + \delta_3 \left(\frac{BEX}{GDP}\right)_{it} + \delta_4 (HC)_{it} \tag{7-7}$$

$$u_{it} = u_i \exp(-\eta(t-T)) \tag{7-8}$$

$$TE_{it} = \exp(-u_{it}) \tag{7-9}$$

$$\mu_i \sim N^+(\mu,\sigma_u^2) \tag{7-10}$$

$$\nu_{it} \sim N(0,\sigma_\nu^2) \tag{7-11}$$

$$\gamma = \sigma_u^2/(\sigma_\nu^2 + \sigma_u^2) \tag{7-12}$$

在(7-5)、(7-6)、(7-10)、(7-11)式中，i 为各地市的排列序号，$i=1,2\cdots,N$，$N=36$；t 表示时期序号，$t=1,2,\cdots,T$，$T=22$（1987 年为起始年）；y_{it} 表示 i 地市 t 年度的 GDP；L_{it} 表示 i 地市 t 年度的从业人员数量；K_{it} 表示 i 地市 t 年度的年均固定资本存量；β_0 为截距项，β_1、β_2 为待估参数，β_1 表示劳动力对生产效率的影响程度即劳动力产出弹性，β_2 表示资本对技术效率的影响程度即资本产出弹性。误差项 ε_{it} 由两部分组成，$\nu_{it} \in iid$（独立同分布）并服从 $N(0,\sigma_\nu^2)$ 分布，表示东北地区经济增长的外部影响因素和一些数据上的统计误差；$\mu_i \in iid$（独立同分布）并服从截尾正态分布 $N(m_{it},\sigma_u^2)$，反映那些在第 t 时期仅作用于 i 地市的随机因素，且 u_{it} 与 ν_{it} 之间相互独立。

(7-7)式为设定的无效率项函数。影响经济增长技术效率的因素众多，近年来随着研究的深入，这些因素逐渐被识别出来。鉴于数据的可获性和关注的重点，参照相关研究，重点考查对外开放水平、产业结构、政府一般预算支出以及人力资本等因素对东北三省经济增长无效率的影响。δ_0 为待估计的常数项，δ_1~δ_4 分别为对外开放水平、产业结构、政府一般预算支出和人力资本等对经济增长无效率的影响系数。(7-8)式描述时间因素对技术费效率 u_{it} 的影响。

其中,η是待估参数,当$\eta>0$,$\exp(-\eta(t-T))$以递增的速度下降,即生产效率随着时间的推移会以递增的速度降低;当$\eta<0$,$\exp(-\eta(t-T))$以递增的速度增加,即生产效率随着时间的推移会以递增的速度增大;当$\eta=0$,$\exp(-\eta(t-T))$维持不变,即各地市生产效率不随时间变化而发生变化。(7-9)式为生产效率的计算函数,$TE_{it}=\exp(-u_{it})$表示样本中i地市在第t时期的生产效率水平,当$u_{it}=0$时,$TE_{it}=1$,即此时该地市处于生产有效状态,表明该地市的生产点位于生产前沿上;当$u_{it}>0$时,$TE_{it}\in(0,1)$,此时该地市为生产非效率,生产点位于生产前沿之下。在(7-12)式中,γ为待估计参数,表示随机扰动项中生产无效率所占的比例。当γ接近于1时,说明模型中的误差主要来源于生产非效率u_{it},表明此时该地市实际产出与前沿产出之间的差距主要来源于生产非效率所引起的损失;当γ接近于0时,说明实际产出与前沿产出之间的差距主要来自于统计误差等外部影响因素。

具体数据处理及变量设定如下:

(1) y_{it}为各地市实际GDP(单位:亿元),因缺少具体地市经济数据缩减指数,各地市生产总值数据等只能按照国家统计局公布的各省GDP指数进行统一平滑缩减,以尽可能地消除数据在价格上的差异。L_{it}表示i地市t年度的从业人员数量(单位:万人)。K_{it}表示i地市t年度的年均固定资本存量(单位:亿元),由于现有的统计资料没有固定资本存量的数据,因此本文在三省统计年鉴给出的各地市历年固定资本形成总额的基础上,运用永续盘存法进行处理;参照相关研究,折旧率设为5%,固定投资序列的平减指数参考《中国固定资产投资统计数典》中对应省份的固定资本投资平减指数。

(2) $\left(\dfrac{FDI}{GDP}\right)_{it}$表示外资依存度,为$i$地市$t$年度的实际利用外商直接投资额(FDI)与GDP的比值,可从整体上反映各地市所吸收外商直接投资的相对规模。FDI采用实际利用外商直接投资统计的口径,并依照当年人民币的平均汇率转换成人民币。$\left(\dfrac{TGDP}{GDP}\right)_{it}$为第三产业产值占GDP的比值,以此反映产业结构对经济增长无效率的影响。$\left(\dfrac{BEX}{GDP}\right)_{it}$为政府一般预算支出占当年GDP的比重,表示政府一般预算支出对经济增长无效率的影响。$(HC)_{it}$表示i地市t年度的人力资本,以每万人口在校大学生人数来衡量。

2. 经济增长效率及时空分异

(1) 经济增长效率总体分析。从劳动力和资本两大生产要素的产出弹性看,$\beta_1=0.418$,即东北三省年均从业人员增长1%,可使GDP上升约0.42个百分点;$\beta_2=0.63$,即东北三省年均资本存量增长1%,可使GDP上升约0.63个百分点。由此可见,在东北三省GDP增长过程中,资本投入贡献仍占主导地位,即东北三省经济增长主要由大规模的资本驱动,属于粗放型的经济增长方式。同时,劳动产出弹性β_1和资本产出弹性β_2为1.05,稍大于1,表明经济增长过程中规模报酬递增效应极小,继续依靠资本和劳动要素投入驱动经济增长将会阻碍区域可持续发展。

1987~2008年,东北三省经济增长效率值为0.665,表明在不增加劳动力和资本要素投入的条件下,若同时提高技术效率,GDP总量可在现有基础上提高33.5%。总体来看,东北三省"七五"至"九五"时期平均技术效率呈上升趋势,"九五"期平均技术效率为0.644;而进入新世纪以来,平均技术效率一直下降。另外,对1987~2008年平均技术效率与GDP增速进行相关分析,发现两者呈弱负相关性[P=-0.496,Sig (2-tailed)=0.019],表明东北三省经济总量增加与技术水平提升之间的正向作用并不显著,技术进步对GDP增加的贡献程度一直下降,要素投入作用更加突出,将威胁到东北三省经济可持续发展。

(2) 经济增长效率时空分异。将东北三省的协调度划分为六个等级,如表7—8所示。1987~1990年,根据技术效率的分级显示,经济增长技术效率总体不高,空间差异并不显著,形成了"一般效率地市和中低效率地市广泛分布,高效率和低效率地市偏居一方,中高效率城市零星分布"的格局。高效率和低效率的地市仅有大庆(0.828)和黑河(0.327),无地市处于较高效率阶段,中高效率地市有鞍山(0.657)、大连(0.622)、盘锦(0.616),其余地市处于中低效率和一般效率阶段,占总体86.1%。

表7—8 东北三省经济增长效率的等级划分标准

效率等级	低效率	中低效率	一般效率	中高效率	较高效率	高效率
效率值	0~0.400	0.401~0.500	0.501~0.600	0.601~0.700	0.701~0.800	0.801~1

1991~1995年,经济增长效率总体仍不高,但比1987~1990年进步明显,无城市处于低效率阶段;同时空间差异趋于显著,呈现"两高效率中心,两较高效率次中心,一般效率大面积分布,中高效率地区次之,中低效率类型零星分布"的格局。高效率地市有大连(0.873)、大庆(0.827),比1987~1990年增加1个;较高效率状地市数目增加2个,分别为沈阳(0.770)和盘锦(0.709);中高效率状地市数目显著变化,增加7个;一般效率和中低效率地市分别减少4和5个。具体而言,大连、沈阳、黑河3个地市技术效率进步显著,增加值都超过0.200;葫芦岛、白山、白城、延边、哈尔滨、鸡西6个地市技术效率进步相对较快,增加值都超过0.100;其余地市进步相对缓慢。

1996~2000年,经济增长效率总体相处相对较高,无低效率地市,中低效率(地区)数目为4,仅占11%。空间差异显著,大致形成以大连、和沈阳为中心,哈尔滨、长春、大庆、营口和盘锦为次中心向周围逐渐降低的地域分布格局。其中,大连、沈阳经济增长技术效率分别为0.907和0.888,形成了区域效率最高中心,哈尔滨、长春、大庆经济增长技术效率分别为0.774、0.754、0.786、0.771和0.789;中高效率地市共20个,占56.6%,比"八五"时期增加10个;其余地市属一般效率或中低效率,占25%。具体而言,相对"八五"时期,大多数地市经济增长技术水平继续提高,其中沈阳、营口、长春、吉林、通化、哈尔滨、鹤岗、双鸭山和牡丹江等地市技术效率进步相对较快,效率值增加幅度都超过0.100;其余地市经济增长技术效率虽有所增加,但都相对缓慢。

2001～2005年,经济增长效率总体一般,与"九五"时期相比,开始降低。空间差异更趋显著,变异系数达0.26;形成了以大连、沈阳和营口为中心,长春、大庆、盘锦和鞍山为次中心,中高效率、一般效率和中低效率地市广泛分布,低效率地市零星分布的格局。高效率地市有沈阳、大连和营口,比"九五"时期增加1个,其值分别为0.904、0.900和0.829。较高效率地市有鞍山、大庆、长春和盘锦,比"九五"时期减少1个,其值分别为0.760、0.759、0.748和0.722。中高效率地市数目为7个,比"九五"时期减少13个。一般效率、中低效率和低效率地市数目分别为12、7和3个,比"九五"时期增加7、3和3个。具体而言,相对"九五"时期,仅沈阳、鞍山、抚顺、锦州、营口、辽阳、铁岭和绥化8个地市经济增长技术效率稍微增加,其余地市都降低,占地市总数的75%。

2006～2008年,经济增长技术效率总体较低,20个地市属中低、低效率,占总体地市56.6%;仅7个地市属于或优于中高效率水平,占总体地市19.4%。空间差异显著,形成了以2个中高效率中心(北部以哈尔滨、长春和大庆为中心,南部以盘锦和鞍山为中心)、一般效率、中低效率和低效率地市大面积环绕,高效率和较高效率地市零星分布的格局。其中,高效率、较高效率地市数目明显减少,仅有沈阳(0.800)、大连(0.716),比"十五"时期分别减少2和3个;中低效率和低效率地市数目显著增加,比"十五"时期分别增加6和4个。具体来看,相对"十五"时期,仅辽源和朝阳效率值略有提升,其余34个地市效率值继续降低。

1987～2008年,经济增长效率总体偏低,一般效率及劣于一般效率的城市数目为24,占总体地市2/3。空间差异显著,形成了"两大地市为较高效率点,一般效率地市大面积分布,中高效率地市集簇两群,中低效率地市零星散落,高效率和低效率地市偏居一方"的格局。其中,高效率和低效率地市分别为大连(0.820)和阜新(0.395);较高效率地市有沈阳(0.795)和大庆(0.784);中高效率、一般效率和中低效率地市数目分别为9、19和4。从不同时序下经济增长技术效率来看,延边、黑河和绥化3地市变异较大,变异系数分别为0.320、0.310和0.300;长春、吉林和白城3地市变异相对较大,变异系数分别为0.240、0.220和0.230;抚顺、本溪、辽阳、四平、松原和大庆6地市变异非常小,变异系数都低于0.100;其余地市变异相对较小,变异系数介于0.100～0.200。

第四节 区域发展转型的策略途径

近年来,随着中央支持东北等老工业基地振兴优惠政策的进一步落实,东北三省经济社会发展进一步加快,经济实力不断提高,成绩瞩目,但也面临着转型发展的诸多挑战,需要进一步推动发展方式的转变,促进科学发展。

一、经济领域

1. 努力改变投资主导型的经济增长模式

近十年来,东北三省的经济增长主要依靠投资拉动,资本投入对经济增长的贡献率占主导地位,为粗放型的经济增长模式。一定时期的高投入也是必要的,但长期高投资率导致了经济发展中大量的结构性、机制性和素质性问题。过高投入挤压消费,使人民生活水平提高受影响,内需发展不足。东北三省的经济发展应逐步改变这一经济增长模式,尽快提高"消费"这块"短板",积极提高居民收入水平,提高居民消费水平,将投资主导型的经济增长逐步向消费主导型的发展模式转变。

2. 进一步促进产业结构转型

基于东北三省的资源基础和产业基础,应积极推动产业结构的调整,优化产业结构。第一,改造提升传统优势产业,做优做强主导产业,增强装备制造、汽车、冶金、化工、能源、森工等传统优势产业的竞争力。第二,依托优势企业和特有资源,拓展产业领域,积极培育发展战略性新兴产业,重点发展高端装备制造、新材料、节能环保、新能源、生物、新能源汽车、新一代信息技术等战略性新兴产业,依托于本地资源优势,按照"特色突出"的思路,因地制宜,积极培育具有地方特色的新兴产业。第三,加大扶持力度,不断完善发展环境,加快提升生产性服务业的规模和水平,重点加强发展商业贸易、交通运输、金融保险、现代物流、信息咨询等生产性服务业,构筑现代制造业的配套服务体系,支持产业调整和经济转型;进一步壮大旅游、社区物业、文化创意等生活性服务业,注重培育发展与人们群众生活密切相关的中小服务企业,推动经济增长和促进就业。以此,优化产业结构,实现传统产业和新兴产业的互动发展,形成优势产业为主、新兴产业为支撑、服务业全面发展的产业格局。

3. 推动资源依赖型向创新驱动型发展方式转变

总结东北三省的经济增长轨迹,基本特征是主要依靠资源投入与资本投入,技术创新能力不足。未来应积极发展创新驱动型的经济增长模式,在下列几方面加大工作力度。第一,加大企业的技术改造投入,大幅度更新生产设备设施,优化作业流程,切实降低资源和能源消耗,减少污染排放。第二,积极发展新能源、生物技术、信息科技、新材料等先进制造为核心的高科技产业。第三,对具有比较优势、产业关联性较强、综合效益比较高的传统产业和重点行业,加大新技术、新工艺、新装备改造提升,延伸产业链和产品的深加工程度,鼓励企业增强新产品开发能力,提高现代装备水平和产品附加值。第四,结合优势产业和新兴产业发展,推动企业自主创新能力建设,构建以企业为主体的自主产业技术研发体系,培育一批拥有自主知识产权的科技创新型企业,显著提高自主创新对经济增长的贡献率。

4. 有效推动节能减排工作,有序淘汰落后产能

根据国家相关规划,积极推动节能减排工作,淘汰落后产能。一是结合市场需求变化和产业调整方向,加快落后产能的有序淘汰,逐渐收缩衰退产业,限制高耗能、高污染行业扩张,关停小火电、小钢铁、小造纸、小水泥等污染严重的小企业。二是以钢铁、有色、石油

石化、化工、建材等行业为重点,支持企业积极利用节能节水节材减排和资源综合利用的新技术、新工艺、新设备,加快产品更新换代,提高装备水平,实施节能改造工程。三是严格控制高耗能、高排放和产能过剩行业新上项目,强化节能、环保等约束,进一步提高行业准入门槛。四是加快节能减排技术产业化的示范与推广,重点抓好耗能大户、国控排污企业的节能减排。

5. 积极发展循环经济,提高资源利用效率

结合产业调整改造,抓好资源开发、资源消耗、废弃物产生、再生资源利用等环节,积极发展循环经济。第一,以能源、原材料、装备制造和农产品加工等行业为重点,以产业园区和重点企业为载体,推行清洁生产,发展循环经济,重点打造矿产开采、装备制造、冶金、化工、农产品加工等领域循环产业链,提高资源、能源利用效率。第二,坚持节约与替代并重,推进资源利用方式从粗放型向集约型转变,加强共伴生矿、难选矿、尾矿、煤层气综合开发利用,提高资源综合利用水平,积极推动煤矸石、粉煤灰、冶炼和化工废渣综合利用,延长产业链条,提供资源的利用消耗、精深加工水平和附加值。第三,加快新能源发展,促进废弃物的资源化。

二、环境领域

1. 加强生态环境保护与治理

由于过度开垦,东北三省的资源如森林、湿地、草地、水源逐年减少,造成沙尘暴、水荒、病虫害等自然灾害时有发生。要积极加强生态环境的保护和建设。一是坚持保护优先和自然修复为主,加强生态功能区保护和管理,加大生态保护和建设力度,重点解决塌陷区治理和矿山综合利用,加强废旧矿区的土地污染治理。二是要扎实推进重点区域生态建设,大力开展植树种草与天然林、天然草场保护。三是要建设垃圾、污水处理设施,建立污水处理厂和中水系统,加快污水回用和资源化,加强城市污水处理率和垃圾无害化处理率,提高城市环境综合治理能力。四是改善能源消费结构,加强以城市为重点的大气污染综合防治,降低劣质煤炭的消费比重,实现城市空气质量基本达到二级标准,大气污染得到有效控制。五是加大水污染深度处理和工艺技术改造力度,提高行业污染治理技术水平,确保企业废水达标排放,大幅度降低污染排放强度;加强工业废气污染防治,积极推进燃煤电厂、钢铁行业烧结机脱硫,有效推动燃煤电厂、水泥等行业脱硝治理。

2. 建设低碳城市

城市是经济发展、文化教育、科学技术和政治活动的集中地区,也是能源消费和碳排放量大和强度高的地区。尤其是在东北三省,城市化水平高于全国平均水平,积极探索低碳城市的建设对改变东北三省的发展模式有着积极意义。第一,建设低碳型的基础设施,城市规划时就将可再生能源利用、区域供热网络、低碳建筑等纳入规划中,避免高碳排放基础设施对城市未来发展的"锁定效应",奠定低碳城市发展的长远物质基础。第二,建设低碳产业体系,优化产业结构,发展以低碳化、高端化为特点的高新技术产业,推进循环经济和清洁生产,提高服务业比重,同时积极进行技术创新和机制创新,开发利用低碳能源,降低关键产业能源消耗,在钢铁、化工、建筑和交通等关键产业领域节能减碳,使产业发展不断走向低碳化。第三,城市是人口集中、消费集中的区域,城市建设应促进居民的低碳消费生活,提倡消费低碳产品和开展低碳服务。

第八章　辽宁沿海经济带发展战略研究

辽宁沿海经济带是东北地区唯一的沿海区域,在地区经济发展中占有十分重要的地位,是带动东北腹地发展和扩大对外开放的海上通道,更是东北老工业基地振兴的黄金海岸,未来将发展成为我国参与东北亚竞争的一个战略基地。但高污染、高耗能产业为主导的产业结构以及日趋恶化的生态环境制约着辽宁沿海经济带的快速发展。本章首先对国内外沿海经济带开发经验进行了分析总结,而后对辽宁沿海经济带开发背景、战略意义、发展的现状特征、存在问题以及现有规划对辽宁沿海经济带的定位进行了系统分析,并在此基础上提出辽宁沿海经济带发展应坚持生态优先原则,立足辽宁,依托东北,面向东北亚,把沿海经济带发展成为特色突出、竞争力强、国内一流的产业聚集带,东北亚国际航运中心和国际物流中心,建设成为改革创新的先行区、对外开放的先导区、投资兴业的首选地、和谐宜居的新城区,成为带动东北地区振兴的经济带,重点发展先进装备制造业、高加工度原材料产业、现代服务业、轻纺工业、高新技术产业等产业。

第一节　沿海经济带开发的国内外历史经验

从国内外经济和社会发展的成功经验来看,沿海地区已经成为引领经济增长和社会进步的前沿及主流地带。从国内外经济发展的实践来看,世界上最发达的大都市经济圈、经济带以及70%的工业资本与人口都集中在距海岸100公里左右的沿海地带,大多呈带状拓展,并且逐步向内陆辐射。如美国东北部大西洋沿岸城市带、美国西南部太平洋东岸城市带、欧洲西北部沿大西洋城市带、日本太平洋沿岸城市带等,都依托沿海优势,实施外向型经济发展战略,并取得了巨大成功。改革开放以后,我国也实施了东部沿海地区开发战略,先后形成了珠三角、长三角等经济发展迅速、辐射带动作用较强的沿海经济带。

一、国内外沿海经济带发展经验

1. 美国"双岸"经济带发展经验

美国"双岸"经济带是指大西洋沿岸经济带和太平洋东岸经济带,是当今全球沿海区域发展战略的成功典范。美国区域开发由东海岸向中西部直抵西海岸的推进与其崛起为世界第一经济大国是同步发展的。大西洋沿岸经济带素称北美的"心脏地带",是19世纪美国工业化的先驱、西部大开发的基地,也是20世纪初美国崛起为世界第一经济大国和得以占据"世界工厂"地位的基础。大西洋沿岸是殖民时期的移民集散中心,该区域海外贸易活跃,各殖民地之间靠沿海和内地运输建立经济联系。1825年伊利运河的开通打开了大湖区的出海口,使纽约经济腹地伸进大湖区及其以西的农业区。19世纪40年代后,欧洲移民浪潮席卷美国东海岸,这不仅为大西洋沿岸经济发展带来大量廉价劳动力,也带来了欧洲的先进技术。美国东北海岸的港口城市发展成了美国工业化的先驱阵地。19世纪后沿河平行铁路的修建,使纽约发展成为连接美国东西部的商业枢纽。进入20世纪,全球范围内移民涌往美国,美国本土经济迅速发展。诸多富有地方和产业特色的次级经济区互动发展,造成了美国大西洋经济带板块的整体崛起。

太平洋沿岸经济带则是美国西部前沿,第二次世界大战之后,随着制造业和高新技术产业重心的西移,从西雅图经旧金山抵洛杉矶,形成了美国"黄金海岸"和"阳光地带"。区域开发交通先行是美国联邦政府西部开发的政策重点。1862年、1864年美国国会通过了两项修筑横贯大陆铁路法案,以优惠政策鼓励和促进跨大陆铁路兴建。1869年中央太平洋铁路和联合太平洋铁路在犹他州境内接轨,接着圣塔菲、南太平洋、北太平洋和大北方四条横贯大陆的干线铁路竣工,极大地改善了太平洋沿岸的交通条件。20世纪20年代,太平洋沿岸城市都建设了直达的高速公路,以沿太平洋铁路为主干,辅以高速公路、航空和海运的西海岸交通大动脉,支撑了太平洋沿岸经济地位的异军突起。高新技术则成为太平洋经济带后发腾飞的催化剂,新兴产业蓬勃发展,传统产业经过技术更新长盛不衰,使太平经济带迅猛发展。西海岸经济带高新技术产业崛起的关键,在于其强大的科研力量。洛杉矶从事开发研究的工程技术人员数量超过了纽约,居全美国之首,工业实验室在纽约之后居第二位。

"双岸"经济带引领了美国产业的阶段性更替,而更替的连续性则是经济持续发展的决定性因素。先是通过汽车工业的集中和重组来不断调整制造业结构,而后开始大力拓展出口市场和发展服务性行业。由此可以看出,"双岸"经济带的产业结构演变,反映了美国经济发展的阶段性。

"双岸"经济带的另一个成功经验就是吸引来自全世界的一流人才、技术和资金,美国对高素质移民的政策吸引了全美,乃至全世界的高素质人才在"双岸"经济带聚集,为该区域经济的发展奠定了坚实基础。在美国西海岸尤甚于东海岸,美国太平洋经济带的发展主要是靠人才流入,加之技术和资金引进共同作用的结果,如硅谷的风险投资、科技人员创业和中介体系共同成就了西海岸高新技术产业的发展。

技术创新是美国"双岸"经济带发展的引擎,而高新技术在改造传统产业的同时,其自身的发展也具有鲜明特征。在美国信息产业发展史上,太平洋沿岸经济带的硅谷地区和大西洋沿岸经济带的128公路高科技园区,是高新技术产业的聚集地。

2. 日本太平洋沿岸工业带发展经验

日本太平洋沿岸工业带是日本也是全世界最发达的工业地区之一,是指日本太平洋沿岸从鹿岛滩经东京湾、伊势湾、大阪湾、濑户内海直至北九州一线的沿太平洋分布的狭长条带状地区,全长1 000公里,工业分布十分密集,其土地面积约占日本全国总量的24%,却拥有日本全国60%的工厂数量,75%的工业产值,95%的大型钢铁联合企业设备能力,以及90%以上的重化工业产值。第二次世界大战后新建的大量资源型工业,全部分布在这一带。在第一次世界大战至第二次世界大战期间,日本建成了京滨(以东京、横滨为中心)、中京(以名古屋为中心)、阪神(以大阪、神户为中心)和北九州四大工业区。20世纪50~60年代,以原有工业区为中心,逐步扩展形成了太平洋沿岸工业带。1960年,池田内阁制定了"国民收入倍增计划",并作为其附件提出了建设"太平洋带状地区构想",推动了日本国土开发的重点转向太平洋沿岸地区。1962年,日本政府制定了"全国综合开发计划"。主要目标是有计划地开发区域经济,疏散原有大城市工业和人口,逐步缩小地区差距。进一步为太平洋沿岸地带的发展提供了政策支持。1964年,日本政府指定了15个中小城市作为新产业城市,六个地区作为"工业特别整治地区"。在这21个新产业城市和工业特别整治地区中,有1/3在濑户内海地区,就为濑户内海临海工业地带的形成打下了基础。此外,1956~1968年日本政府先后颁布了"首都圈整治法"等三大圈整治法和"首都圈基本计划"等三大圈基本整顿计划,逐步形成了东京、大阪、名古屋三大城市圈。至20世纪60年代末,原有的京滨、阪神、中京、北九州四个大工业地带与新兴的濑户内海工业地带联结成为太平洋带状工业地带,特别是濑户内海工业区聚集了纤维、造船、化学、汽车、造纸、钢铁、石油化学等工业,成为日本重要的工业带之一。

仅用了十几年的时间,日本便建成了巨大的太平洋带状工业带。日本区域开发值得借鉴的经验主要有以下几点:第一,依靠国外市场。日本本国资源短缺,发展工业所需的能源、原材料以及产品都严重依赖海外市场。辽宁沿海经济带腹地广阔,资源丰富,但在全球化大趋势下,需要利用国外市场的先进经验、技术发展区域经济。第二,充分发挥交通便利的优越性。日本是岛国海上交通便利,有利于大宗货物的运输,这是日本工业发展的关键性因素,也促使日本工业投资布局趋向太平洋沿岸集中。第三,日本太平洋沿岸工业带形成的过程中,日本在沿海地区修筑了完善的公共设施和发达的交通运输网络,为新企业的布局创造了便利条件。

3. 珠江三角洲发展经验

珠江三角洲是我国改革开放的前沿阵地,改革开放以来社会经济取得了突飞猛进的发展。1978年,广东省的经济总量仅占全国的5.1%,其中珠三角经济在广东又居于绝对地位,可见当时珠江三角洲经济在全国位列后进。改革开放之初,五个经济特区中三个设在了广东,为珠三角发展外向型经济创造了得天独厚的条件。依靠粤港"前店后厂"式的分工模式,珠三角外向型经济发展迅速,区域城市化、工业化进程加速。1980年,珠三角[①]三次产业结构还为26.0∶44.0∶30.0,到2008年演化为2.4∶50.3∶47.3,轻重工业比重演化为41.0∶59.0,形成了以家电、机械、建材、电子、食品、化纤、纺织等为主的产业集群。

珠江三角洲发展大致分为了三个阶段:第一个阶段是1979~1984年出口特区试点阶段,

---

① 这里的珠三角指1994年确定的开放区。

主要是通过特殊的政策和管理体制,吸收侨资、外资,引进国外境外先进技术和管理经验的起步探索阶段,宽松的政策及管理体制是重点;第二阶段是1984～1992年扩大经济特区面积,发展外向型经济阶段,这一时期广东省多层次、多形式的对外开放格局建立。改善投资环境、横向经济联合,发展综合性外向型经济是这一时期的主要特点;第三阶段是1992年至今,进出口结构转型,产业结构升级成为珠三角经济发展的主要任务。

珠三角飞速发展的经验体现在:一是发展外向型经济。利用国家的优惠政策充分发展外向型经济,从最初设立的出口特区、到经济特区,都享有国家特殊的出口优惠政策为珠三角的经济腾飞提供了政策基础。二是充分发挥区位优势,承接国际产业转移。改革开放之初,珠三角抓住临近港澳的优势,积极承接国际产业转移,以发展劳动密集型的轻工业为主,逐渐形成了家电、机械、建材、电子、食品、化纤、纺织等为主的产业集群,为区域经济腾飞奠定了基础。三是积极利用外资,利用毗邻香港的区位优势,积极吸收和利用外商投资,引进先进的技术和管理经验,成为我国对外开放、走向世界的重要窗口。

4. 长江三角洲发展经验

以上海为龙头的长江三角洲地区历来是我国对外贸易的前沿,在我国对外贸易中占有重要地位。自1843年被迫开放门户后,到19世纪末,上海确立了全国贸易中心的地位,1933年上海工业总产值超过全国工业总产值的一半以上,1935年进出口贸易总值近13.8亿海关两,占全国外贸总值的一半以上。高度计划经济时期,上海一直是我国最重要的工业基地、科技基地之一,还是全国最大的港口、贸易中心,也是我国对外贸易活动的一个重要口岸。据统计,1950～1980年的31年中,上海累计出口358.08亿美元,为全国出口累计总额的31.1%。悠久的对外开放历史,为上海在改革开放后利用国内国际两种资源、两个市场,从国内外吸引更多的资金、技术进行现代化建设创造了条件。十一届三中全会后,上海对外开放进入了一个全新时期。在被列为沿海开放城市前,上海对外开放步伐落后于珠三角地区,主要是对突破传统体制的探索,成立对外经济贸易委员会加强对外开放工作的管理,展开利用外资的探索试验。这一时期,对外开放工作取得了一些成就,但对上海经济社会的整体发展没有产生很大推动作用。

1984年,国务院提出开放包括地处长三角的南通、上海、宁波三市在内的14个沿海港口城市,宽松的政策环境使长三角地区对外开放进入快车道。1985年2月,又将长三角、珠江三角洲和闽南三角洲开辟为沿海经济开放区,在利用外资方面实行特殊优惠政策,拉开了长三角经济飞速发展的序幕。上海市制定了对外引进先进技术和外资,加快工业企业的技术改造和产品更新换代;对内按三个层次有计划、有重点地开展各种形式的联合和协作的发展方针。1984～1987年是长三角地区对外开放机遇与挑战并存的探索时期,在国家宽松的政策环境下,采取的主要措施有三:一是深化经贸体制改革;二是加快引进先进技术和外资;三是着手开发区建设。

随着全国对外开放局势的不断发展,长三角地区的发展受到了国内其他区域的竞争,1988

年开始,长三角地区对外开放进入了明确定位、打基础阶段。这一时期采取的措施包括:一是在外贸业务上进行"以搞活经营"为主旨的探索。运用经济手段用好国内外资源,采取全球营销战略,开拓国际市场,搞活贸易方式,发展横向经济联合,扩大与内地的经济关系。二是在外向型经济上进行以"改善环境"为重点的拓展。三是探索土地批租方式,拓宽利用外资渠道。四是加强对外经济技术合作。五是积极开展引进国外智力的工作。最后,浦东新区开发上升为国家战略。经过1988~1992年这一时期的调整,长三角地区经济发展迅速,成为带动全国经济发展的增长极。各地市的开发区建设、招商引资步伐不断加快,区域内部各地市之间的合作需求、愿望不断加强,长三角经济发展进入区域一体化阶段,1992年自发成立长江三角洲十四城市协作办(委)主任联席会,1997年组成了经济协调组织——长江三角洲城市经济协调会。此后,长三角区域一体化进程加速,区域内部通过优势互补促进区域经济的快速发展。目前长三角已经发展成为我国经济增长最快的区域之一,形成了以电子、生物医药、机械、钢铁、纺织、石油化工为主的产业体系。

长三角建设的经验体现在:一是发展开放型经济,广泛引资,充分利用国际、国内两种资源、两个市场,实现与投资者的双赢、与兄弟地区的共同发展;二是在承接国际产业转移的过程中,注重对技术链的引进,不是只注重低端加工;三是注重装备制造业等制造业的发展;四是坚持不断调整和优化产业结构,逐步提升经济发展的核心竞争力;五是区域经济的横向联合。

综上所述,从空间上看,各沿海经济带在发展之初都以某一点为增长极,不断积聚发展,而后开始向周边地区呈带状扩散,最终形成经济隆起带,这一时期的政策重点是向增长极倾斜。早期政策重点是通过政策优惠、投资环境改善,吸引外资、境外先进技术,积极开拓国际市场,包括税收优惠、土地优惠、交通等基础设施建设等等。之后,发挥增长极的辐射作用,带动经济带的隆起。

二、对辽宁沿海经济带的启示

国内外沿海经济带的建设,对辽宁沿海经济带的启示可以总结为以下几点:

1. 发展外向型经济

无论是美国的"双岸"经济带、日本的太平洋沿岸经济带,还是国内的珠三角、长三角地区,外向型经济均是其最初迅速发展壮大的主要驱动力量。沿海地区具有对外利用国际资源,对内具有广阔腹地的天然优势。一方面,沿海口岸具有优先利用发达国家的先进技术、承接国际产业转移的区位优势;另一方面,沿海地区具有便利的航运优势,可以成为本地区出口的前沿阵地。

辽宁沿海经济带应大力发展外向型经济,构建以大连、营口为双中心,以丹东、锦州、葫芦岛等为支点的沿海地区临港工业带,积极承接国际制造业转移,加快形成开放先导区,迅速发展成为带动区域经济发展的中心,并且以其巨大的技术经济能量向腹地进行辐射和扩散,形成大规模的产业集聚和城市绵延带。

2. 形成结构合理的区域城镇体系

区域经济发展的载体是城市,规模梯度结构合理、功能互补的区域城镇体系,可以促进区域经济良好有序的快速发展。反之,产业结构趋同、规模差别较大的城市体系,容易造成城市辐射带动效应不能充分发挥、资源分配不均、恶性竞争等问题。辽宁沿海经济带六市规模悬殊,大连无论是从城市规模、经济发展水平各方面均远远好于其他五市,而各市之间产业同构现象突出,一系列问题阻碍沿海经济带作为东北地区对外开放前沿阵地作用的发挥。应注重城镇化发展的引导,构建产业结构合理、规模合理的城镇体系。

3. 坚持可持续发展

在经济发展过程中,经常会出现环境污染、资源枯竭、交通拥挤、人口产业过度集中以及生态环境恶化等问题,这将严重阻碍区域经济的进一步发展。上述各个沿海经济带都曾经或正在受到相关问题的困扰,日本的太平洋沿岸就曾经发生过严重的环境污染问题,尤其是濑户内海沿岸由于重工业密布,一度环境问题层出不穷,日本为了根除太平洋沿岸严重的环境污染,重新调整工业布局,将一些大型工业基地转迁至东北、西北地区,以新干线、高速公路和现代通信网络将其与大城市连接起来。而我国的珠三角地区,由于发展模式粗放,现在正面临能源不足、环境污染、劳动力成本上升等问题。

辽宁沿海经济带是我国传统的原材料、装备制造业生产基地,生态环境已经很脆弱,在发展过程中应吸取上述区域的经验教训,坚持经济发展与环境保护相协调,推动经济增长方式转变。在产业布局、区域发展方面综合协调,尽量避免区域之间恶性竞争。在招商引资方面,要注重选择技术相对高端、对资源环境影响小的产业。最后,加强资源保护,构建一体化的生态安全网络。

4. 加强基础设施建设

国外沿海经济带内大多拥有由高速公路、高速铁路、航道、通信干线、运输管道、电力输送网等体系所构成的完善的区域性基础设施网络。将区域内部各区域连接起来,使区域内部商品、信息等各种生产要素可以自由流动。经济带的形成一般由增长极沿交通沿线进行轴向扩散,连接不同节点,最终形成经济隆起地带。建设发达的区域性基础设施网络是建设发展沿海经济带的重要支撑。辽宁省已经建成的高速公路网络和正在建设的哈大客运专线、东北东边道铁路等密布的交通运送设施,必将构成沿海城市群空间结构的骨架。

5. 利用临港优势发展临海经济

依托深水大港的优势,发展临海经济,是沿海经济带发展的重要条件。美、日沿海经济带都形成了世界级的著名港口及机场,成为全球资金、技术、信息的交流中心。但是发展过程中应注意邻近城市、港口之间的合理分工,避免恶性竞争。例如,美国纽约港是商港,费城港主要从事近海货运,波士顿港以转运地方产品为主。

辽宁沿海经济带拥有宜港岸线1 000多公里,其中深水岸线400多公里,拥有五个主要港口,已同世界160多个国家和地区通航。需要进一步围绕大连东北亚国际航运中心建设,整合全省港口资源,优化沿海港口资源配置,完善沿海港口布局,努力打造以大连港为中心,营口、丹东、锦州、葫芦岛等港口为两翼,分工合作、优势互补的港口集群。同时要充分利用沿海港口群优势,发展装备制造、高加工度原材料、现代服务业等重大产业项目,促进临港产业和海洋经济发展壮大,实现产业临港布局、沿海展开、园区集中的战略转移,提升产业竞争能力。

第二节 经济带建设背景与发展现状分析

一、辽宁沿海经济带发展背景分析

1. 背景分析

为落实中央振兴东北的战略部署,2005年辽宁省委、省政府提出了打造"五点一线"沿海经济带的战略构想。2006年1月为支持"五点一线"建设,辽宁省政府印发了《关于辽宁省鼓励沿海重点发展区域扩大对外开放的若干政策意见》。2007年8月国务院批复的《东北地区振兴规划》,明确提出了"开发建设沿海经济带"。2009年7月1日国务院总理温家宝主持召开国务院常务会议,讨论并原则通过《辽宁沿海经济带发展规划》,将辽宁沿海经济带开发建设纳入国家战略。辽宁省沿海经济带是东北唯一的沿海区域,在地区经济发展中占有十分重要的地位,是带动东北腹地发展和扩大对外开放的海上通道,更是东北老工业基地振兴的黄金海岸。沿海经济带的"五点一线","五点"是指大连长兴岛临港工业区、营口沿海产业基地、辽西锦州湾经济区、丹东产业园区和大连花园口工业园区五个重点发展区域。2008年,为了在更高的起点上加快推进辽宁沿海经济带的开发建设步伐,辽宁省政府新增了一批沿海重点支持区域,由原来的"五点"增加到"二十九点"。"一线"是指大连、丹东、锦州、营口、盘锦、葫芦岛六市所辖的21个县市区和12个沿海县市组成的沿海地带,长约1 443公里,宽约30~50公里,国土面积占东北三省的7.4%,人口占东北的16.2%,2010年GDP占到东北三省的24.7%。

国家确定的辽宁沿海经济带战略定位为:立足辽宁,依托东北,服务全国,面向东北亚。把沿海经济带发展成为特色突出、竞争力强、国内一流的临港产业集聚带,东北亚国际航运中心和国际物流中心,建设成为改革创新的先行区、对外开放的先导区、投资兴业的首选区、和谐宜居的新城区,形成沿海与腹地互为支撑、协调发展的新格局。其目的旨在充分利用沿海优势,使原来封闭型的辽宁省完全开放,成为东北亚经济圈的核心,真正融入世界市场,形成国际化功能比较齐全的功能型省份,进而形成沿海与腹地互为支撑、协调发展的新格局。

2. 建设辽宁沿海经济带的战略意义

"五点一线"沿海经济带开发建设战略是区域经济发展战略,符合区域空间结构理论。法国经济学家佩鲁(F. Perroux)提出的增长极理论指出,区域发展不平衡的条件下,生产要素会在区位条件优越的地区集中,形成"增长极",然后向外围扩散,带动区域经济发展。最初由波兰经济学家萨伦巴和马利士提出的点轴开发模式中提出,区域发展之初,由于资金有限,开发首先集中在交通和区位条件比较优越的一个或几个点,然后沿交通线扩散形成区域发展轴,通过点、轴的带动作用,促进区域共同发展。我国科学院院士陆大道在深入研究区域发展战略基础上提出了沿海开发轴线和长江沿岸轴线相交的"T"字形空间战略布局。实际开发过程中,在我国沿海及长江沿岸形成了众多经济发展程度相对较高的经济区域,即沿海、沿江经济带。

第一,将进一步促进我国沿海经济带的发育。我国的改革开放最初从珠三角的四个出口特区开始,而后划定五个经济特区,1984年又开放了从包括大连在内的14个沿海开放城市,1985年2月,又将长江三角洲、珠江三角洲和闽南地区开辟为沿海经济开放区,可以说沿海开发由南向北逐步推进,珠三角、长三角都曾成为中国经济增长的重要引擎。辽宁沿海作为沿海地区的重要组成部分,经济上却处于洼地,开发滞后于其他沿海地区。辽宁的六个沿海城市,除大连外布局均朝向内陆。随着国家经济重心的逐渐北移,东北老工业基地振兴政策的实施,辽宁沿海经济带开发迎来良好的机遇,其开发将加快北方地区尤其是东北地区区域经济的发展,从根本上推进我国沿海经济带的发育,形成我国沿海开发的新格局。

第二,为东北老工业基地振兴带来全新契机。新中国成立之初,包括辽宁省在内的东北三省,在装备制造、原材料工业上为国家发展做出了重要贡献。在国家"156项"重点项目建设中,东北三省有57个,占到了36.5%,辽宁省24项,占到15.4%,为了配套24项重点项目,辽宁省还安排了730个省市重点项目,这为辽宁省乃至东北三省奠定了经济发展的重要基础。然而,改革开放后原来庞大的国有企业体系,不能适应市场经济发展趋势,许多大中型国有企业倒闭或被兼并,大量职工下岗,许多科技人员纷纷离开。同时,由于长期大力发展原材料工业,不少城市面临资源枯竭、产业转型问题,导致整个东北三省经济发展缓慢。为了解决上述问题,国家从2003年开始实施东北等老工业基地振兴战略,东北地区经济得到较大程度的复兴,但是体制约束、高污染、高耗能为特征的产业体系转型升级任重道远。

作为东北地区唯一的临海地区,辽宁沿海经济带的开发可以成为东北地区承接国际产业转移的前沿,带动产业结构的优化升级;可以充分利用废弃的盐田、盐碱地和荒滩,闲置资源得到有效开发与利用;可以充分利用国际装备制造业转移和日、俄、韩、朝经济和社会发展带来的历史机遇,加速推进东北地区外向型经济的发展。通过"五点一线"的系统开发,促进辽宁沿海产业集群的形成,必将像珠三角的深圳、长三角的上海等地一样发挥领头羊作用进而带动内部腹地的快速发展。因此,辽宁沿海经济带的开发将是整个东北地区振兴的新契机。

第三,成为我国参与东北亚竞争的一个战略基地。世界经济重心正在由西欧移向东亚,由大西洋移向太平洋,东北亚经济圈将成为全球最具潜力的发展区域之一。而辽宁沿海经济带处于环渤海地区和东北亚经济圈的关键地带,是东北地区的主要出海通道和对外开放的重要窗口,区位优势明显,战略地位突出。建设辽宁沿海经济带不仅可以促进辽宁的全面振兴,带动东北地区实现科学、快速发展,而且也为我国参与东北亚经济竞争打下了坚实的战略基础。

东北亚各国产业梯次明显、互补性强、地缘相近、文化相亲,合作潜力巨大,发展前景广阔,有望成为世界第三大经济区。辽宁通过沿海经济带发展战略的实施,将会在我国形成一个辐射东北、沟通华北和华中、面向东北亚的新的开放战略高地,成为东北亚区域的经济隆起带。

3. 辽宁沿海经济带开发优势分析

第一,具有振兴东北老工业基地、环渤海开发的双重政策优势。近年来,东北等老工业基地振兴成为国家发展重点。而辽宁沿海经济带是东北地区的唯一出海通道,担负着东北地区内引外联的重要作用。同时,国家经济发展重点逐步北移,环渤海地区已经成为国家利用国际、国内市场,参与经济全球化竞争的龙头,也是地区发展与振兴的龙头,成为国家发展政策、资金关注的重点地区。辽宁沿海经济带是环渤海经济区的重要组成部分,具有东北老工业基地振兴、环渤海地区的开发双重优势。2010年六市完成固定资产投资7 349.22亿元,比上年增长26.5%,高于辽宁省(22.7%),占辽宁省与东北三省的比重分别达到45.8%和22.6%。

第二,内引外联的区位优势。从地理位置上看,辽宁沿海经济带是东北地区物流的出海口,也是国际物流进入的登陆点。丰富的岸线和良好的港口资源,对于承接国际产业转移、参与国际竞争,利用国内外两种资源、两个市场加快发展,具有得天独厚的条件。一方面,连接日韩与东北、内蒙古乃至蒙古、俄罗斯广阔腹地,成为这些区域的重要出海通道;另一方面,可以承接日、韩以及其他发达地区的产业、先进技术的转移,带动内陆地区的迅速发展。东北地区的成品油、钢材、重型装备等产品约50%左右经辽宁沿海港口运出。大连、营口、锦州、丹东四个港口货物吞吐量约占整个东北地区货物进出口量的75%。

第三,拥有广阔的腹地及资源优势。东北三省土地拥有全国8%左右的人口和10%左右的国内生产总值,40多种矿产资源储量居全国前三位,铁矿石储量占全国的1/7。拥有众多大型石油、化工、装备制造、冶金、造船等具有较强竞争实力的骨干企业。原油、木材、商品粮、电站成套设备、汽车、造船、钢等产品产量分别占全国的2/5、1/2、1/3、1/3、1/4、1/4和1/8,是全国重要的装备制造业、原材料工业、商品粮和能源基地,可以为沿海经济带的发展提供丰富的能源原材料及富足的劳动力资源。

第四,交通运输优势。沿海经济带已建成东北地区最发达最密集的综合运输网络。作为东北地区的出海通道,拥有五个主要港口,100多个万吨级以上泊位,最大靠泊能力30万吨级,已与世界160多个国家和地区通航;有沈山、哈大等区域干线铁路,烟大轮渡,沈大、沈山、丹大等多条高速公路,铁大、铁秦等输油管道,大连、丹东、锦州三个空港,拥有52条国内航线和20多条国际航线,形成了四通八达的交通运输网络,是沿海经济带快速发展的有力支撑。

第五,经济发展的后发优势。东北地区是我国传统的老工业基地,国有企业比重大,体制负担重。一直以来,东北地区的发展重内陆、轻沿海,如新中国成立初辽宁省的24项国家重点项目中,沿海六市仅有四个,这使得沿海经济带相对于内陆腹地区域的体制问题相对较轻,经济发展后发优势明显。

二、辽宁沿海经济带发展现状特征及问题

1. 现状分析

第一,在东北老工业基地的地位日益重要。辽宁沿海经济带在东北老工业基地振兴中发挥着越来越重要的作用,六市国民生产总值在辽宁省、东北三省的比重逐年上升(图8—1)。2010年六市国民生产总值更是达到9 259.9亿元,占辽宁省的50.2%,较2005年提高0.5个百分点,占东北三省的24.7%,较2005年提高1.5个百分点。同年沿海经济带人均GDP达到51 885元,是辽宁省的1.2倍,东北三省的1.5倍。

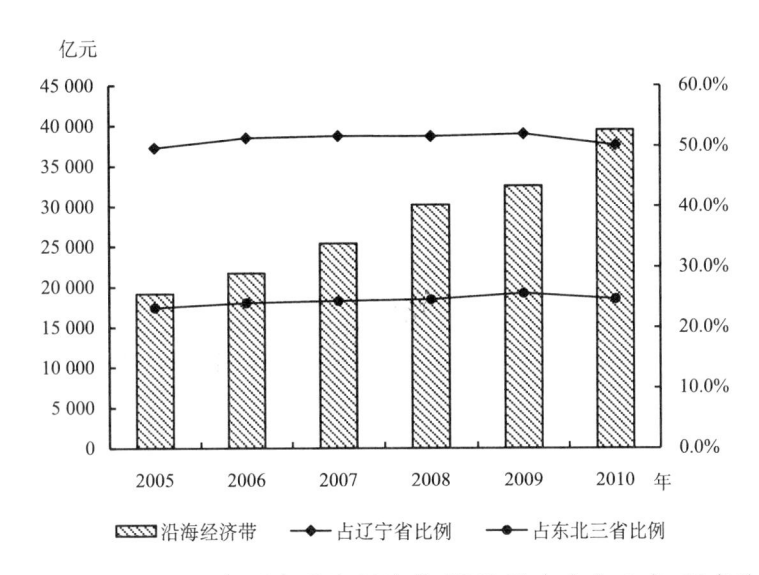

图8—1 2005～2010年辽宁沿海经济带GDP及在东北三省、辽宁的比重

第二,经济发展速度快于辽宁省、东北三省同期水平。2005年以来,沿海经济带发展速度始终快于辽宁省和东北三省的平均水平。按可比价格计算,2005～2010年沿海经济带GDP年均增长速度为15.4%,辽宁省为14.0%,东北三省为12.3%,沿海经济带增长速度明显较快,说明其发展潜力在进一步快速释放中。

第三,处于工业化中期阶段,以石油化工、冶金、装备制造业为主的重化工业特征明显。经换算2010年沿海经济带人均GDP超过3 000美元,参照"钱纳里一般标准工业化"模型,该区域处于工业化的中期阶段,属于重工业化加剧阶段。根据分行业数据分析,沿海经济带以石油化工、冶金、装备制造业为主的重化工业特征明显,并且在全国占有重要地位。通过分析部分城市2009年、2007年工业行业数据发现,半数以上的城市石油加工、炼焦及核燃料加工业在全国的区位商均大于1,部分城市的装备制造业、有色金属冶炼及压延加工业、黑色金属冶炼及压延加工业在全国区位商均大于1(表8—1)。

表 8—1 2009 年部分城市重点工业行业在全国的区位商

	大连	盘锦	锦州	葫芦岛	丹东
石油天然气开采	0.00	15.28	0.00	0.00	0.00
黑色金属矿采选业	0.01	0.00	0.00	0.00	6.45
有色金属矿采选业	0.05	0.00	0.00	3.68	9.95
非金属矿采选业	0.51	0.00	3.13	0.34	4.99
食品加工业	1.70	0.84	2.74	0.35	2.68
服装及其他纤维制品制造业	1.75	0.11	0.23	0.25	1.56
石油加工、炼焦及核燃料加工业	4.30	7.63	7.24	8.39	0.39
化学原料及化学制品制造业	0.67	3.17	0.78	1.17	0.55
橡胶制品业	0.51	0.24	8.13	0.31	0.47
非金属矿物制品业	0.56	0.66	1.33	0.32	0.84
黑色金属冶炼及压延加工业	0.39	0.00	1.96	1.03	0.50
有色金属冶炼及压延加工业	0.16	0.04	0.92	3.99	0.94
通用设备制造业	3.34	0.27	0.38	0.26	1.80
专用设备制造业	2.08	2.41	0.32	0.54	1.25
交通运输设备制造业	1.78	0.42	0.36	1.55	1.36

注：锦州、葫芦岛为 2007 年数据。

第四，产业布局向沿海集中趋势明显。区域范围内，产业向沿海推进的趋势明显。我国"十一五"规划已确立了"以北京—天津—滨海新区为发展轴，以京津冀为核心，以辽宁、山东半岛为两翼的环渤海区域经济发展大格局"；辽宁的沿海经济带开发战略，以大连为龙头、以多点为依托的开发格局已经形成。首先，在沿海开发和产业发展重化工化的驱动下，辽宁沿海六市形成了众多的产业集聚区域，已经布局了省级及以上各类产业园区 28 个（表 8—2），其中沿海经济带的省级开发区占到全省的 50.0%，各类产业园区承载着装备制造、石化、冶金、能源等产业发展的重任。2000 年及以后设立了 15 个园区，其中 90% 左右分布在海岸带区域。其次，沿海经济带各市城市建设开始向沿海地区扩展，滨海新城建设发展迅速。

表 8—2 沿海产业集聚区情况

国家级开发区 （10 个）	大连 7 个：大连经济技术开发区、大连高新技术产业开发区、大连长兴岛经济技术开发区、大连保税区、大连出口加工区、大连金石滩旅游度假区、大连大窑湾保税区 丹东 1 个：丹东边境经济合作区 锦州 1 个：锦州经济技术开发区 营口 1 个：营口经济技术开发区

续表

省级开发区 18个	大连6个:瓦房店炮台经济开发区、旅顺经济开发区、金州经济开发区、甘井子工业园区、普兰店经济开发区、大连花园口工业园区
	丹东2个:前阳经济开发区、东港经济开发区
	锦州2个:锦州高新技术产业园区、锦州沟帮子经济开发区
	营口3个:营口高新技术产业园区、南楼经济开发区、大石桥经济开发区
	盘锦1个:盘锦经济开发区
	葫芦岛4个:葫芦岛高新技术产业园区、葫芦岛经济开发区、杨家杖子经济开发区、八家子经济开发

第五,对外开放程度进一步提高。随着各类政策向沿海经济带的倾斜,沿海经济带逐渐成为外商投资的热点,经济外向度逐步提高。2010年沿海6市实际利用外资总额由2005年的14.19亿美元增长至132.32亿美元,占全省比例由39.5%增至63.8%。外贸进出口总额284.4亿美元,是2005年的2.1倍,占全省的75.7%。

2. 问题分析

(1) 区内经济发展极不均衡。沿海六市之间经济发展水平存在巨大差异。从国民生产总值来看,大连一枝独秀远远大于其他五市的经济总量,差距在5~10倍,2010年大连市国民生产总值为5 158.16亿元,最少的为葫芦岛仅有531.45亿元,并且这种差距呈增大趋势(图8—2)。从人均GDP来看,2010年最高的是大连,达到87 963元,最低的是葫芦岛,仅有18 859元,大连比排第二位的盘锦也高出17 000多元。

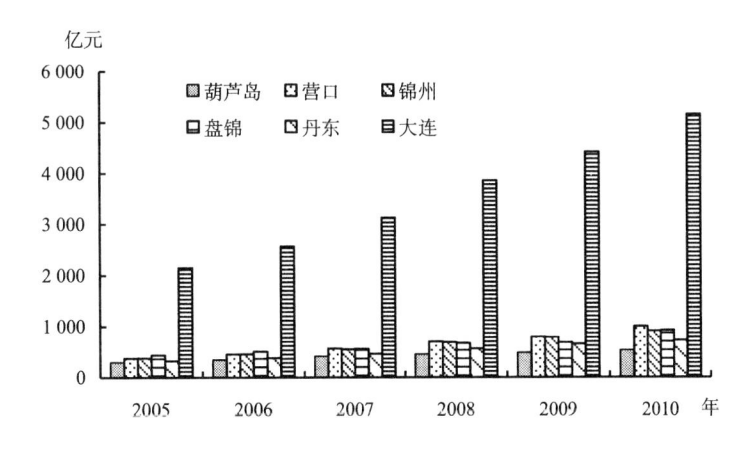

图8—2 2005~2010年辽宁沿海六市GDP总量变化

进一步通过经济首位度来分析这种差距(排名第一的城市经济总量与区域经济总量的比值),大连市在沿海经济带的经济首位度逐年上升,2005~2010年上升了0.016。而经济总量最小的葫芦岛市在沿海经济带中比重却下降了0.018。这说明,大连与其余五市之间经济发展的差距呈拉大态势,这不利于沿海经济带的整体协调发展。如此巨大的发展差距,阻碍了沿海经济带的整体效益、对内陆腹地的带动作用的发挥(表8—3)。

表8—3　2005～2010年大连的经济首位度与葫芦岛在沿海经济带中比重

年份	2005	2006	2007	2008	2009	2010
大连经济首位度	0.541	0.543	0.550	0.555	0.564	0.557
葫芦岛比重(%)	7.5	7.4	7.3	6.6	6.2	5.7

根据沿海经济带2010年人均GDP及2005～2010年GDP年均增长率,六市可以分为四组(图8—3):

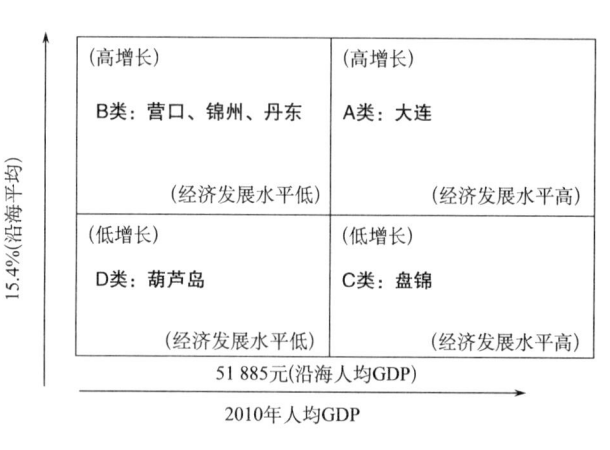

GDP年增长率 15.4%(沿海平均)	(高增长) B类:营口、锦州、丹东 (经济发展水平低)	(高增长) A类:大连 (经济发展水平高)
	(低增长) D类:葫芦岛 (经济发展水平低)	(低增长) C类:盘锦 (经济发展水平高)
	51 885元(沿海人均GDP) 2010年人均GDP	

图8—3　辽宁沿海六市经济发展分组

A类地区　经济发展水平高、发展速度快的区域,包括大连。2005～2010年GDP的年均增长率、2010年人均GDP均高于沿海平均水平,说明该市经济发展水平高、且保持了很高的增长速度;

B类地区　经济发展水平低、发展速度快的区域,包括丹东、锦州、营口。2005～2010年GDP的年均增长率高于沿海平均水平且2010年人均GDP低于沿海平均水平;具有很大增长潜力的地区,目前经济发展水平不高,但发展势头强劲。

C类地区　经济发展水平高,发展速度低的区域,包括盘锦。2005～2010年GDP年均增长率低于沿海平均水平,但人均GDP高于平均水平;说明该市经济具有一定规模,但发展势头不足。

D类地区　经济发展水平,经济发展速度均低的区域,包括葫芦岛。2005～2010年GDP的年均增长率、人均GDP低于沿海平均水平。

(2)产业结构不合理。首先,第二产业仍然是沿海经济带发展的主要动力。2010年六市三产比重达到8.9∶52.4∶38.7,产业结构属于"二、三、一"型,是以第二产业为主导的发展区域,其比重比全国平均水平(10.2∶46.8∶43.0)高5.6个百分点。而第三产业则低于全国平均水平4.3个百分点。这种区域发展的动力,与珠江三角洲和长江三角洲地区存在较大的差异。世界发达国家在20世纪90年代中期第二产业的比重已经降到30%左右,而第三产业的比重平均水平达60%以上。上述发展特征使其经济发展对资源的消耗维持在较高水平。可见,辽宁沿海经济带调整产业结构、促进经济增长方式转变应是未来努力的方向,但任重道远。

表8—4 2005年、2010年沿海经济带与辽宁、东北三省的轻重工业对比

	2005年		2010年	
	轻工业(%)	重工业(%)	轻工业(%)	重工业(%)
全国平均	30.0	70.0	28.7	71.3
东北三省	18.0	82.0	21.9	78.1
辽宁省	16.5	83.5	19.5	80.5
大连	23.4	76.6	28.1	71.9
丹东	29.8	70.2	32.3	67.7
锦州	14.5	85.5	21.4	78.6
营口	32.1	67.9	17.9	82.1
盘锦	3.0	97.0	6.7	93.3
葫芦岛	1.7	98.3	6.0	94.0

资料来源:根据各省市2005年、2010年统计公报整理。

其次,从工业结构内部来看,六市重工业特色明显。2010年重工业比重除丹东外均高于全国平均水平(28.7∶71.3)(表8—4),与2005年相比除营口外各市重工业比重均有下降,但重工业比重仍然明显偏高,其中营口、葫芦岛、盘锦的重工业比重超过80%,属于极重型的产业结构。六市均以石油、化工、冶金、重型装备制造等产业为主,其产业无一例外地体现为重化工产业为主导的特色(表8—5)。

表8—5 2010年各市重点工业行业比重

大连	石油加工及炼焦业(21.9%),普通机械制造业(13.8%),交通运输设备制造业(11.6%),电子及通讯设备制造业(9.3%),食品加工业(6.4%),专用设备制造业(5.2%)
丹东	农副食品加工业(15.1%),通用设备制造业(9.4%),交通运输设备制造业(7.9%),黑色金属矿采选业(5.0%)
锦州	黑色金属冶炼及压延加工业(16.5%),石油加工、炼焦及核燃料加工业(15.1%),农副食品加工业(14.5%)
营口	装备制造业(17.2%),冶金产业(14.4%),石化产业(10.4%),镁质材料产业(21.8%),纺织服装(7.7%)
盘锦	石油天然气开采业(33.5%),石油加工及炼焦业(33.6%),化学原料及化学制品制造业(8.4%)
葫芦岛	石油加工、炼焦及核燃料加工业(26.0%),交通运输设备制造业(14.3%),有色金属冶炼及压延加工业(12.6%),黑色金属冶炼及压延加工业(8.4%),电力、热力的生产和供应业(6.4%)

资料来源:根据《丹东统计年鉴2011》,锦州、营口、盘锦、葫芦岛2010年统计公报整理,大连为2009年数据。

再次,第三产业中生产性服务业发育不良。交通运输、金融、通信等现代服务业发展不能适应沿海经济带发展的需求。

(3) 产业规模效益低,资源效率低下。各市产业整体上来说,企业规模小而分散,产业集中度低,无法利用大规模生产经营降低成本。以大连2009年数据为例,工业企业中大企业仅占到0.78%,大企业中亏损企业为12.8%。企业规模小也降低了产品研究开发与技术升级的能力,不利于节能降耗。通过全国污染源普查数据分析得出,沿海经济带单位GDP能耗1.4吨标煤/万元,为全国平均能耗强度的1.2倍;单位GDP碳排放3.8吨/万元,高出全国平均58%;COD排放强度7.6千克/万元GDP,高出全国平均43%。能源行业的能源利用效率为全国平均水平的4.2倍。能源行业SO_2排放量高出全国平均水平26%。

(4) 产业发展的区域统筹极其薄弱。沿海经济带产业布局存在区域间产业结构趋同、空间布局分散等问题。长期以来,辽宁沿海经济带一些城市的经济发展战略目标和战略重点趋同的现象比较突出。辽宁沿海六市"十一五"规划确定的重点产业,除丹东外,其余五个城市明确提出要重点发展石化工业;大连、营口、盘锦、锦州四个城市提出要重点发展装备制造业;还有大连等三个城市提出要重点发展船舶制造业。在高新技术领域,电子信息、新材料、生物工程等产业也具有很强的趋同性。尽管沿海经济带发展规划对各市重点发展产业进行了统筹安排,实际操作过程中,行政分割明显,差异化发展并没有取得很明显效果。

产业布局分散、积聚度不高是沿海经济带面临的又一个问题。沿海经济带共设立了省级以上各类开发区27个,但经济开发区的整体效益不高,企业布局分散问题并没有得到缓解。此外各类开发区在招商引资过程中,忽略园区定位,经济目标至上,导致园区产业集群效果不明显,企业间专业化分工和协作程度低。

(5) 沿海与内陆腹地互动不足。沿海经济带与内陆腹地互动仍然存在不少问题。首先,沿海经济带与腹地互动,缺乏有效机制。从制度层面来讲,东北地区已出台了统一的发展规划,也出台了相应的扶持政策,这为东北地区实现区域经济共同发展提供了制度保障;但是从区域经济互动发展的机制来看,尚未能建立起各方都承认并接受且切实可行的互动机制。特别是沿海与腹地之间互动的保障机制、合作机制、利益共享机制、协调机制、长效机制等都还没有真正建立起来,这在很大程度上制约了区域经济一体化发展的进程。其次,缺少互动利益共同体也是阻碍沿海与内陆腹地互动的障碍之一。在区域互动发展过程中,政府搭台,企业唱戏,企业是区域互动的主体。目前,东北经济区还缺少区域互动的利益共同体,特别是缺少竞争力强、产业基础雄厚的大企业集团。主体的缺失,导致东北经济区内沿海与腹地之间的互动尚显不足。

(6) 产业发展模式粗放,资源环境问题突出。投资拉动、重化产业增长拉动的基本特征明显,增长方式和质量没有发生明显的变化,重化工产业低水平的长期发展,导致了产业发展与地区生态环境的矛盾比较突出。目前形成的主导产业门类,对土地、水资源、能源、矿产资源等资源的消耗量大,同时,其生产过程中污染物排放量也比较大。因此,目前的产业结构与特色,已经对沿海地区的生态环境造成了很大影响。海水污染、地下水超采造成海水入侵、地表水污染等问题严重。根据2007年监测结果,辽东湾北部及两侧的滨海地区海水入侵面积已超过4 000平方公里,盘锦地区海水入侵最远距离达68公里。辽东湾北部海岸盐渍化程度较高,盐土向陆地最远达20余里。辽河流域五个国控断面中仅有一个达标,达标率20%。2010年数据显示,辽宁沿海六市工业废水排放总量占全省的63.6%,工业废气排放总量占全省的31.9%(表8—6)。

表8—6 2010年沿海六市工业"三废"排放量与全省对比

	全省	沿海六市	比重
工业废水排放量(万吨)	71 284.4	45 333.7	63.6%
生活污水排放量(万吨)	144 584.1	55 271.0	38.2%
工业废气排放量(亿标立方米)	27 088.7	8 633.8	31.9%
工业固体废物产生量(万吨)	17 419.6	2 218.9	12.7%

在各类产业发展中,无论是国家意志还是地方行动,地方利益是第一位的,环境被放入"清除"的障碍之列。产业同构化倾向加剧,受狭隘地区利益驱动,许多地区不顾自身资源环境条件和比较优势,争相上马大型重化工项目,有可能形成大量的重复建设。重化工业遍地开花式发展,不仅造成了产业资源的巨大浪费,而且使污染迅速蔓延,生态环境遭到大面积破坏。更为严重的是,过度分散化布局,压制了我国石化、炼油、钢铁、汽车、有色金属等行业的规模化发展,严重削弱了国家基础产业的核心竞争力和市场控制力。

(7) 大规模填海造地,海洋环境受到严重威胁。为降低用地成本、增加产业用地面积,提高招商引资竞争力,近几年沿海各市大规模填海造地。渤海海域面积减小,沿岸具有生态调节功能的湿地、滩涂大面积萎缩,海洋及沿岸生态环境受到严重威胁。

三、现有规划对辽宁沿海经济带的定位

1. 各类规划关于辽宁沿海经济带的定位

(1) 国家规划中的定位。《全国海洋经济发展规划纲要》对辽宁沿海区域的定位:辽东半岛海洋经济区:以大连港为枢纽,营口、丹东港为补充,建设多功能、区域性物流中心;提高海洋船舶制造的自动化水平和产品层次;保障复州湾、金州湾盐业生产基地的持续发展;培植海水利用产业。

《东北地区振兴规划》对辽宁沿海地区的定位:以大连为龙头,以长兴岛、营口沿海、锦州湾、丹东和花园口"五点一线"为重点,优化港口布局,大力发展临港产业、高技术产业、现代服务业,逐步建设成为国内一流、特色突出、竞争力强的产业集聚带。

《辽宁沿海经济带发展规划》的定位:① 立足辽宁,依托环渤海,服务东北,面向东北亚,建设成为东北地区对外开放的重要平台、东北亚重要的国际航运中心、具有国际竞争力的临港产

业带、生态环境优美和人民生活富足的宜居区域。②辽宁沿海经济带建设成为全国新的产业集聚带和新的经济增长区域。把沿海经济带发展成为特色突出、竞争力强、国内一流的临港产业集聚带,东北亚国际航运中心和国际物流中心,建设成为改革创新的先行区、对外开放的先导区、投资兴业的首选区、和谐宜居的新城区。③到2020年,建成大连东北亚国际航运中心和国际物流中心,建成国际竞争力强的沿海临港产业聚集带。

(2)省级规划中的定位。《辽宁省工业经济发展"十一五"规划》的定位:辽东半岛沿海经济区,要建设成为造船基地、石化基地、先进装备制造业基地和以电子信息制造业、软件产业、生物与医药产业为主的高技术产业基地。辽西沿海经济区,要努力建设成为造船基地、石化基地、汽车零部件和农产品加工基地,形成一批具有辽西特色和优势的新兴产业。

《辽宁省国民经济和社会发展第十二个五年规划纲要》的定位:高水平推进沿海经济带开发建设。以打造东北地区对外开放的重要平台和经济社会发展的先行区域为引领,进一步提升大连核心地位,建设全国对外开放的新高地。基本建成大连东北亚国际航运中心。争取国家在长兴岛设立面向东北亚的自由贸易试验区,争取国家批准在营口设立保税港区。形成布局合理、分工明确的现代港口群。提升先进装备制造业、原材料工业及配套产业、现代服务业的核心竞争力,建成特色鲜明、具有国际竞争力的产业集聚区。建成更具竞争力的临港产业带、功能完备的城镇带和度假休闲滨海旅游带。

2. 关于辽宁沿海经济带定位的评价

通过对涉及辽宁沿海经济带的各类规划进行梳理,得出结论大致如下:一是各类规划都提出沿海经济带产业发展方向为发展电子信息、生物医药、石化、造船、先进装备制造业等产业;二是将辽宁沿海经济带定位为辽宁乃至东北地区对外开放的平台和窗口;三是将其定位为东北亚重要的国际航运中心。

第一,关于产业发展方向。辽宁沿海经济带发展条件相对较好,担负着带动、引导东北老工业基地产业结构转型的重任;同时,沿海经济带面临着资源短缺、环境恶化的双重压力,发展技术含量高、环境影响小的新兴技术产业是非常必要的。但沿海经济带发展类似产业在与周边北京、天津、烟台等城市的竞争中技术优势不明显,自身产业基础薄弱,必须制定相应的错位竞争策略。其中,造船、装备制造等行业有了一定的产业基础,需要在原有基础上进行行业结构升级改造。一方面,提高行业技术水平,利用先进技术淘汰落后产能;另一方面,提高产业积聚效应,引导产业在空间上集中,规模上做大。生物医药、电子信息等行业与京津等周边城市相比,技术力量、人才不足,需要与上述城市实现错位竞争方能发展起来。石化产业则必须延长产业链,实现精细化工,否则将对生态环境造成重大影响。

第二,关于对外开放窗口定位。沿海经济带具有临近日、韩及海运便利的得天独厚的区位优势,具有发展成为东北地区对外开放窗口的先决条件。随着大连大窑湾保税港区的设立及建设,沿海经济带开放条件将进一步优化。随着沿海经济带与内陆腹地联系的不断加强,东北地区区域一体化进程的加快,沿海经济带建设成东北地区对外开放的窗口指日可待。

第三,关于东北亚重要的国际航运中心。沿海经济带港口众多,具有发展为航运中心的天然优势。就目前来看,要发展为东北亚重要的国际航运中心还有很长的路要走。一方面,港口基础设施建设落后,软硬件设施不能适应现代化物流运输的发展;另一方面,港口之间分工不明确,存在恶性竞争;此外,港口与腹地之间没有形成长期有效的物流运输关系,也阻碍了港口运输功能的发挥。要建设东北亚重要的国际航运中心,一方面要提高港口的软硬件条件,利用现代物流理念管理港口;另一方面,港口之间要逐渐形成分工明确、特色突出、功能互补的分工体系;最后,加强与内陆腹地的交通及社会经济联系,保障有稳定的物流运输。

第三节 未来产业体系构建及发展方向

在分析辽宁沿海经济带发展现状、存在问题基础上,为了实现辽宁沿海经济带发展目标,建设成东北亚经济区的关键经济区,辽宁沿海经济带应通过"以点带线,由线推面"的区域推进政策,构建分工合理、分布科学的产业体系,逐步实现沿海经济带的飞跃发展,从而带动整个东北地区的发展。

紧紧抓住新一轮国际产业转移、东北亚经济区形成的契机,充分发挥东北地区广阔腹地的资源优势,利用原有的产业基础进行产业升级改造,构建适合辽宁沿海经济带的产业体系。产业体系的构建,一方面要本着降低能耗、降低污染的原则高起点规划,发展低污染、高附加值的先进制造业、现代服务业、轻纺工业以及其他高端产业;另一方面要体现辽宁沿海经济带特色,发展临港经济,注重有助于提高沿海经济带影响力、辐射力产业的培育打造。

辽宁沿海经济带要重点打造先进装备制造业、高加工度原材料产业、现代服务业、轻纺工业、高新技术产业。以大连金港新区、营口新区建设为突破口,充分利用港口优势、保税港区的特殊优惠政策等条件,发展外向型经济。

一、行业发展

1. 先进装备制造业

装备制造业是符合全省乃至国家发展战略的重点产业。中国经济 20 多年的高速发展,已有比较充沛的技术和资本积累,为装备制造业发展提供了经济和技术基础与可能。从产业特点看,装备制造业产业关联度大,带动性强,它的发展会促进一大批相关产业的发展。辽宁省一直是我国重要的装备制造业基地,具有雄厚的装备制造业基础,劳动力素质普遍较高,这有利于沿海经济带装备制造业的技术升级。但目前传统产业大都集中在低水平、低技术,高污染、高能耗的生产环节,不利于区域的可持续发展,更不利于发挥沿海经济带的辐射带动作用。要建设"改革创新的先行区"必须对原有的行业进行升级改造,提高行业技术水平,承接国际新技术的转移,建立起先进装备制造业产业链,逐渐向内陆地区转移,从而对整个东北地区发展起到带动、辐射作用。沿海经济带要提高自主创新能力,一方面,通过既有的传统产业进行技术升级改造;另一方面,通过招商引资,引进先进产业。集中发展造船、汽车零部件、精密仪器、机床等高附加值、技术含量高的先进制造业。

2. 高加工度原材料产业

东北地区乃至东北亚地区正处于新一轮的工业化阶段,工业原材料市场有很大需求潜力。辽宁沿海经济带具有很好的原材料产业基础,这里是我国传统的石化生产基地,冶金工业是沿海经济带的传统优势产业之一。但这两个产业都存在工艺落后、产品加工度低、生产加工过程能耗大、污染严重等问题。应充分利用原有的产业基础,发挥沿海方便连接国际市场的区位交通优势,加强对生产线的技术升级改造,减少环境污染,培育高端产业链。石化产业摆脱现有低级原油加工的现状,重点发展原油加工、乙烯、合成材料和有机材料,构筑一批精细化工产业群,新建具有世界级规模的千万吨炼油、百万吨乙烯炼化一体化生产基地(表8—7)。

表8—7 辽宁沿海经济带重点石化产业项目

地区	项目
大连	大连石化2 000万吨炼油改造项目,使其原油加工能力由1 050万吨提高到2 000万吨百万吨乙烯、百万吨化纤原料项目
盘锦	华锦集团46万吨乙烯改扩建和500万吨原料工程;辽河石化炼油能力由350万吨提高到500万吨
锦州	锦州石化炼油能力由550万吨提高到650万吨
葫芦岛	中石油锦西石化分公司1 000万吨/年炼油异地改造

冶金工业要提高技术水平,进行清洁生产,提高产品加工度,关停并转小工厂,实现规模化生产经营。发展宽厚板、冷(热)轧薄板、不锈钢板带和船用板等,延伸钢铁深加工产业链,加快建设精品钢材区,构建环锦州湾有色金属及新材料产业集群。营口鲅鱼圈的鞍钢新厂,主要生产造船板、舰艇板、桥梁板、管线板等专用中厚板、高端冷热轧薄板,是我国首个自行设计、技术总负责的全新钢铁企业,是自主创新研究设计的生态环保企业,对于辽宁老工业基地振兴,调整东北地区钢铁产品结构和布局,促进产业升级,培育具有国际竞争力的大型钢铁企业集团,具有划时代意义。

3. 现代服务业

高度发达的金融证券、交通运输、物流、文化创意、研发、旅游休闲等行业是建设国际经济集聚区必须具备的产业环境。随着沿海经济带建设东北亚经济中心、航运中心,现代物流业、装备制造业等产业的发展,必然为沿海经济带带来大量的资金流、技术流,客观上需要金融、证券、交通运输等现代服务业的发展。另外,沿海经济带要发展成东北亚经济中心,主观上需要在金融、证券、研发等领域提高影响力。

金融产业是经济发展的"血液",在国民经济中处于牵一发而动全身的地位,其作用巨大不容忽视。辽宁沿海经济带要加强建设大连金融商务区,加大力度吸引国内外金融机构在沿海地区落户。重点发展外汇业务,做大外汇交易市场,争取开办离岸银行业务,形成东北地区外汇结算中心、外汇交易中心、离岸金融中心和国际性期贸中心,建立起适合现代临港产业发展所需的金融服务体系。

要打造东北亚国际航运中心和国际物流中心就必须大力发展现代物流业。一方面要加强港口基础设施建设,适应大批量物流的中转运输;另一方面,加强港口与内陆地区的交通设施建设。提高信息化水平,利用现代化的物流管理理念及手段提高物流中转效率。

休闲旅游产业是公认的"无烟产业",也是近年来国际上增长迅速的产业之一,良好的旅游休闲环境不仅可以吸引国内外游客向该地区集聚,还可以吸引世界各地的资金流。辽宁沿海经济带自然环境优美,具有发展休闲旅游得天独厚的条件,应不断优化旅游软硬件环境,将沿海经济带建成东北亚重要的休闲度假基地。

4. 高新技术产业

高新技术产业发展水平代表区域产业先进程度,高新技术产业越发达对周围区域的辐射带动作用也越明显。沿海经济带要发展成东北地区产业结构优化的先行区域,就必须加快高新技术产业的发展。目前,沿海经济带高新技术产业发展主要集中在大连,大连在电子信息、文化创意、新能源等产业发展迅速,成为区域经济发展的重要增长点,积累了一定的技术、资金、市场基础。应抓住国家对节能环保产业的政策支持等机遇,重点发展软件、芯片、机床数控系统、船用曲轴、燃料电池、半导体照明材料、现代通讯系统及终端设备、汽车电子、多媒体动漫、太阳能电池材料、镁质材料等关键技术和产业集群。做强大连国家软件产业基地、软件产品出口基地,大力发展节能降耗产业,开发高效节能新技术。重点开发用于冶金、化工、电力生产过程的大型磨机、大型炉窑、多台锅炉负荷协调控制、发电机组等大型复杂自动化系统的优化集成和智能控制技术及产品,创造更多自主知识产权,培育更多的知名企业和品牌。

5. 轻纺工业

纺织、食品等生产消费资料的工业部门是沿海经济带发展的短板,同时也是沿海经济带建设东北亚经济中心必须发展的工业门类。建立区域性经济中心,大量人口在此集聚,消费资料需求巨大,就近生产是最好的方式。大力发展服装纺织、食品加工、医药等轻纺工业,一方面可以改善区域偏重的工业结构,另一方面可以为劳动力转移提供就业机会。大连利用原有产业基础发展纺织服装业、食品加工工业,盘锦、锦州、丹东、营口利用农业生产优势,发展食品加工工业。

二、基地建设与布局

空间布局上,沿海经济带应着力构建"大连、营口双核带动,以重要产业园区为节点,以重要交通线为轴"的空间开发模式,逐步建成东北亚经济隆起带。

1. 大连建设成我国东北地区经济发展龙头、面向东北亚开放合作的枢纽,老工业基地转型发展的先导区域

大连高新技术产业在全国已经具有相当的产业基础,2010年11月16日被国家发展改革委授予"国家高技术服务产业基地"的称号。应充分利用既有的产业优势,不断提高技术研发能力,大力发展高新技术产业。同时,大连拥有国际机场、国际港口,路上交通网发达,为建设国际物流、航运中心奠定了设施基础;保税区的建设为大连建设国际物流、航运中心创造了政策优势;与中国航空公司框架合作协议的签订为它的物流业发展注入了动力,应利用对内连接广大腹地,对外联通日韩、东南亚等国家的优势发展国际物流航运业务。因此,大连应以高新技术产业集群、高端设备制造业集群、现代服务业集群、国际航运及港口服务集群发展为动力,增强产业对外的辐射功能和港口的国际服务功能。建设全国乃至东北亚高技术研发、服务基地,区域金融服务中心,打造东北亚国际航运及物流中心。

尤其是重点建设金港新区,利用其区位优势、产业基础,大力发展高端制造业以及港口物流、旅游度假、商贸等现代服务业,探索建立中日韩自由贸易区的先行区、东北亚服务贸易中心试验区。

重点建设的产业园区:① 长兴岛临港工业区。打造以造船产业为主导的产业集群,发展精密仪器仪表、重工起重、机床等装备制造业,能源及精细化工原材料产业。加快交通、能源、水利等港口基础设施建设,有序开发深水岸线,发展大型专业化深水港口,完善港口功能,逐步建成大连东北亚国际航运中心组合港区和世界最大的造船基地之一。② 花园口工业园区。打造新材料产业基地,发展电动汽车零部件、新材料等产业,加快轮胎、农产品深加工、生物制药等项目建设,逐步建成产业加工园区。③ 高新技术产业开发区。重点发展软件业和服务外包行业。

2. 营口打造带动东北地区发展的"第五极",建设北方精品钢材、镁质材料生产基地

营口位于辽中城市群、沿海经济带重叠区域,具有联系辽中、临海的双重区位优势,发展潜力巨大,应着力发展成为带动东北地区经济腾飞的"第五极",与大连错位发展形成沿海经济带双核发展格局。营口目前工业门类比较单一,但冶金工业具有深厚的历史积淀,钢铁、镁质材料产业都是营口传统的优势产业。应抓住机遇对原有优势产业进行升级改造,提高加工度、技术附加值,并积极培育新型产业门类,促进营口经济的腾飞。钢铁产业营口鲅鱼圈精品钢材项目的建设,为营口冶金行业的技术升级改造提供了契机,应紧紧抓住这个历史机遇建设我国北方精品钢材生产基地。镁质材料产业,应开发以镁为原料的新产品,打造"中国镁都"品牌。

营口是中国东北第二大港口城市,是全国沿海十个主枢纽港之一,同时营口是沈阳经济区的重要出海口,具有发展仓储、物流、运输产业的巨大优势,应与大连形成错位发展的专业港口分工格局,建设东北地区重要的仓储、物流、运输基地。最终,营口应发展成为以先进制造业、高加工度原材料工业、港口物流运输为主要特色的枢纽城市。

重点建设的产业园区:① 营口经济技术开发区。围绕钢材深加工项目建设,着力构建钢铁及深加工、输变电、食品加工、临港产业四大产业集群。② 营口沿海产业基地。打造以冶金产业为主导的产业集群,发展先进装备制造、精细化工和现代服务业。加快推进冶金重装备中试基地、高技术产业园区等项目建设,加快营口港建设,逐步建成大型临港生态产业区。③ 仙人岛能源化工区。应加快能源化工和石化物流产业发展,壮大产业规模。

3. 丹东着力构建仪器仪表、纺织服装、港口物流产业集群

丹东凭借边境优势、港口优势,应通过技术升级突出自身仪器仪表产业特色,通过边境经济合作区发展纺织服装、港口物流等特色产业。

重点发展的产业园区:① 仪器仪表产业基地。通过技术升级改造,发展船舶仪器仪表、精密仪器仪表,建设成为全国最大的仪器仪表产业基地。② 丹东边境经济合作区。利用边境优势,发展出口加工贸易,边境贸易。③ 东港经济开发区。依托港口建设,重点发展港口物流。

4. 锦州建设加工贸易基地

锦州是2010年国家认定的第三批加工贸易梯度转移重点承接地,在发展加工贸易方面具有政策优势。同时具有出海方便、腹地广阔、劳动力充足、资源丰富等发展加工贸易的优势,应充分利用新一轮国际产业、资金转移的机遇,高起点谋划,通过招商引资引进技术含量高、能源消耗小的加工工业,发展外向型经济,以促进产业结构的转型升级。一方面通过引进技术改造升级石化、铁合金、农产品深加工等传统支柱产业;另一方面通过承接产业转移的技术优势加大光伏、汽车及零部件、精细化工等新兴支柱产业培育力度,加快实现产业集群化发展。

重点建设的专业化园区:① 锦州经济技术开发区。打造以电子工业为主导的产业集群,发展石油化工、制造业、能源等临港产业。② 组团建设锦州加工贸易园区。整合现有娘娘宫经济区、大有经济区等经济区,建设加工贸易产业园区,有选择地承接产业及技术转移。

5. 盘锦打造世界石油装备基地

盘锦对石油资源的依赖性很大,产业结构单一,正处于产业结构转型关键时期,应站在高水平视角加快产业结构升级。以初具规模的石油装备制造业为基础,以高新技术发展为切入点,大力发展石油装备制造业,同时与国内外科研院所合作开展石油装备研发,逐步开展石油装备制造、技术输出、技术服务业务,构建全国乃至世界范围内集研发、生产、技术服务一条龙的石油装备产业积聚基地。

重点建设的专业化园区:① 石油高新技术产业园。依托辽河油田在国内外的稠油开采和加工技术优势,重点发展石油高新技术产业和外向型经济。发展石油装备的研发、制造、技术服务等产业集群。② 盘锦船舶工业区。发展5万吨级以下中小型船舶和游艇、快艇制造业及相关配套产业集群。逐步形成中小型船舶和配件特色产业基地。

6. 葫芦岛建设新能源装备制造基地及有色金属加工基地

石油化工、有色金属冶炼加工业是葫芦岛的传统优势产业,新能源装备制造业是葫芦岛市产业结构转型选择的新兴产业。应对传统优势产业进行技术升级改造,保持其活力,同时加快技术引进步伐发展新能源装备制造业。

重点发展的产业园区:① 北港工业区。依托葫芦岛市石化、有色、船舶、机械等支柱产业优势,着力发展石油化工和精细化工、造船与船用配套及新能源装备制造、有色金属精深加工和以临港仓储物流为主的现代服务业等产业。② 葫芦岛经济开发区。通过招商引资,技术引进等方式,建设新能源装备基地。

第四节 经济带发展的对策建议

要区域间形成产业合力,带动整个东北地区产业结构升级,必须形成分工明确、布局合理的产业集群,要求在空间上对产业布局进行统筹。

一、产业发展与分工

1. 改变区域发展动力机制,构建具有持续带动能力的产业集群

目前,沿海经济带经济发展模式属于投资拉动型,通过不断投资拉动经济发展。这种发展模式下不能形成具有持续拉动能力的产业集群,一旦资金短缺区域经济发展就会陷入僵局,是一种不可持续的区域发展模式。必须改变区域发展模式,着力培养可持续的接续产业,形成稳定的、有活力的区域产业体系才能保障区域经济的可持续发展。

2. 构建分工明确、错位竞争的区域产业分工体系

产业结构趋同、城镇等级差异巨大是沿海经济带面临的突出问题,因此,要实现沿海经济带的可持续发展,必须实现差异化发展,形成规模等级合理、分工明确的区域城镇体系及产业分工体系。形成大连、营口双核带动,各级城市梯度分布,产业互补、错位发展的城镇发展格局。

港口方面,要围绕大连东北亚国际航运中心建设,优化港口资源配置,完善沿海港口布局,努力打造以大连港为中心,营口、丹东、锦州、葫芦岛等港口为两翼,布局合理、层次分明、结构优化、各港分工合作、优势互补的港口集群。

船舶制造业要发展壮大大连、锦州、葫芦岛、盘锦船舶修造基地及大连、营口、锦州、葫芦岛、盘锦等船舶配套产业基地,保持大连船舶重工造船全国第一、中远船务修船全国最大的地位。

石化产业方面,大连新建具有世界级规模的千万吨炼油百万吨乙烯炼化一体化生产基地,盘锦建成我国最大的重交沥青、环烷基润滑油生产基地和我国重要的化肥、聚烯烃、炼化生产基地,营口、锦州湾建成国家级炼化生产基地,锦州建成国家石油储备基地。

二、产业布局与园区导向

1. 引导产业向沿海重点区域集中,提高规模化效应

为提高产业集聚度,加强环境控制,在现有资金有限情况下,必须引导产业向沿海重点区域集中。提高产业积聚度,培育区域经济增长极,逐步通过沿海公路,将五点串联成带,以点带线,由线到面,逐步推进区域经济的发展。

2. 因势利导,引导七个重点园区的发展

"五点一线"涉及了丹东产业园区、长兴岛临港工业区、花园口工业区、营口沿海产业基地、盘锦船舶工业园区、锦州西海工业区、葫芦岛北港工业区七个重点园区,作为沿海经济带开发建设的重点区域,不能一概而论,要因地制宜制定产业发展策略。

丹东产业园区、长兴岛临港工业区、花园口工业区、锦州西海工业区四个园区都远离临近城市主城区,很难利用主城区成熟的基础设施资源,在产业发展过程中不仅仅要考虑到重点产业发展,更要根据园区城市化进程来掌握产业发展节奏。营口沿海产业基地、葫芦岛北港工业区两个园区比邻或位于城区内,可以充分利用成熟的城市基础设施资源,但是产业发展与园区建设要考虑到对原有城市功能的提升与补充,注意与老城区发展的融合。

盘锦船舶工业园区规模较小,宜打造特色工业园区,园区发展定位也是以中小型船舶的建造为主,但要注意与大连等其他港口的差别化定位,提高自身的自主创新能力。

三、政策创新与可持续发展

1. 构筑政策高地,以新区建设为突破口

深圳、浦东新区在珠三角、长三角的经济腾飞过程中都起着至关重要的作用,其享有的特殊优惠政策吸引了大量优质企业和资金。辽宁沿海经济带开发需要这样的发力点作为突破口,实现区域经济的飞速发展。综合考虑各方面因素,建议以大连金港新区、营口经济技术开发区为建设重点,争取国家优惠政策倾斜,构筑区域开发政策高地。利用新区优惠政策,产业导向政策,引导区域经济方向,建设区域经济发展高地。

2. 坚持生态第一原则,保障沿海经济带的可持续发展

一方面"三高"产业为主体的生产结构排放大量污染物,威胁生态环境;另一方面,区域开发忽视生态安全,大面积填海造地,破坏生态环境。资源短缺、环境恶化已成为制约沿海经济带社会经济发展的突出问题,尤其是未来"碳汇市场"形成后,"三高"产业为主体的产业结构将成为区域经济腾飞的障碍。沿海经济带开发建设必须从多方面入手,既要保证社会经济的快速发展,又要保证生态环境良性循环。首先,合理利用资源,严禁填海造地等对生态环境造成毁灭性破坏的开发行为;其次,淘汰落后产能,支持企业并购重组,实现规模化经营;再次,优化产业结构,大力推进循环经济,转变增长模式,逐渐引导区域产业结构向低碳方向转型;最后,推进环境准入政策、建设区域环评体系、提高行业准入门槛。

3. 建立统筹协调的开发机制

目前沿海与内地还缺乏有效的互动机制,缺乏有效的利益主体,导致产业互动松散、存在很大的随意性。应该建立起东北地区共同开发沿海的协调机制,集东北全区之力促进沿海经济带的开发建设。强化以市场为纽带的区域合作,通过沿海城市与内陆城市之间在运输、生产等领域的合作等形式,加强内陆与沿海的联系,并促进港口专业化的形成。在沿海产业布局过程中,要充分考虑到腹地资源、市场优势,考虑到与内陆地区之间产业链的完整性及产业合作问题,逐步形成沿海与内陆之间紧密的产业链合作机制。

辽宁沿海经济带规划对各重点区域的产业发展方向进行了分别定位,但在目前行政分割状态下的"诸侯"经济,各地招商引资、项目引进并没有严格按照产业定位来进行,而是存在恶性竞争,这势必会成为东北老工业基地振兴和辽宁沿海经济带开发的"瓶颈"。因此,必须打破行政区划壁垒和自我封闭的经济体系,从全局角度考虑产业的空间分布及纵向的合理分工问题。为了保证从全局角度统筹考虑产业布局、项目落点问题,必须成立由省级主管领导主管、各市"一把手"为主要成员的协调小组,保证各城市间的利益均衡。

第九章　打造东北北部沿边经济带的战略构想

　　经济区规划的基本思想是比较优势,经济区研究的核心问题是动力机制。从全国的区域布局看,黑龙江省独特的比较优势在于对俄经贸、冰雪旅游、粮食生产以及资源型产业;从规划经济区的角度看,地处东北亚中心区位这一优势,无疑是黑龙江省最为持久的、根本性的、动力性的比较优势。

　　作为我国最重要的邻国关系、大国关系,中俄之间长期以来"经济关系滞后于政治关系、地方关系滞后于中央关系、民间关系滞后于官方关系"状态是需要我国深谋远虑的通过宏观经济布局来解决的。这样也能为未来既错综复杂又具备世界性潜力的东北亚经济政治整合预留伏笔。

　　从近期看,问题的关键在于找到一个能够兼顾相关各国、各省、各市利益的连接点或者渠道,以此来带动各方的共同发展。东北北部沿边经济带的构想正是基于对黑龙江的新认识——作为我国沿边地区之中最佳的欧洲陆桥并连通太平洋的战略节点,作为我国经济腹地与俄罗斯、东北亚接壤的最前沿,黑龙江应该而且能够为国家做出更大的贡献,同时也获得自身的更快发展!

第一节　建设东北北部沿边经济带的迫切性与必要性

一、建设东北北部沿边经济带是中俄合作的迫切要求

1. 中俄合作关系的不断深化需要在双边区域层面展开试点推动

　　从国家层面看,未来我国与俄罗斯经济合作的升级宜采取"深港模式",而我国与俄接壤的西北与东北地区均属欠发达地区,存在天然缺欠,亦对未来的东北亚整合不利,应早做宏观布局调整。

　　改革开放以来,黑龙江省作为中俄之间的前沿地区,其功能发生了根本性逆转——由俄罗斯技术、文化、思想传播我国的最前沿,转变为我国发挥对俄经济、技术、文化辐射作用的先导地区。因应这一变化,为了促进对俄经贸的实质升级,黑龙江省在全国经济格局中也应做出相应的调整。

　　俄罗斯与黑龙江省接壤的远东地区在俄国内部和中俄关系中具有特殊地位。前苏联解体和俄罗斯向市场化转型,一方面使具备多处出海口的远东地区战略地位上升;另一方面使其敏感性加强。即,如果俄中央政府不能像计划经济时期一样,由国家充当远东投资主体的话,则

或将造成俄对远东地区影响力的下降,或将使远东成为亚太邻国的"原料附庸",并进一步"中国化"。但无论怎样,俄只有通过远东才能与日趋重要的亚太地区加强联系。特别是在我国"东北老工业基地振兴"的背景下,保存和增强远东的经济社会实力符合俄罗斯的长远利益。据分析,俄远东地区未来的发展将在很大程度上取决于其参与国际分工及与东北亚经济一体化的程度。

对我国来讲,一方面在对俄合作中,远东地区对我国具有特别重要的、长期的战略利益。在战略性资源的考虑之外,俄远东地区既是与我国开展经贸活动的窗口和桥梁,又是目前产生反华论调的主要"温床"。为此,我国研究者多认为改善和促进中俄两国的民间关系、地方关系应从远东地区入手。另一方面,当前我国对俄经贸的大幅升级问题急需进一步破题。但在我国企业整体对俄辐射力尚有限的情况下,单纯依靠企业界的力量还嫌不足。可以说,中俄贸易近年的纠纷既反映了俄方复杂的心理,也反映了目前的合作模式对俄方的吸引力不足。

因此,在可预见期内,提升我国与俄罗斯接壤地区的合作水平成为另一条可行的选择,应尽早纳入议事日程。在这方面,目前总的格局特点是:我国与俄临近的西北以及东北的黑龙江、吉林两省等均还属于国内欠发达地区,在经济上与俄临近地区存在"互竞性"和"需同性",而"互补性"较差,极大地阻碍了双方经济的深入整合。

2. 中俄合作的重要前景与意义

重构东北北部沿边经济带,应以深港"前店后厂"合作模式为远景,打造对俄合作的新前沿。① 促进俄远东地区发展,使其自然融入亚太经济圈,符合我国长期战略利益;而且在这一点上中俄双方有利益交汇点。② 从近期看,能够弥补我国企业走出去实力不足的缺陷,以"两条腿"走路,促进对俄经贸的实质升级。③ 有助于实现"以我为主"的对俄战略,即通过建立我国北部边境地区更富有吸引力、辐射力的中心城市和大型产业带,利用自然市场作用,加大对俄罗斯远东地区的辐射,用实力去化解俄方的复杂心态,顺势推动两国关系的深入发展。

蜚声世界30年的《全球通史》作者描述道——19世纪90年代,俄国大臣在给沙皇亚历山大三世的报告中说:"横贯西伯利亚的铁路线将代替苏伊士运河成为前往中国的主要商路……俄国将处于亚洲和西方世界之间的仲裁人的地位,建立中俄联盟是实现上述地位的最佳手段。"现在看来,这位大臣的建议依然是大体准确的,只不过随着我国国力日益强盛,我国应以更为积极主动的姿态,推行"以我为主"的发展战略,充分利用好这一大通道和东西方结合部。

二、建设东北北部沿边经济带是东北区域发展的迫切需求

日前国内区域大整合的形势迫人,有必要完善黑龙江在东北大格局中的位置。随着改革开放以来东北地区的飞速发展,东北经济版图一直处在动态变化之中。首先,随着辽宁沿海经济带的整合并上升为"一级轴线",将历史上由"哈—长—沈—大"纵轴线和"哈—大—齐"横轴线组成"T"型轴线布局转变为倒"T"型轴线布局;其次,吉林长吉图轴线上升为国家战略,增加

一条横轴,东北的经济格局将转变为"干"字形布局;再次,我们的研究表明,东北经济布局的最终完成应以"王"字形布局为基础(图9—1)。这表明东北广大地区经过梯度发展,最终将成为中国经济腹地之中的有机组成部分。

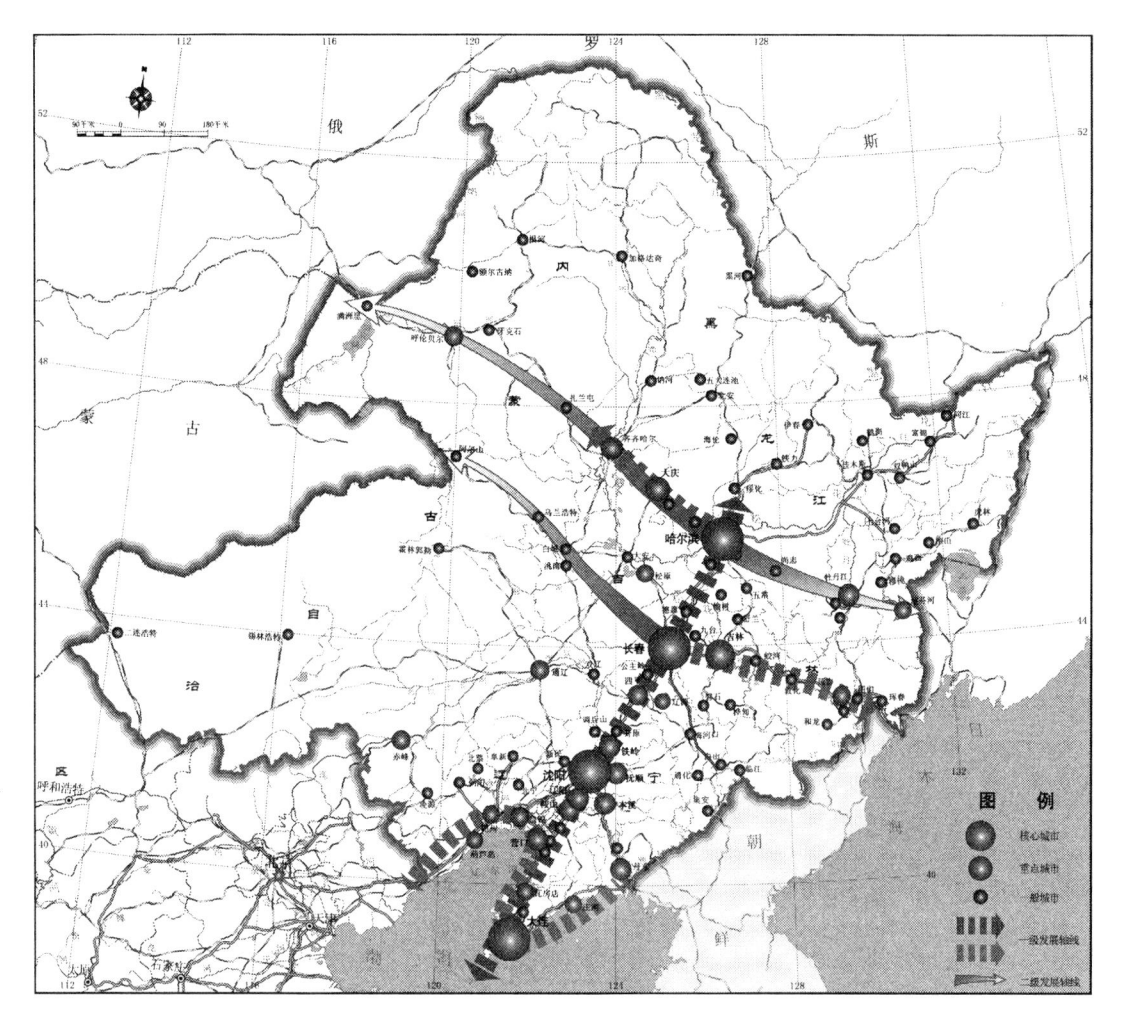

图9—1 东北三省"王"字形发展格局

东北北部沿边经济带在地理区位方面具备优势——地处东北亚经济圈、中俄蒙三国的连接线上,是东北北部开放开发的关键轴线,也是我国与俄罗斯既有海上通道、又有陆地接壤的唯一区域;在产业布局上,经济带以哈大齐工业走廊为产业基础与核心,西向延伸至满洲里,东向延伸至牡丹江,辐射俄罗斯远东的赤塔和海参崴等广大区域,覆盖面积超过315万平方公里。从文化历史深层因素看,黑龙江与俄罗斯之间具有深厚的历史渊源和文化融合基础。这种由长期历史凝结而成的资源,将能够长期而稳定地支撑东北北部作为我国对俄合作前沿的战略地位。

三、建设东北北部沿边经济带的重要战略意义

东北北部沿边经济带具有地缘政治稳定的特殊优势和长期友好合作的历史基础,在我国全方位开放格局中占据越来越重要的地位。东北北部沿边经济带必将成为继东南沿海地区之后新的开放开发热点区域和外向型经济发展最活跃的区域。

1. 促进东北老工业基地加快全面振兴

可以通过大开放将东北老工业基地提升为广泛深度合作的现代国际经济贸易区,走外向型国际化的改造振兴之路。建设东北北部沿边开放经济带,可以加快提升东北北部对俄、蒙经贸、投资和科技合作的水平。哈尔滨是我国连接北美、欧洲经济发达地区运途最近的国际空港,比目前国内常用的北京、上海空港可节约运费等成本30%左右。这里的区位优势、产业优势和发展潜力已经被越来越多的企业家和经营者所看好,内联外引、合作共赢的大发展势头正在逐步呈现。随着资金、技术、人才等要素的加速流入和聚集,东北北部沿边经济带必将成为继东南沿海地区之后新的开放开发热点区域和外向型经济发展最活跃的区域。

2. 对长(春)吉(林)图(们)、辽宁沿海经济带形成必要补充

实现腹地产业经济和口岸贸易通道的统筹协调发展,真正形成我国东北区域全方位大开放的格局。长吉图和辽宁沿海两个经济带的优势在于水路出境,而东北北部沿边经济带有国家级一类陆路口岸达30多个,仅黑龙江省就有25个,可以实现水陆联运,广泛带动腹地农牧经济、工业经济和服务产业的大发展。每周有260多个北美、欧洲航班经过哈尔滨,航空枢纽地位和空中航运便捷的优势得天独厚。建成开放的经济带,对长吉图和辽宁沿海经济带的发展将形成强有力的支持和持续的带动,促进东北区域经济的一体化协调发展,促进整个东北地区全面开放搞活和加快发展。

3. 引进能源、保持较快发展的最佳选择

通过与俄罗斯和蒙古的贸易解决我国的经济发展急需的石油、天然气、电力和矿产、木材等能源资源短缺,这是东北部沿边经济带的独有特色和优势,是其他经济区或经济带所无法替代的。近几年利用俄油、俄电、俄木材和蒙古矿产的实践表明,应通过国际条约和合作协定建立我国东北稳固安全的能源通道,确定和实施东北北部沿边经济带是促进和助推我国东北方向陆路能源通道建设的紧迫任务。

4. 实现国家对俄战略升级的有力支撑

在我国企业整体对俄辐射力有限的情况下,单纯依靠企业界的力量很难从根本上实现对俄经贸合作的战略升级。在可预见期内,提升我国与俄罗斯接壤地区的整体合作水平,成为必

然性的选择之一。但是,目前我国与俄临近的西北及东北地区均还属于国内欠发达地区,在经济上与俄临近地区存在互竞性和同需性,互补性较差,因而极大地阻碍了双方经济的融合。打造外向型的"东北北部沿边经济带",构筑对俄合作的新前沿,从近期看,有助于弥补我国企业"走出去"实力不足的缺陷,以"两条腿"走路的方式,促进对俄经贸合作的实质升级;从远期看,有助于实现"以我为主"的对俄战略,以经贸合作推动两国关系深入发展,用实力去影响俄方复杂的心态和政治经济考量。

5. 有利于黑龙江省长远发展

编制沿边开发开放带规划是黑龙江省拓展产业经济发展空间、实现产业结构优化升级的必然选择。黑龙江省远离国内中心市场、气候寒冷、生产生活成本较高,以资源型产业为主的重化工业产业结构短期内难以改变,后续资源保障能力面临严峻挑战,已经无法支撑粗放型经济发展。此次推进沿边开发开放,为我们发挥沿边比较优势,加快产业结构战略性调整,争取产业发展空间提供了重要契机。一是经济互补性强。据黑龙江省社科院研究显示,俄罗斯西伯利亚及远东地区石油和天然气储量是黑龙江省10倍,煤炭储量是黑龙江省4倍,森林资源是黑龙江省40倍。加强与俄罗斯的资源开发合作,将进一步催生一批与资源精深加工密切相关的新兴产业,进一步发展外向型经济,形成新的产业优势。通过实施"走出去"战略,也可以为黑龙江省企业开辟新市场,拓展新的发展空间。二是促进产业提升。俄罗斯科技基础雄厚,在诸多领域拥有世界领先的高科技成果,与黑龙江省骨干企业具有深厚的历史渊源。在高端领域重建产业友好协作关系,是提升黑龙江省产业科技含量、加快产业创新的重要途径,将为黑龙江省发展壮大战略性新兴产业、增强经济核心竞争力提供有力助推。三是完善空间布局。绥满铁路是黑龙江省经济发展的一条重要轴线,边境地区的主要节点城市也已纳入规划范围,建设沿边开发开放带可以有效整合哈大齐牡、东部城市群的对外开放区位优势,促进区域经济一体化发展,促进区域城镇化进程,促进生产要素的集聚。四是加快结构升级。如果说"桥头堡"是对外开放的前沿基地,有利于资源就地转化和产业培育,"枢纽站"则进一步体现了黑龙江省在沿边开放中的核心地位。黑龙江省不仅要成为对外开放的交通枢纽和物流枢纽,还要成为全国对外开放的信息枢纽、文化枢纽和服务枢纽,全面提升黑龙江省现代服务业的发展水平和综合实力,使其成为全省经济的重要增长点,为国家实施对外开放战略做出更大贡献。

第二节 建设东北北部沿边经济带的合理性与可能性

一、建设东北北部沿边经济带的良好环境

1. 外部环境

目前俄罗斯开发远东地区的力度不断加大,态度日趋积极,主动提出与黑龙江省开放自驾

车往来、开通哈尔滨至海参崴国际列车等设想,《中国东北地区与俄罗斯远东及东西伯利亚地区合作规划纲要》稳步实施,同江铁路大桥等重点项目扎实推进。特别是2012年APEC峰会将在俄罗斯海参崴召开,如沿边开发开放带规划在国家层面及时出台,将对两国元首对话形成良好呼应,会进一步促进中俄战略合作伙伴的关系发展。

2. 内部环境

2009年6月,胡锦涛总书记在黑龙江省视察期间作出了"把黑龙江建成国家沿边开放桥头堡和枢纽站"的重要指示。2010年3月,习近平副主席访问俄罗斯滨海边区时要求黑龙江省把对俄经贸合作"桥头堡"这一得天独厚的地缘优势进一步转化为促进经济发展的强大动力,在新一轮以沿边开放为重要内容的对外开放中做出积极贡献。国家发改委也表示明确支持,同意向国务院建议正式开展规划编制工作,争取2012年5月将规划报国务院审批。经济带可利用哈大齐沿线大片盐碱地,该地区土地开发成本低,土地综合利用的增值潜力较大,为重大项目建设提供了广阔的空间。反过来,随着哈大齐工业走廊经济外向度的提高和东北亚贸易潜力的显现,又将提高口岸货物吞吐量,增加人流、物流、信息流,促进口岸大发展。

3. 黑龙江省实际发展环境

能够获批纳入国家战略规划,对于争取国家资金政策支持、推动经济大发展、大提速意义重大。东北三省中,辽宁省有沿海经济带、沈阳经济区国家规划,吉林省有长吉图国家规划,在国家级区域战略影响下,对于地方经济发展起到了强大的带动作用。而黑龙江省人口和经济总量最为集中的绥满铁路沿线地区至今仍然游离于国家战略之外。黑龙江省发展速度与兄弟省份相比相对缓慢,缺少强有力的国家政策支持也是重要原因之一。沿边开发开放带规划能够在建设沿边开放桥头堡和枢纽站这一主题下,为黑龙江省打开一个政策突破口,将地处偏远的区位劣势转变为对外开放的地缘优势,通过沿边开放政策与东北振兴政策、边疆政策、少数民族政策、生态功能区政策的叠加,形成区域政策洼地效应,进一步完善黑龙江省产业和经济布局,提升发展要素吸纳能力。一些长时间争取未果的政策,甚至不敢尝试争取的政策,都可以借此契机尝试申请。

二、东北北部沿边经济带相关方的利益与兴趣

1. 俄罗斯

2007年,俄联邦政府出台的远东地区开发计划表明,互利互惠、双边和多边合作开发远东地区已经成为俄罗斯的既定国策。据了解,在俄罗斯国内,主张将高科技生产和过境运输培育成远东、西伯利亚地区经济增长点的人士颇多。目前在过境运输方面,经由远东各港及西伯利亚大铁路的亚欧陆路过境运输面临着海路的竞争。由亚太运西欧的货物多走

海路,使远东过境运输优势难以发挥,将对其未来产生极大负面影响。在战略考虑上,过境运输服务是俄罗斯无需消耗不可再生资源便可获得可观收益的少数出口产品之一,而且在国家财力有限的情况下,这是支持远东发展的可行选择,这些因素对于俄中央政府有吸引力。

在跨国路桥方案中,俄最关注的是把西伯利亚大铁路与朝、韩铁路相连接,但因朝鲜铁路设施严重老化和朝核问题等政治因素影响,一直未能实现。哈尔滨—满洲里—海参崴陆海联运大通道(从海参崴走公路到赤塔要比走西伯利亚铁路节省1 000多公里,从牡丹江走海参崴到日、韩要比走陆路经大连港节省近1/3运距),可以和俄罗斯远东形成产业互补布局,实现中—俄—欧大陆桥对接,使目前的中俄合作由边境贸易发展为资源开发、产业布局、人员来往、科技交流的全方位合作,对开发俄罗斯远东意义很大,有助于激发远东参与该经济带的热情。

2. 蒙古

当前受金融危机影响,国际矿产品价格走低,严重依赖矿产品出口的蒙古国遭受重创,贸易额减少,国家收入大减,失业率上升。一方面,蒙古为摆脱困境,有意加快对外经济合作。2008年12月,蒙与俄签署协议合作实施铁路建设项目。蒙古除计划对乌兰巴托铁路进行技术改造外,还计划建设通过蒙古领土连接中俄的铁路,这样可以从中俄过境货物运输中获利。另一方面,蒙古正拟积极实施工业化纲要,发展依托矿业的工业、依托牧区和地方资源的中小工业。在对外合作方面,蒙古新总统上台以后,明确提出要和中俄两大邻国发展关系。目前,蒙旅游客源约有80%来自东北亚地区,蒙古深化与东北亚地区合作。

从俄蒙两国的情况看,强化中俄路桥运力,在满洲里规划中俄蒙三国特别工业区(以高科技生产、轻型机械制造、食品加工工业为主导以满足俄蒙市场需求),以及建设牡丹江自由贸易区等思路,与俄、蒙两国的发展方向一致。

3. 中国内蒙古自治区及满洲里市

近年来内蒙古发展迅速,从资源优势向经济优势转化的步伐明显加快。内蒙古提出,要加快物流基地建设,提高对外贸易服务设施水平,致力于成为东北亚地区重要物流集散地。与建立东北北部经济带构想相近,功能互补。满洲里市一直在致力于推动中俄蒙经贸合作,定期举办中俄蒙科技展及项目推介会,目前正在积极谋划争取把满洲里口岸建成中俄自由贸易区,并积极争取与哈尔滨市、黑龙江省加强合作。

据悉,内蒙古已有专家提出建议,在满洲里建设中俄蒙自由贸易区。具体构想是在满洲里俄方一侧的5平方公里自由贸易区,按照欧洲法律和习惯来建设。这样根据美国海关法规定,一个产品的最后一道工序或增值25%的地方,就是这个产品的产地,使产品可以顺利进入欧洲和北美市场。按照这一设想,中国企业只要在满洲里自由贸易区俄罗斯一侧建加工厂,在中方一侧建生活区和生产辅助区,就可能实现低成本、高效益进入国际市场。

三、经济带的规模和潜力

东北北部经济带涵盖黑龙江和内蒙古两省五市。2008年经济带内土地面积达到15.77万平方公里,人口规模达到2 146.4万人,经济总量6 355.7亿元,足以支撑起国家一级经济地理轴线和主体功能区的职能,上升为国家战略。

沿边经济带整合后,预期经济外向度将大幅上升,经济贸易增长潜力很大。为了使预测数据尽量科学,这里以2009年为基数,将沿边经济带2009~2020年大体分为两个阶段进行初步测算,即2009~2014年的Ⅰ阶段和2015~2020年的Ⅱ阶段。在Ⅰ阶段,由于区域一体化发展形成的挤出效应、替代效应以及中央政策的扶持和生产要素优化配置等综合影响,预估经济带平均GDP增幅将达到14%,进出口总额以20%的速度递增;在Ⅱ阶段,由于极化效应下降和增长基数提升,GDP增幅将降为12%,进出口的增幅将降为15%,按照上述估计,到2020年,沿边经济带的区域生产总值将达到26 000亿元以上,进出口总额接近1 800亿美元,贸易依存度达到45.3%,是现有水平的162%(图9—2)。

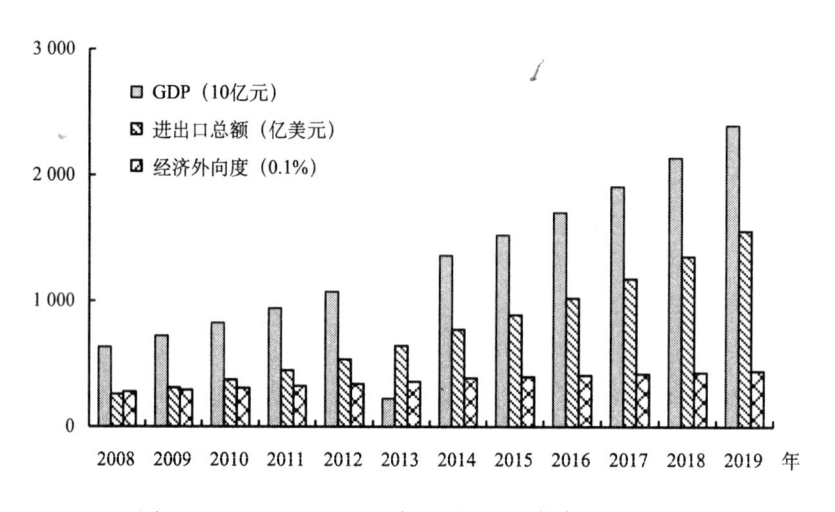

图9—2 2008~2020年沿边经济带发展趋势分析

这一测算与同期国内其他区域板块的测算结果大体相当。如辽宁沿海经济带规划,提出地区生产总值年均增长15%以上,占全省的比重达到50%以上,地方财政一般预算收入增长15%左右;关中—天水经济区预计以12%的速度增长,2020年达到16 400亿元;海峡西岸经济区提出,到2012年人均地区生产总值接近或达到东部地区平均水平,到2017年GDP比2000年翻两番,到2020年,GDP达到4万亿元;北部湾地区在规划中预测,到2020年,人均地区生产总值超过全国平均水平,经济总量占广西的比重提高到45%(表9—1)。

表 9—1　几个国内经济区规划比较

区域板块	海峡西岸经济区	辽宁沿海经济区	长吉图开发开放先导区	关中—天水经济区	东北北部沿边经济区
区域面积(万平方公里)	26.4	5.65	6.2	7.98	15.77
人口规模(万人)	8 000	1 800	970	2 842	2 146.4
经济总量(亿元)	18 887.3	6 948.7	3 906	3 765	6 355.7
进出口总额(亿美元)	1 178.2	516.2	102.3	—	258.4
经济依存度(%)	42.6	50.8	17.9	—	27.8

四、经济带内部城市间的互补问题

目前,沿边五城市之间经济合作交流水平还不够发达,互补发展的态势没有形成,处于各自孤立发展的半封闭性状态,平均经济外向度只有 27.8%,哈大齐三市的平均水平更是只有 5.9%,没有形成对俄贸易和区域整体开发的合力。相反,哈—牡—绥—东腹地薄弱,特别是产业腹地薄弱,难以借助大庆、齐齐哈尔的产业资源,独自撑起作为对俄主前沿的作用,开放的优势无法充分发挥。

建带前哈尔滨市 2005~2008 年 GDP 和利用外资的平均发展水平是 11.8% 和 16.4%,按建带后集聚效应和优惠政策的显现,预计前五年 GDP 和利用外资水平达到 15% 和 30%;后五年由于基数提高将降为 14% 和 20%。按此发展趋势,至 2020 年,哈尔滨 GDP 将达到 15 000 亿元,利用外资 80 亿美元以上(图 9—3,图 9—4,图 9—5)。

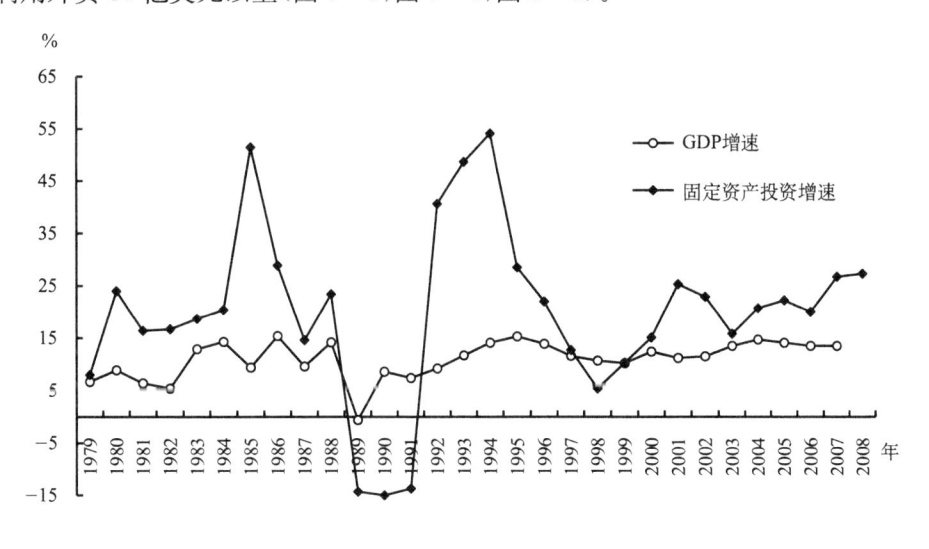

图 9—3　哈尔滨 30 年 GDP 与投资增长变化

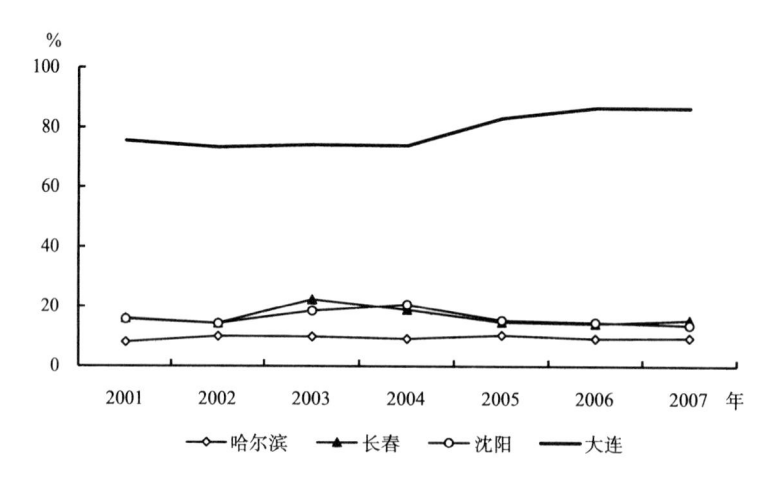

图9—4 "十五"以来东北四市外贸依存度比较

注:按美元与人民币汇率1:7换算进出口总额

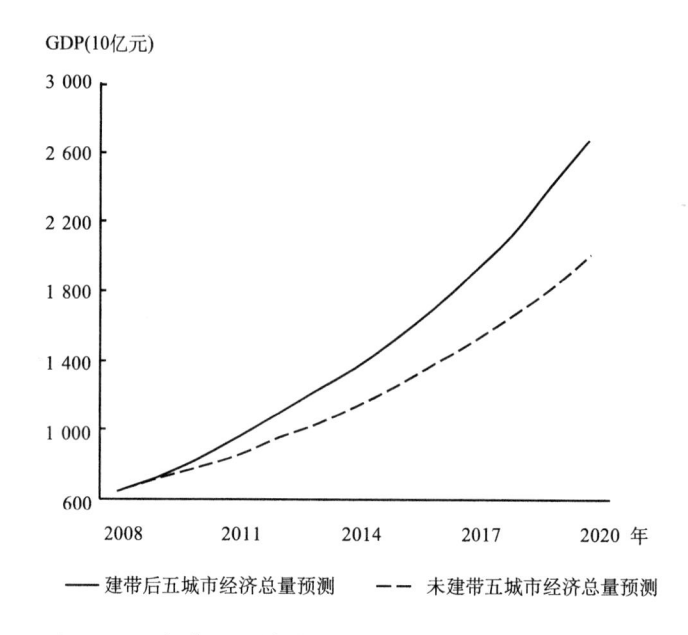

图9—5 建带后五城市经济总量发展与未建带的比较

构建新经济带之后,根据区域贸易自由化理论和点轴理论的推演,区域内资本、劳动力等生产要素将加速集聚,产业布局也将打破地域界限,形成合理分工,现有内向型发展模式的哈大齐工业走廊将与经济带内五城市形成互补,通过运输通道和产业延伸,哈牡绥东对俄贸易加工区也将处于经济带内腹地,得到有力的产业和服务支撑;满洲里和牡丹江两大对俄门户通道的作用将更加凸显。

预计建带之后,黑龙江省的经济构成、招商引资都将为之发生重大变化(图9—6),有助于全面落实省里的定位,即,参与东北亚区域经济合作的大平台,充分发挥其国际经贸通道、外向型产业基地、对俄经贸科技合作平台、中俄文化交融的重要功能。通过经济区的辐射作用和叠加效应,将推动整个带内五城市发生裂变式反应,哈尔滨市将成为俄商在华投资总部基地、对俄合作信息服务中心,中俄科技合作和进出口产品精深加工基地,齐齐哈尔、大庆市将成为进出口产品精深加工、重大项目工程承包、信息物流和服务外包等产业基地,满洲里和牡丹江将成为经济区对俄合作两大门户。

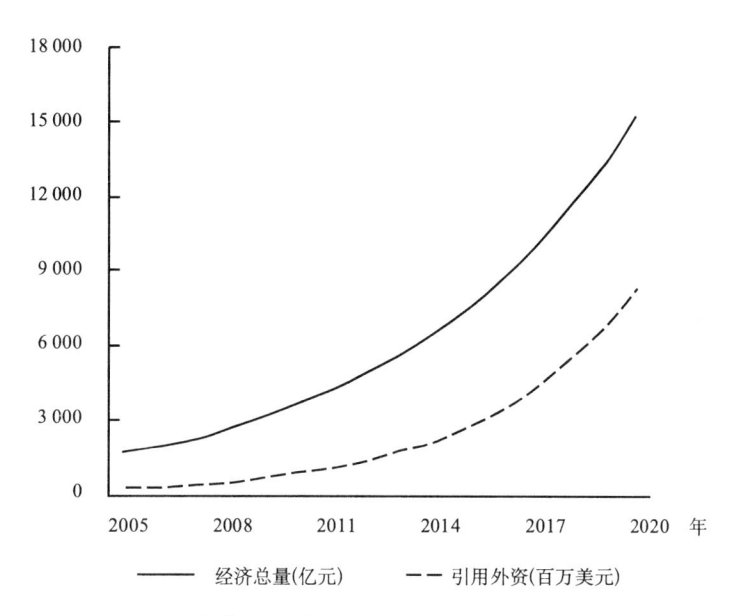

图9—6 建带后哈尔滨GDP和利用外资发展预测

第三节 东北北部沿边经济带的规划与政策构想

一、经济带规划需要重点关注的方面

1. 准确把握的重要原则

一是战略性原则。要从推动全国沿边开发开放、深化东北亚区域经济合作、发展中俄战略合作伙伴关系和维护保障国家安全的高度去认识、把握问题,要体现共同发展、共同繁荣的理念,谋划大思路、争取大项目、研究大政策。二是创新性原则。要在充分借鉴发达地区先进经验的基础上,解放思想,大胆创新,积极探索尝试具有前瞻性、突破性的思路和措施。三是开发与开放相统一的原则。要把扩大对俄及东北亚经济贸易合作作为突破口,有效组织区域内资源配置,培育壮大外向型产业,以开发促开放,以开放促发展。四是区域内外互动原则。要充分利用区域内外两个市场、两种资源,既要重视区域内资源整合和经济一体化,又要加强内外联系协调互动。五是系统性原则。要注重统筹兼顾,在思路方向、发展目标、政策措施和规划

实施上协调一致,特别是要在结构调整、重大布局和重大政策等方面提出科学、可操作的建议,为国家出台相关政策提供依据和决策参考。

2. 明确发展定位

沿边开发开放,要服务于共同发展、共同繁荣这个大局,建设国际经贸大通道、外向型产业大基地、科技文化交流大平台、对俄罗斯及东北亚合作支撑区和跨境特色旅游目的地,就是我们初步确定的发展定位。① 国际经贸大通道就是要发挥区内第一条亚欧大陆桥和陆海联运、江海联运通道潜力,加快重要交通基础设施和边境口岸建设步伐,大力发展现代物流,建设东出日本海、西达欧洲、南联东北老工业基地和沿海发达地区的综合运输通道,国家发改委颁布的东北地区物流业发展规划,已正式把哈尔滨列为对俄物流枢纽城市,我们要趁势而上,使黑龙江成为服务于东北亚及环太平洋地区的国际交通枢纽。② 外向型产业大基地就是要依托境内外资源优势和市场需求,延长加工贸易国内增值链,提升资源转化加工与吸纳能力,完善产业配套,建设具有较强竞争力的新型制造业、现代服务业、现代化农业体系,推进产业结构优化升级。③ 科技文化交流大平台就是要发挥与俄罗斯历史渊源深厚、民间交往密切的优势,深化高端领域人才与技术互惠合作,加强文化教育交流,建设面向俄罗斯及东北亚的国际科技合作基地、国际教育基地和人力资源开发基地。④ 对俄罗斯及东北亚合作支撑区就是要巩固完善地方政府间合作协调机制,强化跨境经贸合作区、综合保税区、境外经贸合作区等新型园区载体功能,改善金融环境,提升哈洽会等大型会展影响力,支持中介咨询服务机构建设,开拓境外市场、扩大境外投资、开展跨境合作,搭建全国与俄罗斯及东北亚区域合作的支撑平台。⑤ 跨境特色旅游目的地就是要在保护生态主体功能和文化原生性的前提下,依托独特的生态资源、自然地理条件和地域文化资源,开发建设具有较高知名度和国际吸引力的沿边旅游景观带,培育旅游支柱产业,成为加深区域联系、增进友好感情、促进深层次合作的重要媒介。

3. 突出发展重点

一是推动沿边开发开放升级问题。"十二五"期间乃至未来更长时期,国家将实行更加积极主动的开放战略。我们具备向北开放的良好基础,这是我们提出上升为国家战略的基础,也是我们扩大对外开放的优势。目前,俄罗斯已经加入WTO,加强对俄合作面临着新形势、新机遇。要深入分析我省对俄合作的潜力,从完善国家沿边开放整体格局的角度,高站位思考、高起点谋划,推动对俄开放向高层次、宽领域、规模化方向发展。二是产业发展和布局问题。要加快构建开放型的产业体系,发挥沿边优势,加快自主创新,以十大产业为重点,建设以现代农业为基础、战略性新兴产业为引领、传统优势产业为支撑、现代服务业为依托的开放型产业体系,带动产业结构优化升级,不断提升全省经济核心竞争力。三是交通基础设施支撑问题。要依托第一条欧亚大陆桥,打通关键节点,提升通过能力,发展陆海联运和江海联运,构筑以哈尔滨市为中心,内联东北乃至沿海省份,东接东北亚和环太平洋地区,西联俄罗斯腹地及独联体国家,多种运输方式有效衔接、相互补充的国际经贸大通道,将沿边开发开放带打造成为东北亚重要的物流枢纽中心。

二、通过国家战略规划来启动经济带

长久以来,东北地区给予外界的印象是只向中央要项目、要投资而不要政策,与东南部发达省区的做法刚好相反。而当前建设外向型的经济产业带,最需要国家支持的就是政策支持。

构造东北北部沿边经济带,应尽快确定沿边经济带未来20年发展总体规划,以及在满洲里边境地区建设中俄蒙特别工业经济区、在牡丹江边境地区建设自由贸易区的中长期分阶段规划。国家战略的出台将会引起俄罗斯及东北亚国家的高度重视,为启动经济带建设创造必要的外部条件。

1. 中俄蒙特别工业经济区

跨区域合作已经是当前我国对外合作的主旋律,国内各大区域及城市正着力推进合作进程。如,深港合作以两地地缘优势为依托,在交界地带建设以创新型产业项目为主的跨市产业聚集带;云南在大湄公河开发规划中也提出在次区域国家建厂,建立海外的生产体系、销售网络和融资渠道,并鼓励临近省份参与开发;满洲里市也准备与俄赤塔州合作建设赤塔华商园区等。

为推动经济带内哈大齐产业群向外向型转变,吸引俄方等东北亚国家、国内东南沿海地区企业参与到沿边经济带建设中,可由中俄蒙三方合作,在满洲里与俄、蒙边境的特定区域,建立中俄蒙特别工业经济区,作为哈大齐工业走廊在西部满洲里的桥头堡和示范区,为产业带注入新活力。

工业经济区可采用联合开发模式,以哈大齐优势产业和俄蒙企业为主体,通过特殊政策吸引省内外及跨国公司等产业资源加入,以俄蒙和欧美市场为指向,建设外向型产业集群。根据目前的市场信息,工业区主导产业建议以纺织、包装、木材加工等轻型机械制造、高科技生产、食品精加工为主导产业,形成新的大型出口加工基地。

2. 牡丹江边境自由贸易区

截至目前,牡丹江市已在俄罗斯建立了远东工业园区、康吉经贸合作区、华宇工业园区等多个园区,在哈巴罗夫斯克、乌苏里斯克等地建立了35个境外市场,开辟了绥芬河综合保税区。作为建立沿边经济带的重要规划之一,牡丹江自由贸易区可以依托现有的良好基础,与哈大齐工业走廊的产业、人才、科技、金融等优势结合起来,扩大对俄合作的规模与领域。如,中俄双方各划定一块区域,削减区域内双方商品关税、配额和其他贸易壁垒,形成自由贸易区。同时,通过建立哈大齐综合保税区与之呼应,扩大辐射范围。远期可以逐步将自由贸易区范围扩大至哈大齐产业带,允许本地企业或在区域内投资的企业享受关税优惠政策,吸引企业和资本向区内集聚。

3. 加速经济带内对外基础设施建设

辽宁已经建设了总长1 443公里的滨海公路,并与辽宁中部城市群城际大环线对接,以完善其内部运输体系。铁路方面,延伸目前的哈大齐快速货运铁路至满洲里。而东北北部经济带是东北北部对俄经贸交流中心区域,目前对俄贸易交通设施远远没有达到应有的规模,应规划通过"两大门户、三大通道"建设予以强化。即,以满洲里和牡丹江为两大门户,以公路、铁路和航空三大通道建设为突破,全面完善经济带的对外基础设施建设。其中,公路建设以黑龙江"三年公路大建设"为契机,以哈尔滨为中心、哈大齐为轴线,打通哈尔滨向西经满洲里到赤塔的对俄公路通道,形成贯穿东西、横跨欧洲和东北亚的公路网络。

4. 加速推进"航空门户"战略

航空货运枢纽港(GTP)对区域经济拉动作用巨大。如,美国的安克雷奇只是一个拥有26.3万人的小城市,却占据了世界第三大航空货运枢纽的地位,成为北美重要航空门户,年处理空运货物270多万吨,成为区域经济的主擎。在东亚,当前这一角色正由马尼拉和广州所扮演,而我国珠海等几个东南沿海城市则正在努力争取。研究表明,在国内城市中,哈尔滨是少有的适合作为GTP的城市之一:位于"大圆航线"(即地球面上两点间最短距离是两点间大圆的劣弧)上,与北美、欧洲和东南亚距离相同,处于中心位置,适宜作为中国东北地区乃至东北亚的重要空中交通枢纽之一。因此,未来GTP的建设将为构想中的东北北部沿边经济带起到巨大的推动作用。

5. 修建对俄宽轨铁路干线

当前,国内各主要沿边城市正加紧改扩建铁路,将铁路干线拓展至境外。如,深港之间加快了京广深港客运专线铁路建设,争取在2012年前实现深港交通一体化;新疆准备实施"连云港方案",向中央申报修建乌鲁木齐至俄与中亚地区的欧制宽轨铁路;吉林也为配合"长吉图规划"而全力推动中俄珲—卡铁路恢复运营,打通吉林与俄的铁路通道;省内城市佳木斯也积极报批修建前—抚铁路与俄远东铁路对接。

哈大线—滨洲线—西伯利亚铁路—莫斯科—欧洲的铁路运输大通道,由于受到中俄铁路运输标准差异、运力瓶颈及牡丹江被排除在外等限制,大通道的潜力难以全面发挥,加快对俄铁路建设势在必行。在此情况下,规划修建一条以满洲里、牡丹江为端点的俄制宽轨铁路干线,与俄西伯利亚大铁路和远东铁路标准对接,延伸到俄赤塔和海参崴,无疑将极大地提升海路联运大通道的作用。

事实上,近年来国内已提出多种亚欧大陆桥通道方案(专栏9—1),并已进行初步论证。从论证的情况看,"大连方案"与"绥芬河方案"可行性较大。经过研究,本研究提出的"哈尔滨方案"大体兼备了"大连方案"、"绥芬河方案"的优点,例如可以同时充分利用海参崴和大连两个出海口,又与俄制铁路标准接轨,具备可操作性和现实性,不失为一种新的高效选择。

专栏9—1

中国亚欧大陆桥通道实施方案

我国正论证的亚欧大陆桥通道有四种方案，具体如下：

一、大连方案，又称连满欧亚联运大通道。经哈（尔滨）大（连）铁路、滨（哈尔滨）洲（满洲里）铁路，由我国最大的陆路口岸、内蒙古的满洲里出境，沿西伯利亚大铁路，经俄罗斯的莫斯科到俄边境城市布列斯特分流，西至荷兰鹿特丹港。

二、绥芬河方案，又称绥满欧亚联运大通道。经海运到俄罗斯的纳霍德卡港或海参崴港，经铁路至黑龙江省的绥芬河，途经哈尔滨和内蒙古的满洲里，与西伯利亚大铁路连接，西抵鹿特丹港。

三、天津方案，可称津蒙欧亚联运大通道。货运从天津港上岸，经北京、内蒙古，至乌兰巴托北入俄境与西伯利亚大铁路接轨。

四、连云港方案，又称新欧亚大陆桥。东起江苏省连云港，经西安、至新疆乌鲁木齐，从阿拉山口出境，经中亚西伯利亚大铁路接轨，经莫斯科，西抵鹿特丹港。

经专家论证，在四个方案中，大连方案和绥芬河方案可取之处较多，竞争力较强。

三、通过利于边贸的政策措施来加速经济带的整合发展

1. 在哈尔滨建设国家级中俄人才交流、合作及培训中心，对俄贸易标准制定中心，信息中心，贸易争端解决处理机构，以服务经济带内各城市需求

据俄罗斯权威调查表明，目前约有13%的俄罗斯人想出国工作和生活。哈尔滨具有浓厚的西式生活传统和俄侨移民历史，对俄方人才具有很大的吸引力。在哈尔滨建设中俄人才中心和培训中心，将吸引更多的俄方高素质人才来哈学习、生活和工作，推动解决目前俄方人员在华工作的多种限制。同时，发挥哈尔滨区域中心的服务功能，在哈组建对俄贸易标准制定等中心，发挥哈尔滨中心城市的作用，为未来两国间的经济技术深入合作，发挥探索性、示范性作用。

2. 探索在哈尔滨发展对俄金融结算业务

当前国内各大经济区都把金融业务创新作为加快开放的核心优先政策。辽宁在沿海经济带设立产业投资基金，为沿海经济带产业发展提供资金支撑；广西在北部湾经济带内探索建立产业投资基金，试图将南宁打造为区域性金融中心；江西设想成立区域性开发银行（基金），作为专门为区域开发服务的区域性政策银行，提供信贷支持。

作为东北北部中心城市的哈尔滨，应积极争取中央支持成为对俄金融结算中心，为对俄贸易提供金融支持和服务。可以提出多种具有可行性的政策方向。如，试点推行区域内债券等

有价证券发行,鼓励金融机构以人民币和卢布为主发行有价证券,力争在哈尔滨建成东北亚人民币和卢布离岸金融中心;在哈尔滨成立沿边经济带政策性投融资银行,组织经济带内银团项目贷款;鼓励俄方银行来哈设立分支机构,对符合条件的俄方银行来哈设立分支机构实行"绿色通道"制度,减少审批环节和时间。实际上,上述许多设想已经现实存在,国家的支持将进一步提升哈尔滨的对俄金融服务功能。

3. 在哈尔滨成立地区性期货交易市场

随着我国国际化程度加深,加快期货市场发展已被国家列入战略日程。证监会近期表示,将以平稳推出金融期货为重点,稳步推进期货市场的创新和发展。目前,国内期货市场只有大连、郑州和上海三家,由于地理位置因素,不可能覆盖到全国范围内的商品流通,扩大期货交易所势在必行。国内各城市,如重庆正在申报成立畜产品期货交易市场(专栏9—2),山西也积极研究成立煤炭期货交易市场。哈尔滨作为东北北部物流中心、商品粮主要输出地和商业重镇,一直是东北地区粮食主产区之一和对俄经贸大宗商品的集散地。在哈尔滨成立期货交易所,以粮食、石油、煤炭、铁矿石、黄金等为主要交易品种,将有效利用三江平原粮食主产地、大庆石油开采区、东部煤炭采掘基地和赤塔铁矿石生产区的资源优势,辐射涵盖东北北部,最终加大对俄远东广大区域的辐射作用。中长期可发展掉期保值和期指交易,降低进出口贸易风险和农产品生产风险,为沿边经济带开发提供保障,同时也有利于国家控制期货交易,平抑国际期货市场对我国经济的不利影响。

专栏9—2

重庆报批畜产品期货交易市场

在2009年6月举办的"首届西部金融论坛"上,重庆市表示为实现2015年基本建成长江上游经济金融中心的目标,加速制造业和高新科技的发展,重庆筹备组建四大金融市场,即按照中关村模式建立的证券场外交易(OTC)市场、畜产品远期交易市场、电子票据交易中心和土地交易市场。

目前,重庆市正在加速筹备以生猪交易为基础的全国畜产品期货市场。具体过程是利用重庆生猪和铝材等原料的全国生产性基地,先报批建立以生猪为主的畜产品远期交易市场,经过二至三年的运行操作,积累了一定经验和人才后,再在证监会的支持下,全面建立期货交易市场,预计远期交易市场今年下半年就可获批成立。

按照重庆市规划,力争到2015年,重庆金融产业对全市地区生产总值的贡献达到8%以上,存贷款余额分别达到2万亿元和1.5万亿元,保费收入占全国保费收入的1/35,证券市场市值达到1万亿元以上,成为中国西部金融机构规模最大、金融机构最密集的一个地区。

4. 探索中俄局部地区试行人民币、卢布自由兑换政策

加快人民币自由流通是我国货币改革的长期趋势，国内沿边一线省份也把人民币区域自由化作为扩大开放的重要政策。如，福建从扩大两岸金融合作入手，在互设金融机构等方面先行先试，预想建立海峡两岸货币清算机制，并争取相关政策支持；深港之间协商扩大两地贸易人民币结算额度，尝试两地居民在合作区内自由使用人民币结算，推动深港共建人民币离岸中心；广西和云南也即将获得中央批准，成为区域人民币自由贸易结算试点城市（专栏9—3）。

专栏9—3

人民币区域化与贸易结算发展进程

自2008年金融危机爆发以来，人民币在更大区域内作为交易和计价货币，已经开启了区域化发展进程。

2008年7月10日，国务院批准中国人民银行改革方案，新设立汇率司，正式拉开了推动人民币区域化的政策帷幕。

2008年12月4日，中国与俄罗斯就加快两国在贸易中改用本国货币结算进行了磋商。

2008年12月25日，国务院决定，将对广东和长江三角洲地区与港澳地区、广西和云南与东盟的货物贸易进行人民币结算试点。2009年年初，人民币跨境结算中心将在中国香港等城市进行试点。

2009年3月，央行与白俄罗斯、韩国、中国香港、马来西亚、印尼等国等就货币互换达成协议，签订了总额高达6 500亿元人民币规模的货币互换协议，为今后人民币跨境结算提供了资金支持。

推进人民币用于区域性国际结算，从长远看，有利于逐步改变以美元为中心的国际货币体系，为将来人民币在区域内扮演投资和储备货币职能打下基础。从战略上来看，跨境贸易人民币结算能有效推动金融业的发展和区域性对外开放步伐，银行结算、清算收入增长等中间业务将迅速崛起。

拓展人民币和卢布在两国边境地区的自由流通和货币互换清算业务，在中俄两国都受到高度关注。近年来，俄罗斯领导人一直将俄语、卢布视为国家强盛与否的标志，我们应尊重俄方意愿，积极推动合作升级。在哈尔滨市成立区域性货币清算银行，经济带内各城市也要展开货币自由兑换业务，提供人民币和卢布汇兑清偿业务，有助于扩大卢布和人民币在两国边境地区的流通，满足跨境人员商务、政务和旅游等需求，有效规避对俄贸易汇率风险，减少结算手续和交易成本。

5. 试点运行俄方来哈人员"落地签证"制度

为了促进人员往来、拓展旅游经济,由原有的免签制进一步开放为落地签证制,目前正成为国内各城市新的关注热点和创新方向。如,海峡西岸经济区与台湾之间实行旅游落地签证制度;上海、武汉、沈阳、大连、广州等11个城市也相继批准对台游客实行落地签证制;台湾也在金(马)地区实施对内地对等落地签证制;广西桂林市也决定全面实施对外国游客落地签证制;北部湾经济区相关城市也正在申报对东盟国家和俄罗斯实施落地签证制。

黑龙江作为对俄交流的窗口和枢纽,中俄两国之间人员来往日益密切,频繁出入边境,按原有15日免签制已经不能适应俄方人员来哈尔滨旅游和商务活动的需求。由于哈尔滨已实施过对俄免签制,扩大开放力度,试点运行对俄来哈人员入境落地签证制具备相应基础,可先在哈试行俄方来哈人员落地签证制,对应人员范围先限定在俄远东地区,待时机成熟后再相应扩大至沿边经济带和俄罗斯全境,将对促进人才流、资金流、信息流向沿边经济带高速聚集,推动双方合作升级产生实质性影响。

6. 组建经济带内区域中心海关

目前长三角和珠三角地区已实行区域内通关一体化新模式,另外,海峡西岸经济区等全国许多地区的海关都在积极推动各大区域间的通关合作。如,上海海关与21个省区市、深圳海关与22个海关、长春海关与6个海关、福州海关与20个海关建立了区域通关合作机制。

从黑龙江省情况看,当前各地市海关因缺乏协调合作导致中俄贸易面临着秩序混乱、通关程序繁琐的问题。从区域间海关合作的情况看,哈尔滨虽然与北京、上海、天津、深圳、沈阳、长春、大连、满洲里八个地区海关开展了区域通关合作,但合作进程明显滞后,也没能打破因东北北部沿边地区海关行政管理分割造成的通关障碍。

预计随着经济区建成后进出口量的大幅增加,现有的通关模式将不能满足企业快速通关的需求。因此可尝试组建经济带区域性中心海关,实行"4+1"(哈大齐牡+满洲里)海关合作模式,多点申报、口岸验放,允许全国各地企业在经济区内任一海关报关,在口岸海关验放,实现区域通关一体化,与长三角、珠三角等地的政策取齐。同时,加快推进经济带中心海关与外地海关的区域通关合作,扩大沿边口岸对其他地区的服务作用和辐射能力,形成通往东北亚的快速物流通道,服务和促进外向型经济发展。加速电子口岸联网,实现跨关区全方位联网。上述措施的实行将极大加强黑龙江省作为中俄贸易桥头堡的作用,进一步释放双方经济贸易合作潜力。

7. 建设东北亚地区重要的国际经贸大通道中心枢纽

充分利用哈尔滨作为区域性物流节点城市、一级物流节点城市、东北地区北部物流中心城市和对俄国际物流枢纽城市的比较优势,发挥第一条亚欧大陆桥和陆海联运、江海联运通道潜力,全面开展陆海联运,谋划复兴"欧亚大陆桥",建设辐射北美的空中廊道,加快重要交通基础设施和边境口岸建设步伐,大力发展现代物流,建设东出日本海、西达欧洲、南联东北老工业基地和沿海发达地区的综合运输通道,使哈尔滨成为服务于东北亚及环太平洋地区的国际交通枢纽,构建"一廊一桥"的国际交通大格局。中日韩俄东北亚陆海联运合作论坛和政府磋商会议在哈尔滨召开为契机,推动构建以俄罗斯远东和中国东北港口为出海口,以铁路、公路或多式联运为主要集疏运方式,以中国东北、俄罗斯远东和西伯利亚等地区的出海运输大通道为基础,并与日本海海上运输网络无缝衔接、覆盖中日韩俄等东北亚地区的陆海联运网络。

建设与国际交通接轨的物流网络体系,重点构建"六园多节点,一核多放射"综合物流体系,重点规划建设龙运物流园区、新香坊物流园区、哈东物流园区、空港物流园区等六大物流园区。围绕哈尔滨市主要经济区、工业园区、大型商贸市场和交通枢纽,高标准规划与哈尔滨现代化国际化大城市相适应的物流中心、货运场站和配送中心。做大双城果蔬绿色(有机)净菜物流基地、内陆港、华南城等重大项目。在哈南工业新城内规划建设内陆港,发展建设综合保税区等一体化的物流网络。同时,重点打造哈尔滨—大庆—齐齐哈尔—呼伦贝尔—满洲里、哈尔滨—牡丹江—绥芬河(东宁)、哈尔滨—大连、哈尔滨—北安—黑河、哈尔滨—佳木斯—同江(抚远)五条陆路及出海通道和航空物流通道,成为全国对东北亚贸易货物的中转、换装和集散基地。航运方面,积极谋划打造国际航空枢纽港(TransPark),省市联合申请哈尔滨航空港的第五航权。

8. 建设外向型产业基地

依托境内外资源优势和市场需求,延长加工贸易国内增值链,提升资源转化加工与吸纳能力,完善产业配套,建设具有较强竞争力的新型制造业、现代服务业、现代化农业体系,推进产业结构优化升级。

一是现代农业综合服务体系。全面落实"两江平原农业综合开发实验区"战略,以提高粮食综合生产能力和发展绿色农业为重点,推进"服务下乡"和农业综合服务体系建设,继续加大对农业和农村发展的支持力度,积极推进农业生产规模化、作业机械化、经营产业化、产品标准化,实现农业现代化。完善农业物流、科技、信息、质量检测检疫和气象灾害监测预警体系等现代农业综合服务体系建设(图9—7)。依托主城区和各县(市)农产品主产区,建设特色鲜明的农产品交易市场和物流园区。打造哈尔滨绿色食品博览、展示、现货交易和期货交易服务平台。打造农业科技研发服务平台,完善农业科技示范推广体系,推进涉农档案信息资源共享。积极培育农业协会、种粮大户、农机合作社、龙头企业等现代农业经营主体,健全农业社会化服务体系,提高农业经营组织化程度。

二是建设国家先进制造业基地。① 做大做强装备制造产业群。以重大项目和重点产业基地建设为突破口,以产业结构和布局调整为主线,全力打造电站设备、航空制造、汽车及零部件、农用机械、通用装备等产业链条,做大做强装备制造产业群。宾县围绕对俄贸易出口加工基地建设,重点发展先进制造产业、焊接产业。双城以园区整合为突破口,加速推进以机械为主的优势产业发展。② 优化壮大现代医药产业群。通过重点企业的国际化和产业园区现代化建设,强力提升自主开发能力,实施产品经营与资本经营并举,国内资源与国际资源同步开发相结合,继续巩固和提高化学医药产业链优势地位,大力发展现代中药和保健品产业链,积极培育生物制药,壮大医疗器械和医药流通产业链,把哈尔滨建设成为产业门类齐全的国际知名医药产业基地。③ 积极发展绿色食品产业群。依托东北地区优势特色农业资源,加快发展以特色农产品加工为主的绿色食品产业群,支持本地企业与国内外大企业大集团合作,做大做强龙头企业和特色园区,带动农业产业化和农产品基地建设,以农特食品加工、乳品制造、饮料制造产业链为重点,建成国家重要的绿色食品产业基地。④ 推进宾县绿色食品加工产业建设。加快尚志市乳品产业基地、浆果产业基地、绿色有机食品产业基地建设。推进双城市现代农业示范区建设,形成绿色有机农产品加工龙头群体,打造农业循环经济产业链,在全国率先叫响双城绿色有机农产品品牌。加快延寿县食品加工业发展,提高农副产品转化程度和精深加工比重及农副产品综合利用水平。⑤ 加快培育战略性新兴产业群。通过强化高新技术的技术创新源头和产业化能力,构筑以企业为主体的自主创新平台,集中力量建设一批高技术产业化基地、工程研究中心和企业技术中心,对具有比较优势和市场前景的战略性新兴产业领域实施重点扶持、重点突破,大幅度提高战略性新兴产业比重,重点打造新能源、电子信息、新材料、生物工程等战略性新兴产业链,将哈尔滨建设成国家重要的战略性新兴产业先导城市。⑥ 双城积极培育壮大新兴战略产业。重点培育壮大生物、新材料、新能源、绿色有机食品、服务外包、电子信息六大战略性新兴产业。加快宾县光电(LED)、新材料、新能源产业发展。

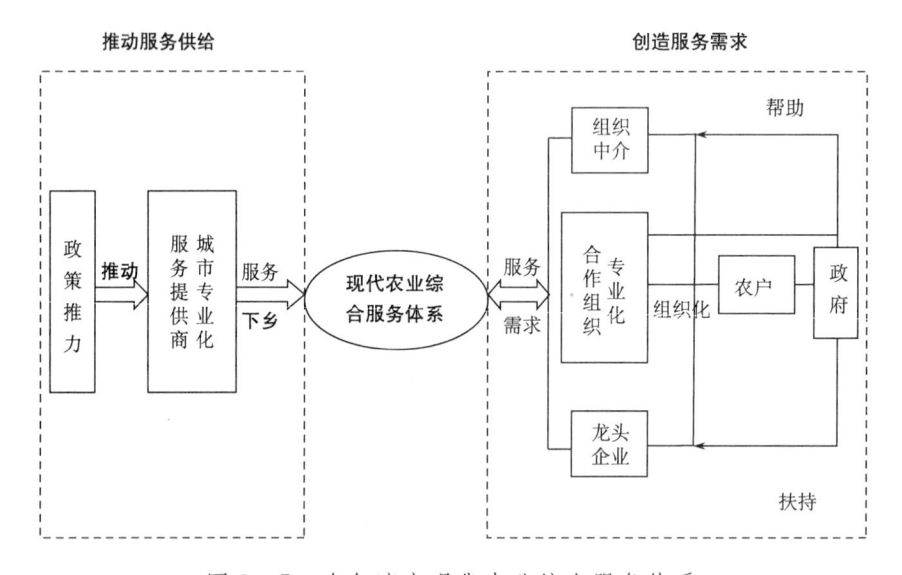

图 9—7　哈尔滨市现代农业综合服务体系

9. 以建成国家级能源战略储备、加工和保障基地为目标,大力推进对俄能源合作

黑龙江省是我国四大能源战略进口通道之一——对俄能源进口的必由之路。俄罗斯远东石油管道中国支线已经开通,每年将由该管道经黑龙江省境内进口原油 1 500 万吨,连续 20

年,共计 3 亿吨。同时,经铁路由俄年进口 1 500 万吨原油保持不变。这样,经由黑龙江省每年从俄罗斯进口的原油将达到 3 000 万吨,占我国年原油进口量 1/6。从俄罗斯进口天然气的谈判也正在进行之中。

俄罗斯是中国第四大煤炭进口国,据俄方统计,2009 年,中国从俄罗斯进口煤炭激增了 15 倍之多,达到了 1 209 万吨,占中国当时海外能源购买总额的 10%。2010 年上半年,中国从俄罗斯进口煤炭总量已达到 600 万吨。2010 年 9 月,中俄双方在俄罗斯布拉戈维申斯克市签署了两国相关能源合作协议。协议规定,在未来五年内中国将从俄罗斯每年进口至少 1 500 万吨煤炭,而后 20 年进口煤炭量将会增加至 2 000 万吨。中国则为俄罗斯提供总共 60 亿美元的贷款。协议中还涉及双方将合作建立合资公司,共同开发俄罗斯远东阿穆尔河(黑龙江)地区煤炭资源。

此外,俄罗斯远东地区电力充足,2009 年向中国(黑龙江)输电 7.38 亿度。根据《合作规划纲要》,俄方已正式批准建设布列亚河下游水电站及其输配电系统,并在中俄两国境内各自建设跨黑龙江(阿穆尔河)的 750 兆瓦(MW)直流输电线路及换流站,为向中国大规模出口电力做准备。目前,中俄 500 千伏跨国输电线路跨越黑龙江工程已经竣工,计划全线 2011 年投产送电,年供电量可达 43 亿度。

因此,黑龙江省在大力推进对俄能源合作、保障国家能源战略安全方面具有极为重要的地位。黑龙江省应积极向国家争取立项,建设重要的国家级能源战略储备、加工和保障基地,并在发展石油化工、天然气化工以及耗电较高的装备工业、新材料工业等方面给予适度政策倾斜。

10. 建设东北亚运筹管理中心

全球运筹是一种跨国供应链的资源整合模式,指将全球不同地理位置的原物料、制造能力、劳动力以及市场做最好的组合。总部集聚地是这一流程的规划决策和营销职能部门的聚集地、全球管理的核心中枢。哈尔滨建设东北亚运筹管理中心目标是将研发、设计、金融、物流、营销、品牌等高端职能集聚整合,提高对黑龙江、吉林北部、俄罗斯远东西伯利亚周边区域的支配力和影响力,以支撑国家战略资源服务基地功能的实现。

四、通过政府力量推动经济带尽快组织实施

1. 加快顶层设计

规划建设"东北北部沿边经济带"事关我国近中及长期发展的战略全局,建议确定为国家发展战略,尽早决策立项,科学组织实施。

组织东北三省一区建立起顺畅高效的协调工作机构,强力推进这项全局性的战略部署。国家对东北地区的发展进行整体和长远的谋划,对各区域发展统筹协调。

尽快通过国家间的外交和贸易谈判,促进中蒙、中俄经贸科技合作进一步规范、畅通和投资合作更加便利化。东北地方和民间、企业对俄、蒙的经贸合作特别是边境贸易越来越活跃,但经常面临"灰色清关"和结算结汇不安全等困扰。俄电的入境使用价格低廉,且对双方都有利,却因电网管理限制不能更大范围使用。石油、矿产、木材的输入也未能按双方客观需要顺畅地增加过货量。俄罗斯远东地区的开发建设急需投资,俄罗斯自身能力有限,中国企业进行了大量投资,但经营发展经常遇到各种风险和限制。这些问题需要中央政府通过目前的两国首脑会晤和政府高官会谈等机制尽快解决好,促进双方合作共赢,使我国东北北部的沿边开放步伐顺应全球经济一体化趋势。

2. 加大政策扶持力度

省、市金融部门对外向型生产企业采取倾斜政策,扩大信贷规模和授信额度。突破对俄合作园区及基地用地"瓶颈",进一步拓展发展空间,增加对外向型生产加工投资项目的计划用地指标并给予优先审批,优先保证供电、供水等供应。鼓励企业重点开展对俄投资办厂和加工装配业务,对通过投资每年带动出口的项目,给予一定奖励。对企业在境外开展农、林、矿业合作,在俄罗斯注册(登记)、购买资源权证之前或承包工程、设计咨询、签订合同(协议)之前为获得项目发生的前期费用,在享受国家支持政策的基础上再给予一定比例的补贴。

3. 加强政策研究

开展规划工作,不但要提出促进区域对外开放的总体思路,还要提出需要国家赋予的重大政策和帮助解决的重大问题,也就是要加强政策研究。政策争取得多、国家支持的力度大,推进沿边开发开放带建设就可能事半功倍。在政策研究、拟定和争取上,要着力把握好以下几点:一是解放思想。在深入调研、认真分析存在问题的基础上,以改革创新的理念,有针对性地制定政策。分析问题要入情入理,拟订政策要依据充分,清晰规范,具有较强可操作性。另一方面应广泛借鉴国家已出台的在局部实施行之有效的政策,使政策制定少走弯路,便于得到国家认可。二是拓宽视野。制定政策既要突出重点,力争在重点领域和关键环节上寻求突破,又要考虑协同性、配套性和整体效能,构筑较为完整的政策支撑体系。政策范围不仅要包括财政转移支付、扩大投资额度等增加投入的政策,还要有以减轻税负、降低准入门槛、简化审批手续、试点示范等改善发展环境的政策。政策层面上要从国家政策和省里政策两个方面来思考,特别是应在省级权限内考虑的政策,要做实做细。三是切实做好对口争取。借鉴有关区域规划政策争取的经验,围绕拟订政策开展向上对口争取,是制定区域规划的关键环节。

第十章　建设哈尔滨"中俄友好示范性城市"的设想

中国与俄罗斯互为最大邻邦,两国间具有 4 300 余公里的共同边界。加强中俄地区合作是中俄战略协作伙伴关系的重要组成部分,对充实两国务实合作内容、提升中俄全面合作整体水平、实现经济互补和地区共同繁荣具有非常重要的意义。2009 年 9 月 23 日,中俄两国政府签订了《中华人民共和国东北地区与俄罗斯联邦远东及东西伯利亚地区合作规划纲要(2009~2018 年)》(以下简称《合作规划纲要》),正式将两国边境地区的合作扩大到整个中国东北与俄罗斯东部地区,并将这种合作上升到双边国家间战略合作的层面。因此,作为与俄罗斯开展全面合作最富优势的哈尔滨市,已经被历史性地推到了中俄国家间合作的前沿。这是哈尔滨当前在中俄区域合作发展方面面临的最大机遇,也是国家赋予哈尔滨的历史责任和殷切期望。

第一节　中俄需要在边境地区策划"示范性城市"

一、中俄合作的最高利益

中俄合作的最高利益是什么?什么因素阻碍着两国最高利益的实现?什么方法能够破解这些阻碍?这一系列问题是当前中俄合作的根本性问题。

一些观点偏激的人士认为,中国结好俄罗斯是为了掠夺资源,到俄罗斯是为"世界工厂"开拓倾销市场,甚至有人认为中国对远东进行人口渗透,有潜在的移民性国土扩张需求⋯⋯等等。这些观点是很难立足的。表 10—1 表明,包括石油在内的矿产品仅占中国进口总量的 2%。木材及木制品占比虽高达 33.7%,但若考虑中国木材近 5.5 亿立方米年消耗量,俄罗斯进口的 2 000 多万米占比不足 4%,俄木材只起补充作用。由此可以得出结论,俄罗斯资源只是中国工业化和城市化一个份额很小的资源产品来源。不能用"掠夺"这样的字眼来审视中俄贸易。如果这样我们就不能理解,美国为什么照样出口初级农产品、澳大利亚出售铁矿石、加拿大出口木材?再从出口看,占比只有 2.3%,也不足以拉动"世界工厂"产能。说到领土,中俄已不存在领土争端。近期,远东总统全权代表伊沙耶夫也坦言远东地区不存在中国移民扩张。

表 10—1　2008 年中俄贸易占全国贸易份额情况　　　　　　　　单位：亿美元

	中俄贸易	全国对外贸易	占比
进口总额	238.3	11 331	2.1%
其中：矿产品	119.1	4 183	2.0%
木及制品	24.8	73.5	33.7%
化工产品	24.0	7 703.1	0.3%
出口总额	330.1	14 285	2.3%
其中：机电产品	160.0	8 229.3	1.9%
纺织品及原料	30.5	653.7	4.7%
贱金属及制品	29.2		
进出口总额合计	568.3	25 616	2.2%

注：木及制品主要为原木、锯材、木质胶合板。数据来自海关总署。

既然经贸不重要，那么最高利益是什么？在中俄两国国际关系中，没有像中俄关系这样列到如此高的互动议程，双方先是策划俄罗斯年，随后是中国年、俄语年……，相信这种策划还要继续下去。那么隐含在这些活动后面的动机是什么呢？只有上升到政治高度理解才能找到答案："希望中俄世代友好、永不为敌！"《中俄睦邻友好合作条约》（以下简称《条约》）指出，"巩固两国间各个领域的友好、睦邻与互利合作符合两国人民的根本利益"。这就是中俄最高利益。

二、最高利益的实现还需要更好的合作平台

中俄之间的确存在一些隔膜阻碍着最高利益，主要是双方的认识问题、互信问题。比如上述偏激观点产生主要是历史原因，这里既有中国方面的原因，比如中国少数商人过去在远东经贸活动中的不良形象、"灰色清关"、松花江跨境污染事件、中国出口食品安全问题，也有俄方原因。

突破这些障碍需要中俄政府创造互相了解、相互交流的各种平台。互信和认识提升，一定是在交流过程中完成的。因此中俄地方政府合作要服从于"世代友好、永不为敌"这一最高利益，实现"睦邻、安邻、富邻"。

目前中俄已有的合作平台对实现最高利益目标远远不够，还需要创造更多的平台，特别是双方边境地区要有更大的作为。近年来，中国—东盟"10+1"合作将平台设在了广西，最近国家将海峡两岸合作的平台设在福建的海峡西岸经济区，这些方法值得借鉴。中国与俄罗斯合作范围十分广泛，涵盖"促进发展文化、教育、卫生、信息、旅游、体育和法制领域的交流与合作"、"预防跨界污染，公平合理利用边境水体"、"经贸、军技、科技、能源、运输、核能、金融、航天航空、信息技术及其他双方共同感兴趣领域的合作，促进两国边境和地方间经贸合作的发展"等方面，相对于"海西"和北部湾，更需要一个地区性合作平台。如果哪个地区或城市能够帮助

国家实现推进中俄世代友好的目的,它的战略就能上升为国家战略。

从减少振动、便于操作、先试先行的角度看,用两个城市各自作为双方国家的依托平台更为合适,远东的哈巴罗夫斯克城有条件,对于中方来说,哈尔滨最具条件。

第二节 哈尔滨具有成为"示范性城市"的比较优势

哈尔滨处于中俄合作的最前沿,与全国其他城市相比具有无可争议的优势,最有可能在中央的支持下在全国率先与俄罗斯在政治、经济、文化、安全等诸多方面开展全面合作。同时,哈尔滨在对俄全面合作中取得的成功经验也将为全国其他地区开展对俄合作提供示范。

一、上升为国家级区域发展战略需要满足的基本条件

1. 国家级区域发展战略的五种类型

当前,区域经济发展已经成为我国经济发展中最具活力的领域。近几年来,国家陆续批准了近30个区域发展规划,对推动这些区域的发展已经并正在发挥着重大作用。这些区域规划大体上可分为五类:

第一类是为了顺应国际区域经济一体化趋势,利用我国沿边、沿海省区的地缘优势,与周边国家和地区开展经济、文化以及全面合作的区域规划。如以广西南宁为中心的北部湾经济区和中国东盟自由贸易区及合作论坛;以云南昆明为中心的大湄公河次区域经济合作区;以福建福州、厦门为中心的海峡西岸经济区;以大连为中心的面向韩国、日本及东北亚地区的辽宁沿海经济带;以长吉图为中心的图们江流域国际合作开发区的先导区,等等。此外,以新疆乌鲁木齐、喀什等为中心面向哈萨克斯坦及中亚地区的中哈、中亚经济合作区,以西藏和周边及南亚国家合作为主要内容的泛喜马拉雅合作论坛等也都在积极筹备或酝酿之中。目前,在我国与周边主要国家之间,唯有对俄合作区域还基本上是空白。

第二类是为了支持跨省、区、市区域经济合作,培育新的经济增长区域,从而推动区域经济快速协调发展的区域发展规划。如长江三角洲地区发展规划包括了上海市及江苏省和浙江省的16个城市,并在统筹这两省一市发展的同时,辐射到泛长江三角洲地区的安徽、江西等省;珠江三角洲地区发展规划以广东省的广州、深圳、珠海等城市为主体,在与香港、澳门紧密合作,充分发挥粤港澳龙头带动作用的同时,辐射到泛珠江三角洲地区的福建、江西、广西、海南、湖南、四川、云南、贵州等省区。此外,京津冀都市圈、成渝经济区、关中—天水经济区等区域规划也大都与此相类似。

第三类是以一个或几个特大型城市为中心,带动周边城市全面合作共同发展的城市群发展规划。如沈阳经济区发展规划以沈阳为核心,带动鞍山、抚顺、本溪、营口、阜新、辽阳和铁岭等周边城市共同发展;武汉城市圈发展规划以武汉为核心,辐射带动黄石、鄂州、黄冈、孝感、咸宁、仙桃、天门、潜江等周边城市共同发展。长株潭城市群、中原城市群、皖江城市带、太原城市

群等都属于这类区域发展规划。

第四类是为了进一步加强生态环境保护,探索我国经济与生态协调发展的新模式而制定的区域发展规划。如鄱阳湖生态经济区、黄河三角洲高效生态经济区、海南国际旅游岛、大小兴安岭生态保护与经济转型等区域规划。

第五类是将某些重点城市和地区打造成国际或国内大区域性质经济中心的区域规划。如天津滨海新区、重庆两江新区、深圳特区和厦门特区扩容等规划。

2. 国家级区域应具备的三个条件

在上述五类区域发展规划中,前三类是区域规划的主体,具有普遍意义,通过国家批准的数量也最多。在对上述区域发展规划进行综合分析的基础上,我们可以比较清晰地判断出上升为国家区域发展战略所必须具备的基本条件:

一是以合作为主题。新一轮区域规划不像以往规划多以本地自我振兴为主题,研究自身产业、经济如何发展,而是重在不同地区之间开展经济、科技、资源等合作,通过加强区域合作促进优势互补,合作共赢,共同发展。

二是以跨行政区域、跨境、跨国合作为主要内容。尤其以跨省级行政区的合作规划为主。因为只有跨省际合作才需国家出台相应政策予以支持和协调。省级行政区范围内的跨地、市、县合作一般列入省级规划由省支持即可。除有重大影响或特殊情况外,无须由国家列入规划或出台政策,即无须上升为"国家战略"。

三是以通过打造核心增长极带动跨区域合作为主要方式。增长极带动模式是市场经济条件下区域经济发展的主要规律之一。在国家批准的众多区域发展规划中,几乎都可以看到以一个或几个特大型城市作为核心增长极,带动区域经济整体发展的增长模式。

综上,在申请列入国家区域发展规划的方案或构想中,必须设法满足这三个基本条件。哈尔滨建设"中俄友好示范性城市",已经充分满足了这些条件。

二、哈尔滨建设"中俄友好示范性城市"的比较优势

在全国各地纷纷谋划"上升国家战略"的背景下,近来很多学者也在热议哈尔滨如何上升为国家战略问题。从经济学角度看,这个问题受制于供给和需求两个方面:需求方是国家,国家需要什么平台,这是"市场研究"首要考虑的;供给方是全国所有地区,这是一种竞争性供给,只有优势条件明显的地区才能成为满足国家需求的平台。国家需求的平台有很多,地方能供给角度的也很多。因此,我们既要研究国家什么需求比较迫切,同时也要研究我们的比较优势。上文研究表明,国家需要搭建推进中俄世代友好的平台,这种"需求"是现实和迫切的,下文着重研究竞争性"供给"中,哈尔滨的制胜之道。

哈尔滨的优势很多,工业、农业、科技、教育……,但哪条优势是真正的比较优势、是能上升为国家战略的优势呢?这个问题的本质是要明确哈尔滨在国家区域发展战略分工的定位问题,即哈尔滨发展的主线问题。只有明确这条主线,才抓住了主要矛盾,才能推动哈尔滨大发

展、快发展。既然要讲"分工",就要用"分工"的理论加以指导。按照亚当·斯密的分工理论,哈尔滨已很难找出绝对性优势,单从对外合作角度看,对日本、对韩国优势在山东半岛和长三角,甚至对俄经济优势也比不过北京、上海和深圳,在任何一个领域,都能找到比哈尔滨强的城市,但为什么哈尔滨还能依然参与全国生产力地区分工,依然屹立在东北亚,而且在不断进取和发展?这说明哈尔滨发展靠的不是绝对比较优势,靠的是相对比较优势。

对哈尔滨选择相对比较优势最具指导意义的理论是大卫·李嘉图的比较利益学说。这一理论专门研究两国在两种商品生产上所处优势或劣势程度的差异,以及由此产生的贸易机会和贸易利益。同斯密的观点相反,按照这一理论,哈尔滨即使没有任何具有绝对优势的产业,也可根据"两优择其甚,两劣权其轻"的原则,发展自己参与国际分工的产业。因此尽管对俄贸易我们可能不如上海或深圳,但在哈尔滨各种自身优势中比较,对俄是最具有比较优势的,这就是哈尔滨相对比较优势。

1. 哈尔滨具有地缘优势和区域组织中心的优势

作为临近俄罗斯远东地区的中国第一个内陆港,哈尔滨是向南连接东北经济大动脉的重要通道,向北对俄及其他独联体国家开展经济合作的枢纽,具有便捷的对俄航空、铁路、公路、航运通道,是全国各省进入俄罗斯和东欧的重要桥梁。依托资源的向心位置,哈尔滨成为第一条欧亚大陆桥上的枢纽城市,成为石油、煤炭、天然气、粮食、木材五大资源的重要集散地。哈尔滨在100年的时间内从一个小渔村迅速成长为一个特大型城市。早在1988年,哈尔滨市在苏联的斯维尔德洛夫斯克州举办了商品交易会,这次交易会是我国地方在前苏联举办的最早的展览会。目前"哈洽会"、"哈科会"影响广泛,对俄交往人才济济,哈尔滨成为中国对俄合作的重要中心城市。

从区位优势上看,东北北部对俄扇形开放地带,哈尔滨位于扇枢位置,是金融、贸易总部、交通枢纽、教育、科技、文化、医疗、行政等开放活动的组织中心,除本身含有铁路、水路和航空三大口岸外,哈尔滨同时支持龙江22个口岸以及内蒙古的满洲里口岸,2008年这些口岸年贸易额225亿美元,占中俄贸易总额近40%,国内没有任何一个城市能超越哈尔滨的这种对俄份额。哈尔滨航空港是中国东北乃至东北亚地区的重要空中交通枢纽。2009年旅客吞吐量656万人次,可办理110多个国家的客货联运业务;开通国际、国内航线82条,通航城市53个。其中,开通对俄航线五条,通航俄罗斯城市五个,每周定期航班13班,年进出货物1 000余吨,年出入境人数15万人次。

2. 哈尔滨具有中俄交流的网络优势

从政府交往层面看,哈尔滨是我国开展对俄合作工作最早、取得成绩最好的城市之一。从上世纪80年开始,哈尔滨市就与前苏联一些州市建立了经贸往来关系。随着我国改革开放政策的深入和国民经济的飞速发展,哈尔滨市与俄罗斯的交往也日益密切。目前,哈尔滨已与俄罗斯四个州市建立了国际友城关系,与20多个城市建立了友好往来关系。其中交往最为密切的是哈巴罗夫斯克市,签约于 1993 年 6 月。经外交部批准,哈尔滨市与哈巴市政府间建立的"中国哈尔滨—俄罗斯哈巴罗夫斯克国际合作委员会"为两国间开展友城工作开创了全新的模式。另外三个州市分别为斯维尔德洛夫斯克州、雅库茨克市、克拉斯诺达尔市。四个友城分别位于俄罗斯的中、东、北、西南部,再加上 20 几个友好交流城市,使得我市对俄交流与合作的范围几乎覆盖了俄罗斯全境,形成了合理的布局。

从展会合作角度看,哈尔滨市已成功举办 22 届"哈洽会",2011 年哈洽会有 58 个国家参加,对外签约 178.2 亿美元,国内签约 2 215.9 亿元人民币。成功举办三届"哈科会",中外双方成功签署 139 个项目,涉及装备制造、电子信息、新材料、现代农业、生物工程与新医药、生态与自然资源、能源、化工、医疗卫生等领域。

从生态环保合作角度看,哈尔滨市倡导的哈尔滨—新潟—哈巴三城市环境会议,从 2001 年开始,每年一次,松花江这一国际性河流的生态监测合作已提高到较高水平。

3. 哈尔滨具有无可替代的城市规模优势

哈尔滨市是黑龙江省省会,是我国东北北部地区最大的城市,也是东北北部(含内蒙古部分盟市)地区政治、经济、文化、交通中心。哈尔滨城市规模、经济基础、都市气氛、各类人才荟萃,经济总量、财政能力、运输枢纽、金融、教育,具有边境口岸无法比拟的优势(表 10—2)。一方面,哈尔滨经济实力快速提升,处于高速增长阶段。"十一五"时期,哈尔滨市经济实力进一步增强,到 2010 年,全市地区生产总值实现 3 665.9 亿元,年均增长 13.5% 以上;全市地方财政一般预算收入达到 238.1 亿元,年均增长 19.4%;全市固定资产投资规模达到 2 651.9 亿元,年均增长 32.9%;社会消费品零售总额达到 1 770.2 亿元,年均增长 17.8%。从占全省比重来看,哈尔滨市人口占全省的 1/4,GDP 占黑龙江省的 35%,科技资源占全省的 70%,拥有巨大的发展潜力,对全省及东北北部经济的发展举足轻重,其重要性无可替代。另一方面,哈尔滨城市化进程加快,现代化国际化城市空间骨架已经形成。市区面积扩大到 7 086 平方公里,启动实施了"北跃、南拓、中兴、强县"发展战略,构建了以松花江为纲,"一江居中、两岸繁荣"的城市发展格局,通过北国水城、科技新城、工业新城建设,拉开了城市发展框架。总之,以装备制造、食品加工、医药、化工等产业为主体的东北北部规模最大的现代工业体系,以及黑龙江省和东北北部地区流通中心、金融中心、科技中心、教育中心、信息中心等现代服务业中心的地位,使哈尔滨成为拉动东北北部地区加快发展的最大"引擎",也必将成为推动中俄全面合作的巨大"引擎"。

表 10—2　2010 年哈尔滨主要经济指标占黑龙江比重

经济指标	哈尔滨市	黑龙江省	哈尔滨占全省比重
GDP(亿元)	3 665.9	10 235	35.82%
固定资产投资(亿元)	2 651.9	6 812.6	38.93%

续表

经济指标	哈尔滨市	黑龙江省	哈尔滨占全省比重
财政收入(亿元)	410.4	1 073.3	38.24%
金融机构贷款余额(亿元)	4 127	7 230.5	57.08%

资料来源:根据《哈尔滨市国民经济和社会发展统计公报》、《黑龙江省国民经济和社会发展统计公报》整理。

4. 哈尔滨具有中西交融的城市文化优势

哈尔滨是伴随中东铁路的修建而迅速崛起的现代城市,是我国最早与俄罗斯建立起密切联系的城市,是中俄交往与合作的先行者。在100多年的城市发展历史中,以俄罗斯文化为主体的欧洲文化深深地融入了哈尔滨城市文化之中,使哈尔滨成为我国最具有俄罗斯风情的特大城市。哈尔滨获得的国家级历史文化名城、国际旅游名城、东方莫斯科等美誉,都与中西(俄)文化交融这一城市文化优势密不可分。与此同时,哈尔滨这座城市在俄罗斯有着广泛的知名度和影响力。这是国内其他城市难以企及的城市文化优势和文化资本,也正是哈尔滨在新世纪的中俄全面合作中再次承担关键角色的重要基础。近年来,哈尔滨市委、市政府加大了对俄罗斯文化遗迹的挖掘和整理力度,以文化交流促进双方在各领域的合作。

5. 哈尔滨具有对俄贸易和产业园区建设的独特优势

从对俄贸易情况看,按照省委、省政府关于推动对俄经贸合作战略升级的部署,哈尔滨制定了《推动对俄经贸合作战略升级工作方案》,按照"内建基地、外辟市场、搭建平台、培育主体"的工作思路,全力推动对俄进出口贸易快速发展。贸易结构发生了深刻变化。2010年,全市对俄进出口贸易实现恢复性增长,完成1.32亿美元,增长28.6%。一是出口大幅增长。全年对俄贸易出口完成1.04亿美元,比上年增长66.16%,占对俄进出口总额的78%;二是地产品出口比重大幅提升。全年对俄出口地产品在6 500万美元左右,占全市对俄出口总额的60%以上。三是机电产品是对俄贸易的主导产品。对俄出口机电产品共完成6 337.8万美元,增长146%,占出口总额的61%。四是私营企业成为我市对俄贸易的主导力量。2010年我市与俄罗斯有经贸往来的企业共181家,其中私营企业共完成进出口总额8 050.57万美元,占对俄进出口总额的72.5%。

从对俄产业园区建设看,哈尔滨研究制定了《哈牡绥东对俄贸易加工区哈尔滨段发展规划》,全力推进对俄贸易加工区建设。哈牡绥东对俄贸易加工区哈尔滨段总体规划面积766.78平方公里。其范围涉及我市松北、阿城、香坊、平房四个区和尚志、双城、延寿、五常、宾县五个县市以及哈尔滨市的几个开发区。经规划我市现有哈牡绥东对俄贸易加工区十个,其中国家级开发区三个,即哈尔滨经济技术开发区(包括平房工业园区)、哈尔滨高新技术产业开发区、宾西经济技术开发区;省级开发区三个,即松北经济开发区、阿城经济开发区(包括新华新区)、尚志经济开发区;参照省级管理的工业园区四个,即延寿工业园区、五常牛家工业园区、香坊对俄出口加工区、双城新兴工业园区。目前,哈尔滨市规划建设的十个对俄贸易加工区,初步形成了以机械制造业、高新技术产业、食品工业、医药工业、现代物流业为主体的优势产业集中区,成为发展对俄经贸合作的重要载体。截至 2010 年年底,已启动面积 95.95 平方公里。基础设施累计投资 466 亿元。入区企业 1 096 个,其中外向型企业 268 个,对俄企业 136 个。项目累计投资 545 亿元。解决就业岗位 23.7 万个。今年上半年,加工区新增项目 121 个,计划总投资额 105.6 亿元,现已完成投资 10.6 亿元。加工区累计实现地区生产总值 346.77 亿元,财政收入 10 亿元。进出口 22 901.46 万美元,其中对俄进出口 1 550.41 万美元。基础设施建设投资 5.47 亿元。

6. 哈尔滨拥有一定的科技创新优势

科技进步对经济增长的贡献率提高到 53%,实现高新技术产值 2 042 亿元。具有自主知识产权的国家级重点新产品始终保持在全国副省级城市前两位。技术合同交易额年均增长 42%,跻身全国前列。连续被评为全国科技进步先进城市,2010 年获批为东北地区唯一的全国首批国家创新型试点城市。

7. 哈尔滨位于东北亚五大战略资源的中心位置

黑龙江省石油基础储量 60 071.83 万吨,全国第一,占全国比重的 1/5(即占 21.21%)。俄罗斯远东地区石油储量 96 亿吨。"十二五"期间,大庆本地生产和进口俄油可形成 7 000 万吨的原油供给能力,而且存在进一步增长空间。黑龙江省煤炭资源基础储量 74.15 亿吨。俄罗斯远东地区煤炭储量 298 亿吨。黑龙江省天然气基础储量 1 391.39 亿立方米。俄罗斯远东地区天然气储量 140 000 亿立方米。黑龙江省耕地面积(总资源)全国第一,占全国总量的 9.72%。2010 年,黑龙江省粮食产量 5 000 万吨,成为全国最重要的粮食基地。黑龙江省森林面积 1797.5 万公顷,全国第二位,占全国的 10.3%,活立木总蓄积量 15 亿立方米。俄罗斯远东地区木材蓄积量 223 亿立方米,西伯利亚木材蓄积量约为 356 亿立方米。

8. 哈尔滨寒地资源优势突出

哈尔滨属中温带大陆性季风气候,四季分明,冬季 1 月平均气温约零下 19 度,夏季 7 月的平均气温约 23 度,有着发展寒地经济的得天独厚的条件。在现代意义上看,严寒是一种用之不尽的宝贵资源,哈尔滨的冰灯享誉世界,亚布力的滑雪场成为冰雪爱好者的天堂,近期哈尔滨的云计算产业迅速崛起等都是得益于严寒。寒地资源的比较优势为哈尔滨市开展寒地经济研究,全面开发寒地资源,争取寒地资源开发试点建设获得国家的支持,推进寒地经济发展提供了宝贵的财富。

三、哈尔滨建设"中俄友好示范性城市"存在的问题

1. 现代化国际化大城市的基本特征

现代化城市大体呈现出政治、经济、设施、环境、人居、科技、社会、文化、教育、市民现代化

的特征。国际化大城市是指那些具有极强政治、经济、科技实力,有着全球性影响的城市,大体具有区域中心、移民之城、会展之城、服务之城、创业之城、宜居之城、传媒之城、文明之城的特征。目前现代化、国际化大城市,较为权威的观点集中于以下方面。

第一,要有一定的经济总量,而且是比较大的经济规模。没有足够的规模,辐射和吸纳的区域范围就有限,特别是在国家的经济中要有一定的贡献率。上海作为中国的国际型城市,GDP为16 872.42亿元,占到全国的5%。

第二,人均GDP要达到一定水平。人均GDP决定了地区经济结构,决定服务业层次和水平。香港、纽约、东京、新加坡等国际城市经济结构是受其人均GDP影响的。当前的国际化大公司,从事现代服务业占主导地位,能够集聚这些大的公司,必须有一定高收入的人均GDP做为支持。比如纽约6.1万美元,东京4.1万美元,香港4.4万美元。

第三,具有后工业社会的产业结构。20年以后中国的工业化基本结束,城市化20年以后可能也基本结束。20年后的现代产业体系特点是制造服务化和服务知识化,产业高度融合。反映经济结构和质量服务业的比重国际标准是80%左右,东京服务业比重83%,纽约87%,香港93%。

第四,必须是国际总部的集聚地。

第五,是高端人群的集聚区。建设现代化国际化大都市,最关键的是高端人才。一定要有一个吸引人才的平台和集聚的机制。

第六,高度的信息化水平。城市必须是全球信息网络的节点和信息扩散的中心,是一个全球信息高速公路的枢纽。

第七,要成为现代化的国际性的综合交通枢纽。现代化的交通枢纽,不仅仅是指铁路、公路和航运枢纽,未来更重要的是航空枢纽。

第八,具有国际竞争力的金融业。金融业增加值占GDP的比重要达到8%以上,具有金融机构门类齐备、协调发展的现代金融体系。

第九,全球重要的创新中心。现在国际化现代化大成都市几乎都是各国的创新中心。R&D(研究与开发)投资占GDP比重是世界广泛采用的衡量经济发展与技术进步相关的指标,基本标准是5%以上。

第十,要有国际交往平台。有国际交往的各种资源,北京举办了奥运会,上海举办了世博会,大连举办夏季达沃斯。

第十一,应当有较为完善的城市功能。

第十二,具有较高的城市文明程度和文化软实力。

2. 哈尔滨建设"中俄友好示范性城市"存在的问题

虽然哈尔滨在建设"中俄友好示范城市"中具备相对突出和明显的比较优势,但是与上述国际化大城市的标准相比,也存在一些需要加以正视和努力解决的问题。

一是经济总量小,产业结构层次低。2010年哈尔滨GDP为3 665.9亿元,占全国不到

1%。经济规模总量小,影响力难以辐射东北亚。哈尔滨达到国际性城市的目标,GDP 至少应在 15 000 亿元。2010 年,哈尔滨市人均 GDP 为 5 458 美元,国际标准为 1.2 万美元。从产业结构上看,哈尔滨服务业比重只有 50.9%,高端服务业比重更低,2010 年我市金融业占比为 4.4%,外贸依存度只有 8%。

二是对俄贸易的规模小,地缘优势没有得到有效发挥。2010 年,全市对俄进出口贸易完成 1.32 亿美元,占全省对俄进出口总额的 1.8%,占全国对俄进出口总额的 0.2%,对俄"桥头堡和枢纽站"的地缘优势并没有转化为贸易优势。开展对俄贸易和对俄经济合作的骨干企业少,缺少大项目支撑。哈尔滨市与俄罗斯有经贸往来的企业共 181 户,但进出口规模超百万美元的企业只有 31 户,超 500 万美元的企业只有 4 户,超千万美元的企业只有 1 户。此外,对俄出口缺少"拳头"产品、出口产品尚未形成规模和品牌效应等问题制约了哈尔滨对俄贸易合作的战略性升级。

三是城市创新投入不足,高端人才外流严重。R&D(研究与开发)投资占 GDP 比重仅为 1.7%,"十二五"期末也只能达到 2.5%左右。人均收入低,吸引人才的体制机制不完善。

四是城市承载力落后。从轨道交通客运量比重看,标准值为 60%~80%,哈尔滨市的地铁 1 号线尚未形成通行能力。即便是 2013 年载客试运行,按满载计算每年也仅能运送 27.5 万人次,不到 10%。从航空港年旅客吞吐量来看,标准值为年 4 500 万人次,哈尔滨太平国际机场年旅客吞吐量仅为 726 万人次,是国际化标准的 1/6。从空气综合污染指数(P)来看,标准值为 P<3,全年环境空气优良数为 313 天,超出了环保模范城市标准 3 天。目前的集中供热普及率仅为 67%,到去年底市区还有 1 800 多台分散小锅炉,都是潜在的空气污染源。与城建相关的差距还有很多方面,需要巨大投入才能达到目标。

五是城市的文明程度和文化软实力有待进一步提高。哈尔滨的文化首先是传承和创新,完整展现文化的个性。但更重要的是提升其国际影响力,甚至要向具有全球影响力和控制力的方向发展。

第三节 哈尔滨建设"示范性城市"的基本思路

站在中俄世代友好的更高层次上制定共赢策略,将建设"中俄友好示范性城市"作为哈尔滨上升国家战略的主攻方向。树立"己欲立,立人;己欲达,达人"的指导思想。以"精诚所至,金石为开"的精神,在对俄合作上先行一步、先试一步,多做一些、多让一些,不断提升中俄交往中的正面形象。

一、尽快搭建"示范性城市"平台体系

哈尔滨市要加快建设十二大支撑友好合作的次级平台,促进中俄友好合作不断迈上新的台阶。

1. 搭建中俄政治合作平台

以全面落实中俄两国《合作规划纲要》为基础,大力推进政治合作。在哈尔滨设立落实两国《合作规划纲要》常设机构。积极建议国家在哈尔滨设立中俄两国国家间合作与地方区域合作的常设机构(如秘书处或合作委员会),具体负责和推动两国《合作规划纲要》的实施。

在哈尔滨设立中俄两国政府与地方联络办事机构。邀请中俄两国政府、中国东北各省、区、市和俄罗斯东西伯利亚及远东地区各联邦主体在哈尔滨设立代表处、办事处或联络处,具体负责中俄《合作规划纲要》落实过程中的联系与协调。随着双方合作的不断深入,可将范围逐渐扩展至全国各省、区、市和俄罗斯各联邦主体。积极争取在哈尔滨设立俄罗斯领事馆(如与符拉迪沃斯托克市对等设立)。

进一步完善中俄两国国家间与地方合作协调推进机制。实行不同层级政府首长的定期协调会晤制度,并使双方的联络、会晤、磋商和信息通报制度常态化和制度化,以便及时协调和有效解决双方在各领域合作中出现的问题。

在哈尔滨设立中俄高峰合作论坛。以哈尔滨为基地,建立中俄两国国家间合作与地方区域合作的高峰合作论坛(包括投资、旅游、城市合作等专题性合作论坛),由双方国家级领导人主持,定期召开会议,探讨巩固和加强两国合作的理论和实践方式。条件成熟时,逐渐扩展并升级至泛东北亚区域合作论坛。

创办中俄两国区域合作博览会。借鉴中国—东盟博览会的成功模式,以哈尔滨为主办地,创办中俄两国区域合作博览会,为双方搭建一个友好交流、经贸促进和多领域合作的重要平台。中俄双方国家领导人、部长级官员、各地方政府负责人、商会会长、企业家等各界人士都可利用这个平台,深入开展交流合作,共同推动中俄两国和地方的全面合作与发展。

争取在哈尔滨设立俄罗斯领事馆,可先在其设立领事馆办事机构。

2. 打造中俄资讯交流平台

在现代商务活动和社会交流中,信息流位于顶端,在最高层次上对社会活动进行控制,引导要素集聚和扩散。控制了信息流,就控制了供应链。在全国对俄供应链中,哈尔滨首先要抢占信息高地,成为中俄信息流的集散地,将中俄贸易的各种研发信息、决策信息、客户信息、企业经营管理及供求信息进行采集、整理、加工并传输,使全国各地的企业通过哈尔滨就可获得各种对俄贸易信息并完成相关交易手续。

打造信息中心的突破口是整合现有的对俄各种信息资源,成为大中华地区对俄信息中心。媒体将是重中之重,要培养出像凤凰卫视那样的电视媒体。平面媒体要开辟对俄栏目,招聘俄罗斯人共同打造资讯平台,形成资讯氛围。与俄各主要城市尤其是远东和东西伯利亚地区主要城市进行合作,合办中俄双语广播、电视频道,合办综合或专业报刊、杂志,使哈尔滨成为增进两国人民相互了解的重要窗口和桥梁。

规划建设中俄合作信息中心大厦。与俄相关机构合作,整合信息资源,搜集、整理、加工、传输中俄经贸、法律、政策及项目信息,开办中俄合作官方网站,建立并逐步完善"中国—俄罗斯商务数据库",出版权威性的中俄合作信息报刊,打造功能齐全的高效信息网络平台,向内地及中俄两国的投资者、贸易商、咨询研究机构、中介服务机构等提供及时准确的信息咨询服务。

3. 建设中俄投融资平台

中国对外投资进入爆发性增长期,2008年达到了400亿美元,2009年更要创出新纪录(图10—1)。哈尔滨要利用自己的人才和网络优势,积极搭建中俄投融资合作平台。

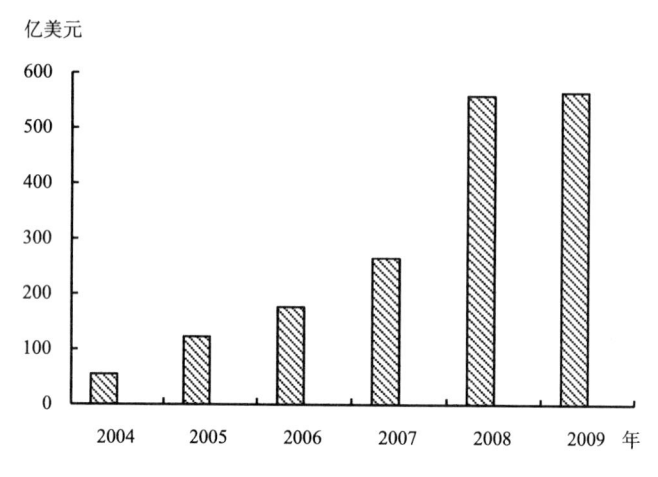

图10—1 2004～2008年中国对外直接投资情况

要高度关注黑龙江龙兴集团等国有对俄投融资平台的发展,发挥作用,改善服务。充分发挥民营企业进军俄罗斯的作用。在哈尔滨构建中俄两国国家级投资合作平台,创办两国投资合作高峰论坛,并辅以信息、科技、金融等方面的强力支持,大力吸引中国、俄罗斯及国际大公司、大企业入驻,以哈尔滨为基地,积极开展与俄罗斯国家、地方与企业的投资合作,具体参与中俄合作项目,共同开辟俄罗斯市场。要创造条件,引进俄罗斯投资服务中介进驻哈尔滨,同时鼓励哈尔滨中介服务机构进驻远东主要城市。在中国企业收购力拓等西方资源企业受阻的情况下,引导中国企业到远东,与俄罗斯企业共同打造巨型铁矿石企业、林业企业和化工企业。

4. 全力打造面向俄罗斯及东北亚地区的区域性金融中心

积极向国家争取,批准哈尔滨作为中俄贸易本币结算综合试点城市。强化哈尔滨银行现有的卢布兑换、汇款、储蓄、结算等功能;进一步发挥哈尔滨的卢布现钞交易中心作用,完善相应功能,逐步达到人民币与卢布的自由结算。

大力发展现代金融业,加快金融业对外开放,建立多层次、多元化的金融体系。加快哈尔滨"金融街"建设,加速金融机构、金融资本、金融人才等金融资源的集聚,营造金融业集中优势,为区域性金融中心提供核心载体。

积极吸引中国、俄罗斯及其他国家和地区的金融机构入住哈尔滨,设立分支机构。整合哈尔滨地方金融资源,叫响哈尔滨地方金融品牌。积极培育金融要素市场,扩大和健全区域性金融市场体系。

积极推动哈尔滨金融机构和中介服务机构进驻俄远东和西伯利亚主要城市,设立分支机构,努力开辟俄罗斯市场,进一步深化两国在金融领域的互利合作,尽快把哈尔滨打造成立足本省、服务全国、面向俄罗斯及东北亚地区的区域性金融中心。

哈尔滨作为东北北部物流中心、商品粮主要输出地和商业重镇,一直是东北地区粮食主产区之一和对俄经贸大宗商品的集散地。在哈尔滨成立期货交易所,以粮食、石油、煤炭、铁矿石、黄金等战略物资为主要交易品种,辐射涵盖东北北部,加大对俄远东广大区域的辐射作用。中长期可发展掉期保值和期指交易,降低进出口贸易风险和农产品生产风险,为沿边经济带开发提供保障,同时也有利于国家控制期货交易,平抑国际期货市场对我国经济的不利影响。

5. 开通中俄国际大通道

亿吨级黄金水道　中俄大规模的资源运输必须有水运作为支持。松花江在中俄边境贸易、重大件运输、江海联运、大宗货物运输等方面可以发挥更大作用。打造哈尔滨—佳木斯—哈巴罗夫斯克—日本海的亿吨黄金水道已经形成规划。哈尔滨应主动配合黑龙江省,加快自己境内的依兰等松花江四大航电枢纽建设,使运输船舶在松花江枯水期仍可以承载起千吨货轮。哈尔滨的巨大水泥生产能力借此可以由水运进入远东,远东的木材可以借水运进入哈尔滨,形成钟摆式运输。

远东高铁　俄远东中心哈巴罗夫斯克铁路要绕行绥芬河和满洲里。在铁道部《中长期铁路网规划调整方案》中,哈尔滨至佳木斯规划了高速铁路客运专线。如果能将这条铁路向前延伸至同江,即可变为一条国际化铁路,从空间上缩短哈尔滨与远东的距离。中俄两国已批准了建设同江大桥,哈尔滨到同江距离650余公里,如果能建设一条类似哈尔滨到大连的高速铁路,在四个小时以内,哈巴和比罗比詹的俄罗斯人就能到哈尔滨。这样,通过哈尔滨将俄远东地区与我国内陆连接在一起。同时,黑瞎子岛的开发也就出现了重大机遇,哈尔滨与哈巴的姐妹城关系也会更为紧密。这条铁路将是哈巴和哈市共建"示范城市"的重大基础设施,应列入规划。

国际航空港　哈尔滨处于国际大圆弧航线的劣弧上,是欧美到亚洲空中直线最近距离上的点,以哈尔滨为中继点可大大降低中欧、中美之间的货运费用。加之哈尔滨是中俄两国之间的门户城市,具备建设国际航空枢纽港的先决条件。建议省市联合申请哈尔滨航空港第五航权。

6. 辟建综合保税区

在绥芬河辟建中俄综合保税区后,黑龙江正在积极考虑将抚远三角洲辟建为第二个综合保税区。哈尔滨作为拥有水、陆、空三大口岸的城市,应学习重庆,建立依托水陆空三个口岸的综合保税区,这一举措将吸引迁移到边境口岸城市贸易企业的回流,是哈尔滨贸易依存度大幅提升的突破口。

7. 建设对俄经贸合作平台

大力推动对俄经贸合作战略升级,优化贸易结构。利用哈尔滨自身的区位、产业、技术、资金、人力资源等优势,不断提高正规化贸易在对俄贸易中的比重;不断提高高加工度产品、高附加值产品、高技术产品的比重;不断提高服务贸易的比重。以优势互补、互利共赢为原则,加大与俄方在《合作规划纲要》框架内,在资源、能源、精深加工、基础设施、城市建设、农业种养殖等领域开展投资、项目合作的力度,构建跨国产业链。大力推进项目承包、工程承包、农业种养殖承包,创立"哈尔滨制造"和"哈尔滨建设"的良好品牌(专栏10—1)。

专栏10—1

哈尔滨应积极发展对俄工程承包

2007年年末,俄罗斯为了进一步维护国家的地缘利益和安全保障,推动远东和外贝加尔地区重要经济领域的发展,制定了《远东及外贝加尔地区2013年以前经济社会发展联邦专项规划》,与我国振兴东北地区等老工业基地战略形成互动。2009年8月,中俄两国政府又批准了《合作规划纲要》,掀起了俄罗斯新一轮东部地区大开发的热潮。这些规划的逐步实施将有大批基础设施、建筑、林业、矿山等项目需要建设。建议紧紧抓住这个机遇,充分发挥我市产业门类齐全、科技力量雄厚、劳动力素质较高的优势,由地方政府牵头协调,积极组织中方相关企业竞标承包俄罗斯项目。同时,积极采取措施,努力解决承包工程的资金"瓶颈"问题。

继续办好"中国—哈尔滨国际经济贸易洽谈会"。借助这一享誉世界的国家级贸易平台,大力加强与俄罗斯、独联体以及世界各国的了解、贸易与合作。同时,也进一步巩固和强化哈尔滨在中俄全面合作中的中心地位与作用。

借鉴中国—东盟博览会模式,积极筹建中俄区域合作博览会,并将其永久落户在哈尔滨。不断深化中俄两国和地方的多领域合作,以会展为平台,逐步将其发展成为集政治、经济、商贸、文化于一体,高层次、大规模、综合性的国际博览会。

哈尔滨市作为黑龙江省的省会城市,服务业占到全省的一半以上,在金融、信息、通信、咨询、物流等方面有着很大的基础优势,服务贸易是哈尔滨对俄贸易的重点领域。要积极开展对俄工程承包和劳务输出、技术合作、旅游业、通讯服务等。

8. 努力建设我国最大的对俄科技合作交流平台

哈尔滨市集聚了全省70%以上的大专院校、科研院所和高级人力资源。与俄罗斯合作密切的哈尔滨工业大学、黑龙江大学及国家级、省级科研机构大都设立在哈尔滨。因此,黑龙江省的对俄科技合作主要落实体现在哈尔滨。江北科技新城的开发为中俄科技合作提供了广阔空间,也极大提高了对中俄科技合作项目的吸引力。应积极推进对俄科技合作的战略升级,制定优惠激励政策,规划相应区域,集聚科技资源,拓宽合作领域,进一步扩大对俄科技合作规模,提高合作水平,鼓励和吸引更多的对俄科技合作项目落户哈尔滨,落户江北科技新城。

应紧密依托哈尔滨工业大学等科研主体机构,积极推进对俄科技合作项目的产业化进程,尤其是在航空航天、生物、能源、先进装备制造、新材料、军工等高科技领域的科技合作项目产业化进程,以此带动哈尔滨以及黑龙江省的高新技术产业发展。

利用哈尔滨对俄联系密切的优势,积极推进各层次、各领域的对俄科技合作交流。举办两国科技合作论坛和合作项目推介展览;促进双方科研机构、企业和科技人员的相互交流;尝试创办跨国科研生产联合体,共同合作研发科技项目,共同推进高科技成果产业化和市场化,努力把哈尔滨建成我国最重要的对俄科技合作基地和交流平台。争取设立对俄科技合作风险基金,专门用来资助引进俄科技成果的评估与中试,支持引进俄科技成果的产业化。

9. 积极打造中俄旅游合作平台

争取国家授予异地办理旅游签证权,优先发展跨境旅游业。远东的很多优质旅游资源并不被中国人知晓,如堪察加,双方要以哈尔滨搭建旅游信息推荐平台,相互开发旅游市场,积极开展旅游信息交流。

积极在哈尔滨创办中俄国际旅游论坛。每年一度在哈尔滨冬季冰雪节或夏季湿地节期间召开会议,讨论交流中俄旅游合作中的理论与实践、旅游项目与旅游线路的开发、旅游管理与旅游服务的优化升级、共同打造国际旅游名牌产品等问题,将中俄旅游合作不断推向深入。

哈尔滨的冰雪文化优势名扬全国,享誉世界。"国际冰雪旅游名城"已成为哈尔滨一张响当当的城市名片,深深植根于国内外旅游者的心中。应继续深入挖掘和丰富冰雪文化中蕴涵的文化内涵,积极开发冰雪艺术表演、冰雪体育比赛、冰雪文艺创作、冰雪民俗展示、冰雪娱乐开发等领域和项目,将冰雪文化的魅力发挥到极致。

松花江城区段的湿地资源是哈尔滨新近开发出的又一独具特色的生态旅游资源。万顷松江湿地、百里生态长廊正在成为哈尔滨的又一张城市名片。应在做好生态环境保护的基础上科学规划,积极开发,使之尽快成为哈尔滨市吸引国内外游客的新的旅游王牌。

哈尔滨的欧陆文化特色是100多年来中俄(苏)文化交流融合的历史见证,是国内具有唯一性的城市文化,对包括俄罗斯在内的国内外游客具有极大吸引力。与此同时,哈尔滨又是关东文化的中心和代表,这是哈尔滨最具人文特色却缺少深度挖掘的城市文化。为了进一步提升哈尔滨旅游的层次和水平,充实更多的历史文化内涵,应适时规划建设一批文化场馆,如中俄历史文化交流博物馆、哈尔滨城市历史博物馆、中东铁路历史博物馆、关东文化博物馆、关东少数民族民俗风情园等,将哈尔滨"国家级历史文化名城"的形象更充分地展现在世人和旅游者的面前。

充分发挥哈尔滨东北亚区域立体交通枢纽和现代服务业相对发达的优势,与黑龙江省、东北地区、广大内地、俄罗斯以及东北亚地区的旅游城市和旅游机构开展跨区域、跨国境的旅游合作,将哈尔滨逐步打造成立足本省、服务东北和全国,面向俄罗斯及东北亚广大地区的国内外旅游集散中心。

10. 打造文化、教育、医疗交流合作平台

一是搭建文化交流平台。在哈尔滨建立俄罗斯音乐、芭蕾学院。规划出相应区域,大力推进中俄文化交流中心的设立和建设,将中俄文化交流合作的最大载体和平台永久落户哈尔滨市。充分挖掘哈尔滨历史形成过程中的俄罗斯文化因素,保护和利用由此衍生的城市建筑风格、人文风俗习惯、历史文化遗产等,有重点地加强与哈尔滨俄侨后代的联系。通过对这些中俄合作历史文化资源的开发、宣传和利用,进一步促进对俄文化交流,夯实中俄合作的人文基础。

在哈尔滨设立中俄人文合作的常态化机构。《合作规划纲要》中提出:"中国东北各省、自治区政府与俄罗斯远东及东西伯利亚地区各州、边疆区政府建立人文合作机制,协调推进地区人文合作和民间交往活动。"我们应该积极推动将这种人文合作机制常态化,并向国家力争将中俄人文合作常设机构设在哈尔滨,使其成为中俄两国全面合作常设机构的一个组成部分。该机构的任务包括协调中俄双方签订人文各领域的合作协定,制定长期和年度的交流合作计划,具体组织推进地区层面的人文合作与交流活动等。

进一步突出和强化哈尔滨城市文化的俄罗斯特色,设计和打造集俄罗斯建筑风格、特色商品、特色餐饮、特色演艺项目为一体具有浓郁俄罗斯情调的旅游街区、旅游项目和旅游产品。在城市规划、建设和改造中,也要注重吸收、保护和发展俄欧文化的精华,把哈尔滨建成国内最有特色最具俄罗斯风格的城市,以吸引更多的国内外各界人士和游客。

深入挖掘哈尔滨发展进程中中俄(苏)两国政治、经济、文化交往的历史,研究和探讨不同历史时期在哈尔滨发生的相关重大历史事件及对两国关系的影响。以不同历史时期中俄(苏)两国人民的交往为题材和背景,通过小说、戏剧、影视、动漫等文艺手段进行创作和再现,进一步推进和深化两国文化交流与合作。

利用哈尔滨之夏音乐节、哈尔滨冰雪节等节庆活动平台,扩大对俄文化艺术交流。如邀请俄罗斯知名芭蕾舞团、歌剧团、大马戏团等来哈表演;在哈举办俄罗斯电影周(月);在哈夏音乐节上举办俄罗斯音乐专场和中俄声乐大奖赛;举办中俄冰雪体育艺术交流等。

二是搭建教育交流平台。黑龙江大学与哈巴的一所大学结成友好学校,互派留学生和教师;参照中欧学院的模式在哈尔滨创办中俄商务学院,资助俄远东企业家 EMBA 的学习。与俄罗斯远东及东西伯利亚地区教育管理部门共同筹备并签署教育领域的合作协定。鼓励双方高校联合办学,联合培养本科生、硕士生和博士生;建立联合实验室,进行科研项目合作;互派访问学者,加强各学科人员的学术交流;加强双方学校汉语、俄语教学的合作与交流,互派教师和留学生;开辟学生交流渠道,互办夏令营活动等。积极支持伊尔库茨克国立大学贝加尔国际商学院与中国东北地区高校组织合办国际商务教学。支持远东国立大学、阿穆尔国立大学和布拉戈维申斯克国立师范大学孔子学院的办学并与俄方联合组织国际文化——历史和人文教育活动。

三是搭建卫生医疗交流合作平台。深化卫生领域合作,共同组织有关卫生、保健、医药方面的国际研讨会,就保护人口健康问题开展联合研究。中方鼓励在中医药领域开展对俄合作。在条件成熟时,以哈尔滨市立医院和哈巴的一所医院结成友好医院,互派人员进行学术交流、开展远程会诊。开展卫生部门在救灾医学,特别是传染病防治方面的合作。

四是搭建体育交流合作平台。以哈尔滨为平台,推进全省与俄罗斯在体育尤其是冰雪运动领域的合作与交流,支持双方体育界联合进行教学、科研、训练和联谊活动,共同举办国际友好体育赛事,促进多层次的体育交流。

11. 创建食品安全交流平台

为解除俄罗斯人对中国食品安全的疑虑,哈尔滨有机、绿色食品生态示范园区、出口食品加工园区应对俄开放,定期邀请俄罗斯人参观、考察。

此外,自由贸易区建设对中俄合作意义重大,哈尔滨要积极参与中俄自由贸易区谈判,推动贸易投资便利化。高度重视松花江水环境综合整治等问题。

12. 搭建对俄安全合作平台

当前,走私贩毒、商务犯罪、非法移民、邪教活动已成为滋扰中俄毗邻地区社会的公害,这种形势要求黑龙江省加强与俄毗邻地区在非传统安全领域的合作。

发挥哈尔滨在对俄合作中的政治平台作用,加强与俄方的刑事执法合作,充分利用已有的情报信息交流制度,及时、准确、高效地互相传递跨国犯罪的情报信息,搞好案件的协查和侦察。定期或不定期地采取联合行动,重点打击跨境的涉黑、涉枪、涉毒等严重暴力犯罪。进一步加强中俄禁毒部门在边境地区的禁毒合作,遏制跨境毒品犯罪的发展势头。密切双方边防合作,共同打击走私、贩毒、偷渡等违法犯罪活动,维护边境地区的安全与稳定。

加强中俄双方的沟通与合作,切实发挥中俄移民问题联合工作组作用,建立健全有关管理和调节移民活动的法律,扩大中俄公民和企业联系的合法渠道,保障位于对方领土上的两国公民的合法权益,在现有协议基础上加强劳务迁移领域的合作水平,从而在源头上杜绝非法移民。

二、近期工作重点

世界经济正在发生深刻变化,国际资本进入中国的地区布局结构有向中西部地区加快转移的趋势,像重庆、沈阳等非沿海城市一样,哈尔滨存在建设内陆开放高地的现实机遇。进一步明确城市功能定位,强化城市产业支撑,搞好城市发展规划,努力把哈尔滨、大庆建设成现代化国际化大城市。应充分发挥和挖掘对俄经贸优势与潜力,树立大市场、大合作和长远发展理念,扩大与沿海和港澳台地区紧密合作,全面提升哈尔滨对俄经贸合作层次和水平,通过"中俄友好合作示范性城市"推动城市国际化战略,并最终用国际化带动北国水城、工业大城、科技新城、文化名城和商贸都城建设上档次、上水平,与国际接轨,加入世界城市网络。近期应重点实施以下战略性工程作为启动点。

1. 启动城市战略性规划工程

按照建设现代化、国际化大城市的总体要求,围绕城市发展定位、城市空间布局、现代化综合交通体系、构建可持续发展生态格局等方面,编制《哈尔滨建设中俄友好示范性城市战略规划》。按照规划50年乃至100年不落后的标准,在充分借鉴国际、国内先进经验的基础上,聘请国内外著名研究咨询机构和专业人才,编制建设现代化、国际化大城市总体规划和各专项子规划,努力提高规划的前瞻性和科学性。规划编制完成后,将通过法定程序将规划确定下来,为规划实施管理提供法律依据,确保规划一以贯之地执行下去。

2. 推动龙江城镇一体化发展

强大的腹地是哈尔滨构建中俄友好示范性城市的战略基础。积极争取国家和黑龙江省的支持以构建城际快速铁路交通网络为重点,推进13个区域性中心城市一体化发展。中心城市一体化发展,交通一体化是基础,要进一步加快黑龙江省高速铁路网和公路网建设。与此同时,协同建设其他关键性的城际基础设施,实现规划、通信、服务、社保、立法一体化,促进人流、物流、资金流、信息流充分涌流。建议效仿国家发改委推动东北四省区合作机制的模式,建立省内13个地市首长协调机制,共同推进龙江城市群一体化发展。

3. 实施产业集聚化发展战略工程

以产业园区为重点,推动工业和服务业集聚化发展,相互融合。培育一批功能定位明晰、规模优势突出、集聚效应明显、辐射带动强的产业集聚区。避免产业趋同和重复建设,解决产业园区的分散化、规模小、环境治理难等问题,推动发展方式转变,实现科学发展。根据上海和杭州的经验,在城市国际化过程中,要突出抓好服务业集聚区建设。

加快实施产业倍增计划。做强做大装备制造、食品、医药、石化四大传统优势产业,力争实现五年翻番,民用航空、生物、新材料、新能源装备、电子信息、绿色食品六大战略性新兴产业,力争实现四年翻番。大力提升服务业发展的质量和水平,力争金融、物流、文化、信息服务四大产业增加值实现四年翻番,旅游总收入占GDP比重达到15%,特别是在信息服务业上。

4. 建设对俄金融服务通道

这是哈尔滨建设国际金融中心的突破口。一是做大跨境贸易人民币结算业务。在对俄进行贸易人民币结算基础上,积极拓展其他周边国家,在双方国家联系建立更多的代理清算银行。支持、引导和协助企业尤其是中小企业在对外贸易中使用人民币进行计价结算。二是依托哈尔滨银行这个唯一的卢布现钞交易市场,设立分中心,为口岸地区卢布现钞交易提供平台和服务。三是有序推进资本项目可兑换。鼓励有实力的企业开展跨国经营,为企业"走出去"提供更多政策支持。继续推动跨境人民币资本项目业务发展,推进人民币直接投资、境外放款。力争成为全国对俄投资贸易的"集散地"和"中转站"。

5. 实施大交通战略工程

实施公交优先战略。统筹规划建设换乘枢纽,实现常规公共汽车、轨道交通之间的方便快捷换乘,以及城市交通与公路、铁路、水路、民航等对外交通之间的有效衔接。开辟以公交专用线和大站快车为主要形式的快速公交线路。大力优化公交车辆结构,加快公交车辆升级,解决公交车辆档次低、老旧破损等问题。解决马路停车、马路发车、马路修车、公交车辆露天停放等问题,提高公交准点率和运行可靠性。加强与省协调,扩大出租车投放量,整合出租车公司,推动出租车行业规范化发展。逐步将二环内的物流配送中心迁至四环外,将大吨位重载车辆控制在四环以外。重点围绕哈西客站、哈尔滨火车站、哈尔滨航空港等交通节点,建设一体化综合型枢纽站场设施,实现各种运输方式的无缝对接。新建小区必须配备足够的停车泊位,在中心商业区建设立体停车场,加大停车泊位供给量。

向管理要效益,提高个人用车成本,降低汽车增长速度和使用频率。严管严罚乱停滥放,恢复违规占用和批了不建的停车场所,进一步整治残土车和车外抛物。

6. 进一步实施生态环境建设工程

把握哈尔滨市建设国家级水生态试点城市的机遇,深入实施《松花江哈尔滨城区段百里生态长廊总体规划》。加快推进"三沟一河"综合整治开发,把何家沟、马家沟、信义沟、阿什河打造成为哈尔滨景观内河与生态廊道。强化节能减排,推动资源节约和综合利用,积极探索低碳绿色发展模式,大力推广低碳建筑、低碳交通。加强限制类生态功能区恢复建设,提高自然生态系统的修复能力。努力把哈尔滨建设成为"资源节约型、环境友好型"城市。

7. 加快实施对俄贸易的战略升级

支持对俄贸易经营主体的发展;着力解决制约对俄贸易发展的资金"瓶颈",加大对边贸企业的信贷扶持力度,改善对俄出口企业融资担保条件;增加边贸企业进出口商品配额,重点扶持原木、化肥、合成橡胶、初级塑料、钢材等资源性商品进口。应鼓励企业在对俄贸易中进行"白色清关",规范贸易秩序及企业的经营行为,迅速提高我国产品和企业在俄罗斯市场的地位和信誉。与此同时,要大力推进对俄贸易的战略升级,以优势互补、合作共赢、共同发展的理念,推动一般贸易、正规化贸易和投资合作的快速发展。要不断优化对俄贸易结构,鼓励附加价值高、具有国际市场竞争力的机电产品特别是本地产品出口;采取财税、金融方面的综合扶持措施,促进具有自主知识产权的高新技术产品及绿色、低碳、环保型产品出口;通过培育品牌、自主营销等方式,提高传统轻工、纺织、服装等产品的附加值并扩大其出口。

要认真研究俄罗斯市场的需求变化和政策调整,扶植对俄贸易的骨干企业做大做强,形成一批具有跨国经营能力的市场主体,实行集团化、规模化经营。继续办好我国最大的国家级对俄贸易平台——"中国哈尔滨国际经济贸易洽谈会"以及各边境城市举办的各类对俄经贸洽谈会,使之成为拉动对俄经贸战略升级的强大"引擎"。同时,重点打造平台品牌和特色,大力吸引国内各省市、各大中企业参与和加入到对俄贸易的行列,使黑龙江省成为我国当之无愧的最大国家级对俄贸易基地和平台。

8. 申请第五航权

加快推进太平国际机场改扩建工程和优先机场建设,提升机场功能。申请哈尔滨航空港的第五航权,开通哈尔滨至俄远东及东西伯利亚各主要城市的国际航班,逐步把哈尔滨建成打造国际航空枢纽港。

第十一章 区域政策及效果评价

2003年国家正式启动东北振兴战略,针对东北地区经济社会发展中存在的突出矛盾和问题,结合该区域在全国中的定位,将结构升级、体制转轨、就业增长和区域经济一体化作为东北振兴的战略目标。由此,国家设计、制定和实施了一系列旨在促进各区域经济发展的政策措施。当前实施的区域政策主要有以下七种类型:区域产业(企业)政策、区域财税金融政策、资源型城市转型政策、区域社会保障政策、区域开放政策、区域空间布局政策、区域其他政策,共同形成了区域政策组合。产业发展和企业改革政策是当前政策的主体和关键,财税和金融政策是东北振兴的重大机遇和主要外力,资源型城市转型是东北地区具有代表性的突出问题,社会保障政策关系到东北地区改革平稳和社会安定。其余类型政策当前主要是辅助性的。2007年以前,东北区域政策主要强调"输血"功能,针对亟待解决的问题,给予直接的帮扶和补助政策;此后,虽然也有直接扶助政策的出台和实施,但是侧重内容已经从"直接输血"功能向"提升造血"功能转变。尚未在空间层面上形成分重点的发展战略和空间政策体系。国家实施的区域政策发挥了积极作用,振兴东北地区等老工业基地取得了重要的阶段性成果,应保持相关政策的延续性。未来东北地区区域政策的重点应强调四个方面内容:产业结构优化升级与国企改革,省际区域增长极与产业空间布局,社会和谐发展与基础设施建设,改革开放与区域合作机制建设。

第一节 国家实施的区域政策

一、东北振兴战略实施的背景和目标

1. 战略背景

东北地区的问题,早就得到了国家、地方政府和学术界的重视,对问题的关键及其形成的原因和环境有相当深刻的认识。但是过去的研究并没有将东北地区当作一个大范围的"问题区域"看待,没有置于一个中长期可持续发展的平台上进行系统的考察。东北振兴的实施是从国家层面,促进区域协调发展,推动东北地区经济发展和产业升级的重大战略,是国家区域发展战略的重要组成部分,东北振兴政策的出台有其必要性和可行性的双重背景。

从必要性来看,主要有以下几个方面:一是南北差距不断凸显,影响区域协调发展,振兴东北能够与西部大开发形成良性互动,产生"东西互动、带动中部"的效应。二是产业结构调整的任务艰巨,偏重型的产业体系在结构转型、规模扩张、技术升级等都面临诸多困难。三是资源

型城市数量多,可持续发展问题突出,资源枯竭、接续产业、就业岗位等问题交织在一起。四是依据资源基础形成的传统优势产业与本地资源保障间的矛盾日益突出。五是城乡差距、社会不公等现象和问题凸显,社会保障体系不健全,社会矛盾突出。

从可行性来看,主要有以下几个方面:一是自然资源丰富,重要的能源和矿藏储量居全国前列,拥有重要的战略性资源。二是具有完整的重化工业体系和配套能力,如石油化工、钢铁、机械制造、金属冶炼等。三是交通等基础设施条件较好,铁路交通、公路交通以及机场建设等均高于全国平均水平。四是教育水平和劳动力素质较好,拥有众多的大学和科研机构,人均受教育程度较高。由于必要性和可行性的双重背景,2003年中央确定实施东北等老工业基地振兴的战略,一系列政策陆续出台。

2. 战略目标

针对东北地区经济社会发展中存在的矛盾和问题,以及区域未来发展在国家层面的定位,将结构升级、体制转轨、就业增长和区域经济一体化作为东北老工业基地振兴的战略目标。一是结构升级目标,其不仅存在于三次产业之间,第二产业内部的轻重工业之间、传统优势产业与高新技术产业之间也存在升级的问题,引导东北地区产业结构战略性调整,以打破东北老工业基地的经济运行路径依赖。二是体制转轨,突破传统计划经济体制的约束,转变政府职能,推进产权制度改革,完善社会保障体系,大量发展非公有制经济。三是促进就业增长,东北地区是我国产业工人的密集区,在经济和体制转型的大背景下,职工下岗人数多,就业与再就业压力大。四是区域一体化,消除行政区壁垒,加强分工协作,建立统一的基础设施网络、要素市场、资本市场和商品市场,提高东北地区的整体竞争力。

二、国家实施的区域政策梳理

国家区域发展政策是国家在一定的经济发展时期,立足于国家总体发展方针和区域经济发展的态势,根据国家经济发展需要,并针对区域发展中存在的问题,设计、制定旨在促进各区域经济发展的一系列政策措施。作用显著、效果明显的区域经济发展政策不仅能有效解决区域发展中存在的问题,而且还能促进区域社会经济更快更好地发展,使区域经济发展具有良好的投入产出比。这样,在区域发展政策的制定、实施过程中及其前后,能否及时地对各种区域发展政策的作用进行评价,是区域发展政策制定者和有关决策部门十分关心的问题,同时也是能否制定出行之有效的区域发展政策的关键基础。本节对东北振兴以来东北地区实施的区域政策进行回顾和分析。

1. 政策概述

在前述发展背景和战略目标指引下,2003年国家正式启动东北振兴战略。自东北振兴战略实施以来,国家、省域以及地市各级政府都制定了一系列措施推进东北振兴。这里所指的区域政策,是指由国家层面实施或者批复的东北地区重要的区域政策,时间范围从2004年到

2009年。经过整理,按照时间顺序,主要区域政策有41项①,分别是:(1)税务总局明确东北老工业基地企业所得税优惠范围,(2)关于促进东北老工业基地进一步扩大对外开放的实施意见,(3)东北地区厂办大集体改革试点工作指导意见,(4)财政部、税务总局关于豁免东北企业历史欠税的通知,(5)辽宁省外商投资优势产业目录,(6)东北地区老工业基地土地和矿产资源若干政策措施,(7)国务院办公厅第二批中央企业分离办社会职能工作有关问题的通知,(8)国家发改委批复18项振兴东北高技术产业化项目,(9)东北地区电力工业中长期发展规划(2004~2020年),(10)关于推进东北地区棚户区改造工作的指导意见,(11)东北地区扩大增值税抵扣范围若干问题的规定,(12)国家发改委下达吉林省三地采煤沉陷区投资计划通知,(13)国家发改委下达2005年东北等地国债投资计划,(14)2005年东北地区扩大增值税抵扣范围的有关问题,(15)关于进一步落实东北地区扩大增值税抵扣范围政策的紧急通知,(16)关于免征农业税改革试点有关问题的通知,(17)粮食直补、良种补贴和农机具购置补贴,(18)关于调整东北老工业基地部分矿山油田企业资源税税额的通知,(19)关于东北老工业基地资产折旧与摊销政策执行口径的通知,(20)关于落实振兴东北老工业基地企业所得税优惠政策的通知,(21)关于东北地区军品和高新技术产品生产企业实施扩大增值税抵扣范围有关问题的通知,(22)关于加快东北地区中央企业调整改造的指导意见,(23)关于做好第二批央企分离办社会职能工作的通知,(24)进一步加强东北地区人才队伍建设的实施意见,(25)关于完善城镇社会保障体系的试点方案,(26)辽宁省完善城镇社会保障体系试点实施方案,(27)吉林省完善城镇社会保障体系试点实施方案,(28)黑龙江省完善城镇社会保障体系试点实施方案,(29)东北地区振兴规划,(30)国务院关于促进资源型城市可持续发展的若干意见,(31)国务院关于松花江、辽河、海河流域防洪规划的批复,(32)财政部税务总局关于豁免蒙东企业历史欠税的通知,(33)内蒙古东部地区享受东北老工业基地增值税转型和豁免企业历史欠税政策,(34)国务院确定第二批资源枯竭城市名单,(35)中央财政下达资源枯竭城市年度财力性转移支付资金,(36)国家发展改革委下达东北地区资源型城市首批发展接续替代产业项目预算内资金投资计划,(37)国务院批准大连、哈尔滨、大庆等20个城市为服务外包示范城市,(38)国务院正式批准在绥芬河设立综合保税区,(39)国务院审议并原则通过辽宁沿海经济带发展规划,上升为国家战略,(40)国务院审议并通过《关于进一步实施东北地区等老工业基地振兴战略的若干意见》,(41)国务院正式批复《中国图们江区域合作开发规划纲要》。

2. 类型划分

区域政策可以用许多不同的标准进行分类。就政策针对的重点领域来看,区域政策主要有以下七种类型:区域产业政策、区域财税金融政策、资源型城市转型政策、区域社会保障政策、区域开放政策、区域空间布局政策、区域其他政策。这七种类型的重点领域政策共同形成

---

① 政策选择主要参考了新华网的振兴东北专题板块,原内容详见 http://chinaeast.xinhuanet.com/2004-10/28/content_3115778.htm。

了区域政策组合,它们之间相互交叉、相互联系,单个政策可能涉及多个方面,但是一般又有所侧重;这些政策在总体上涉及区域内各个部门和层次(表11—1)。

表11—1 东北地区区域政策的类型划分

政策类型	政策划分
区域产业(企业)政策	3,5,7,8,9,17,21,22,23,29,36,37,40
区域财税金融政策	1,4,11,12,13,14,15,16,18,20,21,32,33,38
资源型城市转型政策	6,18,19,20,30,34,35,36
区域社会保障政策	10,12,25,26,27,28
区域开放政策	2,41
区域空间布局政策	39,41
区域其他政策	24,29,31

注:12、18、20、21四项政策分别划到两个类别当中。12项采煤沉陷区投资计划(国债项目),既是财政手段政策,但侧重沉陷区,具有保障性特点;18、20既是税务手段,也强调资源型城市(老工业基地)的转型专项政策;21既是税务手段,也是突出高新技术产业发展的政策;29实质是综合性政策,侧重产业发展振兴;41既是开放政策,也是空间布局政策。

① 区域产业(企业)政策。指政府为了实现某种经济和社会目标,以区域产业和企业为直接对象,通过对有关产业的保护、扶持、调整和完善,或参与产业或企业的生产、经营、交易活动,以及通过直接或间接干预商品、服务、金融等方面的市场形成、市场机制来影响区域产业和企业改革与发展政策的总和。包括对传统优势产业改造和扶助、高新技术产业的支持和鼓励、产业振兴规划、企业体制、"工厂办社会"的改革等。共包含13项具体政策。

② 区域财税金融政策。包含财税政策和金融政策两个方面。其中,财税政策主要是通过所得税、财产继承税的设定、征收以及在社会福利方面的财政支出等进行收入再分配;通过财政、税收机制及财政支出规模的扩大、收缩或提前、推后支出以及特定条件下的关税进行调节;通过公共事业支出等在一定程度上参与或调整资源配置;以财政支出来支付有关的中央及地方政府机构提供一般行政服务和建造公共设施等;此外,通过特别折旧等减税措施以及财政补贴,如豁免历史欠税、国债以及所得税优惠等。金融政策主要是通过中央银行准备金率的变化、公开市场业务操作、再贴现率调整以及作为对贷款手段的进行货币供给量的调节和景气调节。共包含14项具体政策。

③ 资源型城市转型政策。资源型城市出现的经济发展缓慢、失业人员众多、生态环境恶化等一系列经济与社会问题。实现可持续发展,必须发展接替产业,实现城市的产业转型。针对资源型城市这一专门问题的系统政策,也包括对老工业基地的专项扶持政策。共包含八项具体政策。

④ 区域社会保障政策。社会保障问题是一个涉及面极广、相关的影响因素甚多的社会政策问题,党和政府的重要文件历来都非常重视"社会保障",是与民情民意相通的。社会保障是现代国家社会政策和社会立法的重要内容,是国家和社会为补偿现代化过程中被削弱的家庭

保障功能,帮助全体社会成员对付现代社会中的社会经济风险,运用社会化的保障手段,依法保障全体社会成员基本生活的经济福利制度。共包含六项具体政策。

⑤ 区域开放政策。是指促进区域对内对外开放的专项政策。一方面是区域积极主动地扩大和区域外的经济交往;另一方面是放开或者取消各种限制,不再采取封锁区域的保护政策,发展开放型经济的开放式政策。包含两项具体政策。

⑥ 区域空间布局政策。根据区域不同的自然条件、经济基础、产业结构及文化的不同,制定相关的产业发展的空间引导政策,构建科学合理现代的空间布局体系,避免重复建设,达到规模经济效益,促进区域内发挥协同发展优势。包含两项具体政策。

⑦ 区域其他政策。包括综合性、人才、流域管理等内容。共包含三项具体政策。

三、区域政策的主要内容

基于以上政策分类,对东北振兴以来的重要政策的主要内容进行归纳。当前国家和区域出台的主要是前四项:产业发展和企业改革是主体、关键,是东北问题的症结,也是今后发展的内在力量;财税和金融支持是东北振兴的重大机遇条件和主要外力;资源型城市转型问题在东北尤为突出,是该区域的代表性问题,重点专题;社会保障关系到东北改革的平稳和社会安定,是一个必要基础。其余为辅助性政策。

1. 产业发展和企业改革政策是当前政策的主体和关键

(1) 综合性政策。主要是以东北振兴规划为代表,具有高度综合性,但是以明确目标、条件解析、产业定位和发展思路为重点,加快推进经济结构调整和增长方式转变,加强资源节约和环境保护,着力改善民生,促进社会和谐,努力将东北地区建设成为综合经济发展水平较高的重要经济增长区域,具有国际竞争力的装备制造业基地,国家新型原材料和能源保障基地,国家重要的商品粮和农牧业生产基地,国家重要的技术研发与创新基地,国家生态安全的重要保障区。进一步完善区域协作交流机制,实现东北地区经济社会又好又快发展。如何应对当前国际金融危机、促进经济平稳较快发展,进一步推进东北地区等老工业基地全面振兴,国家与2009年8月又出台了指导性意见。

(2) 对高新技术产业鼓励政策。为应对国际金融危机冲击,加快我国服务外包产业发展,国务院日前批准大连、哈尔滨、大庆等城市为服务业外包示范城市,国家将对示范城市实行一系列鼓励和支持措施,对当前保增长、促进就业特别是高校毕业生就业、调整和优化产业结构、转变外贸发展方式都具有重要的意义。通过技术革新或采用高新技术的产业化运作方式,批复了18项高技术产业化项目。如沈阳航天新光集团有限公司微小型全自动涡轮发电机组高技术产业化示范工程,四平市高斯达纳米材料设备有限公司金属纳米粉制取设备高技术产业化示范工程等。同时采取了对高新技术产业的增值税优惠政策,具体到了确定名单的军品和高新技术产品生产企业,从事军品和高新技术产品生产企业纳税人2004年7月1日至11月30日发生的固定资产进项税额,应当及时将应退增值税款及时退还纳税人。

（3）对传统产业的升级、改造及接续产业发展政策。如国务院批准了辽宁省制定的外商投资优势产业目录，对粮食、肉禽、装备制造业、配件制造等行业给予倾斜。制定了东北电力行业的中长期规划，满足东北老工业基地经济和社会发展对电力的需求，实现能源、环境和经济全面、协调、可持续发展。2009年国家发展改革委下达了首批东北地区资源型城市吸纳就业、资源综合利用和发展接续替代产业项目预算内资金投资计划，涉及项目19个，项目总投资11亿元，预计可为东北地区资源型城市下岗矿工、林业工人、厂办大集体职工提供约1.3万个就业岗位。

（4）对农业的扶持政策。2002年中央财政投资1亿元，用于高油大豆良种推广补贴，良种推广示范面积1 000万亩。2003年国家继续实施高油大豆良种推广补贴项目2 000万亩，同时实施优质专用小麦良种推广补贴1 000万亩，补贴资金分别为2亿元、1亿元。2004年为贯彻落实中央一号文件精神，国家加大了良种推广补贴项目投入力度，补贴作物范围扩大到大豆、小麦、玉米、水稻四大粮食作物。

（5）企业体制改革政策。通过制度创新、体制创新和机制创新，使厂办大集体与主办国有企业彻底分离，成为产权清晰、自负盈亏的法人实体和市场主体，对不具备重组改制条件或亏损严重、资不抵债、不能清偿到期债务的厂办大集体，实施关闭或依法破产。经国务院同意，又开展了第二批中央企业分离办社会职能工作，将中国核工业集团公司等74家中央企业所属的中小学和公检法等职能单位，一次性全部分离并按属地原则移交所在地（市）或县级人民政府管理。

2. 财税和金融政策是东北振兴的重大机遇和主要外力

（1）豁免历史欠税。由国务院批准，财政部和税务总局联合发文，对符合一定条件的，可以豁免东北老工业基地企业在1997年12月31日前形成的，截至通知下发之日尚未清缴入库且符合本通知规定的欠税予以豁免。后经国务院批准，又就豁免范围扩展到内蒙古自治区呼伦贝尔市、兴安盟、通辽市、赤峰市和锡林郭勒盟（蒙东地区五盟市）的企业历史欠税。

（2）免征部分税额。有免征农业税和部分矿山油田企业资源税两种。财政部、农业部、国家税务总局关于2004年降低农业税税率和在部分粮食主产区进行免征农业税改革试点有关问题的通知，为了调动粮食主产区农民粮食生产的积极性，吉林、黑龙江两省先行免征农业税改革试点，是在我国农业发展新阶段，在粮食供求关系发生变化的情况下，为统筹城乡协调发展，进一步促进农民减负增收，调动农民粮食生产积极性采取的重大措施，落实到基层，落实到农户。为支持东北地区老工业基地振兴，经国务院批准，就东北老工业基地有关资源税政策调整，对衰竭期矿山和低丰度油田资源税税额标准问题，在不超过30%的幅度内降低资源税适用税额标准。

（3）税费优惠。包括企业所得税优惠和综合保税区两种方式。财政部、国家税务总局发出通知，明确振兴东北老工业基地有关企业所得税优惠政策，并自2004年7月1日起执行。

形式有提高固定资产折旧率、缩短无形资产摊销年限和提高计税工资税前扣除标准。

(4) 增值税抵扣。财政部、国家税务总局联合下发了《关于2005年东北地区扩大增值税抵扣范围有关问题的通知》,进一步明确了对固定资产进项税额的抵扣及实施步骤等有关问题。对纳入扩大增值税抵扣范围试点的纳税人发生的允许抵扣的固定资产进项税额,继续实行按新增增值税税额计算退税的办法,实行按季退税,可以减轻企业赋税,为东北地区企业的生存和发展创造更好的环境。

(5) 增加投资计划。国家发展改革委下达了吉林省辽源矿区、通化市、珲春市采煤沉陷区治理工程2004年中央预算内专项资金(国债)投资计划的通知,批复了三个采煤沉陷区治理工程项目。国家发改委下达了2005年东北等老工业基地调整改造和重点行业结构调整专项(第一批)国家预算内专项资金(国债)投资计划。这批国债专项投资涉及矿山改造、变压器制造基地建设、电机改造、重型机械、农产品深加工机械等多个领域。将有助于改善东北等老工业基地的产业结构调整和技术水平的提高,推动东北等老工业基地经济的发展。

3. 资源型城市转型是东北地区具有代表性的突出问题

(1) 资源型城市可持续发展的综合意见。深入分析资源型城市在发展过程中积累了许多矛盾和问题,提出促进资源型城市可持续发展的指导思想、基本原则和工作目标。以增加就业、消除贫困、改善人居条件、健全社会保障体系、维护社会稳定为基本目标,以深化改革、扩大开放和自主创新为根本动力,制定强有力的政策措施,不断完善体制机制,大力推进产业结构优化升级和转变经济发展方式,培育壮大接续替代产业,建立健全资源型城市可持续发展长效机制,加强资源勘查和矿业权管理,改善生态环境,促进资源型城市经济社会全面协调可持续发展。明确强调要加大政策支持力度,中央和省级财政都要进一步加大对资源枯竭城市的一般性和专项转移支付力度。

(2) 确立资源枯竭型城市名单。国务院确定了第二批32个资源枯竭城市,中央财政将给予包括此前确定的12个资源枯竭城市在内的共44个城市财力性转移支付资金支持。近年,暂不再审定新的资源枯竭城市。已有的枯竭型城市名单中,东北地区占有不少比重。

(3) 土地、矿产资源利用。为了合理、高效利用东北地区土地、矿产资源,更好地为振兴东北地区老工业基地服务,实行土地使用优惠政策,提高建设用地审批效率,为经济建设提供优质用地服务;加大土地利用政策支持力度,促进国有企业改革和发展;大力推进土地整理复垦,为恢复生产生活创造条件;实行稳定的土地政策,促进生态建设,实行矿产资源优惠政策。加强地质勘查工作,提高对可持续发展的保障能力,加强市场意识,深化矿业权体制改革,加大政策支持力度,促进矿业企业的发展,实行国家鼓励矿产资源勘查开发政策,依法促进矿业发展加快地质资料、信息、技术的社会化服务。

(4) 企业资源税、所得税优惠。既包括调整东北老工业基地部分矿山油田企业资源税税额,东北老工业基地资产折旧与摊销政策执行口径,落实振兴东北老工业基地企业所得税优惠政策。

(5) 国家资金投资计划。包括两个方面政策:一方面是中央财政下达的资源枯竭城市年度财力性转移支付资金,中央财政下达了分两批确定的共44个资源枯竭城市。2008年财力性转移支付34.8亿元,以支持这些地区应对金融危机的挑战、加快经济转型。另一方面是东北地区资源型城市首批发展接续替代产业项目预算内资金投资计划。国家发展改革委下达了2009年首批东北地区资源型城市吸纳就业、资源综合利用和发展接续替代产业项目预算内资金投资计划。本次中央预算内投资计划1亿元,涉及项目19个,项目总投资11亿元,预计可为东北地区资源型城市下岗矿工、林业工人、厂办大集体职工提供约1.3万个就业岗位。

4. 社会保障政策关系到东北地区改革平稳和社会安定

(1) 棚户区改造。为改善城市低收入居民的居住和生活条件,维护社会稳定,为贯彻落实党中央、国务院关于振兴东北地区等老工业基地的战略部署,推进东北地区棚户区改造,改造应把握原则有"统筹规划,分步实施;政府组织,市场运作;个人出资,政府帮助;依法改造,确保稳定;综合开发,配套建设"。要按照"全面规划、合理布局、因地制宜、综合开发、配套建设"的方针,实行统一规划、统一拆迁、统一配套、分期实施。特别强调充分发挥规划的引导和调控作用,因地制宜,多种方式推进棚户区改造,规范拆迁程序,严格拆迁管理,妥善做好居民安置工作,要充分考虑棚户区居民的承受能力,做好与各项住房政策的衔接,妥善安置被拆迁居民,切实做好设计服务和质量管理,加大基础设施配套力度,保障冬季供热采暖,加强改造后住宅区的管理与服务工作。

(2) 采煤沉陷区投资。吉林省辽源矿区、通化市和珲春市,采煤沉陷区治理工程。辽源矿区采煤沉陷区治理工程主要是改扩建、续建并竣工仙城、四合小区住宅建筑面积39.372万平方米。安置居民6 290户(其中安置受灾搬迁居民4 883户,安置动迁居民1 407户);建设学校、医院、幼儿园等配套建筑面积5.761 6万平方米;货币补偿安置受损住宅1 239户;对受破坏的医院、道路、桥涵、供水管线、供热管线、供电线路、通信线路等进行加固维修。吉林通化矿区采煤沉陷区治理工程和吉林珲春(含蛟河)矿区采煤沉陷区治理工程主要是新建,以解决沉陷区居民的安置和生活问题。

(3) 城镇社会保障体系。社会保障体系包括社会保险、社会救济、社会福利、优抚安置和社会互助等项内容,本方案主要从完善社会保障体系的角度出发,涉及城镇职工基本养老、基本医疗、失业等社会保险制度和城市居民最低生活保障制度。完善社会保障体系的总目标是:建立独立于企业事业单位之外、资金来源多元化、保障制度规范化、管理服务社会化的社会保障体系。主要任务是调整和完善城镇企业职工基本养老保险制度;研究制定机关事业单位职工养老保险办法;加快建立城镇职工基本医疗保险制度;推动国有企业下岗职工基本生活保障向失业保险并轨;加强和完善城市居民最低生活保障制度;实现社会保障管理和服务的社会化;加强社会保障资金的筹集和管理;加快社会保障立法步伐。建立完善的城镇社会保障体系,是关系改革、发展、稳定的一件大事,国务院要求提高认识,加强领导,确保城镇社会保障试点工作顺利进行,严格选定试点市,精心组织实施,及时总结试点经验,不断完善有关政策。东北地区三个省份也相继出台了具体的社会保障体系试点实施方案。

5. 其余几种类型政策当前主要是辅助性政策要素

从当前已经实行的各项政策来看,区域开放政策、空间布局政策及区域其他政策都是辅助性政策要素,目前并不是政策的主要着力点。

(1) 区域开放政策。经国务院同意,就进一步扩大东北地区对外开放提出了五条实施意见:一是鼓励外资参与国有企业改组改造,加快体制和机制创新;二是加强政策引导,推进重点行业和企业的技术进步;三是进一步扩大开放领域,着力提升服务业的发展水平;四是发挥区位优势,促进区域经济合作健康发展;五是营造良好的发展环境,为加快对外开放提供保障。2009年11月,国务院批复图们江区域合作规划,加强图们江流域的国际共同开发。

(2) 空间布局政策。2009年7月1日,国务院总理温家宝主持召开第71次常务会议,讨论并原则通过《辽宁沿海经济带发展规划》,辽宁沿海经济带开发建设正式上升为国家战略。会议指出,包括大连、丹东、锦州、营口、盘锦、葫芦岛沿海城市在内的辽宁沿海经济带,地处环渤海地区重要位置和东北亚经济圈的关键地带,资源禀赋优良,工业实力较强,交通体系发达。在新形势下加快辽宁沿海经济带发展,对于振兴东北老工业基地、完善我国沿海经济布局、促进区域协调发展和扩大对外开放,具有重要意义。一要发挥东北地区出海通道和对外开放门户的作用,全面参与东北亚及其他国际区域经济合作,全面提升东北地区对外开放水平。二要整合沿海港口资源,全面提高航运、物流服务能力和水平。三要推进产业结构优化升级,淘汰落后产能,形成以先进制造业为主的现代产业体系。四要统筹城乡发展,大力发展现代农业,繁荣农村经济。五要统筹规划和完善交通、能源、水利和信息基础设施建设,加强资源节约、环境保护和生态建设,增强区域发展支撑能力和可持续发展能力。六要加快发展各项社会事业,解决事关群众切身利益问题。七要深化重点领域改革,创新体制机制。2009年11月,按照国务院的批复,吉林省长春市、吉林市部分区域和延边州(简称长吉图)是中国图们江区域的核心地区,要加快建设长吉图开发开放先导区,将其发展成为我国沿边开发开放的重要区域、我国面向东北亚开放的重要门户和东北亚经济技术合作的重要平台,培育形成东北地区新的重要增长极。

(3) 人才队伍建设。大力加强东北地区人才队伍建设,是人才强国战略的重要组成部分,是党中央、国务院为保证东北地区等老工业基地振兴战略的顺利实施而采取的一项重要举措。中央、国家机关有关部门和东北三省各级党委、政府要认真研究制订具体方案和措施。全国其他省、自治区、直辖市特别是沿海发达地区要采取切实措施支持东北地区做好人才工作,为振兴东北地区等老工业基地提供坚强的人才保证和智力支持。

(4) 流域防洪规划。国务院批复水利部的《关于审批松花江流域防洪规划的请示》,进一步完善松花江流域防洪总体布局,建设以堤防、控制性水利枢纽和蓄滞洪区为重点的防洪工程体系,结合防汛抗旱指挥系统建设、防洪区管理、防洪工程管理、洪水风险管理等非工程措施,构建较为完善的防洪减灾体系,全面提高松花江流域防御洪水灾害的综合能力。加快国家粮食生产基地防洪除涝工程建设,提高粮食综合生产能力;加强城市防洪工程建设,不断完善重点城市防洪工程体系,制定城市防御超标准洪水预案;加大水土流失治理力度,加强山洪灾害防治,建立健全山洪灾害防灾减灾体系。

四、区域政策的时序与空间分布

1. 时序分布

通过对已有政策的梳理和分析,这些政策在时间上分布差异较大,呈波动式变化。2004年,出台政策高达14项,随后年际出台政策逐渐减少,2007年仅为一项,但这项政策非常重要,是国务院制定的东北地区振兴规划,是一个综合性的东北地区振兴的总体规划,是高层次的总体规划的指导文件,指明了东北振兴三年期的发展态势和主要问题,厘清了下一步发展的重点方向。从2007年以后,每年关注东北地区的区域政策又开始增加,预计未来几年,将会有不少支持东北地区振兴的相关政策出台。

以2007年为界点,在时间界点以前,关注东北的区域政策主要强调"输血"功能,大部分政策直接针对东北地区产业发展中亟待解决的问题,给予直接的帮扶和补助政策。而在2007年以后,虽然也有直接扶助政策的出台和实施,但是侧重内容已经从"直接输血"功能向"提升造血"功能转变。政策主要强调资源型城市转型的方案与对策,促进区域可持续发展,建立外包服务业试点城市,辽宁沿海经济带发展规划等。由此可见,政策基本顺应了经济发展的规律和需求,政策自身也处于关键性的转型时期,转型的成败直接关系到了东北地区下一步发展的速度、节奏和质量好坏。

2. 空间分布

政策在空间层面上,可以划分针对全区域的政策和专门区域的政策两种。比如东北振兴规划、加强东北地区人才队伍建设等就属于全区域的政策,而后者比如资源型城市、辽宁沿海经济带等。通过对所列政策的空间效应来看,主要有两个特点。一是东北地区区域政策主要是全区域政策为主,专门区域政策为辅。大部分政策针对东北地区的主要问题出台,又对整个东北地区有效,优点是从更高层面,抓住了东北地区的关键问题,并试图解决这些难题,一般具有较强的可操作性,有助于在短期内见到改变区域发展状况的效果。但问题也同时存在,由于政策的普适性和强调可操作性,忽略了东北地区内部各地区的差异性特征,政策缺乏细化和分门别类的针对性,又一定程度上限制了政策实施所发挥的效果。二是东北地区区域政策的空间性随着时间发生着变化,由侧重全区域通用政策向强调子区域专门政策转变。政策逐步细化、具体,针对东北地区内部特定地区的特定问题制定和实施,如辽宁沿海经济带上升为国家战略,成为东北地区经济增长极之一,主题明确,对地区经济发展也能起到重大的推动作用和扶持效果。总体来看,国家对东北地区的区域政策正逐步完善、全面、深入和细化,但仍未在空间层面上形成分重点的发展战略和空间政策体系。

第二节 政策实施的效果评价

一、区域政策取得的主要成效

实施东北地区等老工业基地振兴战略,是党中央、国务院继沿海开放、西部开发战略之后,从全面建设小康社会全局和区域经济协调发展做出的重大战略决策。在国家政策的有力支持下,东北振兴战略的各项工作稳步推进,近年来发展成效显著。

1. 经济发展的速度显著加快

主要体现在四个方面,GDP总量和人均GDP快速增长,固定资产投资快速增加,工业生产规模持续扩大,财政收入逐年增加(详见第一章)。

2. 经济结构持续升级和转型

工业调整改造升级,三次产业结构变化调整,资源型城市转型成效显著。东北资源型城市通过调整改造和产业转型,改变过去长期形成的以资源开采为主的单一经济结构,逐步建成产业适度多元化、市场竞争力较强、人居环境良好的新型产业基地。当前成效主要表现在三个方面。一是资源型城市转型试点逐步推广。阜新资源型城市经济转型试点工作取得初步成效,以农产品加工业作为接续替代产业的态势已基本形成。2005年以来,国务院批准把资源型城市经济转型试点范围扩大到大庆、伊春、辽源和白山等地。二是对采煤沉陷区治理和棚户区改造稳步推进。塌陷区治理和棚户区改造工作直接从老百姓最关心、最密切入手,效果显著。三是农业产业化步伐加快。主要体现在农业产业化领域不断拓宽,东北地区在发挥区域资源优势和传统特色产品优势的基础上,积极发展规模经营。

3. 经济社会效益显著提高

城乡居民收入稳步增长,社会事业发展取得进展。辽宁提前全面实施农村义务教育"两免一补"政策;中央财政拨付专项资金,为吉林、黑龙江两省农村义务教育阶段贫困家庭学生免费提供教科书。现代远程教育工程已覆盖了东北地区大多数的农村中小学。社会保障体系初步建立,辽宁省已经初步建立了独立于企业和事业单位之外、资金来源多元化、保障制度规范化、管理服务社会化的社会保障体系,同时全省普遍建立起城乡居民最低生活保障制度。基础设施建设得到加强。国家有关部门制定或筹划了东北地区能源、交通、电力、水利等一系列的基础设施建设规划。东北地区抓住机遇,积极推进一批关系到地区长远发展的重大基础设施项目建设。

4. 体制机制创新取得新突破

企业改制重组步伐加快,东北地区大部分列入攻坚计划的国有工业企业改制全面完成,正着手解决企业改制后的有关问题,并推进商业、建筑业等行业国有企业改革改制工作。与此同时,非公有制经济快速发展。对外开放呈现新格局,实施振兴战略以来,东北地区对外开放步伐明显加快:一是利用外资快速增长;二是外资银行在东北发展迅速。外资银行在沈阳、大连等城市设立了多家分行或代表处,还有一些外资银行正在积极申请。

二、区域政策存在的主要问题

东北振兴战略的一系列政策实施以来,总体上取得了明显成效,国家政策倾斜和扶持对东北地区发展发挥了重要作用。但也存在着不少的困难和问题,大致可以归纳为两大类:第一类是从政策本身看,在政策执行过程中暴露出来的诸多问题,包括政策力度不够、政策不够完善、政策难以落实、政策已经失效等;第二类是从区域发展实际看,政策制定和执行后存在的诸多不足,包括政策的项目和国企指向等。

1. 已有政策存在的主要问题

(1) 部分政策已经失效或失去优势。一些政策变成普惠性政策。随着外部环境条件变化,一些政策本身已经没有优势,变成普惠性政策;有的政策已经失效。如2004年财政部、农业部和国家税务总局联合出台的关于降低农业税税率和在部分粮食主产区进行免征农业税改革试点的文件,在当时出台时,对东北地区具有倾斜性和政策优势,但是后来国家已经全面取消了农业税,使东北地区的这一政策优势就已经过时和消失。再比如2004年财政部等提高计税工资税前扣除标准,东北地区企业的计税工资税前扣除标准提高到每月人均1 200元,而当时全国通用标准是每月800元,但自从2006年起,全国工资、薪金所得费用扣除标准都已从每月800元提高到每月1 600元。政策优势随着变化而消失。

有的政策属于一次性政策。不少的扶持和财政支持政策都是一次性的,政策作用时间短,"造血"功能不足。如2008年财政部和税务总局出台的关于豁免蒙东企业历史欠税的通知,这种政策的落实对东北地区的发展具有直接性和有效性,但是存在不可持续的问题,如何建立长效机制,确保这些政策优势是目前亟须解决的问题。

有的政策和其他区域相比缺乏优势。如环境保护等方面税收政策,西部地区甚至中部地区可能具有更多的优势;另外在对外贸易政策方面,优惠力度不及东部一些政策区,这些政策的比较性劣势使东北地区在区域经济竞争中并不处于优势区。

(2) 一些政策力度不够或难以落实。一些政策符合地方实际情况和发展需求,但在执行中存在力度不够的情况,影响了政策发挥的空间和效果。

税收优惠政策的力度和广度不够。2004年出台的所得税优惠政策中的提高固定资产折旧率、缩短无形资产摊销年限,政策涉及企业的税务面窄,且所占总税务比重小。还有财政部和国家税务总局关于东北地区军品和高新技术产品生产企业实施扩大增值税抵扣范围有关问题的通知,政策范围仅是军品类和高新技术产业,东北地区大量的工业企业享受不到任何优惠,根据文件所列企业名单,东北地区总共才249家,其中黑龙江138家、辽宁96家(包括大连55家)、吉林15家。政策对进入名单企业有直接帮助,但是对区域发展的促进作用来讲杯水车薪。

金融信贷政策的力度和广度不足。在信贷方面,应该说东北地区的大型工业改造项目,一些国债投资计划等有力地支持了区域经济建设。信贷资金主要集中于大型企业工业升级或者铁路、公路等重点工程建设。虽然在一些重大规划有提及加强金融信贷政策支持,但是从信贷政策来看,东北地区尤其是中小企业享受的特别政策非常有限,融资难问题非常突出,缺乏细化的具体的可操作政策。同时,东北地区大量的农产品加工企业缺乏足够资金进行产业化、集群化发展运作。地方政府和地方金融机构在信贷方面也缺乏足够支撑,如何多渠道筹集资金,更大范围惠及中小企业,是值得思考和必须面对的问题。

吸引人才的相关政策落实困难。人才是第一资源,是知识经济时代区域竞争力的关键。通过一些特殊政策吸引人才、留住人才,使他们为东北地区经济建设及社会发展创造更多的财富和贡献。2004年中办虽然出台了有关人才队伍建设的文件,指出要充分认识加强东北地区人才队伍建设的重要性和紧迫性,明确指导思想和总体要求,但是到实践层面,如何真正改善东北地区高层次人才的工作和生活条件等,目前没有特殊政策确保东北地区科研人员、机关或事业单位人员的平均工资水平,现实状况是差距越来越大,西部地区有边远津贴和西部专项等,而东北地区在科研经费、事业经费等方面缺乏足够的政策倾斜,不仅很难吸引人才到东北地区工作,反而东北地区人才流失的问题较为严重。

自主创新科技研发政策不具体。东北地区以国有企业改革为重点,多种所有制经济蓬勃发展,经济结构调整,发展都离不开自主创新能力的提升。东北地区特别是企业存在科研基本户设施落后,研发经费投入少,科技创新和服务能力弱的问题,创新人才匮乏,科技成果转化率低。虽然在综合性规划等政策内容中有提及,发挥东北地区等老工业基地的人才优势,建立健全鼓励自主创新的体制机制。但是没有东北地区的创新专项政策,也没有出台具体的操作流程,没有明确研发经费的筹集渠道和使用方式。

2. 政策制定存在的主要问题

(1) 政策制定中分类指导原则体现不充分。外延的东北地区包括辽宁、吉林、黑龙江和内蒙古东部地区(赤峰市、兴安盟、通辽市、锡林郭勒盟、呼伦贝尔市),土地面积为145万平方公里,占全国国土面积的15%,2005年GDP总量1.8万亿元,占全国的11.76%,人口1.2亿,占全国总人口的9.18%,在全国经济发展中占有重要地位,是一个地域广阔、地形复杂、人口众多的特殊区域,内部各地区之间差异较大,在历史基础、区位条件、自然和社会资源的配置、经济发展水平以及产业结构等方面大不相同,反映在区域发展的态势、问题等方面,也必然表现出很大的区域差异特征。有的地区重点问题是资源型城市转型,有的地区是城乡统筹和社会发展、就业等问题更为突出,有的地区是如何促进产业集群式优化和重点发展,有的地区则是如何强化国家政策重点扶持社会民生实现区域可持续发展。即使是同一类型区域也需要制定不同的政策来有效应对,如资源型城市,不同资源型城市转型的突破口必然不一样,如老工业基地,不同城市也面临不同的出路和选择。因此,区域政策的设计、制定和实行一定要结合地方实际,强调分类指导、因地制宜。

(2) 政策对扩大开放和科技支撑关注不够。从扩大开放来看,改革开放是中国特色社会主义道路取得巨大成就的基本经验。这条经验当然也适用于东北地区。虽然2005年出台了扩大开放的专项政策,共包含五个大项、29个小项政策:鼓励外资参与国有企业改组改造,推进重点行业和企业的技术进步,提升服务业的发展水平,促进区域经济合作健康发展,营造良好的发展环境。这五个方面都关系到扩大开放,但是又都不具体,不具备太强的可操作性。因此,这表明国家有关部门具有远见,已经高度关注东北地区扩大开放,该项政策也可以看做是扩大开放的指导性文件,依此为基础,可以开展更深入的研究,制定具有可操作性的政策条目,充分发挥沿海和沿边的区域优势,同步扩大对内和对外开放。

从科技支撑来看,当前专项政策只有国家发改委批复的18项振兴东北高技术产业化项目和进一步加强东北地区人才队伍建设的实施意见的文件。这两个文件分别是以项目和指导性意见形式出台,对东北地区自主创新、科技支撑等没有专门的研究和政策。东北地区的产业升级、工业调整、现代服务业发展、产业空间上的合理布局等都需要科技创新的支撑。像2007年编制出台的东北振兴规划就能很好地梳理发展的态势、存在的问题和政策的前瞻,但是单纯依靠一个规划解决各个省区的问题就很困难,还需要省域尺度及地方尺度加强科技支撑。东北地区也拥有中科院研究院所和知名大学,科技人才并不缺乏,但是产学研一体化机制尚未建立,通过怎样的激励方式更好的鼓励众多科技人才参与到区域经济社会发展当中,取得更大的发展突破,也需要探索。

(3) 政策的项目指向和国企指向问题。通过对国家出台的一系列关于东北地区的区域政策,可以看出政策具有较为明显的项目指向和国企指向。应该说为配合东北经济振兴战略,国家在项目投资方面给予相应支持是必要的、直接的和有效的,从东北地区近年来的发展成效也证明如此,因此很多政策还需要保持,部分政策还需要加强。但是,从区域发展的长远来看,这些政策也容易滋生出一些问题,这些问题需要警惕,并且通过其他政策进行协调和调整。

从政策的项目指向来看,这类政策会对受助企业带来直接效益,但是对于企业发展来讲,短期的经济援助只能帮助企业暂时走出困境,如果一些观念、体制和机制没有任何改变的话,这些项目所发挥的作用将受到很大限制,甚至出现三年、五年以后有可能需要再来一次调整改造,国家将需要再次注入大量的资金。企业也可能因此产生依赖心理,对企业自身改革不加重视,而总盯着国家投资,必须要从"授人以鱼"向"授人以渔"这样的方式转变。

从政策的国企指向来看,这些项目、投资和优惠主要集中在国有企业尤其是国有工业方面,因而将有可能持续强化东北地区的国有经济比重,这和东北地区国有企业改革的大方向存在一定的冲突和矛盾。同时,政策的国企指向会影响民营经济的活力,进而影响到产业结构升级,尤其不利于东北地区服务业发展。另外一点,大量的国有经济投资有可能会对民间资本产生一种挤出效应。事实上,过去的经验表明,由于东北老工业基地国有经济涉及的领域过于广泛,而国有企业往往采取内部化的方式,把产业链各个环节甚至相关活动都集中在一个企业内部完成,由此扼杀了民间资本的投资机会,对民间投资产生了明显的挤出效应。

(4) 政策的长效保障机制还不健全。从前面的政策梳理,可以看出东北地区的多项政策已经失去优势,政策本身的作用已经失效,同时政策出台随年际波动性大,区域发展并没有获得太多的政策倾斜和优势,政策的连续性还需要加强,政策的长效保障机制还需要建立和健全。东北振兴战略是一项长期的艰巨任务,东北地区要实现产业结构调整升级、社会经济全面发展和繁荣,逐步缩小与东部地区之间的差距,还需要较长的时间阶段。在实现之前,为使东北振兴战略能够有效地贯彻实施和持续稳步推进,最好通过各种法律法规,明确界定中央、地方统筹协调区域发展的原则、方法和措施,明确东北地区应该在全国范围内所享有的政策优势和倾斜性待遇,促进东北地区持续快速发展,提升国家产业结构完整性和产业竞争力,维护国家安全和社会稳定。

三、具体区域政策的评估

1. 评估方法

对东北地区的区域政策进行评估是一项十分繁重的任务,涉及面广,工作量大。因此,根据新华网东北振兴专题中的政策条目为基础,增加几条新政策条目。采用资料分析、专家讨论和现场调研相结合的方式,定性与定量的科学方法相结合。为了使评估的信息准确可靠,信息采集从多方面展开,新华网东北专题的政策名录,有关政策原文,若干研究报告等,请专家组进行充分讨论和问卷调查,对结果进行统计分析。

首先对问卷信息进行设计和分类。落实情况分为五个类别:"已落实"、"基本落实"、"基本未落实"、"未落实"和"已失效";效果情况也分为五个类别:"非常有效"、"比较有效"、"效果一般"、"效果较差"、"没有效果"。其次,对问卷信息采取综合平均法和相对低位量数转化法进行分析处理。将问卷中评价的五个类别分别量化为 100 分、80 分、60 分、40 分、20 分。第三,得出初步判断意见,可以划分为三类:"需要继续执行"、"应继续执行,但需调整和完善"、"已失效,应取消"。

2. 评价结果

评价结果详情见表 11—2。

表 11—2 东北地区区域政策的评估与初步意见

	政策名称	发布时间	发布部门	落实情况	效果情况					初步判断意见
					非常有效	比较有效	效果一般	效果较差	没有效果	
1	完善城镇社会保障体系试点方案	2000年12月25日	国务院	基本落实		★				应继续执行,但需调整和完善
2	辽宁省完善城镇社会保障体系试点实施方案	2001年7月6日	国务院批复	基本落实		★				应继续执行,但需调整和完善
3	粮食直补、良种补贴和农机具购置补贴	2004年1月	中共中央[2004]1号文件	已落实	★					需要继续执行
4	加快东北地区中央企业调整改造的指导意见	2004年02月04日	国有资产监督管理委员会	基本落实		★				应继续执行,但需调整和完善
5	免征农业税改革试点	2004年4月6日	财政部、农业部、国家税务总局	已失效						已失效,应取消的政策
6	吉林省完善城镇社会保障体系试点实施方案	2004年5月13日	国务院批复	基本落实		★				应继续执行,但需调整和完善
7	黑龙江省关于完善城镇社会保障体系试点实施方案	2004年5月13日	国务院批复	基本落实		★				应继续执行,但需调整和完善
8	加强东北地区人才队伍建设的实施意见	2004年8月15日	中共中央办公厅、国务院办公厅	基本落实			★			需要继续执行
9	东北老工业基地企业所得税优惠范围	2004年9月	财政部、税务总局	已落实		★				应继续执行,但需调整和完善
10	调整部分矿山油田企业资源税税额	2004年9月13日	财政部、国家税务总局	已落实		★				应继续执行,但需调整和完善
11	东北地区扩大增值税抵扣范围若干问题(后来废止)	2004年9月14日	财政部、国家税务总局	已失效						已失效,应取消

续表

	政策名称	发布时间	发布部门	落实情况	效果情况					初步判断意见
					非常有效	比较有效	效果一般	效果较差	没有效果	
12	落实振兴东北老工业基地企业所得税优惠政策	2004年9月	财政部、国家税务总局	基本落实		★				需要继续执行
13	振兴东北老工业基地高技术产业化项目	2004年11月	国家发展改革委	基本落实	★					需要继续执行
14	吉林省三地采煤沉陷区投资计划	2004年12月	国家发展改革委	已落实		★				应继续执行,但需调整和完善
15	落实东北地区扩大增值税抵扣范围政策的紧急通知	2004年12月	财政部、国家税务总局	已落实	★					需要继续执行
16	东北地区军品和高新技术产品生产企业实施扩大增值税抵扣范围	2004年12月	财政部、国家税务总局	已落实	★					需要继续执行
17	第二批中央企业分离办社会职能工作	2005年1月	国务院办公厅	基本落实		★				应继续执行,但需调整和完善
18	东北地区电力工业中长期发展规划	2005年1月	国家发展改革委	基本落实		★				需要继续执行
19	东北等地国债投资计划	2005年2月	国家发展改革委	基本落实		★				应继续执行,但需调整和完善
20	企业资产折旧与摊销政策执行口径	2005年2月2日	财政部、国家税务总局	基本落实			★			需要继续执行,但需调整
21	做好第二批中央企业分离办社会职能工作	2005年2月6日	财政部、国务院国有资产监督管理委员会	基本落实		★				应继续执行,但需调整和完善

续表

	政策名称	发布时间	发布部门	落实情况	效果情况					初步判断意见
					非常有效	比较有效	效果一般	效果较差	没有效果	
22	东北地区扩大增值税抵扣范围明确	2005年3月	财政部、国家税务总局	已落实	★					应继续执行,但需调整和完善
23	东北地区老工业基地土地和矿产资源若干政策	2005年6月	国土资源部、国务院振兴东北办	基本落实			★			应继续执行,但需调整和完善
24	促进东北老工业基地进一步扩大对外开放	2005年6月30	国务院办公厅	基本落实			★			应继续执行,但需调整和完善
25	东北地区棚户区改造工作	2005年10月7日	建设部	基本落实		★				需要继续执行
26	东北地区开展厂办大集体改革试点	2005年11月6日	财政部、国资委、劳动保障部	基本落实		★				应继续执行,但需调整和完善
27	辽宁省外商投资优势产业目录	2006年9月25日	国家发展改革委、商务部	已失效						已失效,应取消
28	豁免东北老工业基地企业历史欠税	2006年12月6日	财政部、国家税务总局	已落实	★					需要继续执行
29	东北地区振兴规划	2007年08月20日	国家发展改革委、国务院振兴东北地区等老工业基地领导小组办公室	基本落实		★				应继续执行,但需调整和完善
30	国务院关于松花江、辽河和海河流域防洪规划的批复	2008年2月	国务院	已落实	★					需要继续执行
31	东北老工业基地部分财税政策延伸至蒙东地区	2008年8月	国家发展改革委复函	已落实	★					应继续执行,但需调整和完善
32	豁免内蒙古东部地区企业历史欠税	2008年8月13	财政部税务总局	已落实	★					应继续执行,但需调整和完善

258

续表

	政策名称	发布时间	发布部门	落实情况	效果情况				初步判断意见
					非常有效	比较有效	效果一般	效果较差	没有效果	
33	促进资源型城市可持续发展的若干意见	2008年12月18日	国务院	基本落实		★				应继续执行,但需调整和完善
34	大连、哈尔滨、大庆等20个城市为服务外包示范城市	2009年2月	国务院	已落实	★					应继续执行,但需调整和完善
35	确定第二批资源枯竭城市名单	2009年03月	国务院	已落实	★					需要继续执行
36	中央财政下达资源枯竭城市年度财力性转移支付资金	2009年04月	国务院	已落实	★					应继续执行,但需调整和完善
37	在绥芬河设立综合保税区	2009年4月21日	国务院	已落实		★				需要继续执行
38	东北资源型城市首批专项投资计划	2009年6月	国家发展改革委	基本落实		★				需要继续执行
39	辽宁沿海经济带发展规划上升为国家战略	2009年7月1日	国务院	基本落实	★					需要继续执行
40	进一步实施东北地区等老工业基地振兴战略的若干意见	2009年8月17日	国务院	基本落实			★			需要继续执行
41	中国图们江区域合作开发规划纲要	2009年8月30日	国务院	基本落实		★				需要继续执行

注:1.因为不同原因已失效的几项政策,均没对效果进行评价。

第三节 未来区域政策的重点方向与建议

最近五年是我国经济社会发展最快的时期,国内经济社会环境发生了深刻变化,同时国际环境也出现了许多新情况,2007年开始,产生于美国次贷危机的国际金融危机和经济危机不断深入影响世界经济,导致世界经济出现衰退。在我国,沿海地区的发展首先受到金融危机的影响,随后逐渐波及内陆和其他地区。东北地区的发展既面临着难得机遇,也需要面对可能更加严峻的挑战。

政策总体评估认为,东北地区在我国"四大板块"的区域格局中具有重要战略地位,是党和国家到2020年实现全面小康社会奋斗的重点区域,是国家经济安全和产业体系的重要组成部分,也是促进国家区域经济社会协调发展的重要区域。实施东北振兴战略,不仅是东北人民的迫切需要和愿望,也是促进国家社会经济可持续发展、调整升级产业结构体系、提升国家竞争力的客观需要。东北振兴战略实施五年来,开局良好,振兴东北地区等老工业基地取得了重要的阶段性成果。以国有企业改革为重点的体制机制创新取得重大突破,基本实现了预期战略目标。目前东北振兴战略已经由"单项突破"的前期阶段进入"纵深推进、全面振兴"的战略新阶段,新阶段的重点任务是引导东北地区自我发展能力快速提高、经济社会全面发展、城乡统筹发展。在这一阶段,政策体系的科学合理的设计、制定、贯彻和执行非常关键,对实现全面振兴的战略目标至关重要。未来一段时期,政策应着力于以下五个方面:一是以坚定不移推进东北振兴战略为战略纲领;二是以产业结构优化升级和国企改革为主线展开;三是以省际区增长极与产业的空间合理布局为重要依托;四是以社会和谐发展为出发点和落脚点,重视基础设施建设;五是进一步加强改革开放与区域合作机制建设。需要说明的是,科技支撑和人才队伍建设是东北战略必须长期坚持的重要方略,上述五个方面都需要科技创新的有力支撑,因此未单列为政策的重点方向。

一、未来政策重点方向

1. 坚定不移推进东北振兴战略

自2003年党中央和国务院决定实施东北振兴战略以来,东北地区结合当地实际情况,认真贯彻落实东北振兴的有关政策,取得了显著成效,实践证明中央决策是英明的、及时的、正确的。

随着国内外形势的快速变化,加快东北地区发展,提高人民生活水平,增强东北地区自我发展能力,逐步缩小和东北地区差距,实现国家区域协调发展,促进国家现代工业体系升级完善的任务既十分艰巨,又十分必要。继续实施东北振兴战略,关系到落实科学发展观和构建社会主义和谐社会,关系到全面建设小康社会,关系到国家宏观区域协调发展,关系到国家工业体系完整性。因此,东北地区振兴战略是一项长期的、艰巨的、必须持之以恒的历史性任务。

需要坚定不移地推进东北振兴战略,继续采取特殊的政策、特定的帮扶措施,逐步有序推进。

2. 产业结构优化升级与国企改革

在当前及未来一定时期内,产业结构优化升级和国企改革依旧是政策制定的主线。主要围绕几个方向展开。

从产业结构优化升级来看,一是建设集成化、智能化的装备制造业基地,形成以高新技术支撑的交通运输机械、动力设备等的装备工业体系,建设现代化的石油化工工业体系,充分发挥东北地区在全国传统重化工业现代化改造的示范和引领作用,继续加大国家有关重大项目在东北地区的布局建设。二是积极引导培育高新技术产业和新兴医药产业,依托电子信息、光谷、新材料等的科研基地,发挥东北地区高校众多、科研力量雄厚的优势,大力发展高新技术产业,突出医药工业发展的资源、环境特色,建设生物工程、制药基地,成为具有区域比较优势的轻工产业。三是建立现代农业产业化体系,建设强大的绿色农产品生产及加工业基地,进一步增强在全国的绿色农业产业化地位,也保障国家粮食安全。四是积极培育生态旅游产业,实现资源型城市转型和新经济增长点培育。

从国有企业改制和重组看,一方面加快推进国有企业的改制和重组。积极搞好国有企业的战略性布局调整,解决国有企业覆盖面大、战线过长的问题,优化整合各方面资源,构建一批专业化分工明确、竞争力较强的大型企业集团。同时要积极搞好主辅分离、辅业改制,加快分离企业办社会。在推进国有企业重组的过程中,中央应加大财政支持的力度,妥善解决好下岗分流职工的社会保障和就业安置。另一方面,积极鼓励私营经济发展,增强经济发展的活力和竞争力。要进一步创造宽松环境和平等的竞争环境,政府要积极扶植,做好服务,在外贸出口、国际合作、上市融资、贷款担保、财税负担、市场准入等方面创造有利的条件。加强培育企业家精神的氛围,建立一套鼓励自主创业的金融和财税优惠政策,通过简化创业办理的有关程序,给予灵活的金融信贷政策,对自主创业的税收采用适当的优惠减免政策。

3. 省际区域增长极与产业空间布局

"点—轴系统"是由我国著名经济地理学家陆大道院士首先提出来的重要理论,其核心是关于区域的最佳结构与最佳发展的理论模式概括,也是一种有效的空间组织形式。在国家和区域发展过程中,大部分社会经济要素在"点"上集聚,并由线状基础设施联系在一起而形成"轴"。"点—轴系统"可以配置和改善生产力的空间结构,以及进行全部社会经济的空间组织,可以使国家或区域得到最佳发展。"点—轴系统"理论是我国进行各种层次的国土规划所广泛应用的理论工具,同时也是市场条件下的有效空间模式,因而也适用于新时期我国的区域规划工作,是进行空间结构分析和空间规划的重要基础和手段,全国各级区域范围内重点发展轴线的确定,可以使全国战略和地区战略较好地结合起来。

纵观东北振兴以来的若干项政策,只有一项政策直接相关。国务院第71次常务会议,讨论并原则通过《辽宁沿海经济带发展规划》,辽宁沿海经济带开发建设正式上升为国家战略。

这是对东北地区的重要发展节点和轴线的确定,是社会经济发展在空间上的合理集聚、空间布局的重要政策指向。包括大连、丹东、锦州、营口、盘锦、葫芦岛沿海城市在内的辽宁沿海经济带,地处环渤海地区重要位置和东北亚经济圈的关键地带,资源禀赋优良,工业实力较强,交通体系发达。在新形势下加快辽宁沿海经济带发展,对于振兴东北老工业基地、完善我国沿海经济布局、促进区域协调发展和扩大对外开放,具有重要意义。从东北地区来看,仅有沿海经济带的专项政策还是不够的,需要国家和区域层面高度重视社会经济发展的空间布局研究,构建跨省际的、省区的不同空间尺度的发展节点和发展轴线的引导、形成和发挥效益,对这类地区给予特定的政策,鼓励适当的率先发展。

4. 社会和谐发展与基础设施建设

东北地区由于历史积累等多种因素,当前社会经济可持续发展仍然面临城乡差距较大、社会就业问题、资源型城市等诸多问题。因此,东北地区改革与发展始终要以社会和谐发展为出发点和落脚点,同时继续加强基础设施建设。

要促进社会和谐发展,东北地区要突出地关注三个方面。一是城乡统筹发展。城市与乡村在区域发展中实际上是一个相互影响、相互制约、相互促进的动态过程。随着城市的成长壮大,城市有责任和义务带动农村摆脱困境,促进与拉动农村发展,广大农村又成为城市未来发展的巨大潜在市场,城市的可持续发展必须依赖于广大农村,城乡统筹是城市和乡村可持续发展的前提。东北地区的工业化已经跨入中期阶段,加强城乡统筹既符合客观规律,也是现实需要。二是扩大社会就业。千方百计扩大就业,多层次开展就业指导、就业培训,大力发展社区服务业,创造新的就业岗位,同时通过中央和地区财政的共同支持,建立更广范围、更大力度的社会保障体系,确保社会稳定和谐。三是继续引导资源型城市转型。东北地区资源型城市数量较多,受资源枯竭和资源保护等因素的制约,不少城市需整体转型和发展接续产业,已有政策取得了积极效果,需要继续保持,且可以加大产业转型的支持力度。

从基础设施建设来看,东北地区经过多年的建设,已经初步拥有较好的基础设施基础,但为了发挥交通等基础设施在区域发展中的带动作用,应继续加强基础设施建设,增强水利、能源和交通等基础产业和基础设施对经济社会发展的保障能力。积极发展资源水利、效益水利和生态水利,节水型工业,建立节水型社会;进一步完善交通基础设施建设,初步建立综合交通体系网络,在空间上合理布局,改造边境口岸设施,增强对外通道和出口的通行能力;完善邮电通信网络布局,推进信息化建设;加快城市供水、供电、排水和道路等市政基础设施、社会公益事业和住房建设,提高环境质量和城市功能。

5. 改革开放与区域合作机制建设

进一步扩大开放领域,大力优化投资环境,是顺利实施东北振兴战略的重要途径。一方面,充分利用两个市场、两种资源,建立与国际接轨的对外经贸体制和运行机制,在更大的范围、更宽的领域和更高的层次扩大对外开放。依托资源优势和产业基础,承接国际产业转移,鼓励国内外战略投资者参与老工业基地改造和产业优化升级。鼓励外资以并购、参股等多种方式参与国有企业改组改造或处置不良资产。加快外资进入服务业领域,在商业零售、物流、科研、教育、文化、卫生、旅游、信息咨询等服务业领域提供准入和投资便利。创造条件提前开放金融、保险、证券、会计、律师等领域。加强东北亚地区国际合作,推动与俄罗斯、日本、韩国、朝鲜等周边国家经贸、科技、资源等多方面的合作与交流。加强图们江地区开发开放,建立促进区域性贸易与投资制度,加快口岸环境建设,大力发展边境贸易、互市贸易和转口贸易。另一方面,也要大力推进对内开放。采取多种方式,吸引域外企业、各类生产要素进入东北地区的市场,积极吸引域外资金参与投资建设。

二、具体政策建议

1. 加强提升规划管理水平

实行因地制宜、分类指导、区别对待的差异化政策体系 东北地区包括三个省区和内蒙古东部地区,内部各地区之间差异很大,在自然基础、区位条件、经济水平、产业结构等方面大不相同,各地区所面临的问题类型及其程度也不尽相同。因此,东北振兴战略的顺利实施,既需要一个综合性的总体规划作为指导性纲领,也一定要结合地方实际,选择适合各地区自身特点的发展模式和路径。对于不同的地区,实行分类指导。

加强区域空间规划、国土规划、主体功能区划等工作 建议国家在制定东北振兴战略规划的基础上,组织有关部门按照东北振兴的总体布局和要求,制定专门的东北地区区域空间规划。东北地区开发中重点项目的建设、重点开发区的规划以及增长极的确定、城乡统筹发展等。

提升公共管理水平和行政效率 一是深入推进政府职能改革,深化服务型政府的理念;二是成立指导经济转型的职能机构,进行部门、地区间的利益协调;三是适度整合部门职能。

加强重大项目的科技支撑力度 很多重大公益性工程项目由于科技支撑缺位,已经出现一系列弊病。"十二五"时期,国家仍将会继续对东北地区的重点扶持政策,将会有大批资金用于工业、农业、基础设施、生态环境等领域中,要解决科技支撑工作落实的保证体制问题,将大工程、大项目等建设与东北地区区域发展、城乡统筹等有机结合起来,增强工程项目的辐射力和带动效应,更好地促进产业发展和就业富民。

2. 加大经济财税支持力度

加强各级政府的财政投入与政策引导 国家层面对东北地区继续加强经济财税政策的援助力度,比如财政转移支付和扩大内需新增投资要继续向东北地区倾斜,进行必要的项目直接投资,重点投向民生工程、基础设施、生态环境、边境口岸等领域。分级财政中增加地方留成比例,加大资源税和补偿费的地方返还比例;骨干企业实施重大技术改造给予财政贴息;申请更大范围的豁免企业历史欠税;国债中单列一定额度,支持资源型城市基础设施建设和生态环境保护;允许资源型城市针对性发放地方建设债券,改善吸收社会资本的能力;设立资源型城市转型基金、地区开发投资基金等多种基金。地方政府应积极开展财政专项拨款,设立产业发展基金、立项融资、为资金融通提供协调、咨询服务等工作。政府财政投入模式应从淡化政府直接投资主体的职能转向突出担保和风险投资损失补偿为核心的间接方式,以担保基金鼓励商业银行向高科技企业进行贷款。

加强金融、税务、信贷风险投资市场建设 加大金融信贷支持力度。国家政策性银行贷款、国际金融组织和外国政府优惠贷款,在坚持贷款原则的条件下,提高用于东部地区的比例,对投资大、建设期长的基础设施项目,适当延长贷款期限,并适度降低贷款利率。建立专项针对民营经济的金融和信贷专项资金支持;实行适当的税费优惠政策。如购买住房的各项税费优惠政策,加大对廉租住房建设和棚户区改造的投资支持力度等。给予优惠的信贷政策,扶持高科技企业的研发。继续推动有成长性的优秀高新技术企业股票上市,形成具有活力的高科技板块,增加对公众风险资本的吸引力;建立产权流动机制,即有效的风险投资的市场退出机制,需要一个成熟完善的产权市场。

发挥企业投融资主体的作用,增加企业研发投入 社会团体、企业和个人可以采取灵活方式,针对项目的参股投资;对高新技术企业、高新技术项目的整体收购;针对高新技术企业的控股或参股投资;与高新技术企业进行资产重组;鼓励民营经济的股份制融资、合股、共建等多种形式融资;企业应转变经营观念,增加对研发(R&D)的投入。

3. 着力强化资源环境保护

建立和完善资源开发补偿机制 继续征收同矿产资源有关的各项税费,考虑开征环境补偿费等;加快林权制度改革,以明晰产权为核心、以承包到户为主,确立农民的经营主体地位,加强林权登记和管理;建立资源开发补偿基金、可持续发展基金、生态环境保护基金;通过提高资源开发过程中的水资源补偿费,协调解决供需缺口。

资源型城市的建设与转型,建立衰退产业援助机制 通过相应的补贴和基金,对衰退产业的技术改造和安全改造予以支持;对购买衰退产业固定资产的企业给予补贴,向失业职工提供就业指导、技能培训;对录用指定失业者的企业进行补贴、维持就业的工资补贴,延长失业救济金、就业保险金支付期限;直接投资建设资源枯竭型城市公共基础设施,以降低交易成本;通过政府采购和政策性银行的优惠贷款,培育和扶持接续产业的发展;降低准入门槛,鼓励自谋职业和创业;通过政府采购和政策性银行的优惠贷款,培育和扶持接续产业的发展。

塌陷区治理与可持续发展 通过对沉陷区和排土场废弃的土地进行复垦可以发展农、林、牧等产业;露天矿闭坑后经过生态恢复和重建可以发展生态及特色旅游等产业;现在从事矿业开采的工人,将来再进行矿山的生态恢复和重建工作;建立社区赔偿基金和专项保险基金,用作赔偿、搬迁和再培训费用。

实行土地和矿产资源适度优惠政策 提高建设用地审批效率,政府主管部门主要审查是否符合土地利用总体规划与年度土地利用计划、耕地占补平衡和征地补偿安置是否落实;征地补偿安置要符合《土地管理法》等法律规定,切实保护农民利益;深化矿业权体制改革,深化探矿权采矿权行政审批制度改革;加大探矿权采矿权招标拍卖挂牌出让的力度。

4. 支持农业发展,保障粮食安全

促进农业产业化发展的政策 因地制宜、发挥优势,合理分布建设农产品基地,逐步形成专业化、区域化、规模化的农产品生产基地,如玉米、大豆、水稻、蔬菜等;引导农民进行适度规模经营,提高集约化程度;调整农产品产业结构以适应消费品市场变化,由单一的粮食向"粮食—经济—饲料"多元化发展,建设精品畜牧业;对农产品加工、流通企业间纵向和横向联合实施宽松的产业组织;培育和发展各类农村合作组织和协会,重点扶持和推广专业合作社、公司加农户、专业协会、股份合作经营等新组织形式;建立体系化服务机制。从技术、资金、物资、运输、储藏、收购、信息等方面,加强基地社会化服务。

提高科技对农业的支持力度 设立农业科技基金,围绕改良品种为主开展对农业科技攻关项目的研究、开发的投入,加快农机技术创新、研究、开发与推广,加强土地整理和农业节水技术;建设农产品质量标准体系,加强农产品质量安全管理工作,建立农产品质量检测检验体系;建立以种植区域化、生产标准化、品种专用化、技术集成化、设施现代化为目标的新型粮食生产技术支撑体系;促进农业科技信息共享,加快科技成果的信息化推广应用。

加强农业基础设施建设政策 水利设施建设着重加大农业节水灌溉、人畜饮水、乡村道路、农村水电和灌区改造等方面中小型水利工程的资金投入和技术体系的构建;加强基本农田的整理和改造,提高农业生产能力;加快农业信息网络建设,构建省、市、县和乡镇连接的立体化网络体系,促进农产品的流通和农产品市场体系形成。

5. 引进和培育人才,提高人口素质

建立合理有序的人口迁移政策 改革户籍管理制度和劳动就业制度,使人力资源配置市场化,允许农民工在城市定居,吸收更多的农村剩余劳动力就业。对于现行的市民保障制度体系也要进行综合配套改革,加大保障体系的覆盖面和补助力度,机制上要市场化和社会化。

开展职业技能培训,完善再就业培训 形成一套完整的职业技能培训和再就业培训、政策优惠、贷款扶持的机制,进行培训体系的效果跟踪和效益评估。充分利用电视、广播等现代化信息网络,提供就业信息和咨询服务,完善职业介绍信息网络,建立城市就业信息网。要建立就业信息、职业培训、技术鉴定、职业介绍四位一体的就业培训体系,吸引农民工以及下岗职工自觉、积极地参加培训。

增加基础教育投入,提高人口素质 重视教育,尤其是重视基础教育,提高人口素质,将人口压力转化为人力资源优势。

吸引、稳定和利用好人才 要制定和落实吸引、稳定和利用好人才的政策措施,努力形成有利于各类人才脱颖而出、人尽其才的创业环境和生活环境。

参 考 文 献

1. Andrikopoulos A. ,Brox J. ,Carvalho E. ,1990. Shift-share analysis and the potential for predicting regional growth patterns:some evidence from the region of Quebec. *Growth and Change*,21(1):1-10.
2. Chaoqing Yuan. ,et,al. ,2010. The relation between Chinese economic development and energy consumption in the different periods. *Energy Policy*,(38):5189-5198.
3. Godfrey Y. ,Vincent M. ,2005. The impact of implementing ISOs on the competitiveness of manufacturing industry in China. *Journal of World Business*,40(2):139-157.
4. Liu G. W. ,Liu Y. F. ,2002. Study on transnational cooperation and regional industrial competitiveness. *Economy Geography*,5(1):47-51.
5. Maddison A. ,2003. *The world economy:historical statistics*. France:OECD,165-180.
6. Saiee B. ,Sirikrai,John C. S. ,2006. Industrial competitiveness analysis:using the analytic hierarchy process. *Journal of High Technology Management Research*,17(1):71-83.
7. Wei H. K. ,Wu L. X. ,2002. Evaluation of regional industrial competitiveness in China. *China Industrial Economy*,19(11):54-62.
8. 北京师范大学管理学院:《2011中国省级地方政府效率研究报告》,北京师范大学出版社,2011年。
9. 曹晓峰、张晶、张卓:《2010年辽宁经济社会形势分析与预测》,社会科学文献出版社,2010年。
10. 长春市人民政府关于印发《长春市文化事业与文化产业发展规划(2008-2012)》的通知,长春市人民政府文件,长府发[2009]18号,http://www. changchun. gov. cn/zwgk/gwfg/Pages/default. aspx#。
11. 车晓翠、张平宇:"资源型城市经济转型绩效及其评价指标体系",《学术交流》,2011年第1期。
12. 陈淮:《东北老工业振兴政策的战略思考》,中国工业经济,1996年。
13. 陈家勤:《沿边开放:跨世纪的战略》,经济科学出版社,1995年。
14. 陈群元、宋玉祥:"东北地区可持续发展评价研究",《中国人口·资源与环境》,2004年第1期。
15. 陈文敬、李钢、李健:《振兴之路:中国对外开放30年》,中国经济出版社,2008年。
16. 陈耀邦主编:《可持续发展战略读本》,中国计划出版社,1996年。
17. 陈永杰:"东北基本情况调查报告",《国研网》,2003年11月14号。
18. 程伟:《东北老工业基地改造与振兴研究》,经济科学出版社,2009年。
19. 程叶青、马庆斌、张平宇、何秀丽:"东北地区粮食可持续生产能力分异特征及其空间类型",《农业系统科学与综合研究》,2007年第3期。
20. 程叶青、张平宇:"东北地区农业可持续发展问题探讨",《经济地理》,2006年第2期。
21. 程叶青、张平宇:"东北地区商品粮基地建设布局:问题与对策",《农业系统科学与综合研究》,2005年第4期。
22. 程叶青:"东北地区粮食单产空间格局变化及其动因分析",《自然资源学报》,2009年第9期。
23. 程叶青:"东北地区中低产田改造的区域模式与对策措施",《干旱区资源与环境》,2010年第11期。
24. 程叶青:"农业地域系统演变的动态模拟与优化调控研究——以东北地区为例",《地理科学》,2010年第1期。
25. 赤峰市全力打造东部盟市重要煤化工生产基地,http://news. qq. com/a/20091114/001278. htm。
26. 仇方道、佟连军、姜萌:"东北地区矿业城市产业生态系统适应性评价",《地理研究》,2011年第2期。
27. 楚波、金凤君:"综合功能区划的区域实践——以东北地区为例",《地理科学进展》,2007年第6期。
28. 崔功豪、魏清泉、陈宗兴:《区域分析与规划》,高等教育出版社,1999年。
29. 崔明选主编:《中国能源发展报告(2006)》,社会科学文献出版社,2006年。
30. 崔明选主编:《中国能源发展报告(2009)》,社会科学文献出版社,2009年。
31. 崔巍:"'五点一线'沿海经济带的区位优势及开放政策",《水运管理》,2009年第8期。

32. 戴永安、陈才、张郭：东北地区经济发展的阶段划分及趋势，《区域发展》，2010年第2期。
33. 邓伟、张平宇、张柏等：《东北区域发展报告》，科学出版社，2004年。
34. 刁秀华：《俄罗斯与东北亚地区经济合作的进展——以能源合作和中俄区域合作为视角的分析》，东北财经大学出版社有限责任公司，2011年。
35. 丁斗：《东亚地区的次区域经济合作》，北京大学出版社，2001年。
36. 丁金学、金凤君、王成金、王姣娥："中国交通枢纽空间布局的评价、优化与模拟"，《地理学报》，2011年第4期。
37. 丁金学、金凤君、王姣娥："东北地区固定资产投资经济效应实证分析"，《地理与地理信息科学》，2010年第6期。
38. 丁四保：《中国东北论坛：跨世纪的中国东北经济》，东北师范大学出版社，2002年。
39. 董大朋、陈才："交通基础设施与东北老工业基地形成与发展——Var模型的研究"，《经济地理》，2009年7月。
40. 樊杰、吕昕、詹世平：《中小企业技术创新与区域经济发展》，中国科学技术出版社，2004年。
41. 樊杰："我国主体功能区划的科学基础"，《地理学报》，2007年第4期。
42. 高虎、樊京春：《中国可再生能源发电经济性和经济总量》，中国环境科学出版社，2010年。
43. 高世宪、渠时远、耿志成："能源战略和政策的回顾与评估"，《经济研究参考》，2004年第83期。
44. 谷国锋、解瑯卓："东北三省区域经济增长的趋同性研究"，《地理科学》，2011年第11期。
45. 顾朝林、于涛方、李王鸣等：《中国城市化格局、过程与机理》，科学出版社，2008年。
46. 国家发展和改革委员会、国务院振兴东北地区等老工业基地领导小组办公室：《东北地区振兴规划》，2007年8月。
47. 国家发展和改革委员会：《国民经济和社会发展第十一个五年规划纲要》，2006年3月。
48. 国家环境保护局自然保护司：《中国生态问题报告》，中国环境科学出版社，1999年。
49. 国土资源部地籍管理司：《全国土地利用变更调查报告》，中国大地出版社，2006年。
50. 国务院办公厅：《全国主体功能区规划》，2010年。
51. 《国务院办公厅关于促进东北老工业基地进一步扩大对外开放的实施意见》，国办发[2005]36号。
52. 《国务院关于落实科学发展观加强环境保护的决定》，国发[2005]39号。
53. 《国务院关于完善退耕还林政策的通知》，国务院，2007年8月。
54. 国务院振兴东北地区等老工业基地领导小组办公室：《振兴东北等老工业基地2007年度报告》，中国财政经济出版社，2008年。
55. 何秀丽、张平宇、刘文新："东北地区粮食单产的时序变化及影响因素分析"，《农业现代化研究》，2006年第5期。
56. 黑龙江省统计局：《黑龙江省统计年鉴2011》，中国统计出版社。
57. 黑龙江省政府：《黑龙江老工业基地振兴总体规划》，2004年10月。
58. 胡鞍钢、邹平著：《社会与发展——中国社会发展地区差距研究》，浙江人民出版社，2000年。
59. 黄晓军、黄馨、李诚固："东北三省城市化水平与产业结构演变的偏差分析及地域差异"，《地理与地理信息科学》，2010年第5期。
60. 黄燕飞、陈昭锋："国外沿海内源型开发的高新技术产业发展路径研究"，《科技进步与对策》，2011年第16期。
61. 吉林省统计局：《吉林省统计年鉴2011》，中国统计出版社。
62. 吉林省政府：《振兴吉林老工业基地规划纲要》，2004年12月。
63. 吉林省政府研究室：《吉林省老工业基地调整改造研究报告》，吉林人民出版社，2003年。
64. 姜四清、王姣娥、金凤君："全面推进东北地区等老工业基地振兴的战略思路研究"，《经济地理》，2010年第4期。
65. 姜四清、王姣娥、金凤君："全面推进老工业基地抬举的战略思路研究"，《经济地理》，2010年第4期。
66. 金凤君、陈明星："'振兴东北'以来东北地区区域政策评价研究"，《经济地理》，2010年第8期。
67. 金凤君、楚波："东北地区振兴的区域发展与空间组织战略"，《经济地理》，2008年第5期。
68. 金凤君、陆大道："东北地区老工业基地振兴与资源型城市发展"，《科技导报》，2004年第10期。
69. 金凤君、张平宇等：《东北地区振兴与可持续发展战略研究》，商务印书馆，2006年。

70. 金凤君:"东北地区振兴规划的科学基础与战略作用",《科学时报》,2007年2月26日,区域发展版。
71. 金凤君:"基础设施与人类生存环境之关系研究",《地理科学进展》,2001年第3期。
72. 金凤君:"空间组织与效率研究的经济地理学意义",《世界地理研究》,2006年第4期。
73. 金晓玲:"沈阳今年发行原创动画同比翻番",《辽宁日报》,2009年12月25日。
74. 金晓玲:"沈阳文化产业增速居东北首位",《辽宁日报》,2009年12月22日。
75. 李鹤、张平宇、程叶青、刘文新:"东北地区水土资源承载力区域差异及空间组合",《农业系统科学与综合研究》,2008年第1期。
76. 李洪彪:"开发建设'五点一线'沿海经济带应充分吸取国内外先进经验",《辽宁经济》,2007年第7期。
77. 李靖宇、薛峰、孙明:"东北优化开发主体功能区建设进程中的辽宁沿海经济带开发研究",《经济研究参考》,2009年第16期。
78. 李如生、高相铎、李诚固:"东北老工业基地城市化推进模式的比较分析",《规划研究》,2008年第8期。
79. 李秀伟、修春亮:"东北三省区域经济极化的新格局",《地理科学》,2008年第6期。
80. 李玉潭:《中国东北对外开放》,吉林大学出版社,2008年。
81. 练元坚:"发展装备制造业的分类思考",《机电产品开发与创新》,2001年第5期。
82. 辽宁省统计局:《辽宁省统计年鉴2011》,中国统计出版社。
83. 辽宁省政府:《辽宁老工业基地振兴规划》,2005年1月。
84. 刘浩东:《2008中国电影产业研究报告》,中国电影出版社,2008年。
85. 刘鹤、金凤君、刘毅、丁金学、许旭:"中国石化产业空间组织的评价与优化",《地理学报》,2011年第10期。
86. 刘焕鑫、陈学军、边茜等:"辽宁'五点一线'沿海经济带开发建设战略研究",《东北财经大学学报》,2007年第6期。
87. 刘继生、丁四保等:《中国东北论坛——东北老工业基地改造与振兴》,东北师范大学出版社,2003年。
88. 刘继生、宋玉祥主编:《中国东北论坛——东北老工业基地改造与振兴》,东北师范大学出版社,2005年。
89. 刘家仁、叶宝明:《区域开发的理论与实践研究》,吉林人民出版社,2002年。
90. 刘卫东、金凤君、刘彦随等:《2011中国区域发展报告》,商务印书馆,2012年。
91. 刘卫东、刘彦随、金凤君等:《2007中国区域发展报告》,商务印书馆,2008年。
92. 刘卫东等:《我国低碳经济发展框架与科学基础》,商务印书馆,2010年。
93. 刘文新、张平宇、马延吉:"东北地区生态环境态势及其可持续发展对策",《生态环境》,2007年第2期。
94. 刘洋、金凤君:"东北地区产业结构演变的历史路径与机理",《经济地理》,2009年第3期。
95. 刘洋:《东北地区产业结构演变的路径、模式与机理研究(博士论文)》,中国科学院研究生院,2006年。
96. 刘志强、王守宇、程叶青、张平宇:"我国东北专用优质商品粮生产基地区域布局研究",《中国生态农业学报》,2006年第3期。
97. 卢松:《辽宁发展研究文集2008》,万卷出版公司,2009年。
98. 陆大道、樊杰、刘毅等:《2002中国区域发展报告》,商务印书馆,2003年。
99. 陆大道、刘毅、樊杰:《1999中国区域发展报告》,商务印书馆,2000年。
100. 陆大道、薛凤旋等:《1997中国区域发展报告》,商务印书馆,1998年。
101. 陆大道、姚士谋、刘慧等:《2006中国区域发展报告——城镇化进程及空间扩张》,商务印书馆,2007年。
102. 陆大道等:《中国区域发展的理论与实践》,科学出版社,2003年。
103. 马文文、黄天佑、康进武:"高新技术与制造业互动发展",《工业技术经济》,2002年第1期。
104. 马延吉、佟连军:"哈大产业带产业空间构建与产业布局",《地理科学》,2003年第4期。
105. 梅旭荣、刘勤:《东北地区农业资源与粮食生产潜力报告》,中国农业出版社,2012年。
106. 孟庆民、李国平:"学习型区域:面向全球化的区域发展",《地理科学》,2001年第3期。
107. 内蒙古统计局:《内蒙古自治区统计年鉴2011》,中国统计出版社。

108. 内蒙古自治区发展和改革委员会：《内蒙古自治区国民经济和社会发展第十一个五年规划纲要》。
109. 潘顺安、刘继生："东北工业旅游研究——振兴老工业基地的新视角"，《人文地理》，2006第1期。
110. 祁述裕、殷国俊："中国文化产业国际竞争力评价和若干建议"，《国家行政学报》，2005年第2期。
111. 秦文军、余英、张雪松："沈阳经济区发展战略研究"，《城市规划》，2004年第1期。
112. 全国煤炭经济运行情况调查（上），http://www.china5e.com/show.php?contentid=9539。
113. 《全国民用航空运输机场2020年布局和"十一五"规划研究报告》，2006年。
114. 盛科荣、张平宇等："辽中城市群规模结构演变分析"，《中国科学院研究生院学报》，2004年第2期。
115. 孙弘、李刚："东北区域经济合作机制问题研究"，《经济纵横》，2009年第4期。
116. 孙平军、丁四保、修春亮、魏冶："东北地区'人口—经济—空间'城市化协调性研究"，《地理科学》，2012年第4期。
117. 唐任伍、唐天伟："2002年中国省级地方政府效率测度"，《中国行政管理》，2004年第6期。
118. 王景荣："关于构建哈大工业走廊和城市带的建议"，《决策咨询通讯》，2005年第2期。
119. 王魁喜等：《东北近代史》，黑龙江人民出版社，1984年。
120. 王丽华、韩增林、俞金国等："大连市高新技术产业空间战略布局探究"，《科学与科学技术管理》，2004年第6期。
121. 王洛林、魏后凯：《东北地区经济振兴战略与政策》，社会科学文献出版社，2005年。
122. 王荣成、董爽："东北地区东部交通通道体系建设与区域城镇化演进机制"，《经济地理》，2006年第26卷增刊。
123. 王胜今、吴昊：《中国东北振兴与东北亚区域合作研究》，吉林人民出版社，2006年。
124. 王胜今、于潇：《图们江地区跨国经济合作研究》，吉林人民出版社，2006年。
125. 王士君、王丹、宋飏："东北老工业基地城市群组结构和功能优化的初步研究"，《地理科学》，2008年第1期。
126. 王淑芳："辽宁文化产业发展竞争力分析"，《辽宁工业大学学报（社会科学版）》，2008年第4期。
127. 王晓芳、郑文升、陈才："东北老工业基地改造的城市化困境与对策研究"，《地域研究与开发》，2006年第6期。
128. 王志发："旅游业能够成为东北地区资源型城市的新兴产业——在推动东北地区资源型城市发展旅游业座谈会上的讲话"，《新华网》，2007年9月。
129. 魏后凯、吴利学："中国地区工业竞争力评价"，《中国工业经济》，2002年第11期。
130. 魏后凯、邬晓霞："'十二五'时期中国区域政策的基本框架"，《经济与管理研究》，2010年第12期。
131. 吴传钧：《中国经济地理》，科学出版社，1998年。
132. 修春亮、赵映慧、宋伟："1990年以来东北地区铁路运输的空间极化"，《地理学报》，2008年第10期。
133. 严陆光、陈俊武主编：《中国能源可持续发展若干重大问题研究》，科学出版社，2007年。
134. 杨青山、杜雪、张鹏、赵怡春："东北地区市域城市人口空间结构与劳动生产率关系研究"，《地理科学》，2011年第11期。
135. 杨威、金凤君、王成金、丁金学："东北地区经济增长效率及其时空分异研究"，《地理科学》，2011年第5期。
136. 杨宇、郑垂勇："企业家精神对经济增长作用的实证研究"，《生产力研究》，2008年第18期。
137. 杨章贤、张婧、李诚固："东北老工业基地产业结构演变的城市化响应路径研究"，《东北师大学报（哲学社会科学版）》，2011年第4期。
138. 姚士谋、朱英明、陈振光：《中国城市群》，中国科学技术大学出版社，2001年。
139. 岳福斌主编：《中国煤炭工业发展报告（2006～2010）》，社会科学文献出版社，2008年。
140. 曾培炎主编：《2000年中国国民经济和社会发展报告》，中国计划经济出版社，2000年。
141. 曾培炎主编：《2001年中国国民经济和社会发展报告》，中国计划经济出版社，2001年。
142. 曾培炎主编：《2002年中国国民经济和社会发展报告》，中国计划经济出版社，2002年。
143. 曾培炎主编：《2003年中国国民经济和社会发展报告》，中国计划经济出版社，2003年。
144. 曾培炎主编：《2004年中国国民经济和社会发展报告》，中国计划经济出版社，2004年。
145. 曾培炎主编：《2005年中国国民经济和社会发展报告》，中国计划经济出版社，2005年。
146. 曾培炎主编：《2006年中国国民经济和社会发展报告》，中国计划经济出版社，2006年。

147. 张春丽、刘鸽、刘继斌:"东北地区文化旅游资源系统开发研究",《人文地理》,2006第1期。
148. 张国宝等:《东北地区振兴规划研究(重大问题研究卷)》,中国标准出版社,2008年。
149. 张国宝等:《东北地区振兴规划研究(专项规划研究卷)》,中国标准出版社,2008年。
150. 张国宝等:《东北地区振兴规划研究(综合规划研究卷)》,中国标准出版社,2008年。
151. 张洪梅、刘力臻:"东北区域经济一体化的可行性分析",《东北亚论坛》,2006年第4期。
152. 张平宇:"东北地区大城市老工业区改造问题",中国地理学会2006年学术年会。
153. 张树文、张养贞、李颖等:《东北地区土地利用/覆被时空特征分析》,科学出版社,2006年。
154. 张文尝、金凤君等:《交通经济带》,科学出版社,2002年。
155. 张约翰、张平宇:"东北装备制造业竞争力评价及影响因素研究",《中国科学院研究生院学报》,2011年第4期。
156. 赵儒煜、马秀颖:"东北地区经济一体化与长吉图开发开放先导战略",《社会发展辑刊》,2010年第4期。
157. 赵维良:"美日城市群发展对辽宁沿海经济带发展的启示",《党政干部学刊》,2010年第2期。
158. 甄峰、顾朝林:"信息时代空间结构研究进展",《地理研究》,2002年第2期。
159. 振兴东北办:《东北振兴三年评估报告》,2007年5月。
160. 郑文升、王晓芳、丁四保:"东北老工业基地改造的城市群响应机理研究",《城镇化研究》,2007年第3期。
161. 中共中央党史研究室第三研究部:《中国沿海城市的对外开放》,中共党史出版社,2007年。
162. 《中共中央国务院关于实施东北地区等老工业基地振兴战略的若干意见》,中发[2003]11号。
163. 中国边境口岸第一网,http://www.po28.com/。
164. 中国工程院:《东北地区有关水土资源配置、生态与环境保护和可持续发展的若干战略问题研究》,2005年。
165. 中国交通年鉴社:《中国交通年鉴》,2011年。
166. 中国科学院:《全国功能区域的划分及其发展的支撑条件》,2004年。
167. 中国科学院《中国自然地理》编辑委员会:《中国自然地理——总论》,科学出版社,1985年。
168. 中国科学院可持续发展战略研究组:《中国可持续发展战略报告——水:治理与创新》,科学出版社,2007年。
169. 中国科学院可持续发展战略研究组:《中国可持续发展战略报告——政策回顾与展望》,科学出版社,2008年。
170. 中国旅游网,http://www.cnta.com/。
171. 中国能源中长期发展战略研究项目组:《中国能源中长期(2030、2050)发展战略研究》,科学出版社,2011年。
172. 中国世界遗产网,http://www.cnwh.org/。
173. 朱庆伟、陈才:"东北老工业基地振兴中的城市物流发展研究",《东北亚论坛》,2006年第2期。
174. 邹十践:"以信息化带动我国装备制造业的发展",《建筑机械化》,2002年第1期。

附件　关于东北地区发展的几个关键问题的认识

在执行"东北地区振兴'十二五'规划思路"课题研究过程中,为了更好地配合有关部门编制东北地区"十二五"振兴规划,深化对某些问题的认识,课题组基于系统的研究成果,就相关问题凝练了一系列认识,形成了相应的咨询意见。有些咨询意见较好地支撑了有关规划和政策的制定。本附录筛选了几个具有代表性的咨询建议,阐述了课题组对这些问题的认识。

附件一 国家粮食安全与东北地区的长期任务

近年来,由于世界粮食储备大幅下降、生物燃料迅猛发展、国际资本的炒作和投机商人的囤积居奇等原因,国际粮价持续飙升,全球性的粮食安全问题凸现。据世界银行研究报告显示,2006年以来,国际粮价分别上涨了12%、24%和50%,食物价格总体上涨83%,全球粮食储备已经降低到1980年来的最低水平。全球饥饿人口呈现持续增长态势,到2008年年底,全球饥饿人口已达到9.63亿人,2009年已达到10.2亿人,并且这一数字将会随着粮食价格的持续攀升不断扩大,可能导致全球贫穷国家中1亿人口陷入更贫困的状态。预计到本世纪中叶,全球人口将达到90亿,粮食需求量将会大幅度增加,同时,受水土资源短缺、自然灾害频发、土地沙漠化以及耕地非农化加速等因素影响,粮食增产潜力有限,全球粮食安全面临严峻的挑战。由于粮食供需不平衡、生产能力不足等困扰世界粮食安全的深层次问题尚未得到根本解决,加之全球性经济危机的深刻影响,全球性粮食短缺将会长期存在。

中国是粮食需求大国,中国的粮食安全状况对全球粮食安全具有极其重要的影响,立足我国粮食需求的客观实际、实现粮食基本自给是有效保障国家粮食安全的重要途径。东北地区作为我国重要的粮食主产区和商品粮基地,在国家粮食安全战略体系中的地位将越来越突出。面向国家中长期粮食安全,围绕农业基础设施建设、中低产田改造、产业结构战略性调整、农业组织方式和制度创新等支撑保障体系建设,充分挖掘粮食增产潜能,持续提高粮食综合生产能力和粮食安全保障能力,是东北地区的长期任务。

一、国家粮食安全形势

我国是粮食生产与需求大国,粮食安全一直是国内外关注的焦点问题之一。新中国成立以来,我国粮食生产和供给能力取得了举世瞩目的成绩,粮食产量连续跨越了2 000亿公斤、3 000亿公斤、4 000亿公斤和5 000亿公斤四个台阶;人均粮食占有量也由300公斤左右增加到400公斤,达到世界平均水平;粮食平均自给率达到98%以上;粮食的储备水平达到25%左右,远高于FAO所确定的17%~18%的最低粮食安全线。

但是,随着城市化和工业化的快速推进,耕地非农化加速,水资源短缺、自然灾害、农业资源环境恶化等多因素的交互作用加剧,粮食供求关系发生新变化,粮食价格的持续上涨,人口的持续增长对粮食的需求也不断扩大。据有关研究估算,2030年我国人口将达到15亿左右,粮食消费需求将达到6.5~7.5亿吨,比现在增长约20%,而届时我国粮食总供给能力约为6.8亿吨,如果按需求下限计算则供需基本平衡,如果按需求上限计算,则存在7 000万吨的缺口。因此,我国中长期粮食安全将面临严峻的挑战。

二、东北地区的战略地位

东北地区是我国重要的粮食主产区和商品粮基地,长期以来是"中国粮食市场稳压器"、"中国最大的商品粮战略后备基地"。年均粮食产量达 8 500 万吨,接近全国粮食总产量 1/5,每年可提供商品粮 4 000 万吨,粮食外销量达 2 000~2 500 万吨,约占全国商品粮总量的 1/3,粮食的区际商品率、商品量及人均商品量均居全国首位。

东北地区水土资源丰富,人均耕地占有量较高,生态环境优良,粮食生产规模化、集约化和专业化水平高,粮食增产潜力大。据测算,东北地区粮食单产潜力为 1.04×10^4 公斤/公顷,而目前的粮食单产仅为生产潜力的 40.4%,提高粮食单产的空间很大。此外,中低产田面积约 1 374.8 万公顷,占耕地面积的 2/3,中低产田改造的粮食增产潜力巨大。在未来 15~20 年内,全国为保障粮食安全需新增 4 000 万吨粮食生产能力,而东北地区通过种植业结构调整、水土资源优化配置、中低产田改造,农业技术创新以及加强经济社会政策调控,可新增 2 000 万吨以上的粮食生产能力,占全国新增粮食的 50% 左右,将成为未来我国新增商品粮潜力最大的地区。

但是,随着大规模的工业化、城市化和农业综合开发,东北地区农业资源环境发生了巨大的变化,并成为全球范围内具有短时限人地关系高强度作用特征的典型地区之一,粮食增产面临土地退化、农田水利设施和大型灌区建设滞后、农产品加工业的无序性与趋同发展、农村合作组织发展落后等一系列突出问题。由于粮食增产、农业增效和农民增收的长效机制未能根本建立,增产不增收和增产不增效的矛盾未能根本性得到解决。这些问题成为制约东北地区粮食可持续生产的内在缺陷,该区也成为我国"三农"问题最为突出的地区之一。

三、东北地区的长期任务

东北地区作为保障我国粮食安全的战略性基地,国务院第 33 号文件、《全国新增 1 000 亿斤粮食生产能力规划》、《吉林省增产百亿斤商品粮能力建设规划》和《黑龙江省千亿斤粮食生产能力战略工程规划》的出台和制定实施,对东北地区粮食可持续生产将有重大的推动作用。但是,保障粮食安全是一个系统的工程,不仅要关注粮食生产能力建设,更要重视粮食生产质量和效益、配套支撑体系建设等复杂问题。因此,针对东北地区在国家粮食安全的战略性地位和面临的突出社会经济问题,必须明确东北地区的长期战略任务。重点围绕农业基础设施建设与中低产田改造、黑土保护与综合治理、农产品加工业合理发展与优化布局,粮食储运设施和物流体系建设,土地适度规模经营模式与现代农业组织模式转变等,加快推进国家粮食安全基地及其保障支撑体系建设,促进粮食增效、农民增收和粮食增产的协同发展,有效保障国家中长期粮食安全。

1. 农业基础设施建设与中低产田改造

农田水利设施建设。以基本农田保护和改造为重点,发展节水农业,以三江平原、松嫩平原和辽河平原为重点区域,加快三江平原"两江一湖"灌区、松嫩平原尼尔基下游灌区、大安灌区、哈达山配套灌区、磨盘山水库下游灌区等大型灌区工程建设,缓解水资源供需矛盾。

育种科研设施建设。加强玉米、水稻和大豆等超高产育种技术攻关与良种繁育科研基础设施建设,构建玉米、大豆、水稻等国家级研发平台。

农业机械化建设。依托粮食增产工程,支持大功率拖拉机及配套农机具、高效玉米联合收割机、节水型喷灌设备等现代农业机械的技术创新和推广示范。

农业信息设施建设。建立农业监测预警、农产品和生产资料生产流通等信息管理系统,完善农业综合信息服务平台,创新农业信息服务模式。

中低产田改造。通过技术改造把治水与土壤培肥,农田排水、保水和高效用水结合起来,加快松嫩平原黑土区、三江平原湿地农业区、松嫩平原西部区中低产田改造,充分挖掘中低产田粮食增产潜能。

2. 与国家粮食安全相适应的农产品加工业的发展对策

农产品加工业改造升级。加大政府政策支持力度,促进农产品加工业改造升级,增强产业竞争力,强化科技进步对于农产品加工产业链延伸拓展的支撑能力,增强农产品加工装备和产业链的科技创新能力。

大型龙头企业扶植与重组。加大对农产品深加工龙头企业的扶植,以优势龙头加工企业为核心,打破所有制和区域界限,推进企业兼并重组,建立具有核心竞争力的农产品深加工企业或企业集团。

农产品体系的合理构建。加强政府宏观调控力度,构建合理的农产品加工体系,建立起世界一流的东北玉米加工业基地。严格控制玉米食用酒精和燃料乙醇生产能力的盲目扩张,以保障国家的粮食安全。

政策支持与融资平台建设。通过利用证券市场融资、加大中央政府扶持资金和地方配套资金,放宽金融机构信贷标准以及吸纳信托投资基金等途径,扩宽农产品加工企业的融资渠道,解决企业资金短缺的问题。

3. 粮食储运设施和物流体系建设

储运设施建设。加强和完善中央垂直收购和储备体系建设,支持粮食企业商业性收购和储备,形成多元化的流通和储备渠道。扶持一批交通便利、辐射范围广、粮食外运量大、基础设施较为完备、能够发挥节点功能的大型粮食企业扩建仓容和粮食流通运输设施建设,支持粮食银行等新型粮食仓储流通业态发展。

物流体系建设。在哈尔滨、长春、佳木斯等地建设大型国家级粮食物流中心,加快大连北粮港、营口港、锦州港等重要物流节点建设。加快同江至大连、东北东部通道等通道建设与哈大货运专线升级改造。推进干线公路升级和农村公路网建设,提高公路运输能力,形成高效的粮食运输系统。

4. 黑土区生态环境保护与综合治理

漫岗坡黑土区。以小流域的综合治理为重点,建立农业措施与生物措施、工程措施与农业措施、生物措施与工程措施等相结合的治理模式,有效控制水土流失和土壤侵蚀。

西部干旱风蚀黑土区。以防风固沙与节水灌溉为重点,通过农牧防护林营造工程、农牧区节水农业示范工程建设,增强农业节水抗旱能力,采取有机培肥、生物覆盖、地膜覆盖、抗旱新品种等农艺节水技术提高农业水资源利用效率。

中南部典型黑土区。以黑土肥力重建与高效生产功能恢复为重点,推广应用现代保护性耕作技术、有机物料资源化及中低产田培肥、种植结构的优化及草田轮作,培育玉米/间套杂粮或牧草种植结构和玉米—大豆—牧草的多元结构,构建农林牧复合的高效生态系统。

5. 土地适度规模经营与现代农业组织模式转变

推进土地流转,以四平、长春、哈尔滨、佳木斯等大型商品粮基地为重点,进行土地流转与农民合作组织等改革试点。推进土地适度规模经营,实现农业生产要素的高效配置,提高劳动生产率和农业生产经济效益。推进农村组织制度创新,因地制宜发展专业合作社、公司＋农户、专业协会、股份合作经营等农村合作组织和协会。

(本附件于2009年11月以专题报告的形式提交国家发改委东北司,撰写人:张平宇、金凤君、程叶青、王姣娥)

附件二　东北地区工业竞争力变化及发展对策

随着经济全球化进程的加深,我国改革开放力度加大和市场经济体制逐步建立,产业和区域竞争力日益成为影响国家和区域经济可持续发展以及区域经济发展格局的核心因素。由于我国仍处于工业化中期阶段,工业在国民经济中占有重要地位,不同地区工业竞争力的高低,一定程度上影响这些地区的经济整体实力。因此,在对工业竞争力进行科学测度的基础上,明确不同工业行业的发展状态,有针对性地提出工业竞争力提升对策,成为全面提高我国地区竞争力的关键。对于不同国家和区域竞争力的研究日益受到政府、企业的广泛重视。

东北地区是我国自然资源、人力资源、智力资源较为集中的经济区之一,水土资源、矿产、能源资源等组合匹配较好。东北地区作为我国的老工业基地,拥有较为完整的能源、化工体系,石油加工与开采业和装备制造业在全国均占有重要地位。2003年国家提出振兴东北等老工业基地战略,提升工业竞争力、深化工业结构调整成为东北经济振兴和产业转型的重要问题。基于偏离份额分析方法,评价东北地工业行业结构优劣和不同工业行业竞争力的强弱,明确东北地区主要工业行业的发展现状和存在的问题,进而有针对性地提出未来工业发展对策和建议。

一、东北地区工业的重要地位

东北地区是我国的老工业基地,也是国家重要的装备制造业基地。虽然由于体制和机制因素的双重影响,东北地区工业在全国的位次逐渐后移,但东北地区仍是我国的传统工业生产和研发基地,在全国占有重要地位。

东北地区工业发展基础较好,是全国工业门类最为齐全、分布较为集中的经济区。随着振兴东北老工业基地战略的实施,外商直接投资和民营资本进入东北工业领域,企业技术升级逐步加快,工业经济发展取得良好成效。2007年东北地区工业总产值达10 697.5亿元,占全国比重8.7%,东北地区规模以上工业企业完成增加值9 792.7亿元,同比增长18.8%;实现利润2 452.65亿元,同比增长27.9%。

尽管东北地区工业具有良好技术和比较优势,但是其产业基础、人才和科研能力并未转化成为现实的竞争力优势。体制因素是影响东北工业竞争力的重要因素。同时,以资源性产业、原材料加工业为主导的工业体系,结构性矛盾依然十分突出。在结构和体制因素的双重影响下,东北地区工业企业融资渠道单一,自主研发和创新能力不足,产业结构不合理,在国内外的双重竞争下,市场占有率下降。采取多种途径培育东北地区工业竞争力,将成为新时期东北地区发展战略重点之一。

二、研究方法——偏离—份额分析法

偏离—份额分析法是由美国经济学家丹尼尔·B. 克雷默于1942年首先提出,后来经由E. S. 邓恩和埃德加·胡佛等人发展完善,现已成为国际学术界用于评价区域产业结构优劣和竞争能力强弱,判断区域是否具有相对竞争优势的产业部门,确定未来产业发展主导方向的一种有效方法。

该方法以上级区域为参照系,测算一定时期内研究区域某一工业行业按上级区域工业总产值年均增长可能形成的假定份额,进而将这一假定份额同该行业的实际增长额进行比较,分析该行业总产值增长相对于上级区域平均水平的偏离状况。这种偏离可以从行业结构因素和竞争力因素(区位因素)两个方面解释。如果该行业总产值增长速度大于上级区域的平均水平,说明该行业的结构优于上级区域的平均水平。反之,则落后于上级区域的平均水平。如果该行业结构与上级区域行业的结构相同,则该行业与上级区域增长率的差异则由区域竞争力因素所引起。

依据偏离—份额分析法的基本思路,研究区域在考察期内i行业总产值的实际增长额可以分解为三个部分:地区增长份额、结构偏离份额、竞争力份额,用公式表示为:

$$G_i = e_{it} - e_{i0} = N_i + P_i + D_i \tag{1}$$

$$N_i = e_{i0}\left(\frac{E_t}{E_0} - 1\right) \tag{2}$$

$$P_i = e_{i0}\left[\left(\frac{E_{it}}{E_{i0}} - 1\right) - \left(\frac{E_t}{E_0} - 1\right)\right] \tag{3}$$

$$D_i = e_{i0}\left[\left(\frac{e_{it}}{e_{i0}} - 1\right) - \left(\frac{E_{it}}{E_{i0}} - 1\right)\right] \tag{4}$$

$$PD_i = G_i - N_i = P_i + D_i \tag{5}$$

式中:G_i、N_i、P_i、D_i、PD_i分别表示研究区域在考察期内i行业总产值的实际增长额、区域增长份额、结构偏离份额、竞争力份额、总偏离份额;e_i为研究区域i行业的总产值;E_i、E分别为上级区域i行业总产值以及工业总产值;0为基期(年);t为末期(年)。

N_i表示假定研究区域i行业按上级区域工业总产值增长率增长所应实现的份额。如果$G_i - N_i > 0$,则该行业实际增长率大于上级区域的平均水平;$G_i - N_i < 0$,则该行业实际增长率小于上级区域的平均水平。

P_i表示结构效应,它等于研究区域i行业按上级区域同行业增长率计算的增长额与按上级区域工业总产值增长率所实现的增长额之差。若$P_i > 0$,说明该行业结构素质较好,促进了研究区域工业总产值的增长。此值越大,该行业结构对研究区域工业总产值增长的贡献就越大;若$P_q < 0$,说明该行业结构素质差,影响了研究区域工业总产值的增长。

D_i表示区域效应,它等于研究区域i行业按实际增长率所实现的增长额与按上级区域同行业增长率所实现的增长额之差。反映出与上级区域相比较,研究区域在发展该行业方面具有相对的竞争能力。竞争力份额大小受资源禀赋、技术水平、装备水平、投资规模、管理水平、地区产业政策等结构以外的区位因素的影响。若 $D_i>0$，则该行业竞争力大于上级区域的平均水平；此值越大，说明该行业的竞争力越强。反之则相反。

三、东北地区工业行业发展现状和竞争力变化情况

本次规划采用偏离份额分析方法，对比分析了东北地区 32 个工业行业 1999~2008 年的产业竞争力的变化。结果表明，东北地区 32 个工业行业中除了非金属采矿业以外，均为增长性行业。工业结构优势行业由 2003 年的 9 个增加到 2008 年的 14 个，变为正值的 5 个工业行业分别是农副食品加工业、食品制造业、有色金属采选业、通用设备制造业和专用设备制造业。竞争力分量由负值变为正值的工业行业由 2003 年的 9 个变为 2008 年的 14 个，新增的 5 个行业分别是化学原料制造业、医药制造业、化学纤维制造业、有色金属加工业和通用设备制造业。其次，农副食品加工业、石油加工业、化学原料制造业、医药制造业、电气机械制造业、交通运输制造业、通用设备制造业等 14 个工业行业的发展速度超过全国平均值，但仍有 56% 的工业行业发展速度落后于全国平均值。

东北地区结构效果指数由 2003 年的 0.986 上升为 2008 年的 1.020，增加了 0.034；竞争力效果指数由 2003 年的 0.885 上升为 2008 年的 0.998，增加了 0.113。显示东北工业结构调整效果逐步显现，但"增长速度快、竞争力优势显著"的工业行业数量不足、发展水平仍需提升。东北地区竞争力排名前 10 位的工业行业中重工业 3 个、装备制造业 4 个、高新技术产业 1 个、轻工业 2 个。从产值上看，重工业占总产值的比例为 19%，装备制造业和高新技术产业所占比重为 22%，工业竞争优势趋向于高新技术产业。

2008 年东北地区总偏离量为 1 630.92 亿元，总偏离量对工业经济总增长的贡献率为 8.97%，其中工业结构的贡献为 16.73%，竞争力的贡献为 -7.76%，工业经济逐步好转，但工业整体竞争力不足问题仍然存在。东北地区优势产业中的石油开采业、黑色金属加工业的总增长量分别为 1 040.95 亿元和 1 903.85 亿元，但其竞争力偏离量却为 -829.49 亿元和 -879.49 亿元。尽管资源依赖型工业行业总偏离量仍为正值，产业基础雄厚、贡献率仍保持较高水平，但从长期看其工业竞争力发展呈现下降趋势。

四、东北地区工业竞争力提升对策

东北地区作为我国重要的重化工基地，具有发展大型成套设备和装备制造业的基础和优势。《东北地区振兴规划》、《国务院关于加快振兴装备制造业的若干意见》等的实施和出台，对东北地区充分利用已有的制造业基础、培育东北装备制造业、提升制造业的竞争能力将产生巨大的推动作用。虽然东北地区工业的发展具有诸多优势和有利条件，但也受到一系列的制约工业竞争力提升的因素影响。为东北地区工业的重要地位和面临的突出的体制和结构性问题，为东北地区主要工业行业提出有针对性的竞争力提升对策。重点围绕明确产业发展方向，确定重点产业发展战略、继续深化工业结构调整、加快工业创新体系建设、合理进行产业空间组织，不断提升东北地区工业竞争力。

1. 针对工业行业自身特点和存在问题,合理制定产业发展战略

装备制造业发展战略。通用设备、专用设备和交通运输设备制造业对东北地区总增长的贡献率分别为 0.275、0.196、0.523,对经济增长的拉动作用十分显著。2008 年三个装备制造业的区位商分别为 0.86、0.81 和 1.86,优势产业的积聚效应尚未得以充分发挥。应突破行政体制、地域和所有制限制,注重纵向延伸产业链、企业间的横向联合,鼓励企业形成规模化产业集群。通过合资合作、引进新技术等方式延长仪器仪表制造业企业的生命周期。抓住东北基础设施建设加快的有利时机,参与大型项目建设。

石化和新能源产业发展对策。进一步加大资金和政策扶持力度,运用低碳环保技术对石化产业进行改造升级,提高能源效率和资源利用水平,促进其向低碳、环保方向发展。同时,依托东北地区资源优势和能源产业基础,重点建设一批新型风电、光伏、农村生物质能源项目,从而带动新能源产业的发展。

2. 继续优化工业结构

推进制造业企业集群网络构建。加强东北地区内不同所有制和规模的企业联系,围绕东北制造业重点企业,促进配套服务产业和技术研发企业发展。鼓励民营企业和资本进入装备制造业领域,扩大制造业企业融资渠道。大力支持民营中小企业的发展,发挥其体制灵活、创新能力突出特点,引导其成为大型制造业企业的技术研发和服务网络提供商。推动国有和民营企业围绕新材料、新能源、生物医药、现代装备制造业形成配套、合作、服务外包等不同类型的产业集群。

推进高新技术产业和传统产业的融合。促进高新技术发展,提升和改造东北传统产业,从而调整东北地区工业结构,提高工业经济整体水平和竞争能力。加快东北地区高新技术产业如生物工程、新材料产业与传统优势产业的渗透融合。推进吉林"一汽"与"吉化"企业的产业融合。

3. 加快东北地区工业创新体系建设

营造东北区域创新网络环境。目前东北地区高新技术产业竞争分量排名靠前的分别是交通运输制造业 1 457.80 亿、专用设备制造业 118.35 亿、医药制造业 123.54 亿。应依托东北地区七个国家级高新区和各省经济技术开发区,将东北地区智力资源优势转化为这些优势行业发展的技术优势和产业优势,进而带动先进制造技术、新材料、电子信息、生物医药等高新技术产业的发展。大力实施以体制创新为根本、技术创新为重点、管理创新为支撑三者并重的创新战略。建立起以制造业企业创新能力培育为核心、以高等院校、科院机构和中介服务、信息服务网络为辅助的高效完善的东北地区创新体系。

采用多种途径提升企业创新能力。在技术方面,通过收购、兼并等方式,掌握核心技术。通过引进技术、自主研发、产学研结合多种方式相结合,提升企业创新能力。通过企业技术创新与大型项目的结合,加快科技成果转化力度。在人才培养方面,选派振兴东北老工业基地急需高层次人才出国深造、吸引海外高级人才、企业自身培养等多种方式进行创新人才培养和储备。

4. 合理进行产业的空间组织

东北地区主要中心城市与周边中小城市的联系日益紧密,随着长—吉高速铁路建设和东北其他地区快速交通网络建设速度的加快。新的增长区域和沿发展轴线布局的新型工业区不断形成,产业空间集聚和扩散效应日益显现。除原有的"哈—大—齐"、"长—吉"、"沈—大"产业集聚区将成为支撑东北振兴的发展核心,新兴的长—吉—图、辽宁沿海城市带,将成为新时期东北地区发展重要轴线。未来应突破东北地区行政界线,建立东北地区工业经济发展的省级行政机构协商机制,发挥区域整体资源和技术优势。加速优质资源向重点产业积聚。

(本附件于 2010 年 3 月以专题报告的形式提交国家发改委东北司,撰写人:张平宇、金凤君、程叶青、王姣娥)

附件三 东北地区老工业城市改造的方向与重点

一、我国老工业城市更新改造的基本状况

老工业城市更新改造是国际城市规划学术界的前沿性重要研究课题。进入21世纪,为了顺应国际经济格局重大转变与城市化进程,国家已经把调整产业结构作为实现国民经济快速发展的战略重点。《中华人民共和国国民经济和社会发展第十一个五年规划纲要》中明确提出推进工业结构优化升级的战略方针,则更是说明中央政府对老工业区更新的高度重视。在我国快速工业化进程中,各个地区都在向工业化高级阶段发展。未来一段时期我国经济发达地区的大部分城市将进入后工业化阶段,城市社会经济将进入产业布局、类型、结构的重构和转型的实质性实施阶段,"退二进三"、"退二优三"必然成为城市建设特别是旧城更新改造的重要主题。

过去几十年中,全国各个城市根据各自的经济和社会发展状况,都不同程度地从不同角度出发作了力所能及的改造工作,为我国城市改造积累了一定的经验。本研究根据定量指标与定性分析确定我国老工业基地城市109个。其中,东北三省为26个,占24%;中部六省为35个,占32%;西部十二省区市为31个,占28%;东部地区为17个,占16%。按照"区别对待、分类指导"的方法,把上述109个老工业基地城市划分为资源型、原材料型、装备制造型以及综合型。其中,综合型工业城市60个;资源型44个,其中资源枯竭型21个;原材料型3个;装备制造型2个。

二、老工业城市更新改造的基本经验

老工业城市更新改造和产业转型是世界性难题,需要不断探索和总结。本研究通过对我国老工业城市改造的梳理,总结有下列几种模式:综合型城市改造模式,如沈阳以创建国家环保模范城市为改造方向,大连和吉林以经营城市、提高城市价值为改造的指导原则,天津以城市景观多样性的保护和发展为城市改造理念;济南以加强城市信息化建设、实施名牌制造为战略方向;湘潭以信息化带动工业化改造思路等。资源型城市改造模式,如太原大力发展循环经济和节约型经济,加速推进产业的绿色转型;抚顺和焦作以替代性资源为基础发展替代性产业;大庆则以同种资源为基础发展替代性产业;伊春大力发展森林生态旅游;个旧立足有色、超越有色等。

考察国外老工业城市的改造,具有以下基本经验:一是老工业城市改造都有一个因地制宜的、结合实际的规划作指导,有落实规划的具体措施和辅助手段。政府在更新改造中发挥着主

导作用,一般成立专门机构负责城市改造工作。二是发挥规划引领作用,明确各阶段重点任务。政府针对不同时期更新改造所面临的主要矛盾和问题,主导编制城市更新改造规划并推动实施。三是加强软硬环境建设,为经济转型奠定坚实基础。在城市更新改造过程中,一方面大力加强交通基础设施建设;另一方面积极发展教育与科技,改善制度环境,着力打造城市的创造力。四是充分发挥工业遗迹多且集中的优势,在更新改造过程中大力发展文化创意和旅游产业,打造"工业文化"品牌。五是注重生态环境保护和土地复垦,拥有完善的环境保护机构,政府主导投资治理环境,强化企业的环保和法律意识。六是拥有健全和完善的法律体系。政府分阶段明确转型的目标和任务,制定相应的政策,建立完善的工作机制和政策法规保障体系。

根据上述经验,本研究建议,一要抓紧抓好我国老工业城市特别是资源枯竭型城市转型规划的编制与实施工作。实事求是地根据自身环境和条件确定转型战略和发展方向,编制规划既要立足当前,更要从长远;结合当地特点,发挥比较优势,组织科学论证。要充分发挥政府和市场的作用,推动规划的落实和实施,并建立规划评价制度。二要重视我国老工业城市的发展,抓好这些城市的更新改造试点,提前介入并及早规划未来发展,从而起到事半功倍的效果。三要保持老工业城市更新改造政策措施的连续性。国家及地方各级政府支持经济转型的政策措施,应与转型规划相适应,要有长期坚持不懈的充分准备。老工业城市更新改造是一项长期艰巨持久的任务,尤其是我国资源枯竭型城市积累的问题较多,不可能一蹴而就,相关政策措施的时限也应适当延长。

三、东北老工业城市面临的问题

总体上看,目前东北地区对老工业城市更新已有了一定的重视,在一些规划实际工程中取得一定进展。但是就目前已经开展的相关工作,东北地区城市老工业区更新改造仍存在显见的问题,突出反映在:① 整体综合性更新改造与再发展的案例还很罕见,局部改造对城市整体功能结构调整的促进作用不大。② 更新改造的总体目标与功能定位缺乏科学研究,主观随意性大,难以实质性地推进城市功能的优化重组和生活环境品质的全面提升。③ 对工业文化遗产的历史文化和环境可持续性价值缺乏应有的认识。④ 更新改造模式单一,改造再利用主要集中在老工业区的利用实效性和经济类型方面,对城市发展因素和社区环境的整体改善考虑较少,难以适应城市社会发展和规划建设的整体安排。

这些问题从深层面上暴露出在传统工业城市的更新改造中缺乏有效的规划理论指导。因此,面对快速发展的城市化和经济转型升级、空间拓展、社会和谐的整体背景,现阶段东北地区应该以全新的角度拓展深化后工业化时期老工业城市更新规划基础性理论,把握后工业化时期老工业城市空间结构演变的内在机制及相关规律;应该科学地进行城市老工业区的功能定位,将其融入城市产业结构的宏观调整;应该借助城市老工业区的更新,有效推进城市空间结构的有机融合,实现城市功能结构的整体优化和老工业区的复兴。

四、东北老工业城市未来的改造方向和重点

1. 加强老工业城市改造的相关规律与基础理论研究

应基于国际城市化和工业化发展进程,在剖析工业化与城市化、土地与城市、用地区位与功能演进等关系的基础上,归纳总结后工业化时期城市发展的主要特征,应从产业结构调整、城市功能结构转型、土地综合利用、城市社会空间和人口空间重构等方面,研究老工业城市更新的动力机制与内在关联,把握后工业化时期城市老工业区更新的实质。尤其应针对东北地区区情,重点通过对我国"一五"、"二五"时期形成的一批传统工业城市的发展衰退与变迁转型过程、现状社会经济发展与物质空间环境状况以及转型更新改造过程中面临问题矛盾的跟踪调查,探索研究老工业城市生长过程及阶段性特征,分析总结城市老工业区的产业结构、区位活动以及内部组织的变化规律,揭示老工业城市空间分布特征及其更新产生的空间效应,以及形成和演化机制。据此形成老工业城市更新的基础理论,为老工业城市更新实践提供科学依据。

2. 因地制宜地选择切合实际的老工业城市更新改造模式

欧美发达国家在20世纪中期就已经完成工业化,目前已经进入后工业化时期,在类似城市老工业区更新改造和研究方面取得了大量的成果,由于地理区位、发展历史、发展阶段、经济状况、地段特征、产业类型、社会文化和建筑现状等背景条件不同,规划模式与类型存在较大的个体差异,总结典型的更新模式与类型,分析评估其得与失,判断其适用度、价值范围和适用对象,对我国老工业城市更新改造具有借鉴意义。

在东北老工业城市更新的实际工作中可运用比较研究方法和案例研究方法,从剖析和归纳国际间老工业城市更新改造的经验和趋势入手,通过科学甄别和系统梳理,廓清老工业城市更新改造的内涵意义和价值,对已开展的老工业城市更新改造的模式、类型、实施策略、运作体系、具体方式、技术手段和效益等进行系统分类,有选择地吸取其经验或教训,并做出明确针对性的研究总结和价值域界定,以为我国老工业城市更新实践提供参考例证。

3. 加强老工业城市更新改造规划编制的科学性与可操作性

在城市建设实践中,老工业城市更新与再发展是一项长期而复杂的系统工程,面广量大,必须在城市规划的总体指导下有步骤地进行。应结合不同类型老工业城市更新改造的典型案例研究,基于城市整体发展机制重点开展老工业城市更新中布局结构优化、用地结构调整、空间环境品质提升以及工业文化遗产保护与再利用等方面的工作,探索老工业城市综合性更新改造模式。

针对城市总体规划和详细规划两个不同层次规划的具体情况,研究制定适应老工业城市更新规划编制内容要求和特点的原则、目标、方法、程序与技术标准,提出具有技术针对性的老

工业城市更新规划与设计方法,初步形成老工业城市更新规划设计的方法体系架构,以提高老工业城市更新规划编制的科学性与可操作性。

4. 提升老工业城市的功能和竞争力

扩大城市经济实力。城市竞争力提升的关键在于其综合经济实力的提高。东北老工业城市要适应新时期经济发展的规律,因地制宜地制定和完善经济发展战略。首要任务是工业化与信息化融合,形成以高技术化、知识化、竞争力强、辐射面广的现代城市型产业群。其次是要做大做强企业,增强企业竞争力。再次是要优化产品结构,着重发展高附加值的产品,进行产品的深加工、精加工,尽可能地延长产业链条。第四是大力发展第三产业。第五是要大力发展民营经济。

加快高新技术与传统产业的结合。东北老工业城市高新技术产业应重点发展信息业、先进制造业、生物医药业、新材料和新能源产业。应以先进技术改造传统产业,培育具有比较优势的新兴高技术产业,加快先进适用技术的引进、消化、吸收、推广和应用。应重点实施科技产业化、科技园区建设、传统产业改造升级、民营科技企业创新、科技成果推广、技术创新基础设施建设等科技产业化工程。推动应用开发型科研院所同企业进行有机结合,使企业成为科技进步和创新的主体。加快高新技术开发园区和孵化基地建设。建立高新技术风险投资基金和科技型中小企业创新基金,大力扶持科技型中小企业和个体私营科技企业发展。

提高城市经营能力。城市经营就是对各种资源进行集聚、重组和营运,从中获得一定的收益并将其投入到城市建设新项目中去走"以城建城"、"以城养城"的市场化新路子。经营城市的主体是政府,政府要在城市的规划建设和管理等方面引入与市场经济相适应的经营理念,做一个城市发展的监管者和引路人,使城市的发展尽可能做到规范有序,同时使政府和社会投资能够实现良性循环,有发展后劲和可持续性。

实施"科教兴市"战略。东北老工业城市应增加教育投入,积极发展职业和成人教育,加强教师队伍建设。应进一步改革用人政策和机制,加大人力资源开发力度,积极营造用好和吸引人才的良好环境。鼓励技术、管理等生产要素参与收益分配。设立人才开发基金,加快人才市场建设,充分发挥现有科研人员的作用,遏制人才外流的势头。

加强城市文化建设。城市竞争力强弱不仅体现于经济竞争力,而且表现于文化建设水平。城市文化的主要内容包括城市的制度组织、市场贸易环境、创新和学习能力、景观形象、历史文化、文化产业、市民素质和政府形象等。东北老工业城市未来可加快培育影视演艺、会展、动漫游戏、新闻出版、工业设计、文化旅游等文化创意产业。

注重生态城市建设。在城市生态环境建设过程中,要坚持环境保护和经济、社会协调发展。在产业结构调整过程中,淘汰落后的生产设备和过剩的生产能力,大力发展高新技术和低耗能产业,坚决关停破坏资源、污染严重的企业。同时要做好城市周边地区生态体系建设。老工业城市生态环境质量的提高,将不断推动城市竞争力的提升。

建设信息化城市。应以建设信息化城市为契机,大力发展数字城市。并以此为平台对城市的资源、环境、人口、经济等进行综合管理,为政府的决策提供可靠的信息源。并建立地区网络系统,充分开发网络资源,促进信息的自由交流。通过城市信息化建设,更好地发挥城市集聚和扩散功能,使信息成为提升城市竞争力的新动力。

(本附件于2010年10月以专题报告的形式提交国家发改委东北司,撰写人:金凤君、何丹、王姣娥)

附件四　我国对外开放的深化与东北亚合作战略高地建设的长期任务

在东北振兴战略阶段性目标即将全面完成之际,东北对外开放战略重点面临重大调整。东北地区作为我国参与东北亚合作的战略高地,长期任务宜定格于保证国家战略资源安全、促进东北亚政治、经济、文化、社会、生态的多向交流,实现睦邻、安邻、富邻等重大国家战略。

一、我国对外开放深化的主要方向

2007年胡锦涛同志指出,"用全球战略眼光谋划国内发展和对外开放",指明了中国对外开放格局战略性调整的基本研究视角。2008～2009年的全球性金融危机引发了世界政治经济重大变局,中国的国际地位和话语权进一步提升,但受国际环境的制约也进一步加大。后金融危机时代,我国对外开放战略面临重大调整。要从传统的利用外资和扩大出口为主转向建立国际战略资源稳定基地、维护自由贸易体系、树立大国国际形象等方向上来,主要应把握以下要点:

第一,维护和发展全球经贸体系。我国是经济全球化的重要受益者,维护和完善全球经贸体系,坚持贸易自由化、投资便利化符合我国的根本利益。

第二,客观认识"中国责任论",积极承担气候、环境等方面与我国能力相符的全球责任。制定和调整国内财税、货币政策要考虑对国际经济的影响,在注重国内宏观调控政策效果的同时,也应促进世界经济的稳定和增长。要把树立企业的国际形象作为重要任务来抓,积极引导企业文明经商,主动用国际通行规则规范经营行为,努力减少恶性竞争,避免非法竞争。督促"走出去"的企业尊重东道国文化,守法诚信经营,热心公益事业,保护生态环境,承担相应的社会责任。

第三,构建外部战略资源的稳定供应体系。要搞好能源、矿产、森林、粮食等战略资源的全球战略布局,通过自贸区等手段,与东盟、上海合作组织、俄罗斯、海湾合作委员会等资源富集区开展更紧密的合作。把境外资源开发作为实施"走出去"战略的重点,利用外交、援助、投资、贸易等综合手段,为国内企业开发境外资源创造良好的政治环境。建立健全石油和其他战略物资的储备体系,推动进口地域多元化,利用进口大国优势增强价格话语权。同时,要加快建设国际大通道和海外运输安全网。

第四,切实保证国内粮食安全。我国粮食安全已由价格转向粮源,要以开放的视野研究制定国家粮食战略;建立稳定的外部粮食供给渠道,要把建立稳定的外部供给渠道放在战略位置来抓,适当扩大粮食进口,争取与世界粮食生产大国签订双边协议,尽快与新西兰、澳大利亚等农业大国建立自由贸易区,积极推动农业"走出去"在境外建立粮食生产基地。

第五,积极参与区域经济合作,以周边地区、资源富集地区、主要市场和战略伙伴为重点,逐步构建发达的自由贸易区网络。在自贸区建设中,要把整体利益和局部利益、长远利益和眼前利益、经济利益和政治利益有机地统一起来。鉴于目前我国与一般发展中国家相比具有较强的国际竞争力,在与那些经济发展水平低、与我国贸易逆差大的发展中国家商谈自贸区时,照顾其经济利益,以换取政治外交上的支持,真正实现互利共赢。比如,目前我国工业品的国际竞争力很强,适当降低进口关税,不会对国内产业造成冲击,并且可以换取更多的利益。我国与东盟自贸区建设就是最好的例证。

第六,调整沿边开放战略取向,将开发与开放结合起来。做实上合组织、东盟"10+1"、东北地区与俄远东西伯利亚等区域合作机制,缓解国内战略资源矛盾,拓展周边市场空间,实现安边、富边,促进与周边国家的共同发展。加快陆路口岸改造,提升通关条件和通关能力,建设若干条铁路、公路的跨境大通道。根据不同地区的资源能源和市场情况,建设进口资源加工区、边境出口加工区、大型边境贸易中心、跨境经济特区等,作为实施沿边开放的重要载体。

二、当前东北对外开放战略基本取向

在中国的对外开放格局中,东北地区对外方向主要是东北亚区域。东北亚地区以其优越的地理位置、丰富的资源条件、多层次的经济结构和巨大的开发潜力而成为全球关注的焦点。就地理区位而论,我国东北地区位于东北亚的中枢位置,与俄罗斯、蒙古、朝鲜接壤,与日本、韩国为邻,且与各国有着历史、文化等诸多联系。正因为如此,即使在缺乏合作制度安排的情况下,东北地区与东北亚各国也有着较多的经济交往和联系。而东北振兴战略的实施,为推动东北亚合作搭建了一个活跃而牢固的平台。

在东北振兴过程中,对外开放起到了重大作用。当时扩大对外开放主要任务是实现东北老工业基地振兴的重要途径,工作上有四要点:一是采取四项措施鼓励外国投资者参与东北国有企业改组改造;二是提高利用外资的质量和水平;三是发挥地缘优势,促进区域经济合作健康发展;四是外资并购中要把就业作为优先目标。上述重点表明,当时的对外开放战略只是一种振兴的手段,是内向性的,对外开放是服务于振兴目标的。

从空间上看,初步形成了对外开放的地域性分工格局。

南部的辽宁。国务院已批复了《辽宁沿海经济带发展规划》。从对外开放角度看,辽宁沿海经济带发展规划是完善中国沿海经济布局,把辽宁沿海经济带发展成为临港产业集聚带、东北亚国际航运中心和国际物流中心,培育成环渤海地区新的经济增长点。

中部的吉林。国务院批复了《中国图们江区域合作开发规划纲要——以长吉图为开发开放先导区》。根据《规划》,我国将加快建设中蒙大通道,打通连接蒙古国、俄罗斯和朝鲜的陆路交通线;加快建设从俄、朝港口进入日本海的国际通道,实现借港出海、连线出境、内贸外运;加快建设东北地区新型产业基地,加快构建周边跨境自由贸易区。

北部的黑龙江。尽管作为国家战略层面的战略定位不明晰,但黑龙江的对俄合作实际上也确定下来了。中俄两国元首批准的《俄罗斯远东及东西伯利亚地区与中国东北地区合作规划纲要》实际上明确了黑龙江对外开放的定位,因为在俄西伯利亚和远东发展战略中,把中国作为最佳合作伙伴并把黑龙江省作为与中国合作的重心。中方正在考虑筹建中俄地区合作发展基金,为地区合作基础设施建设、扩大能源领域合作、推动地区合作重点项目等的实施提供资金支持。推动两国有关部门加强在通关、物流、劳务、贸易结算等方面合作,为双方深化地区合作营造有利环境。黑龙江是重中之重。

从东北振兴的阶段性特点和国家战略要求看,东北亚合作的战略任务是不宜相同。到"十一五"末期,东北振兴的主要目标将基本完成,伴随国家对外战略的调整,东北对外开放战略要做出重大调整。

三、东北亚战略高地的长期任务

1. 将对外开放战略性升级作为"十二五"东北振兴的重中之重

2009年出台的《国务院关于进一步实施东北地区等老工业基地振兴战略的若干意见》,将东北当前对外开放工作做了部署,但对东北长期对外开放任务并没有明确。就东北振兴六年来的实践而言,对外开放是振兴过程中的重要途径;就未来东北振兴服务国家战略而言,对外开放升级是未来十年的重大战略任务。要将东北建设成为中国东北亚合作战略高地的任务放在更加突出的位置,并将其作为"十二五"规划的战略任务。明确提出东北亚战备高地对外开放战略的升级任务。

2. 调整东北对外开放的侧重点和理念

在全面加强与东北亚国家多方面合作的同时,内容侧重点是构建外部战略资源的稳定供应体系。特别是石油、天然气、森林、矿产和粮食,远东和西伯利亚地区是重点。宜将黑龙江打造为中国战略资源保障平台,用市场力量整合俄罗斯资源。要以"己欲立,立人;己欲达,达人"的战略思维为指导,更多营造中俄友好合作平台,推动两国人民在思想上实现互信和融合,打破中俄合作的坚冰,从明晰中俄合作最高利益的视角出发。推动两国互在边境地区建立"中俄友好示范性城市"这一合作平台(哈尔滨和哈巴罗夫斯克),推动这一平台上升为国家战略。

树立良好的大国形象。取缔灰色清关,发展正规贸易限制边、境小额贸易,加强出国务工人员的出国教育、改善大国公民的国际形象。

3. 进一步明确对外开放的地域分工

统筹东北对外开放的力量,避免相互竞争,实现错位发展,在强调共同参与东北亚区域合作的同时,各省要有所侧重。其中辽宁"五点一线"对外开放战略,重点是针对朝鲜半岛和日本;长吉图重中之重是图们江流域国际合作,以及与蒙古国的合作,力争"十二五"期间在图们江合作上有所突破;黑龙江侧重对俄合作,要全面落实中俄区域合作规划纲要。

4. 以自贸区为手段全面整合东北亚地区

建设国际间区域合作战略高地,东北亚各国合作的制度安排至关重要。推动资本、货物、人员的便利化是区域合作的主要任务,根据东盟"10+1"经验,自由贸易区建设对边境地区合作十分重要。建议国家加快启动中俄、中蒙、中日韩自由贸易区谈判。

(本附件于 2010 年 10 月以专题报告的形式提交国家发改委东北司,撰写人:张玉斌、金凤君、王姣娥)

附件五 促进东北地区文化创意产业发展的建议

文化创意产业是指"源自个人的创造力、技巧和天分,通过知识产权的开发和应用,可以创造财富和就业潜力的行业",包括广告、建筑、艺术品和古董市场、手工艺、设计、时装设计、电影、互动休闲软件、音乐、表演艺术、出版、电视和广播等行业或部门。按照国内的习惯,会展和文化旅游也经常被涵盖其中。创意产业与其他产业的结合,可以提高产品的附加价值,提升产品利润,从而有利于产业结构调整和升级,培育新的增长点,提升区域创新能力。东北地区具有发展文化创意产业的基础和优势条件,"十二五"时期,应将文化创意产业作为扶持和培育的重点,推动其快速发展。

一、文化创意产业发展现状

东北地区文化创意产业有比较好积累,广受大众欢迎的"二人转"已经有300多年历史,1937年就曾建立远东最大的电影厂——满洲映画协会。"满映"即是后来的东北电影厂以及今天的长春电影制片厂的前身,曾经创造新中国第一部木偶片、第一部动画片、第一部科教片、第一部短故事片、第一部译制片、第一部故事片等。进入20世纪80年代之后,随着改革开放以及经济体制的转型,创意产业也有了长足发展,形成了以影视娱乐、软件、动画、会展为主的比较有特色的创意文化产业体系和沈阳、大连、长春和哈尔滨创新创意基地。

但是,相较于京津冀、珠三角、长三角以及近年来崛起的湖南等地,东北地区的文化创意产业在全国则处于中下水平。除了长春的电影、哈尔滨与大连的会展和文化旅游较有特色外,文化创意产业总体上竞争力不强。从宏观区域综合比较看,东北地区的文化创意产业发展较华北和华南地区具有相当的差距;从省区市层面看,利用生产要素指数、需求条件指数、企业管理指数、相关和支持性产业指数、政府效率指数综合评价,东北三省中,辽宁省的文化创意产业竞争力较强,排在31个省市的第九位,吉林和黑龙江居于17位和26位,总体滞后于其经济发展水平和城市化水平在全国的地位。

二、发展文化创意产业的条件

一是有利的政策环境。自2006年国务院发布《关于深化文化体制改革的若干意见》,明确了文化创意产业的发展方向;2010年4月,中宣部会同中国人民银行、财政部等九部委联合制定《关于金融支持文化产业振兴和发展繁荣的指导意见》(简称"《指导意见》")正式发布,要求通过创新信贷产品、培育保险市场、实施文化产权评估交易等具体举措,加大金融对文化产业发展的支持力度。有利的政策为文化创意产业提供了保障。这是我国包括东北地区在内的各地区发展文化创意产业难得的机遇。

二是城市化率高、文化颇具特色,创意人才资源丰富。2008年,东北地区的城市化率为56.69%,远高于全国的45.68%。特别,沈阳、大连、长春、哈尔滨四大城市经济基础较为雄厚,人口素质较高,国际环境好,有着生产和消费文化的良好环境,是发展文化创意产业的核心区域。东北地区有着突出的文化资源优势。东北方言与普通话最为接近,表演艺术易于在全国推广。特别是近年来以"刘老根"为代表的东北"二人转",农村题材的电视剧在全国热播,已经在全国打出东北文化的声誉。

三是气候、自然风光独具特色,适宜发展会展、文化旅游产业。东北地区处于寒温带和温带湿润、半湿润地区,夏季凉爽宜人,冬季白雪皑皑。在我国乃至东亚,自然风光独具特色,是召开国际会议,开展文化旅游的理想地区之一。东北地区的民间艺术、表演艺术、影视等产业都有一定基础。这些产业可以与文化旅游、会展产业紧密结合,形成良性互动,为整个文化创意产业的发展提供了强劲的动力。

四是紧邻东北亚经济发达邻国,便于承接日韩文化创意产业外包业务。东北地区紧邻日韩两大文化创意强国,通过承接外包业务,可以为本地文化创意产业的发展积累必要的资金、技术和人才。近年来,随着我国劳动力成本的提高,日韩等国有将动漫等文化创意产业的外包转移到印度、越南等更不发达国家和地区的趋势。然而,从地理距离上看,东北仍然有着其他地区不具备的优势,可以向高端的外包服务拓展。

三、鼓励发展文化创意产业,培育新的经济增长点

"十二五"期间,东北地区应发挥文化资源、人才优势和产业基础,将文化产业创意发展成为东北地区现代服务的核心产业之一。深化文化体制改革,鼓励非公有资本进一步进入文化创意产业。发挥政府的主导作用,建立多元化、社会化和市场化的长效文化创意产业投融资体系。加大对从事原创业务的企业的扶持力度。贯彻落实文化产业调整振兴规划,依托沈阳、大连、长春和哈尔滨等中心城市,支持文化创意、出版发行、影视制作、演艺娱乐、文化会展、数字内容和动漫等文化产业加快发展,打造具有东北地方特色的文化品牌。发挥市场对文化资源配置的基础性作用,发展艺术设计等市场和文化仲裁、文化经纪、文化代理等文化中介组织。加强公共文化基础设施和文化惠民工程建设,完善公共文化服务体系。加大文化遗产保护力度,扩大对外文化交流,举办国际性文化、影视、出版、会展等大型活动,推进文化产品出口。建设以长春为核心的国家数字电影制作和国产动漫产品生产基地;形成以沈阳、大连、长春、哈尔滨为中心的文化体制改革和文化创意产业集群发展的示范基地,促进东北地区成为我国义化创意产业的人才培育中心、产业化中心和消费中心。

1. 发展特色文化创意产业

(1)设计服务业。依托本地的艺术院校、艺术家资源,引进多种专业人才,大力发展设计服务业。规划建设设计产业园区,促进产业集聚,重点推动工业设计、服装设计等设计服务业

的发展。引导以长春的汽车业、大连的服装业为代表的优势产业的企业加大设计研发力度,与本地设计服务业形成产业联动,打造地方产业集群。

(2) 新闻出版业。推动产业结构调整和升级,加快从主要依赖传统纸介质出版物向多种介质形态出版物的数字出版产业转型,加强相关出版物电子版本的制作和营销。开展区域合作,推动出版物发行业跨地区、跨行业、跨所有制经营,引导出版企业的良性竞争,形成大型发行集团,创造规模优势,提高整体实力和竞争力。

(3) 动漫游戏业。发展对日韩等国的国际外包业务和对国内的中央电视台等机构的国内外包业务,引进资金和技术支持,培养本地动漫产业的制作人才,培育有一定实力的动漫游戏企业。依托艺术院校和动漫游戏企业,培养本地的导演、编剧、原画师和游戏研发人才。创造条件使动漫从外包走向原创。重点扶持有一定规模、综合实力强的动漫、游戏企业。发挥政府的主导作用,建立多元化、社会化和市场化的长效文化创意产业投融资体系。创新金融工具和管理体制,发行相关债券,为从事原创动漫游戏企业提供强有力的资金支持。与中央媒体和东北本地电视媒体合作,建设动漫频道或动漫专栏,打造东北动漫游戏品牌,保障相关产品的营销。

(4) 表演艺术。抓住东北"二人转"和农村题材的电视剧在全国热播的契机,重点扶持富于东北特色,同时满足全国乃至国际观众品位的表演艺术,维护东北表演艺术的声誉,打造东北文艺品牌。除"二人转"外,也要提供资金、政策优惠措施,扶持杂技、音乐等艺术门类的发展。投入专项资金,改造、新建影院、剧场等文化基础设施。发挥电视、广播等媒体的作用,加大宣传力度、引导观众的需求,活跃本地文化市场。

(5) 电影电视业。鼓励非公有资本进入东北电影产业,进一步推动长春电影制片厂等国有单位的改革,建立长期高效的管理体制,瞄准国内市场需求,建设富有地方特色的电影产业基地。加强以辽宁卫视为代表的东北地区电视台的建设。完善制播分离体制,促进电视剧制作业发展。加强区域合作,吸引各地各种专业人才,创造一批精品影视剧和电视节目。

(6) 会展、文化旅游业。依托本地独特的自然景观、气候条件和地缘位置,重点发展沈阳、大连、长春、哈尔滨等城市的会展、文化旅游业。发扬已有基础,重点做好沈阳的文博会、大连的服装节、啤酒节,长春、哈尔滨的冰雪节等。在合适的时机,整合东北地区的资源,选取长春或哈尔滨申办冬季奥林匹克运动会。

2. 扶持培育东北创意产业中心

(1) 扶持培育大连作为东北创意产业中心。发展创意产业,是适应大连市城市性质和放大城市功能的需要。大连曾先后提出"国际性交通枢纽"、"东北亚的商贸、金融、旅游、信息中心"以及"商都"、"北方香港"、"国际名城"、"大大连"等发展定位。21世纪的大连,就其城市辐射功能而言,必然是一个以服务经济为主导的国际性口岸城市。这就更加突出了大连城市产业的服务性功能和特色,因此需要电视广播、音乐、广告、表演艺术等创意产业的发展,创意产业的创新性、高附加值性、强融合性、辐射性、渗透性等特征,能更好地发挥大连市的服务性功能。

未来的发展方向为：以大连软件园为依托发展软件、互动休闲软件行业。依托旅游业，发展工艺品行业。"面向全国，走向世界"的企业目标，全力打造中国工艺品王国；同时，应与海洋文化结合，发展海洋特色工艺品。依托会展业，发展艺术与文物交易、电视广播、音乐、广告、表演艺术。依托现有服装行业基础，发展服装设计行业，成为中国服装业的"领头羊"。

（2）积极发展沈阳、长春、哈尔滨创意产业。发挥沈阳作为东北地区文化中心的作用，发展广告、文物交易、音乐、出版行业，打造成为"东北创意产业中心"。采取"政府引导、多元化投资、市场化运作"的方式，加快建设"创意产业园区"，从完善创意产业链和优化资源配置出发，依托东北大学、鲁美、沈阳音乐学院音等大学，发展广告、文物交易、音乐、出版行业。以电影城、长春电影制片厂为主体打造长春影视基地，并加快培育影视、演艺、展览、动漫制作、创意设计等产业关联度高的文化产品。依托汽车制造业基地的优势，发展汽车设计。哈尔滨形成了以欧陆建筑艺术为主的城市特色，可依托哈尔滨工业大学等科研机构进一步发展建筑行业；利用与俄罗斯接壤的地缘优势，制造具有异国风情的工艺品。并逐步依托江畔旅游资源、冰雪资源以及中西合璧的文化资源，形成广泛延伸的高附加值创意产业链。

（本附件于2010年12月以专题报告的形式提交国家发改委东北司，撰写人：王姣娥、金凤君、赵继敏）

附件六　东北地区区域政策的重点方向

一、国家实施的区域政策及其分析

1. 政策概述

自 2003 年国家正式启动东北振兴战略以来，国家、省域以及地市各级政府都制定了一系列政策措施推进东北振兴。主要有七种类型：区域产业政策、区域财税金融政策、资源型城市转型政策、区域社会保障政策、区域开放政策、区域空间布局政策、区域其他政策。

产业发展和企业改革政策是当前政策的主体和关键。财税和金融政策是东北振兴的重大机遇和主要外力。资源型城市转型是东北地区具有代表性的突出问题。社会保障政策关系到东北地区改革平稳和社会安定。其余几种类型政策当前主要是辅助性政策要素。

2. 政策分析

这些政策在时间上分布差异较大，呈波动式变化。以 2007 年为界点，前期主要强调"输血"功能，针对亟待解决的问题，给予直接的帮扶和补助政策。后期侧重内容已经从"直接输血"功能向"提升造血"功能转变。政策自身也处于关键性的转型时期。

政策在空间层面上，有两个特点。一是东北地区区域政策主要是全区域政策为主，专门区域政策为辅。二是区域政策空间性随着时间发生着变化，由侧重全区域通用政策向强调子区域专门政策转变。但仍未在空间层面上形成分重点的发展战略和空间政策体系。

二、区域政策取得的主要成效和问题

1. 主要成效

经济发展的速度显著加快。经济结构持续升级和转型。经济社会效益有显著提高。体制机制创新取得新突破。

2. 主要问题

已有政策存在的主要问题：部分政策已经失效或失去优势；一些政策力度不够或难以落实。

政策制定存在的主要问题：政策制定中分类指导原则体现不充分；政策对扩大开放和科技支撑关注不够；政策的项目指向和国企指向问题；政策的长效保障机制还不健全。

三、未来区域政策的重点方向与政策建议

自 2003 年党中央和国务院决定实施东北振兴战略以来,实践证明决策是英明的、及时的、正确的。需要坚定不移地推进东北振兴战略。东北振兴战略已经由"单项突破"的前期阶段进入"纵深推进、全面振兴"的战略新阶段,新阶段的重点任务是引导东北地区自我发展能力快速提高、经济社会全面发展、城乡统筹发展。

1. 政策重点方向

(1) 产业结构优化升级与国企改革

从产业结构优化升级来看,建设集成化装备制造业基地;引导培育高新技术产业和新兴医药产业;建立现代农业产业化体系,建设强大的绿色农产品基地;大力培育生态旅游。

从国有企业改制和重组看,继续加快推进国有企业的改制和重组,妥善解决好下岗分流职工的社会保障和就业安置。积极鼓励私营经济发展,增强经济发展的活力和竞争力。

(2) 省际区域增长极与产业空间布局

重视社会经济发展的空间布局研究,构建跨省的、省内的不同空间尺度的发展节点和发展轴线的引导、形成和发挥效益。

(3) 社会和谐发展与基础设施建设

东北地区改革与发展始终要以社会和谐发展为出发点和落脚点,同时继续加强基础设施建设。

(4) 改革开放与区域合作机制建设

建立与国际接轨的对外经贸体制机制,在更大的范围、更宽的领域和更高的层次扩大对外开放。也要大力推进对内开放。采取多种方式,吸引域外企业、各类生产要素进入东北地区的市场。

2. 具体政策建议

(1) 加强提升规划管理水平

① 既需要一个综合性的总体规划作为指导性纲领,结合地方实际,选择适合各地区自身特点的发展模式和路径,实行分类指导。

② 制定专门的东北地区区域空间规划。东北地区开发中重点项目的建设、重点开发区的规划以及增长极的确定、城乡统筹发展等。

③ 提升公共管理水平和行政效率。

④ 加强重大项目的科技支撑力度。

(2) 加大经济财税支持力度

① 加强各级政府的财政投入与政策引导。继续加强经济财税政策的援助力度。

◆ 分级财政中增加地方留成比例,加大资源税和补偿费的地方返还比例;

- ◆ 骨干企业实施重大技术改造给予财政贴息;
- ◆ 申请更大范围的豁免企业历史欠税;
- ◆ 国债中单列一定额度,支持资源型城市基础设施建设和生态环境保护;
- ◆ 允许资源型城市针对性发放地方建设债券,改善吸收社会资本的能力;
- ◆ 设立资源型城市转型基金、地区开发投资基金等多种基金。

② 加强金融、税务、信贷风险投资市场建设。

- ◆ 加大金融信贷支持力度。国家政策性银行贷款、国际金融组织和外国政府优惠贷款,提高用于东北地区的比例,延长贷款期限,并降低贷款利率。建立专项针对民营经济的金融和信贷专项资金支持。
- ◆ 实行适当的税费优惠政策。如购买住房的各项税费优惠政策,加大对廉租住房建设和棚户区改造的投资支持力度等。
- ◆ 继续推动有成长性的优秀高新技术企业股票上市,形成具有活力的高科技板块,增加对公众风险资本的吸引力。
- ◆ 建立产权流动机制,即有效的风险投资的市场退出机制,需要一个成熟完善的产权市场。

③ 发挥企业投融资主体的作用,增加企业研发投入。

- ◆ 社会团体、企业和个人可以采取灵活方式,针对项目的参股投资;
- ◆ 对高新技术企业、高新技术项目的整体收购;
- ◆ 针对高新技术企业的控股或参股投资;
- ◆ 与高新技术企业进行资产重组;
- ◆ 鼓励民营经济的股份制融资、合股、共建等多种形式融资;
- ◆ 企业应转变经营观念,增加对研发(R&D)的投入。

(3) 着力强化资源环境保护

① 建立和完善资源开发补偿机制。

- ◆ 继续征收同矿产资源有关的各项税费,考虑开征环境补偿费等;
- ◆ 加快林权制度改革,以明晰产权为核心、以承包到户为主,确立农民的经营主体地位,加强林权登记和管理;
- ◆ 建立资源开发补偿基金、可持续发展基金、生态环境保护基金;
- ◆ 通过提高资源开发过程中的水资源补偿费,协调解决供需缺口。

② 资源型城市的建设与转型,建立衰退产业援助机制。

- ◆ 通过相应的补贴和基金,对衰退产业的技术改造和安全改造予以支持;
- ◆ 对购买衰退产业固定资产的企业给予补贴,向失业职工提供就业指导、技能培训;
- ◆ 直接投资建设资源枯竭型城市公共基础设施,以降低交易成本;
- ◆ 通过政府采购和政策性银行的优惠贷款,培育和扶持接续产业的发展;
- ◆ 降低准入门槛,鼓励自谋职业和创业;

◆ 通过政府采购和政策性银行的优惠贷款,培育和扶持接续产业的发展。

③ 塌陷区治理与可持续发展。

◆ 通过对沉陷区和排土场废弃的土地进行复垦可以发展农、林、牧等产业;

◆ 露天矿闭坑后经过生态恢复和重建可以发展生态及特色旅游等产业;

◆ 现在从事矿业开采的工人,将来再进行矿山的生态恢复和重建工作;

◆ 建立社区赔偿基金和专项保险基金,用作赔偿、搬迁和再培训费用。

④ 实行土地和矿产资源适度优惠政策。

◆ 提高建设用地审批效率,政府主管部门主要审查是否符合土地利用总体规划与年度土地利用计划、耕地占补平衡和征地补偿安置是否落实;

◆ 征地补偿安置要符合《土地管理法》等法律规定,切实保护农民利益;

◆ 深化矿业权体制改革,深化探矿权采矿权行政审批制度改革;

◆ 加大探矿权采矿权招标拍卖挂牌出让的力度。

(4) 引进和培育人才,提高人口素质

① 建立合理有序人口迁移政策。

◆ 改革户籍管理制度和劳动就业制度,使人力资源配置市场化,允许农民工在城市定居,吸收更多的农村剩余劳动力就业;

◆ 对于现行的市民保障制度体系进行综合配套改革,加大保障体系的覆盖面和补助力度,机制上要市场化和社会化。

② 开展职业技能培训,完善再就业培训。

◆ 形成一套完整的职业技能培训和再就业培训、政策优惠、贷款扶持的机制。

◆ 充分利用电视、广播等现代化信息网络,提供就业信息和咨询服务,建立城市就业信息网。

◆ 要建立就业信息、职业培训、技术鉴定、职业介绍四位一体的就业培训体系。

③ 增加基础教育投入,将人口压力转化为人力资源优势。

④ 要制定和落实吸引、稳定和利用好人才的政策措施。

(本附件于 2010 年 12 月以专题报告的形式提交国家发改委东北司,撰写人:陈明星、金凤君)